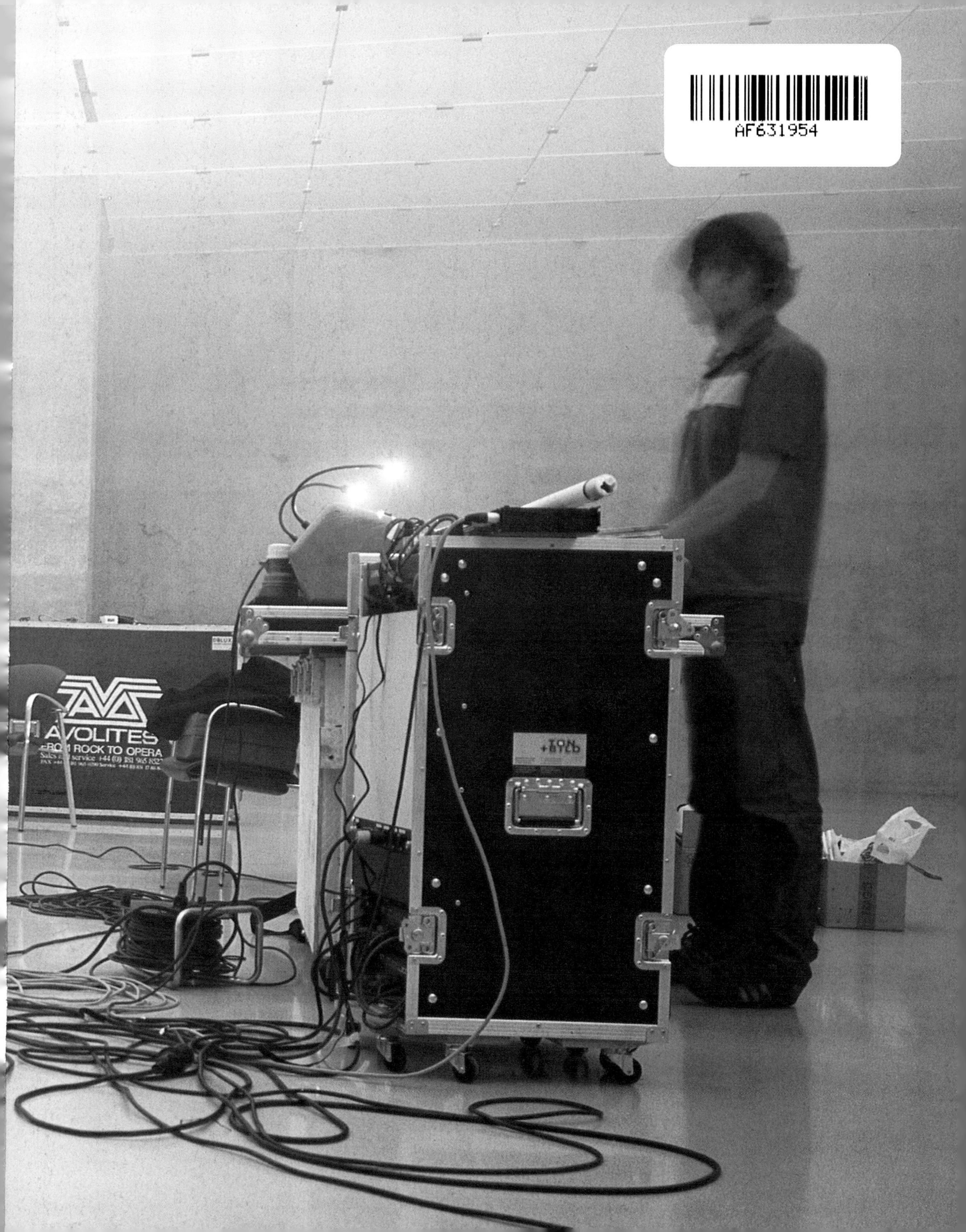
AVOLITES
ROCK TO OPERA
TON
+BILD

EDITORIAL . . . 4/5

Thyrza Nichols Goodeve: The Mobile Muse—Conversation with / Die Muse in Bewegung – Gespräch mit Giuliana Bruno . . . 6/11

COLLABORATIONS . . . 17

ANGELA BULLOCH . . . 18

Juliane Rebentisch: Angela Bulloch's digitale Reduktionen / Digital Reductions . . . 20/28

Andrew Wilson: Maybe / Vielleicht . . . 36/42

Martin Prinzhorn: Simulation der Simulation (und umgekehrt) / The Simulation of Simulation (and vice versa) . . . 50/54

EDITION FOR PARKETT: ANGELA BULLOCH . . . 58

DANIEL BUREN . . . 60

Anne Rorimer: From Painting to Architecture / Von der Malerei zur Architektur . . . 62/69

Marin Kasimir: Simultanément, 2002, Photo Insert . . . 78–83

Alison M. Gingeras: The Decorative as Strategy in Daniel Buren's "Le Musée qui n'existait pas" / Das Dekorative als Strategie . . . 84/93

Conversation between / Gespräch zwischen Daniel Buren & Pierre Huyghe . . . 102/106

Daniel Buren, DE LA BRODERIE À LA DENTELLE, travail in situ . . . 109

EDITION FOR PARKETT: DANIEL BUREN . . . 122

PIERRE HUYGHE . . . 124

Jeremy Millar: Travelers' Tales / Reisegeschichten . . . 126/134

Hans Ulrich Obrist: Die Geschichte der tausend Zeichen / The Tale of the One Thousand Signs . 142/149

DIE PARKETT-REIHE MIT GEGENWARTSKÜNSTLERN / THE PARKETT SERIES WITH CONTEMPORARY ARTISTS

Book Series with contemporary artists in English and German, published three times a year. Each volume is created in collaboration with artists, who contribute an original work specially made for the readers of Parkett. The works are reproduced in the regular edition and available in a limited and signed Special Edition.

Buchreihe mit Gegenwartskünstlern in deutscher und englischer Sprache, erscheint dreimal im Jahr. Jeder Band entsteht mit Künstlern oder Künstlerinnen, die eigens für die Leser von Parkett einen Originalbeitrag gestalten. Diese Werke sind in der gesamten Auflage abgebildet und zusätzlich in einer limitierten und signierten Vorzugsausgabe erhältlich.

PARKETT NR. 67 ENTSTEHT IN COLLABORATION MIT • **JOHN BOCK, PETER DOIG, FRED TOMASELLI** • WILL BE COLLABORATING ON PARKETT NO. 67

JAHRESABONNEMENT (DREI NUMMERN) / ANNUAL SUBSCRIPTION (THREE ISSUES) SFR. 116.– (SCHWEIZ), € 78 (BRD), € 82 (ÜBRIGES EUROPA), US$ 80 (USA AND CANADA ONLY)

ZWEI- UND DREIJAHRESABONNEMENTPREISE SIEHE GELBE BESTELLKARTE IM HEFT / FOR TWO & THREE YEAR RATES, PLEASE CONSULT YELLOW ORDER FORM.

Zürichsee Druckereien AG (Stäfa) Satz, Litho, Druck/Copy, Printing, Color Separations

PARKETT-VERLAG AG, ZÜRICH, Dezember 2002 **PRINTED IN SWITZERLAND** **ISBN 3-907582-16-0** **ISSN 0256-0917**

Robert Hobbs: Pierre Huyghe's Ellipses / Ellipsen 156/162
EDITION FOR PARKETT: PIERRE HUYGHE 168

Edward Dimendberg: Fish Scales—Allan Sekula's TSUKIJI / Fischschuppen 170/176
Les Infos du Paradis: Roberto Ohrt on Monica Bonvicini 181/184
Cumulus from America: Nato Thompson 187/191
Cumulus aus Europa: Greg Hilty 194/199
Garderobe 202
Back Issues / Bisher erschienene Parkettbände 204
Editions for Parkett No. 66 (with prices / mit Preisen) 209
Artist's Monographs & Editions / Künstlermonographien & Editionen 212

Avec le soutien de l'AFAA/Association Française d'Action Artistique, Ministère des Affaires Étrangères, France

Special thanks to Martin Leuthold, Jakob Schläpfer AG, St. Gallen, Christophe Wiesner & Iris Scheffler, Galerie Schipper & Krome, Berlin, and to Sophie Streefkerk, Paris.

HEFTRÜCKEN / SPINE 64–66: NIC HESS

Cover / Umschlag: DANIEL BUREN, photo-souvenir: LA CABANE ÉCLATÉE AUX 4432 TROUS: DENTELLE, travail in situ, Centre Pompidou, Paris, 2002.
Cover flap / Umschlagklappe: DANIEL BUREN, photo-souvenir: PEINTURE-SCULPTURE, travail in situ, "VI Guggenheim International," New York, 1971.
Inside cover & page 1/ Innere Umschlagseite & Seite 1: PIERRE HUYGHE, L'EXPÉDITION SCINTILLANTE, ACT 2, UNTITLED (LIGHT SHOW), "L'expédition scintillante, a musical", Kunsthaus, Bregenz, 2002. (PHOTO: MARKUS TRETTER)
Back cover / Rückseite: ANGELA BULLOCH, MACRO WORLD: ONE HOUR³ AND CANNED, 2002, Galerie Schipper & Krome, Berlin. (PHOTO: H. SHERONAS). All images slightly cropped / Alle Bilder leicht beschnitten.

PARKETT Zürich New York

Bice Curiger Chefredaktorin/Editor-in-Chief; **Jacqueline Burckhardt** Redaktorin/Senior Editor; **Cay Sophie Rabinowitz** Redaktorin USA/Senior Editor US; **Suzanne Schmidt** Textredaktion und Produktion/Editing and Production; **Hanna Koller · Simone Eggstein · Trix Wetter** (beurlaubt/on temporary leave) Graphik/Design; **Catherine Schelbert** Englisches Lektorat/Editorial Assistant for English; **Claudia Meneghini Nevzadi** Korrektorat/Proof Reading

Beatrice Fässler Vorzugsausgaben, Inserate/Special Editions, Advertising; **Nicole Stotzer** Buchvertrieb, Administration/Distribution, Administration; **Mathias Arnold** Abonnemente/Subscriptions; **Ali Subotnick** Redaktion, Vorzugsausgaben und Marketing USA/Associate Editor, Editions and Marketing US; **Monika Condrea** Abonnemente USA/Subscriptions US; **Joanna Lepore, Vlatka Horvat** Praktikantinnen USA/ Interns US; **Adrian Koerfer** Deutsche Verlagsvertretung/German Representative

Jacqueline Burckhardt – Bice Curiger – Dieter von Graffenried Herausgeber/Parkett Board; **Jacqueline Burckhardt – Bice Curiger – Dieter von Graffenried – Walter Keller – Peter Blum** Gründer/Founders

Dieter von Graffenried Verleger/Publisher

www.parkettart.com

PARKETT-VERLAG AG, QUELLENSTRASSE 27, CH-8031 ZURICH, TEL. 41-1-271 81 40, FAX 41-1-272 43 01
PARKETT, NEW YORK, 155 AV. OF THE AMERICAS, N.Y. 10013, PHONE (212) 673-2660, FAX (212) 271-0704

E D I T O R I A L

Raumexpeditionen

Diese Ausgabe von PARKETT kommt einer Aufforderung gleich, durch Räume zu schweifen. Angela Bulloch, Daniel Buren und Pierre Huyghe loten unerforschte Potenziale aus – ihre Kunst steht im Zeichen des Durchdringens, der Ausdehnung und der Besetzung. Selbst die Buchseiten gleichen sich mit ungewöhnlichen Perforationen zuweilen den architektonischen Eingriffen an, wie sie Daniel Buren in neuster Zeit inszeniert hat.

Doch Kategorien wie Malerei, Skulptur, Architektur, aber auch Abstraktion und Fiktion sind in Fluss geraten und lösen sich auf, gehen über in den Zustand des Vieldeutigen, des Vermischten, des *déplacement,* wie es im Gespräch zwischen Daniel Buren und Pierre Huyghe heisst (S. 102).

Im Gespräch zwischen Thyrza Nichols Goodeve und der Autorin Giuliana Bruno über deren neues Buch *Atlas of Emotion,* dessen Gegenstand «die Beziehung zwischen Empfindung und Raum» ist, geht es um das Entgrenzen des «optischen Paradigmas des Blicks». Die Ablehnung von singulären und statischen Sichtweisen steht auch im Zentrum von Daniel Burens Kunst (wie im Text von Anne Rorimer nachzulesen ist), mit dem vordergründigen Ziel, das Institutionelle am Ort des Eingriffs sichtbar zu machen. Seit den späten 60er Jahren hat dieser Künstler seine Arbeit ausschliesslich «in situ» entwickelt. Eine Methode der subtilen, bisweilen üppigen Transformation des Ortes, an welchem der Eingriff stattfindet.

Für seine Arbeit in PARKETT nahm Buren Bezug zum gestickten Schriftzug der Publikation: «De la broderie à la dentelle» heisst das spezielle Insert mit den in Burens Standardformat von 8,7 cm Breite gestanzten Streifen, denen wir auch auf den Tischtüchern seiner «Edition für Parkett» wieder begegnen. Räumliche Effekte, Farbentfaltung, wie sie in der im vergangenen Sommer im Centre Pompidou eingerichteten spektakulären Ausstellung Burens zum Tragen kamen, sprechen den «visuellen Genuss» und «das Dekorative als Strategie» an, wie sie von Alison Gingeras in ihrem Text verteidigt und in jenen Rahmen gestellt werden, wo «spielerische Spekulation an die Stelle des Dogmatismus jeglicher linearen oder kartesianischen Logik tritt».

Der begehbare Raum ist der Ort, wo vielfältige Sichtweisen ausprobiert werden, die sich zuweilen auch zur *terra incognita* öffnen wie in Pierre Huyghes «poetischer Expedition», einer Suche nach der «Erfindung einer wissensfreien Zone» im Kunsthaus Bregenz. Die Werke bestehen aus Sound, Licht, Dampf, Eis, Kälte, Gerüchen, literarischen und musikalischen Zitaten und Bearbeitungen von Zitaten.

Wenn im Videobeitrag zum kollektiven *Annlee*-Projekt die Stimme des Astronauten Armstrong im Moment der Mondlandung zu hören ist, bildet deren Sounddiagramm zugleich das sich stets neu entfaltende Gebirge, durch das die Comicfigur gedankenverloren zu schreiten scheint (S. 124/125).

Die alten illusionistischen Aspekte der Kunst sind nun von phantastischen Realitätsversatzstücken verunklärt und transformiert worden, so auch in Angela Bullochs Werk. Martin Prinzhorn zeigt in seinem Essay «Simulation der Simulation» wie Ausgangsmaterial in Umkehreffekten zu neuen interessanten Illusionismen führt. Bullochs TECHNICOLOUR bezieht sich auf die Geschichte des Kinos. Reduktion und Bedeutungsausdehnung ergeben eine Öffnung ins nicht leicht Fassbare, ins Uferlose: In Bullochs Pixelboxen werden mit nur drei Farbröhren sechzehn Millionen Farben erzeugt.

Pierre Huyghe hat als «Edition für Parkett» ein Windspiel geschaffen, das kein Readymade ist. Doch in den vielen Tonfolgen verborgen ist vielleicht eine Melodie, die ein Wiedererkennen generiert, falls es der Zufall will. Offen bleiben aber alle anderen Möglichkeiten der Wahrnehmung.

EDITORIAL

Expeditions in Space

This volume of PARKETT may be taken as an invitation to roam through space: Angela Bulloch, Daniel Buren and Pierre Huyghe probe unexplored potential in works of art that betoken acts of piercing, stretching and occupation. Even some of the pages themselves, with their unusual perforations, explicitly echo Buren's most recent architectural interventions. Yet categories like painting, sculpture and architecture, or abstraction and fiction are losing their fixity, dissolving in ambiguities, overlappings and also displacement, as analyzed in the conversation between Daniel Buren and Pierre Huyghe (p. 106).

In another conversation in this issue, Thyrza Nichols Goodeve and Giuliana Bruno, author of *Atlas of Emotion,* discuss the writer's study of the relationship between affect and space, and escaping the strictures of "the optic paradigm of the gaze." The rejection of singular and static viewpoints (Anne Rorimer) is also at the core of Daniel Buren's art, with its visible goal of exposing the institutionality that marks the sites of his interventions. Buren has developed his work exclusively *in situ* since the late 1960s, a method that leads to subtle and at times sybaritic transformations of the sites at his disposal.

For his collaboration with PARKETT, Buren took inspiration from our embroidered logo to design a special INSERT titled, "De la broderie à la dentelle," and a laser-cut tablecloth for his "Edition for Parkett," both using the standard 8.7 cm format of his stripes. The spatial effects and colors of his spectacular exhibition at the Centre Pompidou last summer address the "visual pleasure" of the "decorative as strategy" that Alison Gingeras defends in her essay; she describes Buren's museum as a place where "playful speculation replaces the dogmatism of any linear or Cartesian logic."

Rooms are, indeed, places in which untold points of view can be tested, sometimes reaching into *terra incognita* as in Pierre Huyghe's poetic quest for "the invention of a no-knowledge zone" at the Kunsthaus Bregenz. The works consist of sound, light, steam, ice, cold, smells, literary and musical references, and processed quotations.

When the video of the collective Annlee project transmits the voice of Neil Armstrong after he set foot on the moon, the sound diagram of the astronaut's voice forms the undulating range of mountains through which the cartoon figure seems to be walking, lost in thought (pp. 124/125).

The old, illusionist aspects of art have been blurred and transformed by fantastic set pieces of reality in Angela Bulloch's œuvre as well. In his essay "The Simulation of Simulation," Martin Prinzhorn shows how, through inversion, source materials lead to interesting illusionist effects. Bulloch's TECHNICOLOUR evokes the history of movies. Reduction and extension of meaning open out into illimitable realms that elude easy accessibility: in Bulloch's pixel boxes, three rods of colored light are capable of generating no less than sixteen million colors.

Pierre Huyghe has created a windchime as his "Edition for Parkett" that is not a readymade. Although a familiar tune, hidden away in the many accidental sequences of sound, may "ring a bell," the work remains open to all other possible perceptions.

Bice Curiger

The Mobile Muse

GIULIANA BRUNO WALKS WITH HER TONGUE THROUGH HER "ATLAS OF EMOTION"

THYRZA NICHOLS GOODEVE

I can't see but I can touch.
– Anonymous woman, Brooklyn, NY (October 2002)

I was born in Naples, a city of views, panoramas and mazes.
– Giuliana Bruno

THYRZA NICHOLS GOODEVE: *Atlas of Emotion* contains so much information, so many images, and is such a journey for the reader; let's start with the most difficult question of all: "What is it about?"
GIULIANA BRUNO: It is a cultural history of space dealing in particular with the relationship between affect and space. The book intersects several disciplines: cultural geography, art, architecture, design, cartography, and film. It was inspired by a map of the land of tenderness done in 1654 by Madeleine de Scudéry to accompany her novel, *Clélie.* She held a salon every Saturday where people would write and draw collectively. Her *Carte du pays de Tendre* evolved from this collective authorship open to women. So it has a fictional, intersubjective rendering which is important to my way of theorizing. But what is important in a broader sense is that this map of tenderness was one of the first attempts to visualize and spatialize an interior landscape.

THYRZA NICHOLS GOODEVE is a writer who lives in Brooklyn. She is the author of *How Like Leaf* and *Ellen Gallagher,* published by Anthony d'Offay.
GIULIANA BRUNO is Professor of Visual and Environmental Studies at Harvard University. Her previous book, *Streetwalking on a Ruined Map,* was awarded the 1993 Katherine Kovacs prize for the best book in film studies.

TG: You call film an "affective itinerary" where "places change shape." In other words, cinema creates and shapes our sense of place in the world.
GB: Cinema is full of places that change shape and become the affective realities of our own personal histories. I do in a sense believe that any landscape is a work of the mind and vice versa. But it is these affective representational realities that make a place. Cinematic space moves not only through time and space or narrative development, but also through inner space. This is why I write it as (e)motion in the book, (e)motion pictures. Also *kinema* in Greek means both motion and emotion.
TG: This leads me to your notion of cinema. It is obviously so much more than a technological invention for you. It is an epistemological field—a way of seeing and knowing, a notion of cinema I totally share. But you also describe cinema as an ontological phenomenon, a way of being in the world. Is emotion what connects the epistemological and the ontological for you and turns cinema into what you refer to as a "habitude"?
GB: Yes, it is. When I say that images, including motion pictures, "fashion" the knowledge of ourselves and our surroundings, this includes the world of affects. To reconnect cinema back to the Greek notion of *kinema,* to that bond between motion and emo-

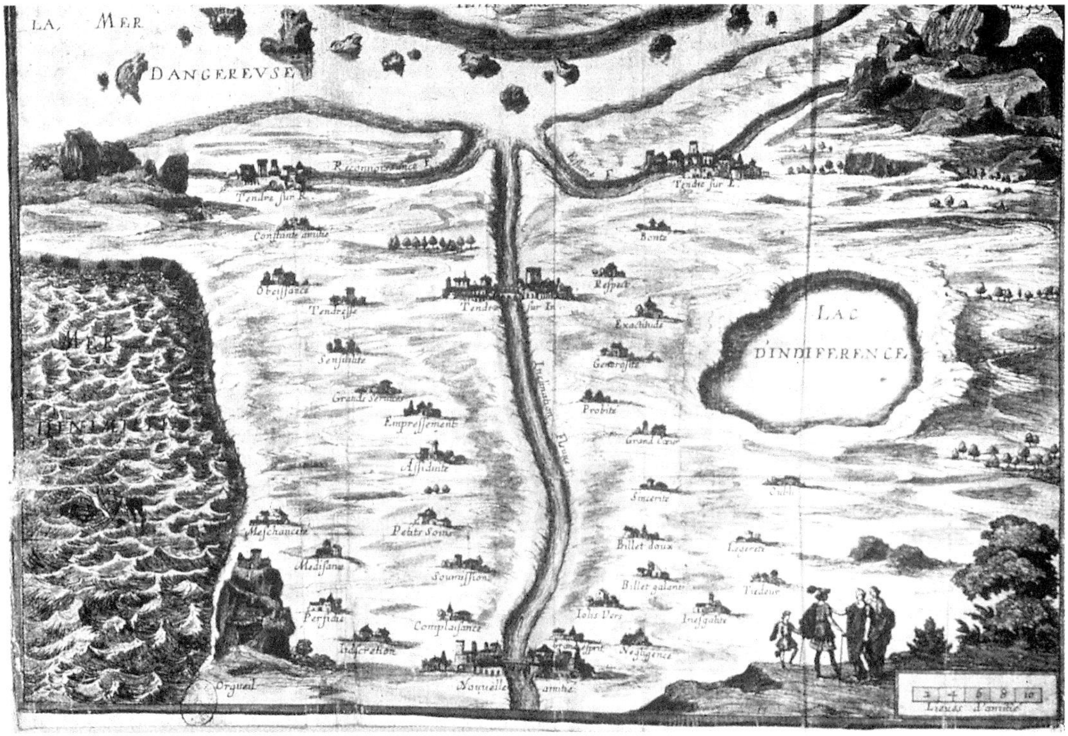

MADELEINE DE SCUDÉRY, CARTE DU PAYS DE TENDRE, 1654, engraving by / Stich von François Chauveau.

tion, is to understand it as much more than a cognitive instrument. It means to connect knowledge to feeling as a way of moving through life. Film, like architecture, represents lived space. This space, which is inhabited, is constantly mutating by way of use. Such habit of inhabitation embodies (e)motion. Geopsychic space is a mobile map, a map of movements. Moving images are part of the fabric of what is "moving."

TG: Did you know that Yvonne Rainer's explanation for why she moved from dance into film was "emotion"? And in English we do say "I am really 'moved' by that." I was struck by the etymology of many of your words.

GB: The word camera means room in Latin, so the *camera obscura* is actually a space—an "architecture of viewing."

TG: This astounded me. In fact one of the most significant aspects of your book is how you move from an optic model of cinema to a haptic, connecting film to architecture. Here I am going to quote you at length:

It (Atlas of Emotion) *is a study that questions ocularcentricism and challenges some common assumptions. Film is largely considered a visual medium, generally speaking, so is architecture. This book, by contrast, attempts to show that film and architecture are haptic matters and develops their spatial bond along a path that is tactile... On the way, the fixed optical geometry that informed the old cinematic voyeur becomes the moving vessel of the voyageuse.*[1)]

GB: This is why the argument must range across architecture and the visual arts and cinema. The spatial arts are haptically bound, for it is by way of touch that we discover and explore space, and our place within it. As soon as one looks at these as relations of touch in the largest sense of the word, rather than just sight defined in a very reductive binary subject/object way, then one can reclaim the role of the haptic in European modernity, and beyond.

TG: How far can we take the notion of touch and mobility in regard to cinema when it is not physical; it is light.

GB: Let's backtrack and define the term haptic. In Greek etymology it means, "coming into contact

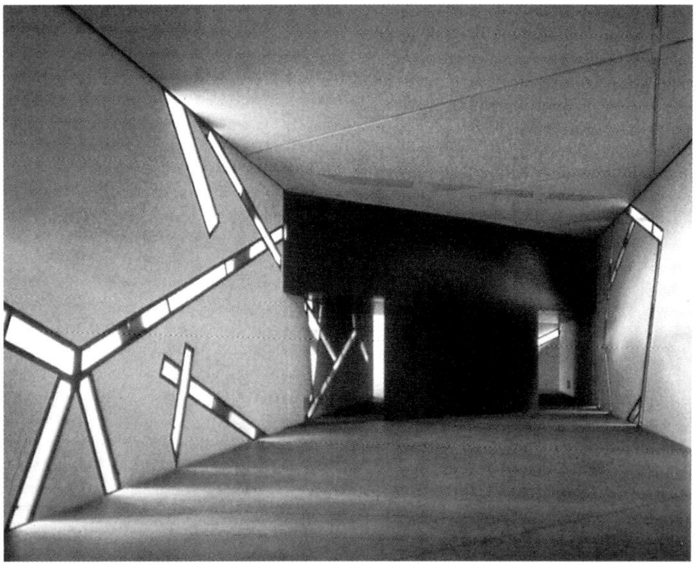

DANIEL LIBESKIND, JEWISH MUSEUM, BERLIN, interior view / JÜDISCHES MUSEUM, BERLIN, Innenansicht.

with." I really like this idea of connection and contact, which also has a sense of tact and tactics built in. Film is so incorporeal and yet extraordinarily present as a means of communication, as a way of being "in touch." When I use the idea of the haptic I am referring not just to the touch of the hand but the way we feel. One can be "touched" in so many ways. Again, it's in the language, "touch" is both emotional and physical. The sense of touch I am talking about is also the materiality of the light, the way it can make space, like when you turn and look at the projector and actually see this light.

It is an experience materialized in Anthony McCall's installation LINE DESCRIBING A CONE (1973). Here, a film is projected onto the wall of a darkened room: a slim pencil of light slowly evolves into a large balloon cone; the projection appears as a circle drawn on the screen, while the light fills the space with the appearance of three-dimensional form. This work makes you experience the sculptural, haptic materiality of light. People reach out to touch it, move in, and traverse this light space with curiosity, attraction or trepidation.

TG: What about architecture?

GB: This is all about architecture. You can think about the haptic from the point of view of architecture because architecture demands use, tactile appropriation. Architecture, like film, is about circulation—passage through light spaces. It is read as it is traversed by light. As we go through it, it goes through us and our own inner geography. Film, the screen of light, is itself an architecture of movement. It is only fitting, then, that contemporary architects think cinematically. Architects now build walls that are screens, they dissolve the façade, mold and melt the tectonics of building, mobilize space, and create kinematic architecture, as in Daniel Libeskind's Jewish Museum. This is not just about visuality. This screen is not a mirror. It is a different, haptic architecture. It is a cultural fabric, whose porous texture holds the passage between inside and outside. So we can't really understand architecture, or film, if we simply consider them a viewing apparatus, a mere double of the mirror. Nor can we grasp their conjunction if we restrict ourselves to the optic paradigm of the gaze. That is one of the ways the theory of the gaze is limiting. If we understand the screen as that kind of architectural wall, and that the interior and exterior are in a sense permeable, we can start thinking about architecture and visual art in a different way, more interconnected.

TG: This reminds me of the moment when you discuss the desire for glass walls before it was possible to have them in residences. I think it's in your discussion of panoramic wallpaper in the nineteenth century.

GB: Yes, that's precisely one of the ways in which walls begin to become screens. People covered the insides of house with scenes of the exterior. It was an amazing effect. You'd be sitting in your living room and yet you were a part of the city, you had a boulevard of Paris on your wall, or a garden.
TG: Although much of your book is about pre-cinematic and affective mobility, at the end of the book you discuss contemporary art. In particular you make the claim that the genealogical life of film is being "extended and distended" in the space of the contemporary art gallery. I've been pretty disappointed by contemporary artists' work with film. Cinema is regarded as mostly content and as such cinema is lost. I think people like Douglas Gordon don't understand cinema. I have just two words: Michael Snow. He is an artist dealing with the issues you raise in an incredibly funny, historical, cross-disciplinary, mind-expanding way.
GB: I understand what you are saying and I don't disagree. Cinema is dead which is why it's alive. Ghosts have tremendous power. Isaac Julien is also an example of an artist who understands the cinema, and demonstrates what can be done with cinema and art. But my interest is different. I am looking at how film has become a kind of vocabulary, a grammar, and an archive for contemporary artists. When I saw Douglas Gordon's HYSTERICAL (1995) at the Guggenheim a few years ago, when he won the Hugo Boss prize, it was really shocking because it is a film that I know, that I have worked on. It was lost in an archive. All of a sudden here it was. And I thought to myself, there is nothing wrong with this. Another generation can enter into this world, and immerse and recycle our archive of images into something.
TG: The "something" is the issue. But you have a point. I guess archiving image and time (as in Gordon's 24 HOUR PSYCHO, 1993) just doesn't seem very meaningful to me.
GB: But there is meaning. It means people are going back and saying, "Wait a minute, where did this film come from? What was its relation to hysteria? How is it connected to the very making of cinema in relation to this culture of psychoanalysis?" But, I agree with you, it doesn't necessarily lead to any profound statement about cinema. However, this exhibition of moving images does show that the museum and museographic culture gave rise to installation art. The museums themselves stand behind the very origin of film. They were constructed as a sequence of vitrines to be looked at in motion: panorama paintings, dioramas, museographic culture were moving images. It is the mapping of such genealogies rooted in display that informs film "exhibition" and its extended life in art installation. Pre-cinema and post-cinema are linked.
TG: Let's talk about Gerhard Richter's ATLAS (1962–ongoing). You take us on a cinematic tour of this massive work.
GB: What I find interesting in Richter's ATLAS is precisely the fact that it doesn't move, yet it constructs, or better depends, on a cinematic engagement that comes from the way his ATLAS constructs the room, and "makes room" for us.
TG: It is a compelling argument, but I don't know if I am convinced. Tell me about your experience with it.
GB: When it was in New York at the Dia Center for the Arts in 1995, I was "transported" by it. The more I moved through the images, the more I felt I was living inside the artwork. And this sensation was produced by the manner of reception it forced me into. I didn't just move through the gallery space as one usually does. I had to move with the images. It only made sense as an artwork if I moved, closely within it. I started seeing the subtle difference between one picture and the next. The images of Richter's ATLAS are not singular instances. They are displayed on the wall like the 24 frames per second of film. Remember film is just separate frames transformed into motion and emotion only when it is forced to move through the projector. With Richter's ATLAS, we begin to see it as movement—the diffraction and slight difference between one photograph and the next. The exterior panoramas are all very similar, yet subtly different. And then comes the revelation: Slowly you see that what is being shown to you is not just an external landscape, but someone's mind! You can feel the inner workings of memory, imagination, and emotion. You gain access to an intimate geography.
TG: You make me think of that wonderful Alain Resnais documentary about the Bibliothèque Nationale, where the mobile camera turns the architec-

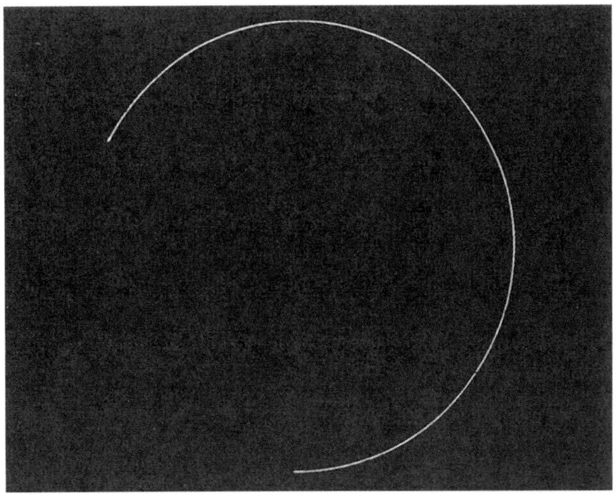

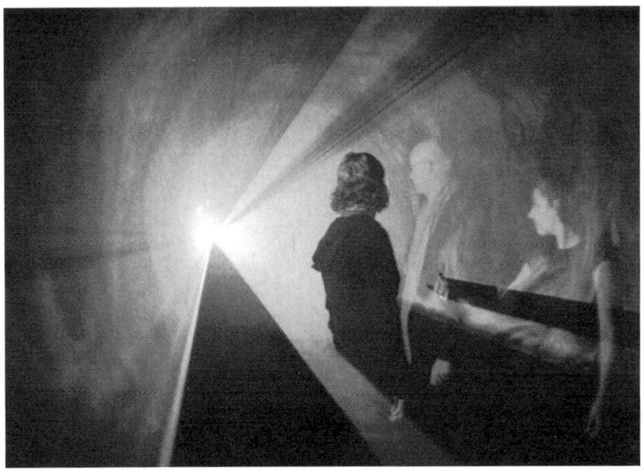

ANTHONY McCALL, LINE DESCRIBING A CONE, 1973, film still and installation view at the exhibition "Into the Light: The Projected Image in American Art 1964–1977," Whitney Museum, New York, 2002 / LINIE, DIE EINEN KEGEL BESCHREIBT, Filmstill und Installationsphoto. (PHOTO: HANK GRABER, 2002)

ture and books into an archive of the mind. But what you are saying with Richter is that it's the viewer's relationship to the space and the images that produces the cinematic effect. Space plus motion plus body equals emotion, equals a cinematic experience.

GB: I believe in Eisenstein's notion that all cinema happens in your head. It is not the authorial gesture as such, but the reception that is inscribed in the montage of images. And of course this is all connected to Richter's investigation of photography. Richter is an artist for whom the twentieth century was crucial. The photographic image that also created motion pictures isn't an unmitigated presentation, but a representation of a representation. And for someone who obviously loves modernity the ATLAS becomes one of those artworks that opens up unconscious optics. ATLAS is an archive, like cinema is an archive, but it is an ever-moving archive that can never be finished. It is akin to the *Mnemosyne Atlas* of the art historian Aby Warburg (1866–1929). Like Richter's version, Warburg's own atlas of memory is a moving collection of images, mounted on panels. They both map the movement of life, with life in motion. Just like a movie.

TG: Which leads me to the question that ends the book and now our conversation: the question of the subject. Ultimately when discussing emotion we are talking, or can only talk, about an individual's experience. *Atlas of Emotion* must walk a treacherous high-tension wire leading from the general to the singular and back again.

GB: That was exactly the challenge because I am obviously fascinated by the grand theory and the rigor of constructing one but I believe the subjective should never be eliminated from the scholarly.

TG: So your *Atlas of Emotion* begins with the narrative itinerary of your medical body and ends with your voice and your body "mapping" the city of Naples, a city steeped with cinematic resonance, and the city in which you were born. Your purpose is very clear: this map of my emotions, movements, and desires. What I like and wonder how it will be received is how *de rigueur* such language and conceptual focus are in academic critical theory. I mean I'd describe you as a romantic, and *Atlas of Emotion* as a radical kind of twenty-first century Romantic theory!

GB: Romanticism, like the picturesque, is another dubious term, worth the challenge of remapping and reinventing. I guess I like the sentimental. But to be serious, I can't write something that is not a part of my own personal map. Writing has always been a kind of grafting, a cartography. It has been a journey of discovery and understanding, the laying out of my emotion, an atlas of my emotion.

1) Giuliana Bruno, *Atlas of Emotion: Journeys in Art, Architecture and Film* (London/New York: Verso, 2002), p. 6.

Die Muse in Bewegung

GIULIANA BRUNO WANDERT MIT DER ZUNGE DURCH IHREN «ATLAS OF EMOTION»

THYRZA NICHOLS GOODEVE

Ich kann nicht sehen, doch ich kann tasten.
– Eine Frau aus Brooklyn, New York (Oktober 2002)

Ich wurde in Neapel geboren, einer Stadt voller Ausblicke, Panoramen und Labyrinthe.
– Giuliana Bruno

THYRZA NICHOLS GOODEVE: Der *Atlas of Emotion* enthält so viele Informationen, so viele Bilder und ist eine grandiose Reise für jeden Leser; beginnen wir mit der schwierigsten Frage überhaupt: «Worum geht es?»

GIULIANA BRUNO: Es ist eine Kulturgeschichte des Raums, die sich speziell mit der Beziehung zwischen Empfindung und Raum befasst. In dem Buch überschneiden sich mehrere Disziplinen: Kulturgeographie, Kunst, Architektur, Design, Kartographie und Film. Inspiriert hat mich eine imaginäre Karte, die Madeleine de Scudéry 1654 zu ihrem Roman *Clélie* entworfen hat. Sie empfing jeden Samstag Gäste in ihrem Salon, die dort gemeinsam zu schreiben und zu zeichnen pflegten. Aus dieser auch Frauen zugänglichen kreativen Zusammenarbeit entwickelte sich ihre *Carte du pays de Tendre.* Sie hat also einen fiktionalen, gemeinschaftlichen Hintergrund, was für meine Theorie wichtig ist. Im weiteren Sinn zählt aber vor allem, dass diese Karte einer der ersten Versuche war, eine innere Landschaft zu visualisieren und räumlich darzustellen.

TG: Du beschreibst Film als «emotionale Reise», in deren Verlauf «Orte ihre Gestalt verändern». Mit anderen Worten, das Kino bestimmt und prägt unser Ortsempfinden in dieser Welt.

GB: Das Kino ist voller Orte, die ihre Gestalt verändern und zu emotionalen Realitäten unserer individuellen Geschichten werden. Ich glaube auch, dass jede Landschaft eine Konstruktion unseres Geistes ist und umgekehrt. Es sind jedenfalls diese emotionalen begrifflichen Realitäten, die einen Ort ausmachen. Der filmische Raum bewegt sich nicht nur durch Zeit und Raum oder eine narrative Entwicklung, sondern auch durch den inneren Raum. Deshalb schreibe ich in meinem Buch *(e)motion* und *(e)motion pictures.* Auch das griechische *kinema* bedeutet sowohl Motion wie Emotion (räumliche und innerliche Bewegung).

TG: Damit sind wir bei deiner Auffassung von Kino angelangt. Offensichtlich ist Film für dich sehr viel mehr als nur eine technische Errungenschaft, eher ein erkenntnistheoretisches Feld – eine bestimmte

THYRZA NICHOLS GOODEVE ist Schriftstellerin und lebt in Brooklyn, New York. Sie ist die Autorin von *How Like Leaf* und *Ellen Gallagher,* beide erschienen bei Anthony d'Offay.

GIULIANA BRUNO unterrichtet *Visual & Environmental Studies* an der Harvard University. Ihr vorangegangenes Buch *Streetwalking on a Ruined Map* wurde 1993 mit dem Katherine-Kovacs-Preis als bestes Buch zur Filmtheorie ausgezeichnet.

Art zu sehen und zu verstehen –, eine Vorstellung, die ich teile. Aber du beschreibst Kino auch als ontologisches Phänomen, als eine Form des in der Welt Seins. Ist Emotion für dich das, was das Epistemologische und das Ontologische miteinander verbindet und das Kino in etwas verwandelt, was du einen «Habitus» nennst?

GB: Ja, so ist es. Wenn ich sage, dass Bilder und Filme beeinflussen, wie wir uns und unsere Umgebung wahrnehmen, dann schliesst das die Welt der Affekte mit ein. Kino wieder mit dem griechischen Begriff *kinema* in Verbindung zu bringen, mit dessen Verknüpfung von Motion und Emotion, heisst, es nicht nur als kognitives Medium zu betrachten. Es bedeutet, Wissen und Gefühl zu verbinden zu einer bestimmten Weise, sich durchs Leben zu bewegen. Wie die Architektur steht auch der Film für erlebten Raum. Dieser bewohnte Raum verändert sich laufend durch seine Nutzung. Ein solcher Habitus des Bewohnens ist verkörperte (E)motion. Der geopsychische Raum ist eine in stetem Wandel begriffene Landkarte, eine Karte der Bewegungen. Bewegliche Bilder sind ein Teil in diesem Gewebe des sich in Bewegung Befindlichen.

TG: Wusstest du, dass Yvonne Rainer ihren Wechsel vom Tanz zum Film mit dem Moment der «Emotion» begründete? Man sagt auch, «das hat mich sehr bewegt». Die Etymologie der Worte, die du verwendest, ist wirklich erstaunlich.

GB: *Camera* bedeutet im Lateinischen Kammer, Zimmer; die *Camera obscura* ist also eigentlich ein Raum – eine «Konstruktion zum Zwecke des Betrachtens».

TG: Mich hat das verblüfft. Etwas vom Wichtigsten in deinem Buch ist tatsächlich, wie du von einer optischen Idee des Kinos zu einer haptischen kommst und Film mit Architektur in Verbindung bringst. Ich möchte dich hier deshalb ausführlich zitieren:

Er (der «Atlas of Emotion») *ist eine Untersuchung, die die Vorrangstellung des Auges in Frage stellt und einige allgemein gültige Annahmen hinterfragt. Wie die Architektur gilt auch der Film allgemein als visuelles Medium. Dieses Buch hingegen versucht zu zeigen, dass Film und Architektur eine haptische Angelegenheit sind, und entwickelt ihre räumliche Verknüpfung auf taktilem Weg... Dabei wird die starre optische Geometrie, die für den herkömmlichen Voyeur im Kino massgebend war, zum bewegten Vehikel der Voyageuse.* [1)]

GB: Deshalb muss diese Diskussion Architektur, visuelle Künste und Kino mit einschliessen. Die räumlichen Künste sind zwangsläufig haptisch, da wir den Raum und unseren Platz in ihm mit dem Tastsinn entdecken und erforschen. Versteht man sie aber als taktile Verhältnisse im weitesten Sinn des Wortes, und nicht bloss als solche eines Sehens, das sich in einer engen binären Subjekt/Objekt-Beziehung erschöpft, dann kann man dem Haptischen in der europäischen Moderne und darüber hinaus wieder seine rechtmässige Geltung verschaffen.

TG: Wie weit kann man in Bezug auf den Film von Tastsinn und Beweglichkeit sprechen, wo Film doch nicht greifbar, sondern einfach nur Licht ist?

GB: Betrachten wir doch den Begriff des Haptischen noch einmal genauer. Etymologisch geht er auf das griechische «in Kontakt kommen mit» zurück. Mir gefällt diese Vorstellung von Verbindung und Kontakt, in dem auch Takt und Taktik anklingt. Film ist völlig unkörperlich und gleichzeitig ausserordentlich präsent als Kommunikationsmittel, als Möglichkeit, «in Kontakt» zu sein. Wenn ich vom Haptischen spreche, denke ich nicht nur an eine Berührung mit der Hand, sondern auch daran, wie wir uns fühlen. Man kann auf viele Arten «berührt» sein. Wieder hilft uns die Sprache weiter: «Berühren» ist sowohl etwas Emotionales wie Körperliches. Der Tastsinn, den ich meine, ist auch in der «Stofflichkeit» des Lichts enthalten, in der Art, wie es Raum erzeugen kann, wenn man sich zum Beispiel umdreht und den Projektor anschaut und diesen Lichtstrahl tatsächlich sehen kann.

Es ist eine Erfahrung, die in Anthony McCalls Installation LINE DESCRIBING A CONE (Linie, die einen Kegel beschreibt, 1973) konkret zum Ausdruck gebracht ist. Ein Film wird an die Wand eines abgedunkelten Raums projiziert: Ein dünner Bleistiftstrich aus Licht entwickelt sich langsam zu einer riesigen Kegelwölbung; die Projektion erscheint als Kreiszeichnung an der Wand, während das Licht den Raum wie eine dreidimensionale Form ausfüllt. Diese Arbeit lässt einen die skulpturale, haptische Stofflichkeit des Lichts spüren. Voller Neugierde, Faszination oder auch Scheu strecken die Leute die

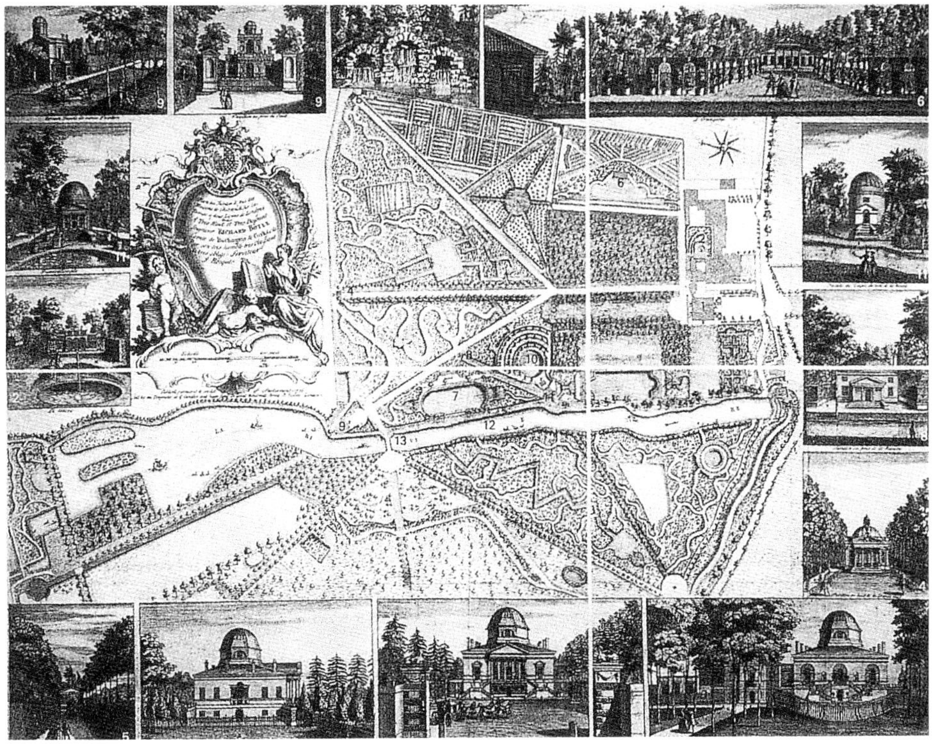

JOHN ROQUE, GARDEN PLAN OF CHISWICK HOUSE, MIDDLESEX, 1736, a mobile map describing a movement in space (a walk through the garden) / PLAN DES GARTENS VON CHISWICK HOUSE, eine Karte, die Bewegung (einen Spaziergang durch den Garten) aufzeichnet. (IMAGE FROM / BILD AUS "ATLAS OF EMOTION")

Hände aus, um diesen Lichtraum zu berühren, in ihn einzutauchen und durch ihn hindurchzugehen.
TG: Wie steht es mit der Architektur?
GB: Es geht dabei immer um Architektur. Man kann das Haptische vom Standpunkt der Architektur aus betrachten, denn Architektur impliziert den Gebrauch, die taktile Inbesitznahme. Wie beim Film geht es auch bei der Architektur ums Zirkulieren – um das Durchqueren von Lichträumen. Die Anwesenheit des Lichts macht sie erst lesbar. Und während wir durch sie hindurch gehen, geht sie durch uns und unsere innere Geographie hindurch. Und Film, die lichte Leinwand, ist selbst eine Architektur der Bewegung. Deshalb macht es Sinn, wenn zeitgenössische Architekten in Kategorien des Films denken. Inzwischen bauen Architekten Wände, die Projektionsflächen sind, sie lösen die Fassade auf, formen und modellieren die Tektonik eines Gebäudes, mobilisieren den Raum und schaffen eine kinematische Architektur; man denke an das Jüdische Museum von Daniel Libeskind. Dabei geht es nicht nur ums Visuelle. Diese Projektionsfläche ist kein Spiegel. Es ist eine andere, haptische Architektur, ein zivilisatorisches Gewebe, dessen poröse Beschaffenheit eine Durchlässigkeit zwischen Innen und Aussen erlaubt. Man kann also Architektur oder Film nicht richtig verstehen, wenn man sie nur als Instrument des Sehens betrachtet, als eine Art Entsprechung zum Spiegel. Und ebenso wenig begreift man, was sie verbindet, wenn man sich auf das optische Paradigma des Blicks beschränkt. Ein gutes Beispiel dafür, wie einengend eine solche Theorie des Blicks ist. Erst wenn wir die Leinwand als architektonische Wand betrachten und begreifen, dass die Grenzen zwischen Innen und Aussen durchlässig sind, können wir über Architektur und visuelle Kunst auf eine andere, zusammenhängendere Art nachzudenken beginnen.
TG: Ich erinnere mich, dass du in deinem Buch erwähnst, wie begehrt Wände aus Glas waren, als es noch nicht möglich war, sie in Wohnungen zu installieren. Ich glaube, es war im Zusammenhang mit den Panorama-Tapeten des neunzehnten Jahrhunderts.
GB: Ja, dabei wurden Wände allmählich zu Projek-

tionsflächen. Die Leute bedeckten das Innere ihrer Häuser mit Bildern von draussen. Der Effekt war erstaunlich. Man sass im Wohnzimmer und war gleichzeitig Teil der Stadt, man hatte einen Pariser Boulevard oder einen Garten auf seiner Wand.

TG: Obwohl in deinem Buch viel von prä-kinematischer und affektiver Mobilität die Rede ist, kommst du am Schluss auch auf zeitgenössische Kunst zu sprechen. Insbesondere stellst du die Behauptung auf, dass das genealogische Leben des Films im Raum der zeitgenössischen Kunstgalerie «erweitert und verzerrt» wird. Ich bin ziemlich enttäuscht von der Art und Weise, wie zeitgenössische Künstler mit Film umgehen. Film wird meistens mit Inhalt gleichgesetzt und damit geht das Filmische schlicht verloren. Meiner Meinung nach haben Leute wie Douglas Gordon keine Ahnung vom Film. Ich kann nur mit einem Namen aufwarten: Michael Snow. Das ist ein Künstler, der sich mit den Fragen, die du aufwirfst, auf eine äusserst amüsante, geschichtlich fundierte, interdisziplinäre und aufschlussreiche Weise beschäftigt.

GB: Ich weiss, was du meinst, und möchte dir auch gar nicht widersprechen. Das Kino ist wirklich tot und deshalb lebt es. Geister haben eine unglaubliche Macht. Isaac Julien ist ein weiteres Beispiel für einen Künstler, der etwas von Film versteht und zeigt, was man mit Kino und Kunst anfangen kann. Aber mein Interesse geht in eine andere Richtung. Ich untersuche, wie Film zu einer Art Vokabular wurde, zu einer Grammatik und einem Archiv für zeitgenössische Künstler. Als ich vor ein paar Jahren im Guggenheim Museum Douglas Gordons Arbeit HYSTERICAL (1995) sah, für die er den Hugo-Boss-Preis bekam, war das ein richtiger Schock für mich, denn ich kannte den ursprünglichen Film sehr gut, ich hatte mich bereits mit ihm auseinander gesetzt. Dann war er in einem Archiv verschwunden. Und plötzlich war er wieder da. Ich sagte mir, dagegen ist nichts einzuwenden. Eine neue Generation kann diese Welt betreten, kann in unser Bildarchiv eintauchen und etwas daraus machen.

TG: Ist nur die Frage, wie dieses «Etwas» aussieht. Aber du hast schon Recht. Vielleicht sagt es mir ein-

Pictures become an architecture/Bilder werden Architektur: GERHARD RICHTER, ATLAS (*1962–work in progress*), *Sheet/Tafel 234:* ROOMS/RÄUME, *1971.* (PHOTO: STÄDTISCHE GALERIE IM LENBACHHAUS, MÜNCHEN)

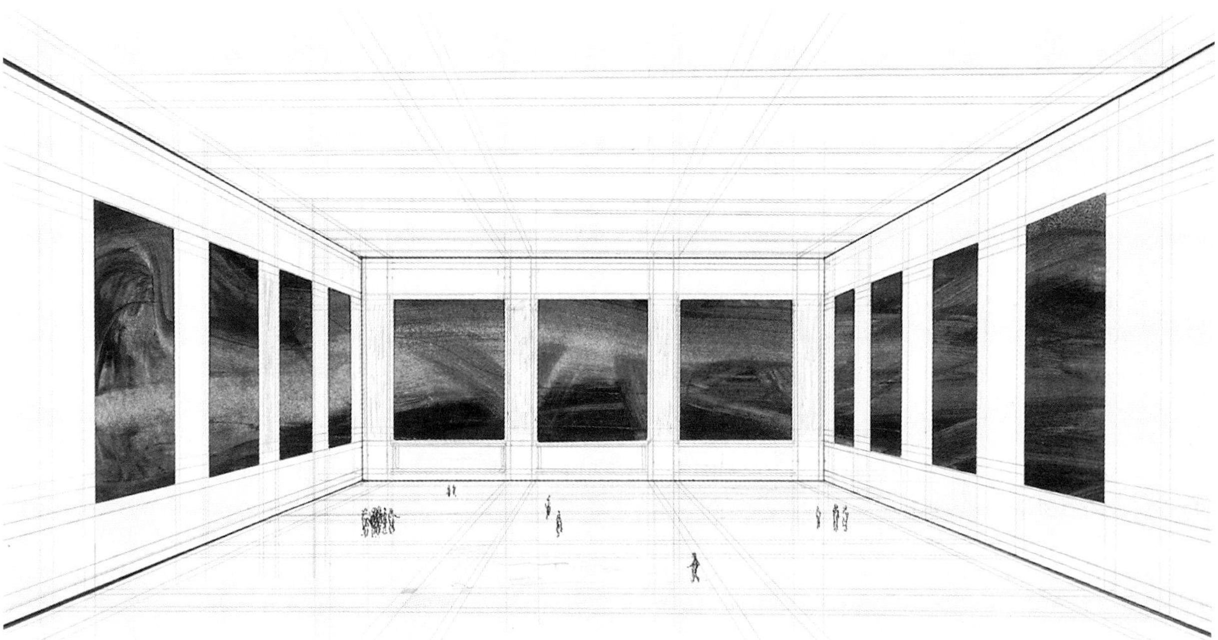

fach nichts, dieses Archivieren von Bildern und Zeit wie in Gordons 24 HOUR PSYCHO, 1993.

GB: Aber es hat schon einen Sinn und der ist, dass Leute sich zurückbesinnen und sagen: «Moment mal, woher kommt dieser Film? Was hat er mit Hysterie zu tun? In welchem Bezug steht er zum Filmemachen als solchem auf dem Hintergrund dieser psychoanalytischen Kultur?» Es stimmt aber schon, dass das nicht zwangsläufig zu wesentlichen Erkenntnissen in Sachen Kino führt. Trotzdem zeigt dieses Ausstellen bewegter Bilder, dass das Museum und die museographische Kultur Installationskunst erst ermöglicht haben. Die Museen selbst stehen am Anfang des Films. Sie waren als Aneinanderreihung von Schaukästen konzipiert, die man betrachtete, indem man sich an ihnen vorbeibewegte: Panoramabilder, Dioramas; museographische Kultur bedeutete bewegte Bilder. Die Struktur dieser Schaukastenvergangenheit ist an der Film-«Vorführung» und ihrem Fortleben in der Kunstinstallation nach wie vor ablesbar. Was dem Kino voranging und was ihm folgte, ist hier miteinander verbunden.

TG: Noch ein paar Worte zu Gerhard Richters ATLAS (1962– work in progress): Du führst uns auf einem kinematischen Rundgang durch dieses gewaltige Werk.

GB: An Richters ATLAS fasziniert mich genau die Tatsache, dass sich das Werk zwar nicht bewegt, aber trotzdem eine filmische Konzeption entwickelt oder besser von einer solchen abhängig ist; das zeigt sich in der Art und Weise, wie ATLAS den Raum gliedert und für uns «Raum schafft».

TG: Das klingt überzeugend, aber ich weiss nicht, ob ich tatsächlich überzeugt bin. Erzähl mir, wie du das erlebt hast.

GB: Als ich das Werk 1995 im New Yorker Dia Center for the Arts sah, war ich absolut «hingerissen». Und je mehr ich mich zwischen den Bildern bewegte, desto intensiver wurde das Gefühl in diesem Kunstwerk zu leben. Und diese Empfindung war durch die Art der Rezeption bedingt, die es mir aufzwang. Ich bewegte mich nicht wie gewöhnlich durch den Ausstellungsraum. Ich musste mich mit den Bildern bewegen. Als Kunstwerk machte es nur dann einen Sinn, wenn ich mich auch wirklich darin herum bewegte. Ich entdeckte die feinen Unterschiede zwischen einem Bild und dem nächsten. Die Bilder aus Richters ATLAS sind keine Einzelereignisse. Sie werden wie die 24 Bilder pro Sekunde im Film auf einer Wand gezeigt. Man muss sich dabei vor Augen halten, dass Film auch nur aus einzelnen Bildern besteht, die sich erst in Motion und Emotion verwandeln, wenn sie durch den Projektor gejagt werden. Bei Richters ATLAS beginnen wir die Bewegung zu sehen – die Diffraktion und den kaum wahrnehmbaren Unterschied zwischen einem Photo und dem nächsten. Die Landschaftspanoramas sind sich alle sehr ähnlich, trotzdem gibt es subtile Unterschiede. Und dann kommt die Offenbarung: Allmählich entdeckt man, dass man nicht nur das äussere Bild einer Landschaft betrachtet, sondern in jemandes Kopf hineinblickt. Man kann die inneren Vorgänge des Erinnerns, der Phantasie und Emotion fühlen. Man gewinnt Zutritt zu einer äusserst persönlichen Geographie.

TG: Das erinnert mich an diesen wunderbaren Dokumentarfilm über die Bibliothèque Nationale von Alain Resnais, wo eine bewegliche Kamera Gebäude und Bücher in ein Archiv des Geistes verwandelt. Aber was du über Richter sagst, heisst, dass erst die Beziehung des Betrachters zum Raum und zu den Bildern den kinematischen Effekt auslöst. Raum plus Bewegung plus Körper ist gleich Emotion, ist gleich filmische Erfahrung.

GB: Ich glaube, dass Eisenstein Recht hat, wenn er behauptet, Kino spiele sich in unseren Köpfen ab. In der Bildmontage ist weniger die auktoriale Geste als vielmehr die der Rezeption erkennbar. Und natürlich steht all das in enger Beziehung zu Richters Investigation der Photographie. Richter ist ein Künstler, für den das zwanzigste Jahrhundert eine entscheidende Rolle spielt. Das photographische Bild, das auch zum Film führte, ist keine unmittelbare Darstellung, sondern die Repräsentation einer Repräsentation. Für jemanden, der die Moderne liebt, wird ATLAS zu den Werken gehören, die unbewusste Wahrnehmungsweisen erschliessen. ATLAS ist ein Archiv, wie auch das Kino ein Archiv ist, doch eines, das immer in Bewegung bleibt und nie abgeschlossen sein kann. Es ist verwandt mit dem *Mnemosyne Atlas* des Kunsthistorikers Aby Warburg (1866–1929). Wie bei Richter ist auch Warburgs At-

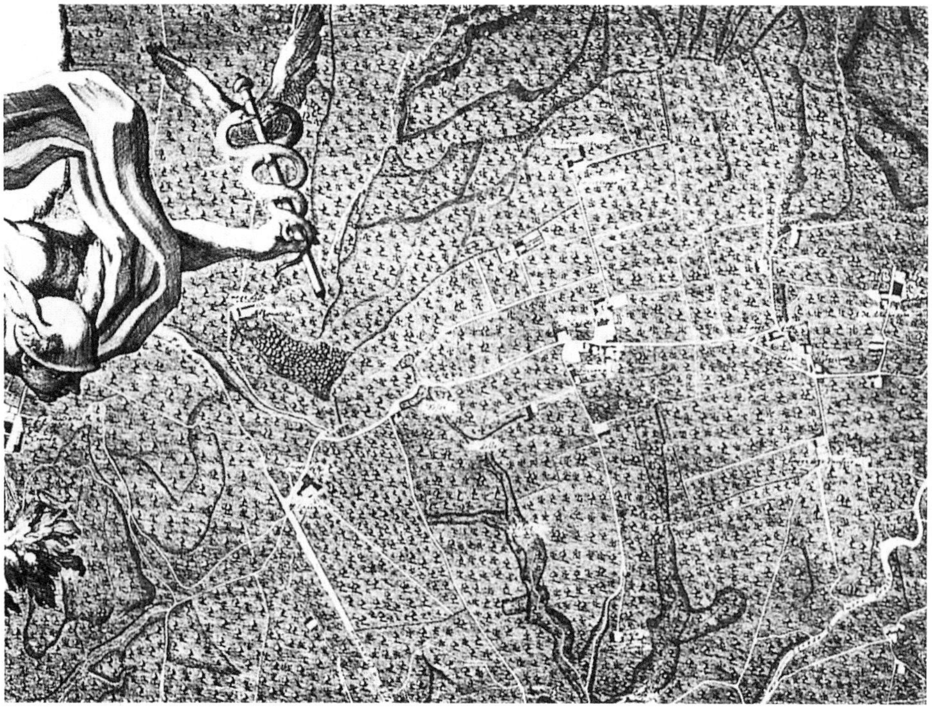

GIOVANNI CARAFA, DUKE OF NOJA, TOPOGRAPHICAL MAP OF THE CITY OF NAPLES AND ITS SURROUNDINGS, 1775, folio 9; detail of a moving map / TOPOGRAPHISCHE KARTE DER STADT NEAPEL UND IHRER UMGEBUNG, Blatt 9; Detail einer bewegten Karte.
(IMAGE FROM / BILD AUS "ATLAS OF EMOTION")

las der Erinnerung eine bewegliche und bewegende Sammlung von Bildern, die auf Holztafeln aufgezogen wurden. Beide verzeichnen die Bewegungen des Lebens durch ein Leben in Bewegung. Genau wie der Film.

TG: Womit sich die Frage aufdrängt, die am Ende des Buches und auch unserer Unterhaltung steht: Die Frage nach dem Subjekt. Letztendlich können wir, wenn wir über Emotion sprechen, nur über eine individuelle Erfahrung sprechen. Der *Atlas of Emotion* vollzieht einen gefährlichen Drahtseilakt, der vom Allgemeinen zum Einzelfall und wieder zurück führt.

GB: Darin lag natürlich genau die Herausforderung, denn natürlich faszinieren mich die grossen theoretischen Entwürfe und auch die Strenge solcher Gedankengebäude, aber meiner Meinung nach sollte das Subjektive in der Wissenschaft nie vernachlässigt werden.

TG: Dein *Atlas of Emotion* beginnt mit der narrativen Erkundung deines medizinischen Körpers und endet damit, dass deine Stimme und dein Körper die Stadt Neapel «kartographieren», eine Stadt, die im Kino beachtliche Resonanz fand, und zudem deine Geburtsstadt. Dein Ziel ist ganz klar: diese Landkarte meiner Emotionen, Bewegungen und Sehnsüchte. Was mir daran gefällt, ist das konsequente Durchhalten dieser Sprache und des konzeptuellen Blickwinkels im Rahmen einer akademischen kritischen Theorie; ich bin neugierig, wie das aufgenommen wird. Ich meine, ich würde sagen, du bist eine Romantikerin und der *Atlas of Emotion* eine Art radikale romantische Theorie des einundzwanzigsten Jahrhunderts!

GB: Wie das Pittoreske ist auch das Romantische ein etwas fragwürdiger Begriff, den neu zu umreissen und zu erfinden sich lohnen würde. Ich habe wohl einen Hang zum Sentimentalen. Aber im Ernst, ich könnte nichts schreiben, was nicht Teil meiner persönlichen Landkarte ist. Schreiben war für mich schon immer eine Art Übertragung oder Kartographie. Es war eine Entdeckungs- und Erkenntnisreise, diese Aufzeichnung meiner Emotion, eines Atlas meiner Emotion.

(Übersetzung: Uta Goridis)

1) Giuliana Bruno, *Atlas of Emotion: Journeys in Art, Architecture and Film*, Verso, London/New York 2002, S. 6.

ANGELA BULLOCH

BORN 1966 IN FORT FRANCIS, CANADA,
LIVES AND WORKS IN LONDON /
GEBOREN 1966 IN FORT FRANCIS, KANADA,
LEBT UND ARBEITET IN LONDON.

DANIEL BUREN

BORN 1938 IN BOULOGNE-BILLANCOURT,
FRANCE, LIVES AND WORKS IN SITU /
GEBOREN 1938 IN BOULOGNE-BILLANCOURT,
FRANKREICH, LEBT UND ARBEITET IN SITU.

PIERRE HUYGHE

BORN 1962 IN PARIS, FRANCE,
LIVES AND WORKS IN PARIS /
GEBOREN 1962 IN PARIS,
LEBT UND ARBEITET IN PARIS.

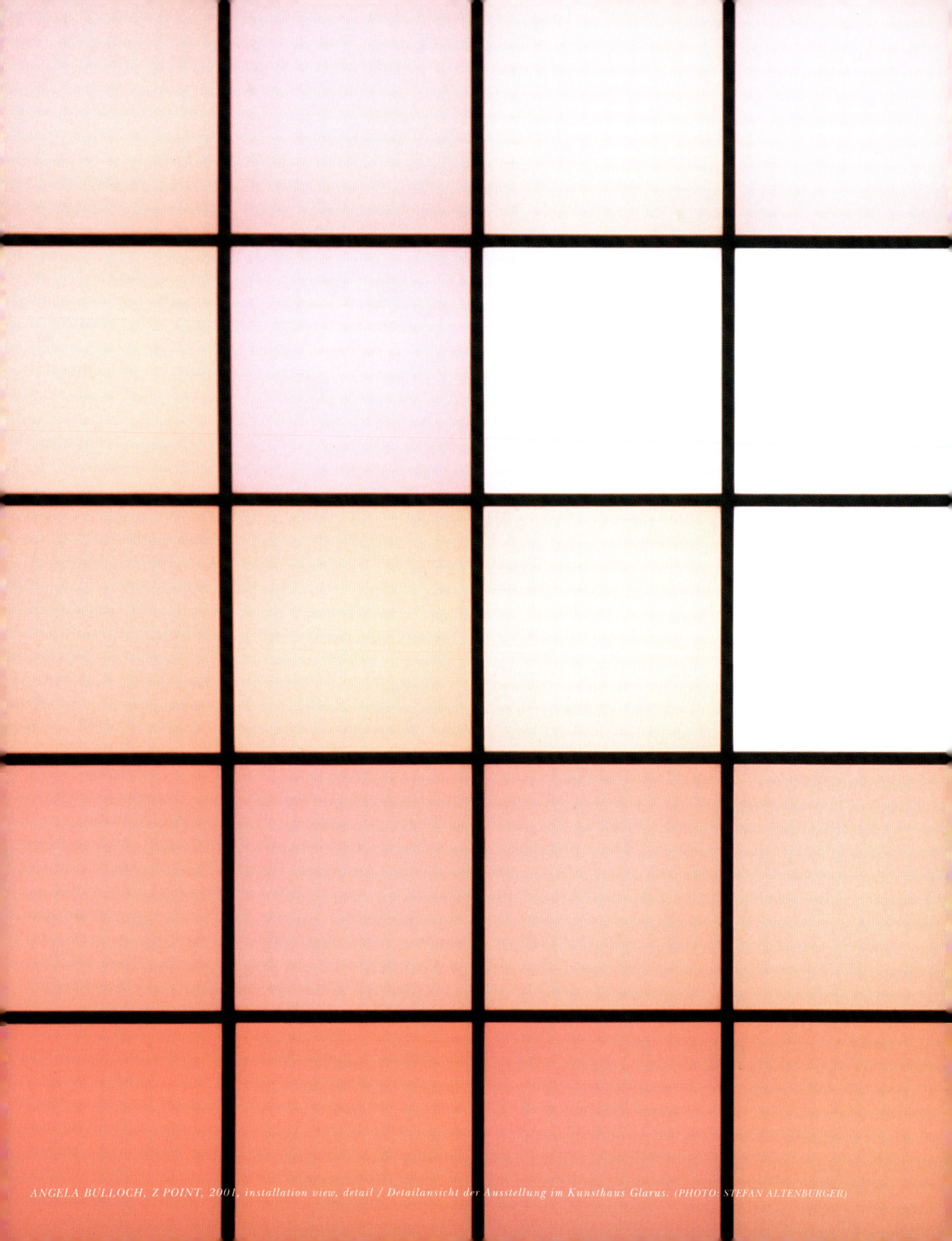

ANGELA BULLOCH, Z POINT, 2001, installation view, detail / Detailansicht der Ausstellung im Kunsthaus Glarus. (PHOTO: STEFAN ALTENBURGER)

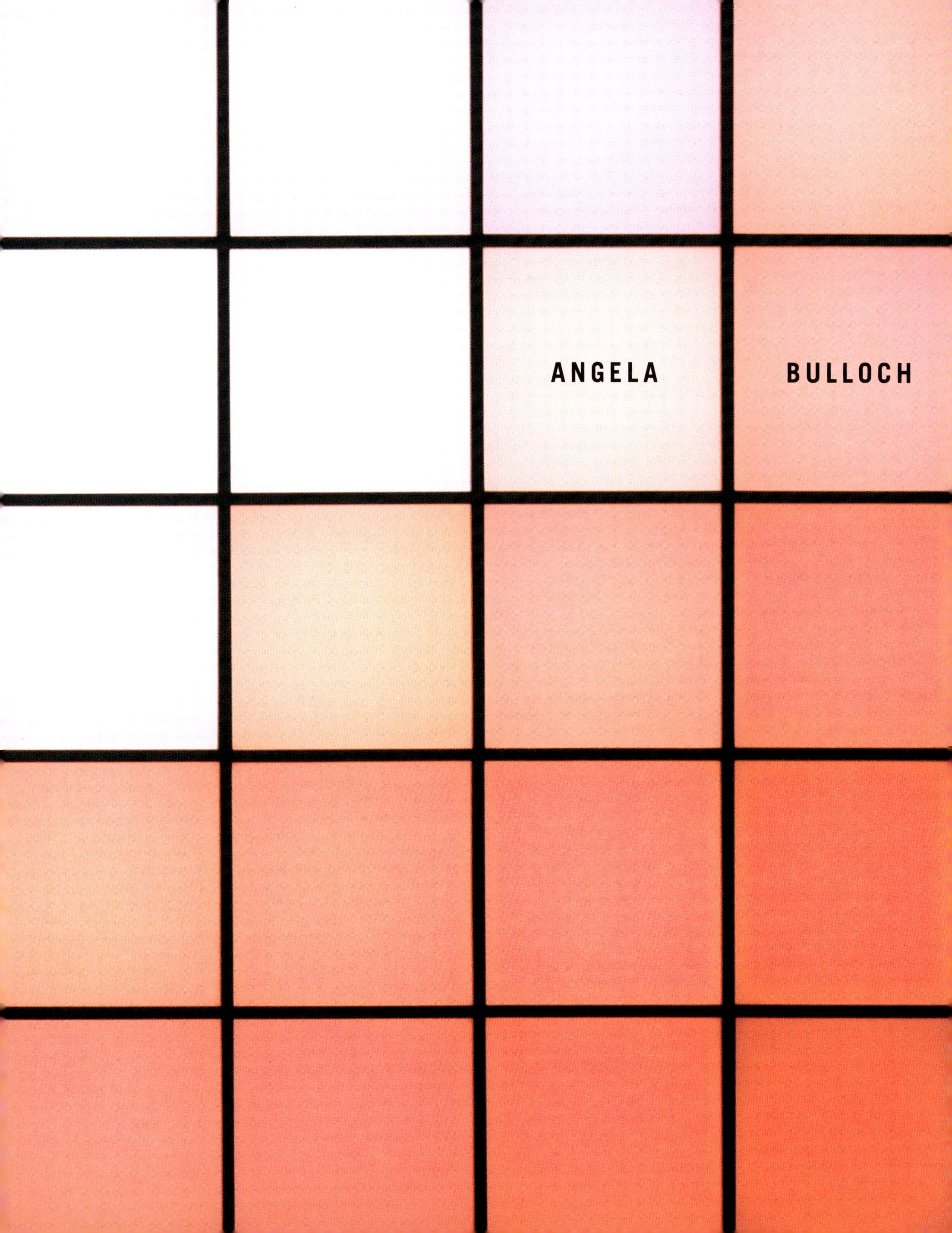

ANGELA BULLOCH

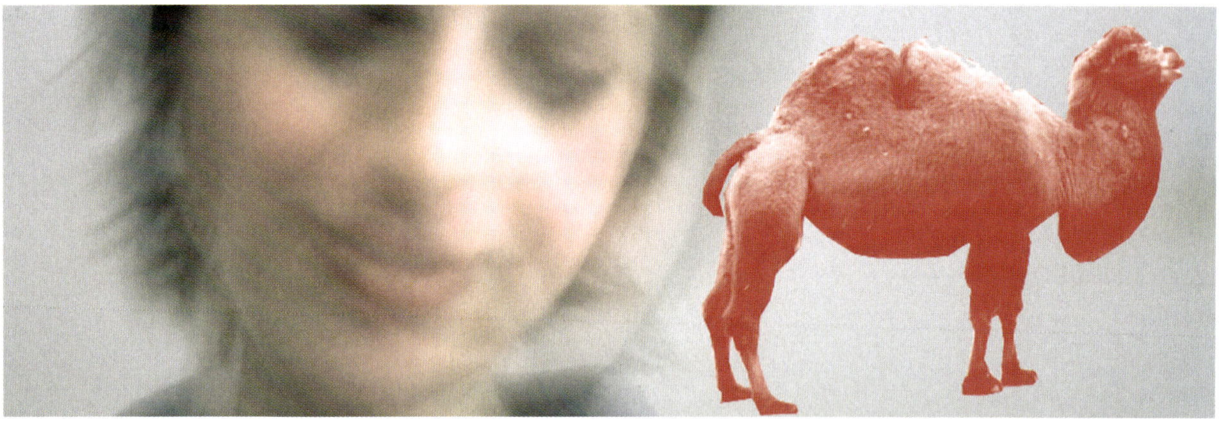

ANGELA BULLOCH, photo collage for / Photocollage für DUO-DROMEDAR, 2000.

JULIANE REBENTISCH

Angela Bullochs

Der Bezug auf die historische Minimal Art insbesondere in der Prägung von Judd und Flavin ist in Angela Bullochs neuesten Arbeiten – Installationen so genannter Pixel-Boxen – ebenso unübersehbar wie die medienreflexive Bezugnahme auf Film, Fernsehen und Digitalität durch die in ihnen installierte Technik. Die 50,8 x 50,8 x 50,8 cm grossen Boxen sind zu minimalistischen Skulpturen, Säulen oder ähnlich einfachen Formen – oft auch einzeln – im Raum arrangiert oder bilden grosse, in der letzten Zeit zunehmend kinoleinwandgrosse Flächen. Im Inneren der schlichten Holz- oder Plastikboxen, deren Glasfronten mit einer speziellen Lichtdiffusionsfolie verkleidet sind, befindet sich je ein RGB-Lichtsystem, bestehend aus einer roten, einer grünen und einer blauen Leuchtröhre, das wie ein Bildschirm 16 Millionen Farben zu generieren imstande ist. Nach einem von Bulloch gemeinsam mit Holger Friese entwickelten DMX-Modulsystem können die Boxen untereinander verbunden und mit jeder beliebigen Bildinformation programmiert werden. Ein Pixel ist bekanntlich die kleinste Einheit zur Darstellung eines Bildschirm-Bildes. Dem Verfahren, einzelne Pixel auf einen halben Quadratmeter zu vergrössern, entspricht eine extreme Reduktion in der Auflösung der jeweiligen Vorlage. Bei der Ausstellung der Pixel geht es mithin nicht darum, Details aus einem gegebenen Bild zu vergrössern, sondern darum, die jeweiligen Bildinformationen zu reduzieren. Was nach dieser Operation von einem bewegten Bild

JULIANE REBENTISCH ist wissenschaftliche Mitarbeiterin an der Fakultät für Kulturwissenschaften der Europa-Universität Viadrina in Frankfurt an der Oder und lebt in Berlin.

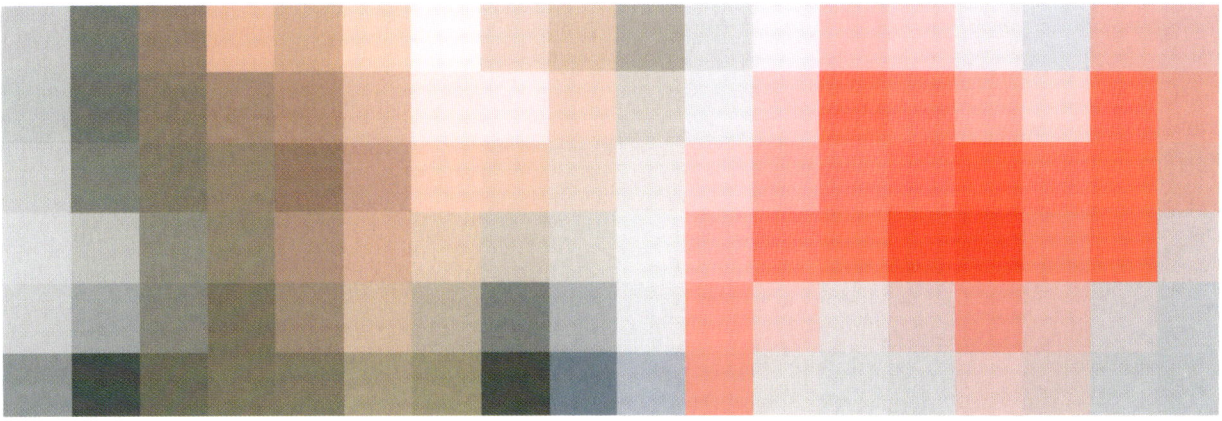

ANGELA BULLOCH, DUO-DROMEDAR, 2000, wall painting, 50 x 50 cm pixels, overall dimensions variable / Wandmalerei, Pixel von 50 x 50 cm, Gesamtgrösse variabel.

digitale Reduktionen

übrig bleibt, ist nur noch eine gerasterte Fläche, auf der Farben im ebenfalls reduzierten Rhythmus von nur einem Bild pro Sekunde pulsieren.

Diese Abstraktionsleistung ist nur unter digitalen Bedingungen möglich. Bullochs Bearbeitung von Antonionis *Blow Up* (BLOW_UP T.V., 2000) macht die Mediendifferenz zum Film explizit. Der Film handelt von den medialen Bedingungen der Photographie und damit auch des Films, von dem indexikalischen Verhältnis, das die Photographie zur Realität unterhält, vom *punctum* des Details und vom undurchdringlichen Geheimnis der Spur, die das Licht auf dem Material hinterlässt. In Bullochs Arbeit hingegen geht es um die Reflexion der digitalen Bedingungen in ihrer Konsequenz für Film und Photographie. Der Pixel verbirgt keine Informationen in seiner Oberfläche, das indexikalische Verhältnis zur Realität ist aufgelöst, die Bildinformation schier endlos manipulierbar.[1] Von dem bereits bei Antonioni an die medialen Grenzen seiner Allmachtsphantasien stossenden Photographen bleibt nach Bullochs digitalem Eingriff nur noch eine abstrakt gerasterte Farbfläche. Der Photograph liefert nurmehr Material für Programme, die von ihm und seiner Passion für die Realität, seinem Medium und dessen Geheimnissen a b s t r a h i e r e n .

Ebenso aber abstrahiert die Installation vom Film. Der filmische Fluss von 24 Bildern pro Sekunde ist in Bullochs Pixel-Installationen generell unterbrochen, Bewegungen sind im Modus von einem Bild pro Sekunde erahnbar, nehmen sich aber immer wieder in reine Farbereignisse zurück, auch und gerade dann, wenn die Vorlage so bekannt ist wie *Blow Up, The Matrix* (WORM IN; BULLET DODGE; BULLET STOP, alle 2001), die letzten acht Minuten von Antonionis *Zabriskie Point,* in denen Daria Halprin die Explosion der modernistischen Luxusvilla imaginiert (Z-POINT, 2001), Kubricks *2001* oder Bilder von der ebenfalls durch Antonionis *Zabriskie Point* berühmt gewordenen Landschaft The Artist's Palette in Death Valley, deren Namen Bulloch mit ihrer neuesten Installation HORIZONTAL TECHNICOLOUR (2002) wörtlich zu nehmen scheint. In den Pixelbox-Installationen wird das filmische Material der Latenz übereignet, es tritt hinter die minimalistisch inszenierten und ins leicht Milchige getauchten Farbabläufe zurück. Dennoch aber löst sich das Farbgeschehen nie endgültig von seinem Ausgangsmaterial: Es bleibt Abstraktion v o n etwas.

Nicht zuletzt der Soundtrack in einigen Installationen etabliert dieses Spannungsverhältnis zwischen dem Wissen um das Ausgangsmaterial auf der einen und dem Oberflächenreiz seiner digitalen Reduktion auf der anderen Seite. Der Soundtrack appropriiert jeweils ebenfalls das Ausgangsmaterial, dessen akustische Seite, die wie die filmische einer reduktiven Operation unterworfen wird: Wie bei jener geht es auch bei dieser darum, Informationen aus dem akustischen Material herauszufiltern. Bullochs Bearbeitung von Pink Floyds *Come in number 51, Your time is up* (dem Soundtrack der letzten Minuten von *Zabriskie Point*), für ihre Installation Z-POINT etwa, klingt ebenfalls irgendwie digital – eigentümlich flach. Andererseits aber evoziert der digital als Zitat markierte Soundtrack die berühmte Filmsequenz. Entsprechend erweist sich die Oberfläche der Pixelflächen als semantisch ausgesprochen dick; sie ist durchzogen von unseren filmischen Erinnerungen und deren affektiv gesättigten semantischen Horizonten. Wie an der Buchstäblichkeit eines

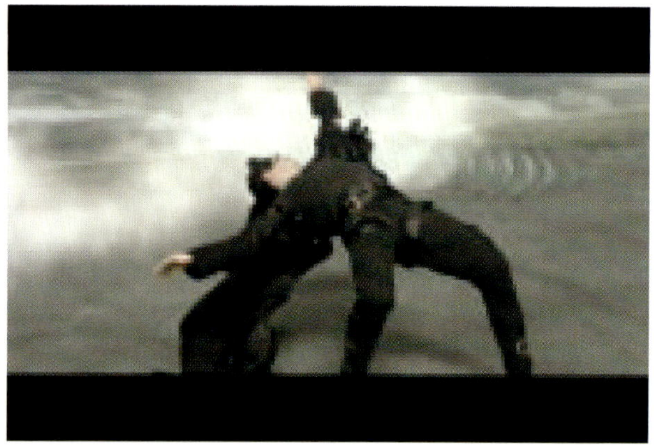

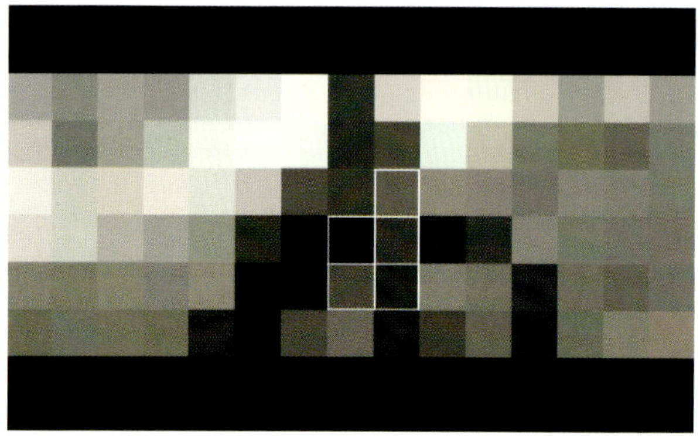

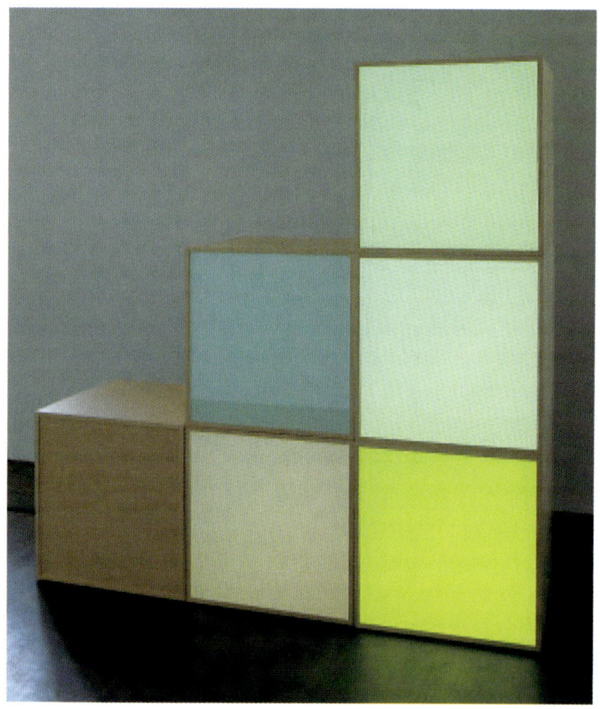

ANGELA BULLOCH, BULLET DODGE, 2001
Top / Oben: "Matrix," film still;
middle / mitte: "Matrix" time code 1:41:40;
bottom / unten: BULLET DODGE, 2001,
installation view, Magnani, London.
(PHOTO: MARCUS LEITH)

minimalistischen Kubus gleitet jedoch jeder Versuch, diese tatsächlich an die abstrakten Farbflächen zu heften, an deren Glätte ab. Entsprechend gehört auch der Sound nicht ebenso organisch zu dem farbigen Pixelraster wie der Originalsoundtrack zum Film. Abgelöst von einer filmischen Realität, deren Illusion er unterstützen könnte, erhält er in seiner digital bearbeiteten Variante vielmehr eine Eigendynamik. Er oszilliert zwischen der präzisen Bedeutung eines Geräuschs oder der semantischen Kodierung eines Tracks auf der einen und seiner Entleerung zu reiner Stimmung auf der anderen Seite. Im kongenialen Soundtrack, den David Grubbs für Bullochs Installation HORIZONTAL TECHNICOLOUR komponiert hat, geraten die Soundscapes aus Kubricks *2001* und Antonionis *Zabriskie Point* in eben dieses Spannungsverhältnis und mithin ästhetisch ebenfalls in Bewegung. Auf der visuellen Ebene entspricht diesem Ambient-Effekt – der Oszillation zwischen der präzisen Bedeutung eines Alltagsgeräuschs und dessen Auflösung zu reiner Stimmung – die Spannung zwischen dem noch in der extremen Abstraktion wahrnehmbaren, weil ausgesprochen kodierten Ausgangsmaterial einerseits und dessen Reduktion auf ein reines Farbereignis andererseits.

In HORIZONTAL TECHNICOLOUR reflektiert sich in diesem Spannungsverhältnis zugleich das von Abstraktion und Figuration, Flächigkeit und räumlicher Illusion. Sofern man die Pixelwand als abstrakte Malerei, als Abfolge von an sich statischen Farbflächen anschaut, die im strengen Rhythmus von einem Bild pro Sekunde wechseln, scheint ihre *flatness* (um mit Clement Greenberg[2)] zu sprechen) hervorzutreten: lauter Bilder, die in ihrem Sich-farbig-Ereignen nichts als ihre Zweidimensionalität vorzeigen. Beginnt man jedoch, die Pixelwand als Filmscreen zu sehen, erhalten die Farbflächen Räumlichkeit: Horizonte werden sichtbar, die Anordnung von helleren und dunkleren Farbflächen suggeriert Raumtiefe. Zunehmend werden die Räume oder Landschaften zu je bestimmten Räumen oder Landschaften: Kubricks meisterhafter Umgang mit dem Raum in der Kombination von drei Rottönen; Antonionis allegorische Landschaften in der Anordnung von Hellblau, Grün und Braun. Die Abfolge der Farbkombinationen erscheint nun nicht mehr beliebig, sondern präsentiert sich als potenziell erzählbarer Zusammenhang. Doch lassen sich solche Zusammenhänge, lassen sich die entsprechend möglichen Geschichten nicht objektivieren: Sie lösen sich immer wieder in der Wahrnehmung einzelner Farbfelder auf. Aber auch die Hingabe ans reine Farbereignis ist nun kontaminiert von Bedeutung: Sie lädt sich unter anderem mit der Erinnerung an die sehr spezifische psychedelische Sensibilität der 60er Jahre auf, welche die Filme von Kubrick und Antonioni exponieren, die aber auch latent – gleichsam hinter deren Rücken – die eigentümlich psychoaktive Wirkung der Minimal Art mitbestimmt hat.[3)]

Die unaufhebbare Spannung zwischen minimalistischer Oberfläche und semantischem Resonanzboden, wie sie für Bullochs Pixelarbeiten generell charakteristisch ist, erfährt in der digitalen Reduktion von Sendematerial des Nachrichtensenders BBC World eine weitere Zuspitzung (MACRO WORLD: ONE HOUR[3] AND CANNED, 2002): Jede Sekunde eine andere unglaublich attraktive Farbkombination – für die Mode gäbe es hier einiges abzuschauen. Und natürlich erinnert die Installation in ihrer milchglascoolen Hipness auch daran, dass die Prada Shops dieser Welt bereits von der historischen Minimal Art gelernt haben. Gerade die in Bullochs Installation auf die Spitze getriebene dekorative Qualität der minimalistischen Ästhetik aber enthält zugleich, jedenfalls potenziell, das ganze Gewicht der Welt und die Probleme seiner globalen Mediatisierung, ohne dass sich dies objektiv an der Installation ablesen liesse. Eben durch diese Spannung, die jeden bloss formalistisch-konsumistischen, aber auch jeden bloss an Inhalten orientierten Zugang verwehrt, besteht die genuin ästhetische Qualität von Bullochs Arbeiten, eben darin sind sie Kunst.

Dass dies eine Qualität ist, die sich erst mit Bezug auf die Instanz des Betrachters entfaltet, dass Kunst nicht jenseits der performativen Perspektive der ästhetisch Erfahrenden i s t, die dieses spezifisch ästhetische Spannungsverhältnis zwischen Form und Inhalt austragen, verweist erneut auf die Minimal Art. Allerdings sollte man die historische Leistung der Minimal Art, die konstitutive Rolle des Betrachters für die Seinsweise von Kunst im Medium der Kunst reflektiert zu haben, nicht mit der viel zi-

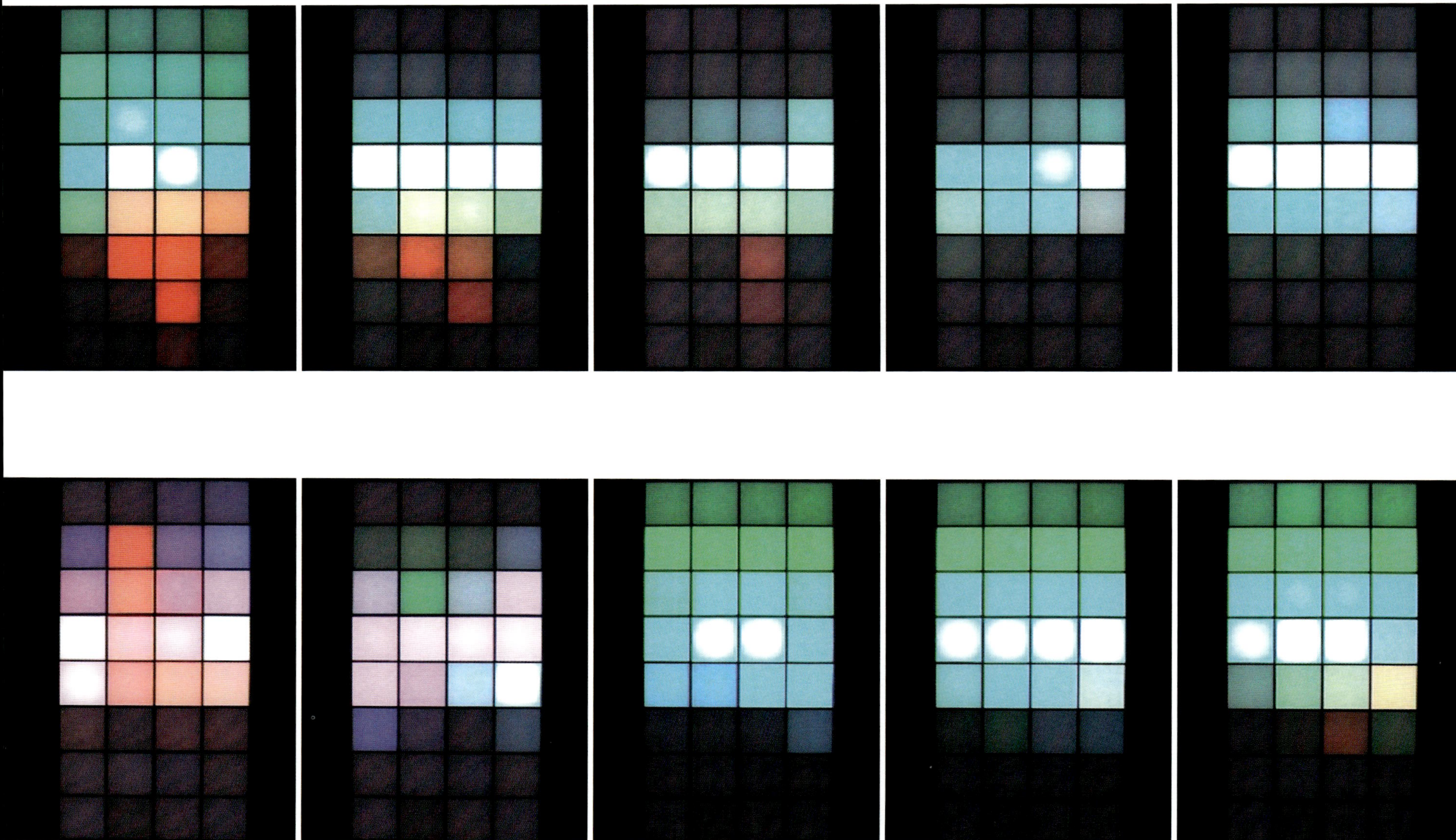

ANGELA BULLOCH, HORIZONTAL TECHNICOLOUR, 2002, Institute of Visual Culture, Cambridge. (PHOTO: RICHARD HEEPS)

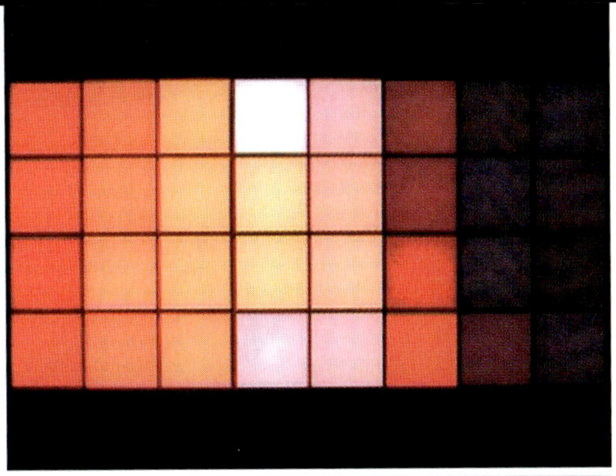
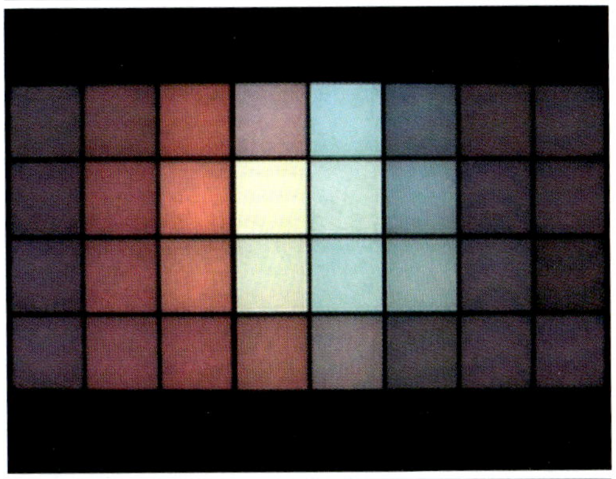
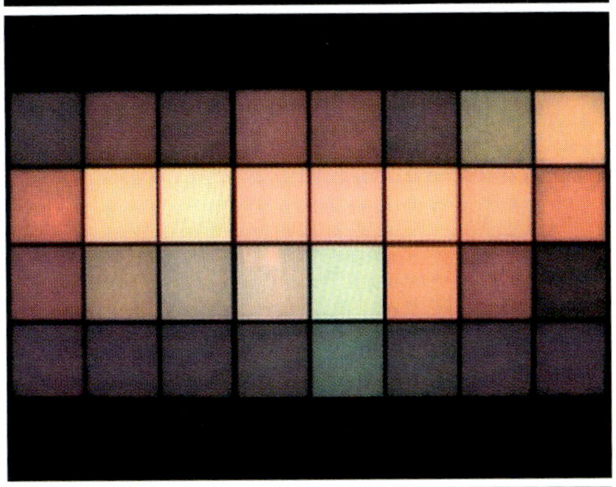
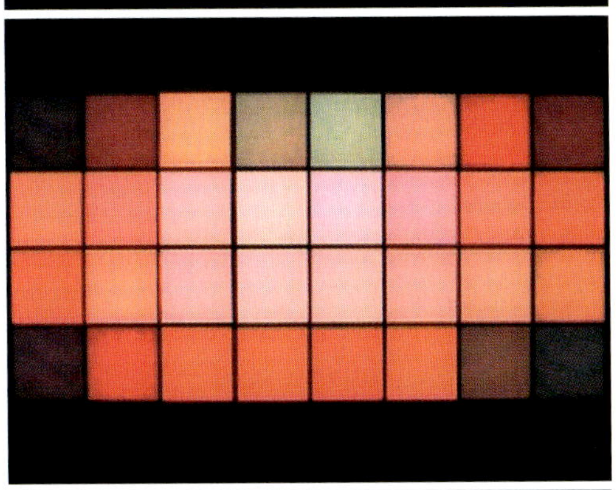
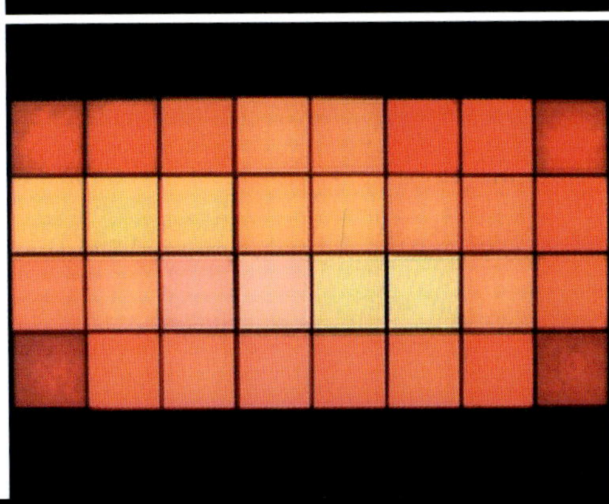
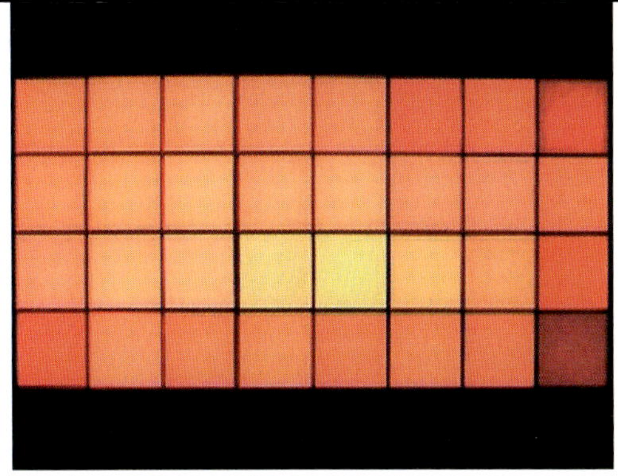
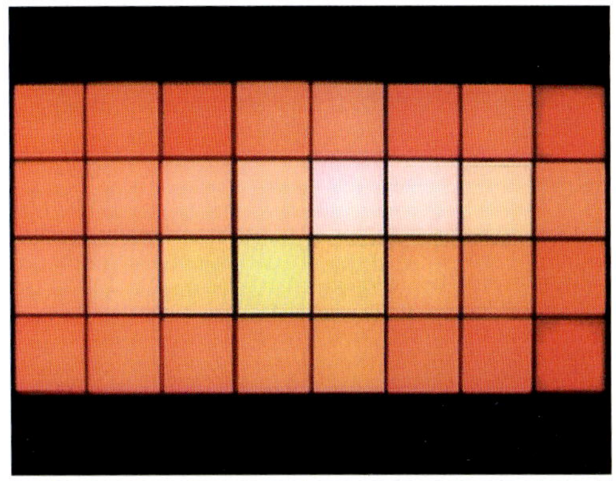
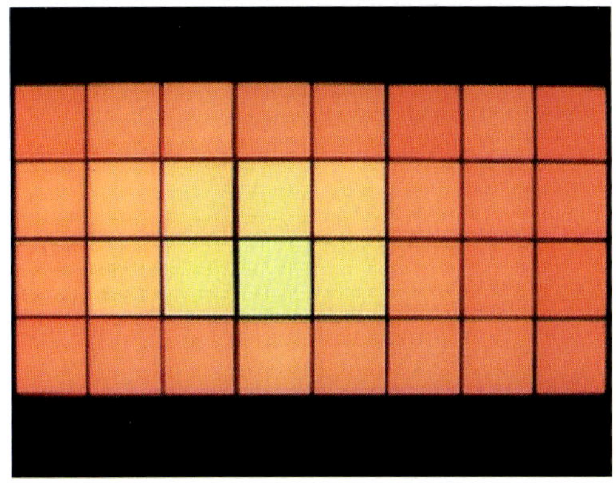
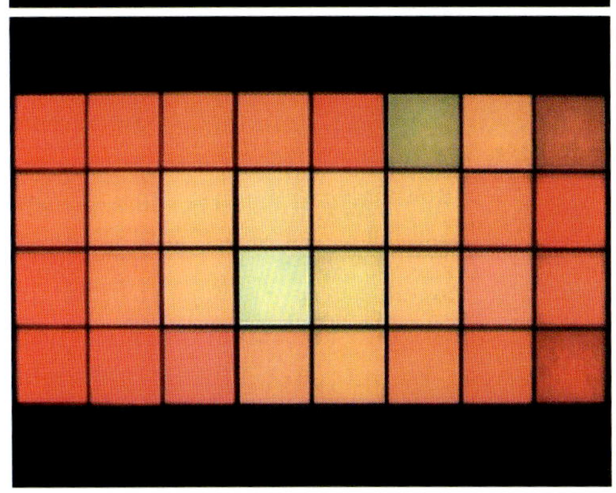
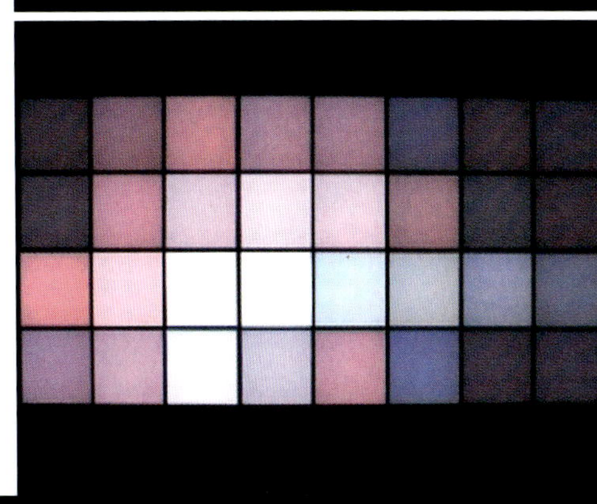

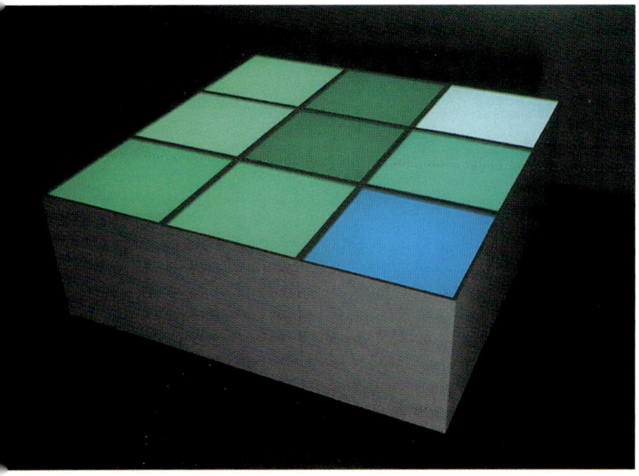
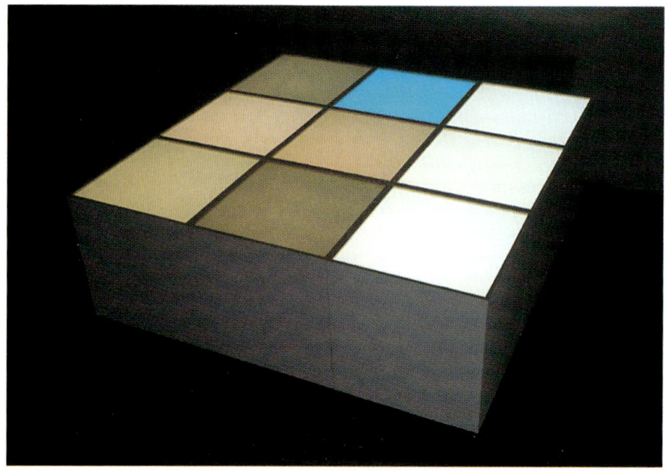

ANGELA BULLOCH, GEOMETRIC AUDIO MERGE, 2002, installation view, "Frequenzen (Hz) / Frequencies (Hz)," Schirn Kunsthalle Frankfurt. (PHOTO: CARSTEN EISFELD)

tierten Betrachtereinbeziehung gleichsetzen, zumindest dann nicht, wenn diese als Interaktivität missverstanden wird.[4] Bereits Bullochs Arbeiten aus den mittleren 90er Jahren haben ihr ironisches Spiel mit diesem – gerade im Zusammenhang mit der künstlerischen Verarbeitung der so genannten neuen Medien überaus verbreiteten – Missverständnis getrieben.[5] Das ästhetische Potenzial einer Arbeit erschöpft sich nicht im Durchschreiten installativer Arrangements oder im Auslösen technischer Prozesse. Vielmehr entfaltet es sich erst im Spiel der Bedeutungen, das durch eine Arbeit im Betrachter in Gang gesetzt wird. Entsprechend müssen bloss technische Beschreibungen auch im Falle von Bullochs Pixelbox-Arbeiten ästhetisch ins Leere laufen: W i e eine Arbeit technisch gemacht ist, sagt noch nichts darüber aus, w a s sie ist.

In Bullochs neueren Installationen gibt es immer einen gesetzt beiläufig mitausgestellten Backstage-Bereich, der auf die Technik im Inneren der minimalistischen Pixelboxen verweist. Jede der Boxen ist mit einer von Bulloch im Stil des HiFi-Technikdesigns der 70er Jahre gestalteten Rückseite versehen. Nicht nur verweist Bulloch im Gefolge der historischen Minimal Art so auf die industriell und quasi-industriell gefertigten Bestandteile ihrer Arbeit; sie aktualisiert damit auch die Frage nach dem geheimnisvollen Innen minimalistischer Objekte, die der positivistischen Ideologie *(What-you-see-is-what-you-get)* einiger ihrer Produzenten schon immer entgegenstand. Bulloch versucht diese Frage nun eben gerade nicht mit einem erneuten, diesmal technizistisch formulierten Positivismus zu beantworten. Vielmehr wird der inszenierte Hinweis auf die Technik im Inneren der Box hier selbst potenziell zum ästhetischen Material, zum Anreiz weiterer Bedeutungsproduktion. Das Geheimnis der minimalistischen Box, das hat Bulloch verstanden, war noch nie dadurch zu lüften, dass man sie aufschraubt um nachzusehen, was drin ist. Vielmehr besteht es in der unabschliessbaren Bewegung der Bedeutungsproduktion in den Prozessen der ästhetischen Erfahrung, durch die die Information über das Innenleben der Box sich zuweilen als entscheidender Kontext der Arbeit nach aussen zu kehren vermag – aber nur um sich im nächsten Moment als nebensächliche Information wieder ins Innen zurückzuziehen. Als ironischen Kommentar dazu, dass diese Logik – es ist die Eigenlogik des Ästhetischen – auch unter digital-technischen Bedingungen nicht ausser Kraft zu setzen ist, mag man die Rückseiten-Beschriftung der Pixelboxen lesen, auf der unter anderem die Ein- und Ausgänge für die entsprechenden Kabel technisch ausgewiesen werden: AC OUT/AC IN; DMX OUT/DMX IN.

1) Vgl. hierzu auch Jennifer Allen, «Angela Bulloch», in: *Artforum*, Februar 2001, S. 161.
2) Vgl. Clement Greenberg, «Modernistische Malerei», in: ders., *Die Essenz der Moderne. Ausgewählte Essays und Kritiken,* übers. von Christoph Hollender, hrsg. von Karlheinz Lüdeking, Verlag der Kunst, Amsterdam/Dresden 1997, S. 265–278.
3) Vgl. zur Verbindung von Minimalismus und Psychedelik Diedrich Diederichsen, «Psychedelische Begabungen: Minimalismus und Pop», in: *Timewave Zero/A Psychedelic Reader,* hg. v. Lionel Bovier und Mai-Thu Perret, JRP Editions/Revolver/Grazer Kunstverein, Frankfurt am Main/Genf/Graz 2001, S. 36–56.
4) Vgl. hierzu auch Juliane Rebentisch, «Mythos ‹Betrachtereinbeziehung›», in: *Texte zur Kunst* (40), Dezember 2000, S. 126–130.

ANGELA BULLOCH, PIXEL SOUND STACK, 2000, and back view of / und Rückansicht von ECHOLOCATOR, 2000.

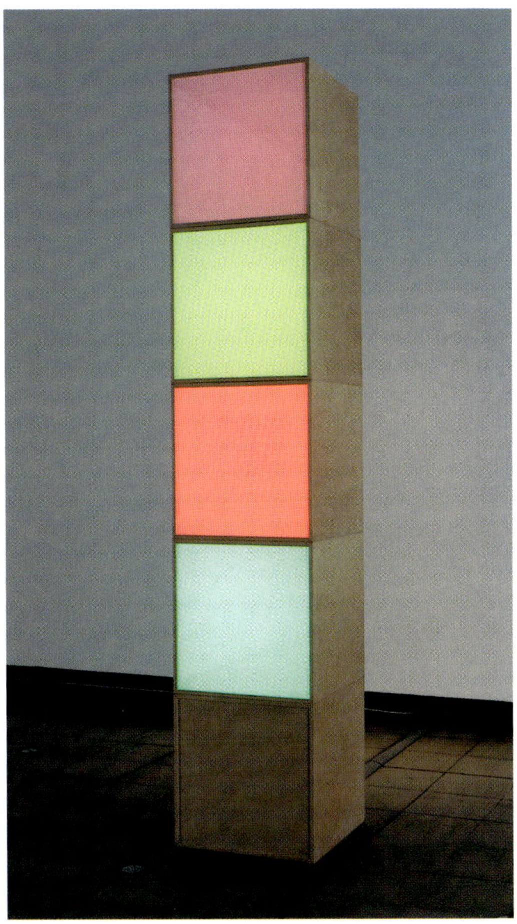

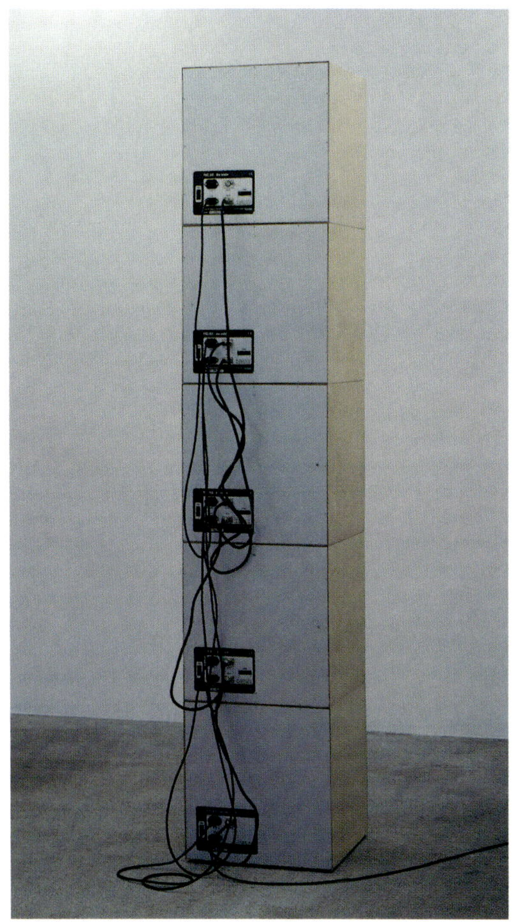

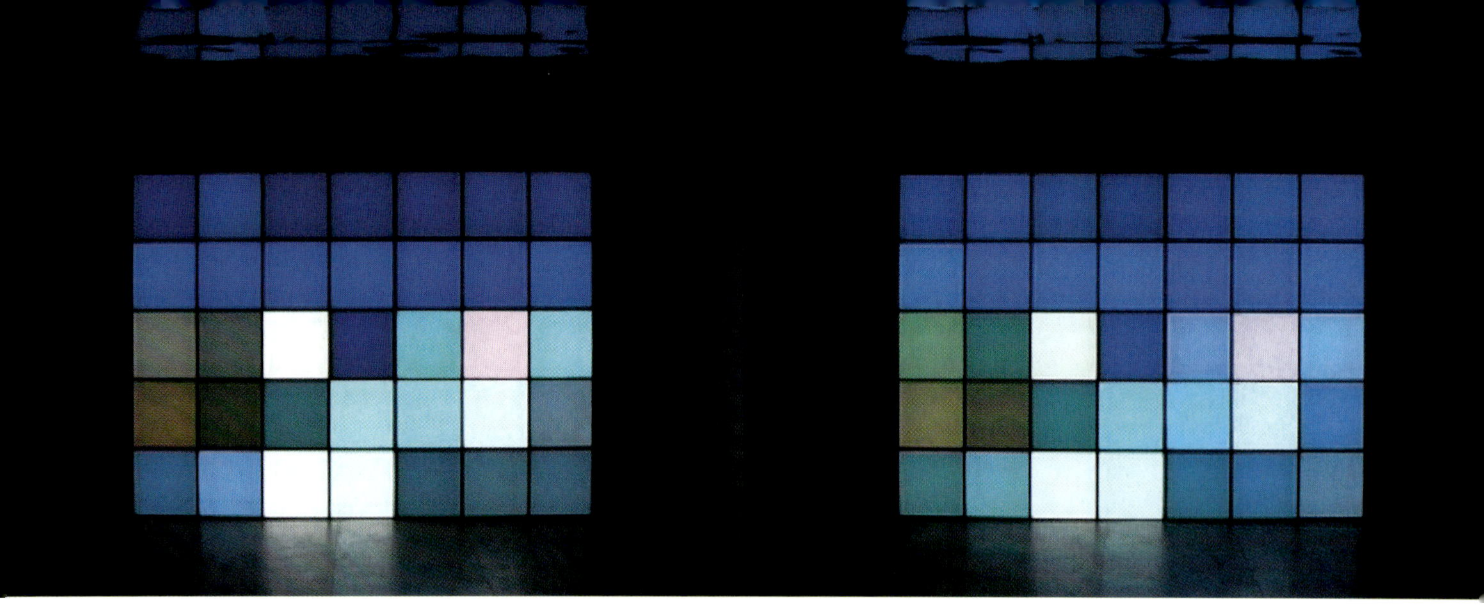

JULIANE REBENTISCH

Angela Bulloch's

In Angela Bulloch's most recent works—installations of so-called pixel boxes—Minimalism, especially as practiced by Judd and Flavin, is as unmistakably referenced as are the devices of film, television and digital imagery which have been used to create them. The boxes, measuring 50.8 x 50.8 x 50.8 cm, are arranged in space as Minimalist sculptures, columns or similarly simple configurations, often presented individually or in groups to form surfaces which have recently become as large as cinema-sized screens. Inside the simple wooden or plastic boxes, whose glass fronts are covered with a special film to diffuse the light, there is a RGB light system consisting of one red, one green, and one blue fluorescent tube and, like a monitor, it is capable of generating 16 million colors. Bulloch developed a DMX modular system with Holger Friese so that the boxes can be linked to each other and programmed with any desired visual information. As we know, a pixel is the smallest unit of representation on a monitor. The procedure of enlarging single pixels until they are half the size of a square meter corresponds to extreme reduction in the resolution of the source image. The pixel exhibition does not aim to enlarge details of a given picture but rather to *reduce* the visual information. What is left of the moving picture after this operation is only a surface grid on which colors pulsate in the equally reduced rhythm of one picture per second.

Abstraction of this kind can only be generated under digital conditions. Bulloch's modification of Antonioni's *Blow Up* (BLOW UP TV, 2000) makes man-

JULIANE REBENTISCH is on the staff of the Fakultät für Kulturwissenschaften der Europa-Universität Viadrina in Frankfurt/Oder and lives in Berlin.

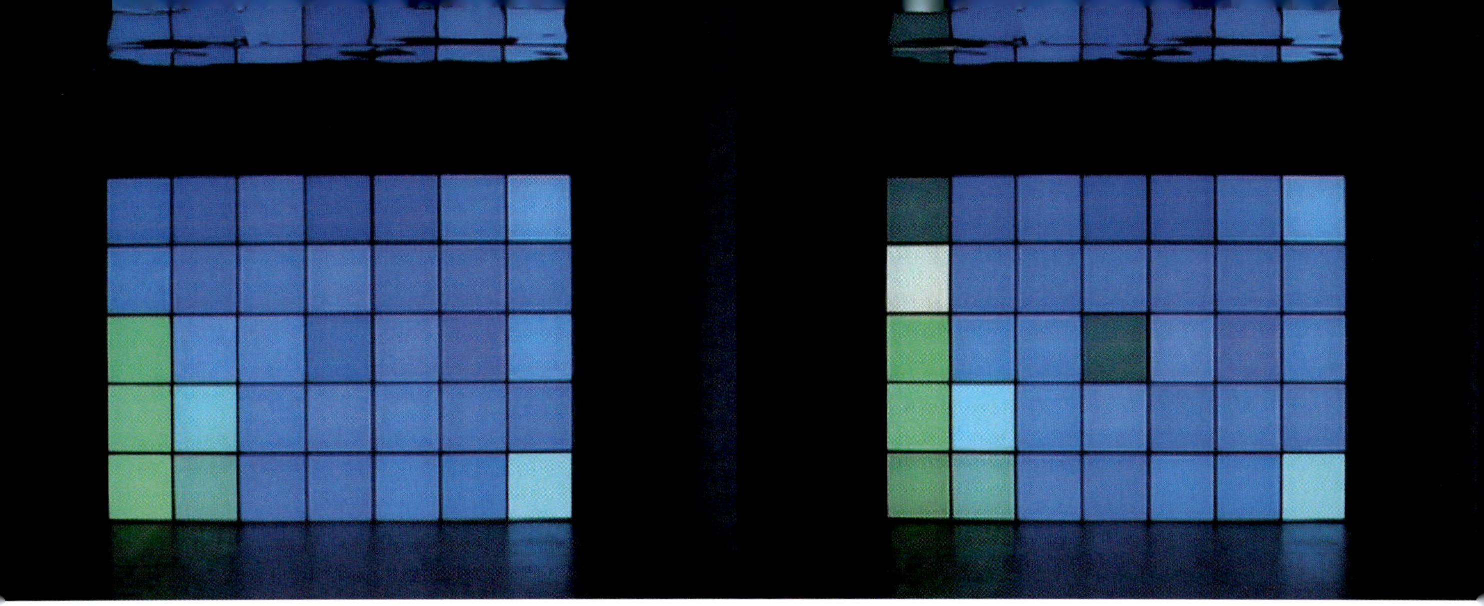

ANGELA BULLOCH, MACRO WORLD: ONE HOUR³ AND CANNED, 2002, four exhibition views / vier Ausstellungsansichten, Galerie Schipper & Krome, Berlin. (PHOTOS: HOWARD SHERONAS)

Digital Reduction

ifest the media difference between her image and the film. The film deals with the medial conditions of photography and thus of the film as well, specifically the indexical relationship of photography to reality, the *punctum* of the detail, and the impenetrable mystery of the traces that light deposits on celluloid. Bulloch's work, on the other hand, reflects on how digital conditions affect film and photography. The surface of the pixel contains no information, there is no indexical relationship to reality, and the visual information is subject to near infinite manipulation.[1)] After Bulloch's digital intervention, all that remains of Antonioni's photographer, who has already reached the limits of his medium with his fantasies of omnipotence, is an abstract grid of colors. The photographer now merely delivers material for programs that make abstractions of him with his passion for reality, and of his medium with its mysteries.

But the installation also abstracts from the film. The cinematic flow of 24 pictures per second has been interrupted in Bulloch's pixel installations: although hints of motion can be perceived in a modus of one picture per second, they keep receding into pure patterns of color even, and especially, when the source images are as well known as *Blow Up* and *The Matrix* (WORM IN; BULLET DODGE; BULLET STOP, all 2001); the last eight minutes of Antonioni's *Zabriskie Point*, in which Daria Halprin imagines the modernist luxury mansion exploding (Z-POINT, 2001); Kubrick's *2001*; or pictures of the landscape also made famous by Antonioni's *Zabriskie Point*, the Artist's Palette in Death Valley, whose name Bulloch appears to take at face value in her latest installation, HORIZONTAL TECHNICOLOUR (2002). In the pixel box installations the filmed material is consigned to a condition of latency, it retires behind the mini-

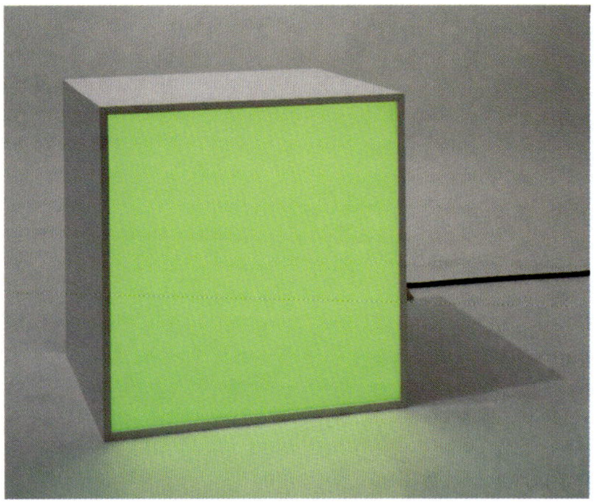

ANGELA BULLOCH, PIXEL BOX (DMX MODUL), front view, back view, and back view open, showing the RGB lighting system / Vorderansicht, Rückansicht und geöffnete Pixelbox mit RGB-Beleuchtungssystem.

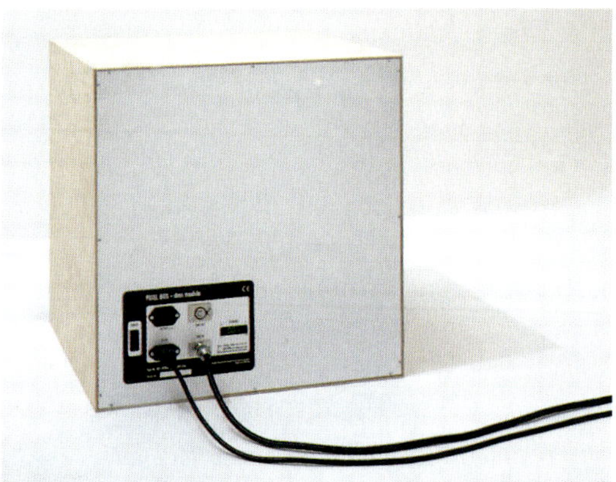

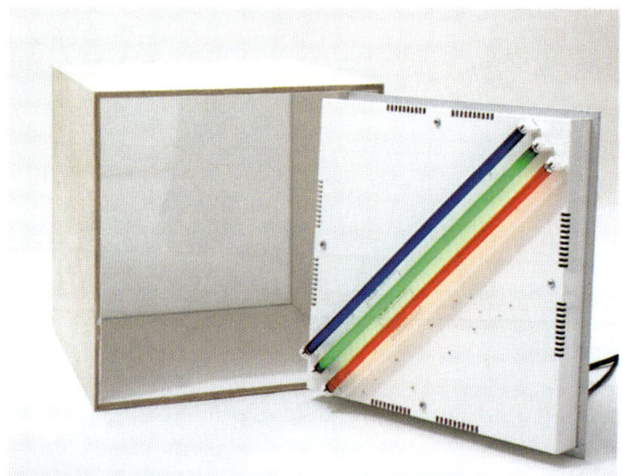

mally-staged and slightly opaque sequences of color. Nonetheless, the color events are never entirely severed from their source material: the image is always an abstraction of something.

In some installations, the soundtrack additionally underscores the tension between awareness of the source material and the surface appeal of its digital reduction. The soundtrack also appropriates the original sound, which, like the moving images, is subjected to a reductive operation with the same purpose of filtering the now acoustic information. Bulloch's treatment of Pink Floyd's *Come in number 51, Your time is up* (the soundtrack of the final minutes of *Zabriskie Point*) for her installation, Z-POINT, somehow has a digital sound to it—curiously flat. On the other hand, the soundtrack, digitally marked as a quotation, evokes the famous film sequence. Similarly, the pixelated surface proves to be of great semantic density; it is interwoven with our memories of the film and their affectively saturated semantic horizons. But like the literalness of a Minimalist cube, any attempt to make these memories adhere to the abstract surfaces of color glides off their slickness. Thus, the sound is not as organically integrated into the grid of colored pixels as the original soundtrack is in the film. No longer linked to the purpose of enhancing the illusion of a filmic reality, the digitally processed variation acquires a dynamic of its own. It

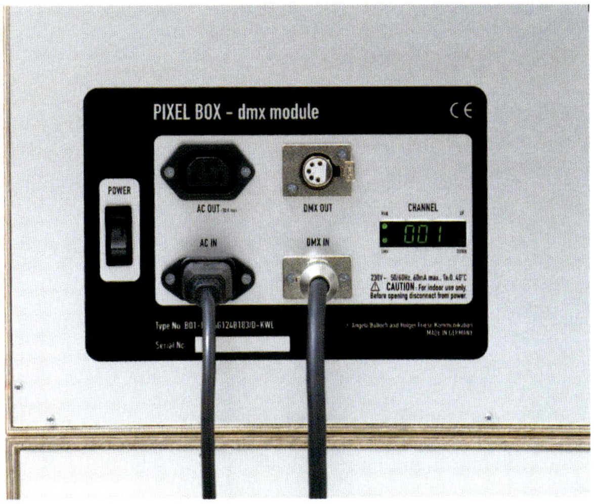

ANGELA BULLOCH, PIXEL BOX (DMX MODUL), back view detail / Rückansicht, Detail.

oscillates between the precise meaning of sound or the semantic coding of a track, on one hand, and complete elimination of meaning until only an atmosphere remains, on the other. In the congenial soundtrack which David Grubbs composed for Bulloch's installation HORIZONTAL TECHNICOLOUR, he generated precisely this tension between atmosphere and meaning by aesthetically destabilizing soundscapes from Kubrick's *2001* and Antonioni's *Zabriskie Point.* On the visual level this ambient effect—the oscillation between the precise meaning of an ordinary sound and its reduction to pure atmosphere—is embodied by the tension between the source material, which is still perceptible despite extreme abstraction due to the explicitly coded original, and its reduction to a pure color event.

In HORIZONTAL TECHNICOLOUR this tension is also reflected in the tension between abstraction and figuration, plane and spatial illusion. As soon as one reads the pixel wall as abstract painting, as a succession of static surfaces of color which change in a strict rhythm of one picture per second, their flatness, to use Clement Greenberg's famous word,[2] comes to the fore: a host of images whose event of being colored is indicative of nothing but their two-dimensionality. But if we begin to see the pixel wall as a cinema screen, space begins to figure in the planes of color: horizons become visible, the arrangement of lighter and darker areas of color suggests depth. More and more, the spaces or landscapes become particular spaces or landscapes: Kubrick's masterly treatment of spaces in the combination of three shades of red; Antonioni's allegorical landscapes in an arrangement of light blue, green, and brown. The succession of color combinations no longer seems to be arbitrary; it now possesses potentially narrative strands. But such strands, such potentially matching stories cannot be objectified: they keep dissolving in the perception of individual fields of color. Nonetheless, devotion to the pure color event is now contaminated with meaning: it is invested, among other things, with memories of a very specific psychedelic sensibility of the sixties, explicit in the films of Kubrick and Antonioni but also a latent influence—as if behind its back—on the curiously psychoactive effect of Minimalism.[3]

The abiding tension between Minimalist surface and semantic resonance, which generally characterizes Bulloch's pixel works, is even more accentuated in the digital reduction of material aired on the news channel BBC World (MACRO WORLD: ONE HOUR^3 AND CANNED, 2002): every second shows a different, incredibly attractive color combination—the fashion world would be delighted. And, of course, the installation with its cool, opaque hipness also evokes the smart takeover of Minimalism in Prada Shops around the world. But the heightened decorative quality of Minimalist aesthetics in Bulloch's installations potentially also contains the entire weight of the world and the problems of global mediaization, although these concerns are not objectively explicit in the installation. It is this tension—and its obstruction of both a purely formalist-consumerist as well as a purely content-oriented reading—which constitutes the genuinely aesthetic quality of Bulloch's works and which is essentially what makes them art.

The fact that this quality only emerges in relation to the viewer, that art cannot *be* without the performative perspective of recipients who embody the specific aesthetic tension between form and content, once again refers to Minimalism. However, Minimalism's historical achievement of having brought to the fore the role of the viewer as a constituent of the being of art in the medium of art is not to be equated with the much-vaunted involvement of the viewer, especially when this involvement is misunderstood as interactivity.[4] Bulloch's works of the mid-nineties already gave an ironic twist to this misunderstanding, which crops up especially in connection with the artistic processing of the so-called new media.[5] The aesthetic potential of a work is not exhausted by pacing off installation arrangements or initiating technical processes. A work unfolds its full potential only through the play of meanings that it triggers in the mind of the viewer. Consequently, purely technical descriptions, even of Bulloch's pixel box works, end in an aesthetic blind alley: *how* a work is made technically does not offer insight into *what* the work is.

An intentionally casual backstage area complements Bulloch's recent installations, which addresses the technology inside the Minimalist pixel boxes. The back of each of the boxes has been designed by Bulloch in the style of the hi-fi technology of the seventies. Bulloch thus not only points out the industrially and quasi-industrially produced parts of her work in responding to Minimalism; she also updates the question of the mysterious interior of Minimalist objects, which was firmly discounted by the positivist ideology (What-you-see-is-what-you-get) of some of its producers. In attempting to answer this question, Bulloch deliberately avoids resorting to a now technically formulated positivism. The staged reference to the technology inside the box is itself potentially aesthetic material, a stimulus for increased production of meaning. Bulloch knows full well that the secret of the Minimalist box has never been aired simply by unscrewing it to see what's inside. Instead, the secret lies in the open-ended act of producing meanings in the process of aesthetic experience through which the information on the inner life of the box may at times be turned inside out as the decisive context of the work—only to retreat inside again as irrelevant information. There is lettering on the back of the pixel boxes, which might be read as an ironic commentary on the fact that, even under the conditions of digital technology, this logic—a specifically aesthetic logic—cannot be canceled out. The lettering provides, among other things, technical information on the input and output terminals for the corresponding cables: AC OUT/AC IN; DMX OUT/DMX IN.

(Translation: Carin Rathbec)

1) Cf. Jennifer Allen, "Angela Bulloch" in *Artforum*, February 2001, p. 161.

2) Cf. Clement Greenberg, "Modernist Painting" (1960), *Modernism with a Vengeance, 1957–1969*, vol. 4 of *The Collected Essays and Criticism*, ed. John O'Brian (Chicago, 1993), pp. 85–93.

3) On the link between minimalism and psychedelics, see Diedrich Diederichsen, "Psychedelic Gifts: Minimalism and Pop" in *Timewave Zero/A Psychedelic Reader*, ed. by Lionel Bovier and Mai-Thu Perret (Frankfurt/Main, Geneva, Graz: JRP Editions/Revolver/Grazer Kunstverein, 2001), pp. 33–52.

4) Cf. also Juliane Rebentisch, "Mythos 'Betrachtereinbeziehung'" in *Texte zur Kunst* (40), December 2000, pp. 126–130.

5) As in the drawing device BETAVILLE (1996), in which the interaction between device and viewer is reduced to the viewer's taking a seat and thereby causing the device to draw horizontal instead of vertical lines. Cf., for example, Angela Bulloch, "Szenen aus Betaville. Ein Gespräch von Hans Rudolf Reust" in *Kunstforum International* (135), October 1996, pp. 331–337, esp. p. 337.

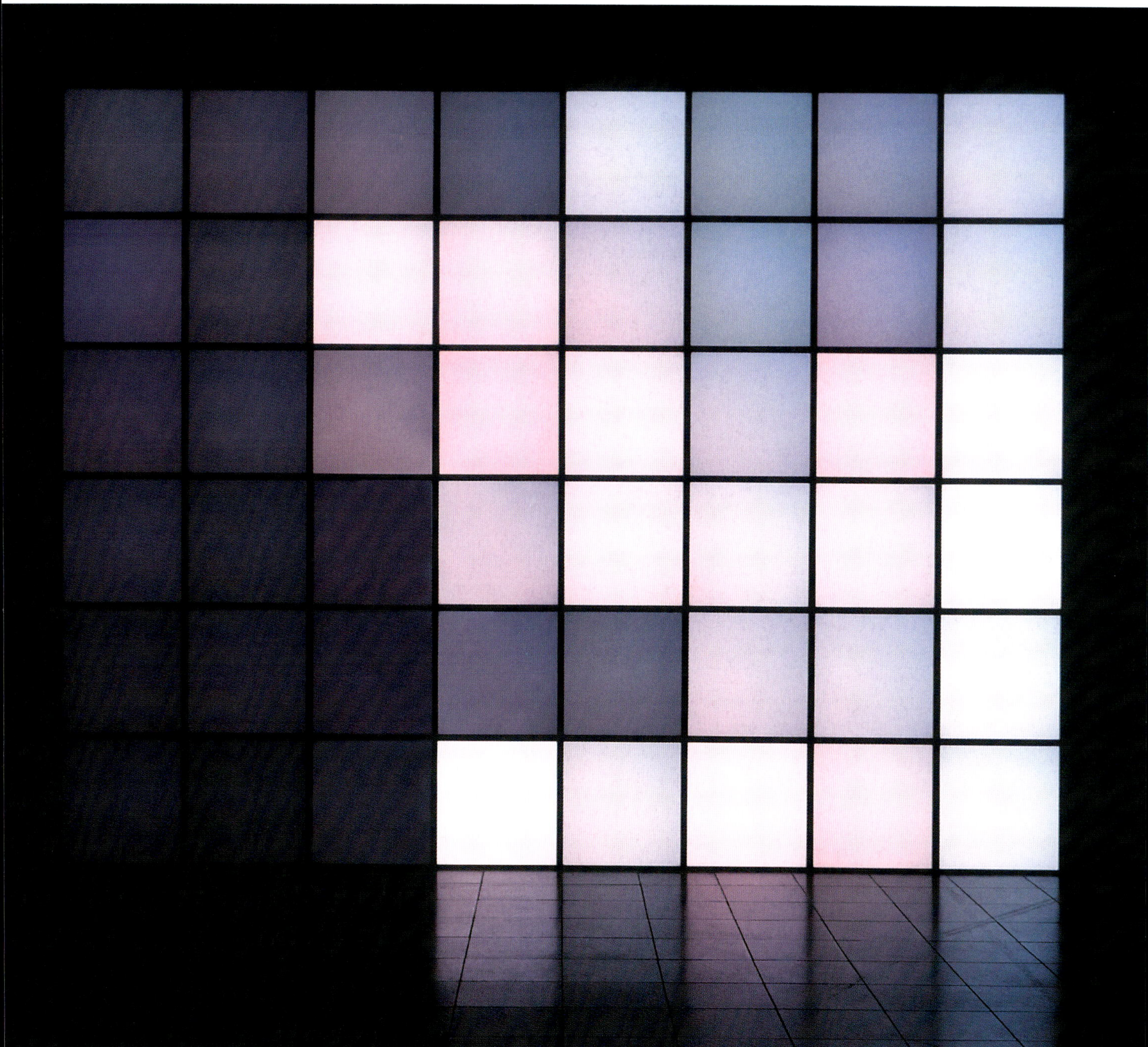

ANGELA BULLOCH, Z POINT, 2001, installation view, Kunsthaus Glarus.
(PHOTO: PETER HUNKELER)

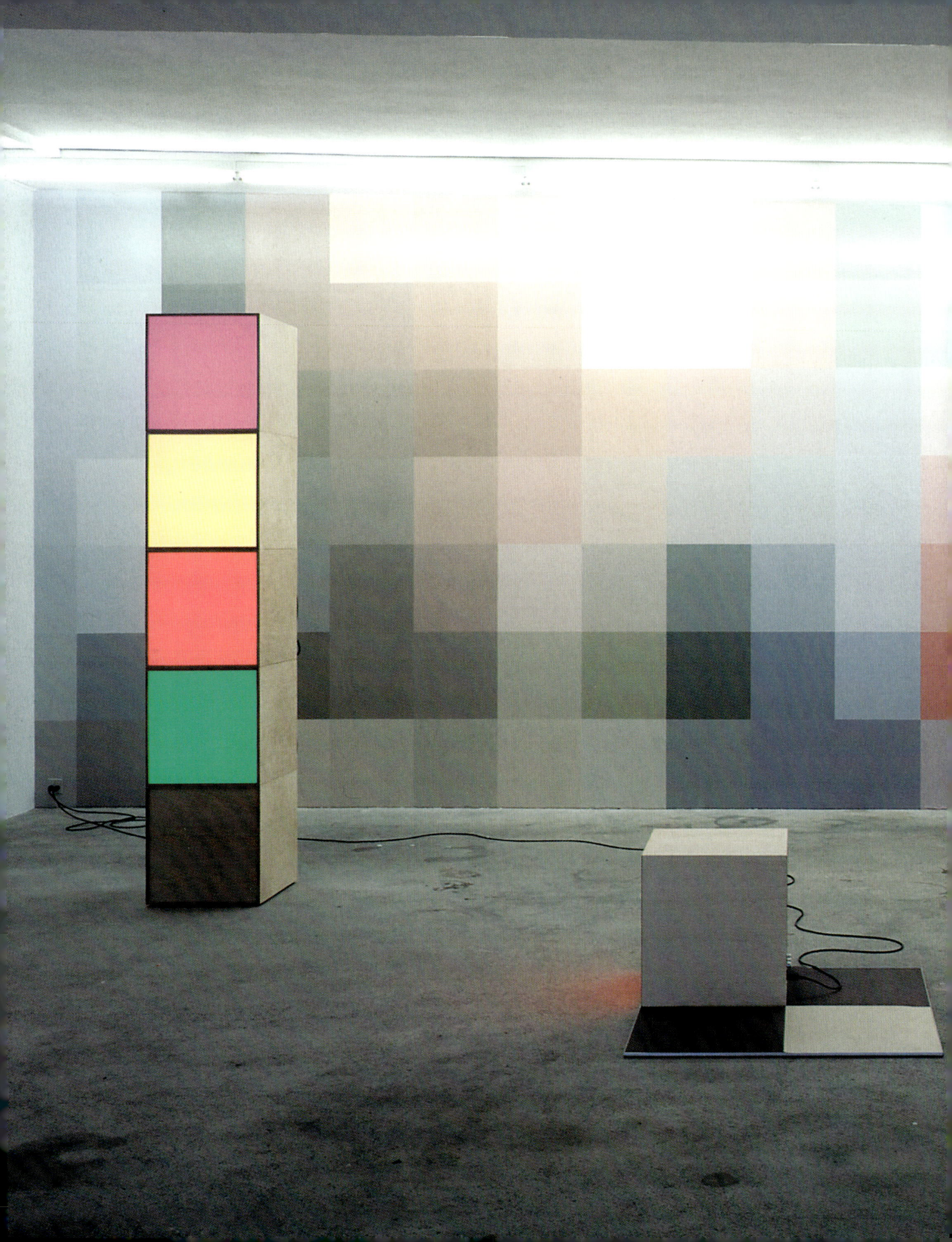

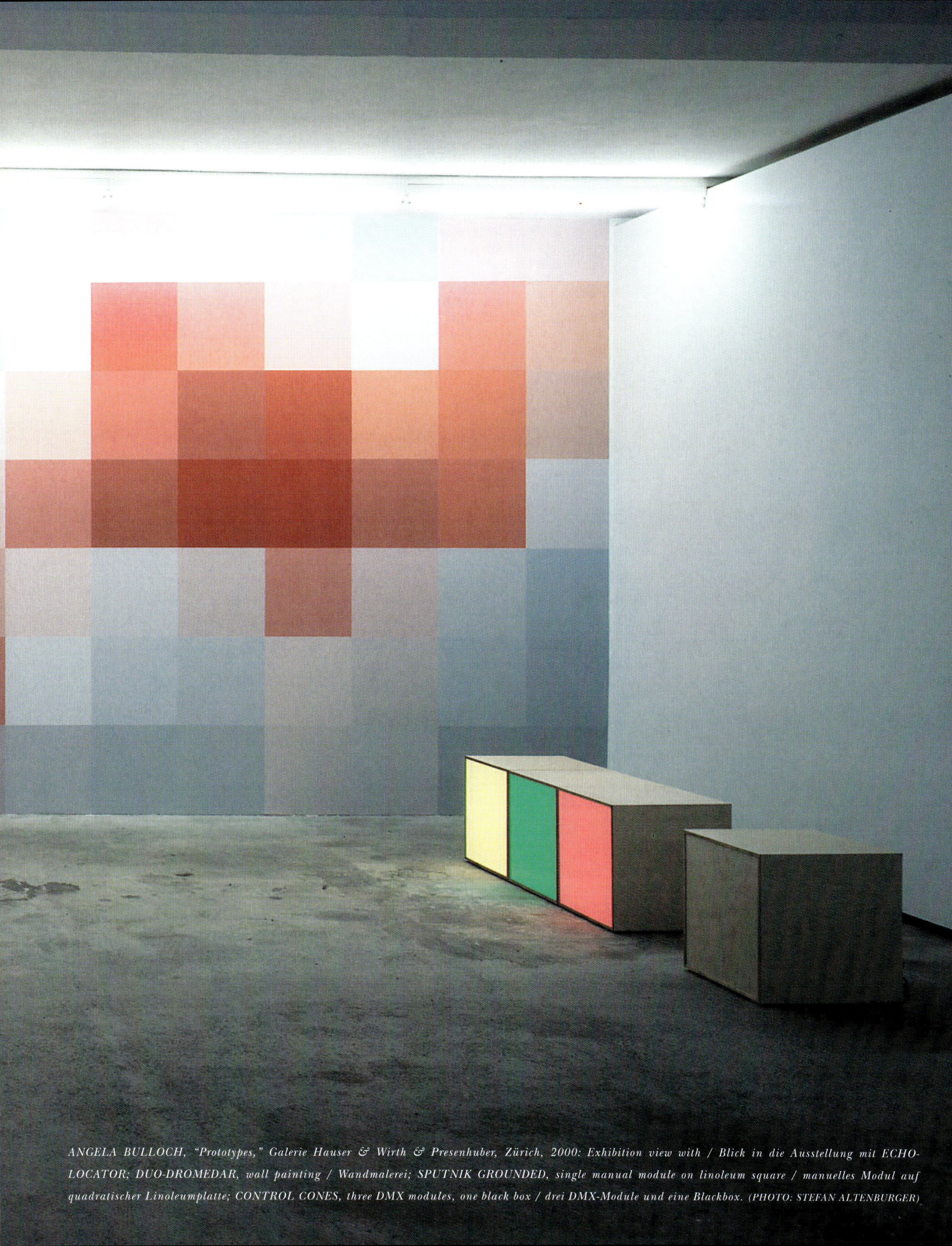

ANGELA BULLOCH, "Prototypes," Galerie Hauser & Wirth & Presenhuber, Zürich, 2000: Exhibition view with / Blick in die Ausstellung mit ECHO-LOCATOR; DUO-DROMEDAR, wall painting / Wandmalerei; SPUTNIK GROUNDED, single manual module on linoleum square / manuelles Modul auf quadratischer Linoleumplatte; CONTROL CONES, three DMX modules, one black box / drei DMX-Module und eine Blackbox. (PHOTO: STEFAN ALTENBURGER)

ANDREW WILSON

Maybe

Two people each sit down on stools facing one another over a low table. The table is a video game from the past—*Space Invaders*—and sitting on the stools has activated the game. The object of the game is to destroy the space invaders before they destroy you. The objective of Angela Bulloch's SPACE INVADERS WITH LASER BASE SWITCH STOOLS (1996) is rather different. The work proposes, in microcosm, a framework for the organization of behavior. The work does not control anything or anybody if one chooses not to interact with it. The choice may or may not be taken to engage with the structure the work proposes or, alternatively, you can choose to stop the structure operating at any time by getting up off the stool. But when you get up, the structure still remains as a potentiality, a way of working through the world.

ANDREW WILSON is an art historian, critic and curator living in London. He is the Deputy Editor of *Art Monthly*. His recent publications include *Art & Language* (Musée d'Art Moderne Lille Métropole); *Hamish Fulton* (Tate Britain, London); *Grayson Perry* (Stedelijk Museum, Amsterdam); and *Tony Hancock* (London Institute of Pataphysics). He is currently working on a major study of the counterculture in London in the sixties and seventies.

At the heart of Bulloch's work is a paradox. The structures she forms within her work are fixed; triggers are set off in a predetermined fashion in reaction to simple behavior or in a fixed mechanical sequence. Regulated systems are applied to the ordering of elements; lights go on and off, colors are arranged according to an internal logic, rules are laid down. Despite this rigidity, the work gains its power through its relation to the open-ended nature of individual behavior, and the work's success can be located in its ability to engender a negotiation between the viewer and the structures of the work. This negotiation is founded in the coding and rereading of those signs which have been displaced in her work. The Belisha Beacon is an instantly recognizable aspect of British street furniture. It alerts pedestrians to a zebra crossing—the point at which pedestrians have a right of way to cross a street—whilst at the same time alerting motorists to stop if somebody wants to cross the zebra crossing. This is a rule. From 1988, Bulloch displaced the beacons' light globes, which are no longer the standard globes of zebra crossings, directing onto the walls of galleries a variety of colors, configurations and phasing of illumination. The coding goes all awry as these objects have nothing to do with road safety and everything to do with durational oppositions (being on or off) in a defined space. The viewer has to work out and understand this shift as Bulloch's beacons become "like the first words in a new codified language of cause and effect, action and knowledge, or awareness between people and objects."[1)]

In 1996, Bulloch's BELISHA BEACON INDICATOR SYSTEM was installed in three walkways at the Leipziger Messe not to indicate rights of way but the opposite, being switched to reflect the flow and direction of pedestrians. In this way the beacons remain as a marker for a particular given activity, but no longer alert different road-users to the possibility or need of crossing the road. Instead they reveal certain characteristics of an activity to those outside the walkways whilst also reinforcing that activity to those moving through the walkways. This shift of reference was earlier marked by her video work SOLARIS 1993

ANGELA BULLOCH, SOLARIS 1993, video still and installation detail, "Aperto," Venice Biennale / Videostill und Installationsdetail.

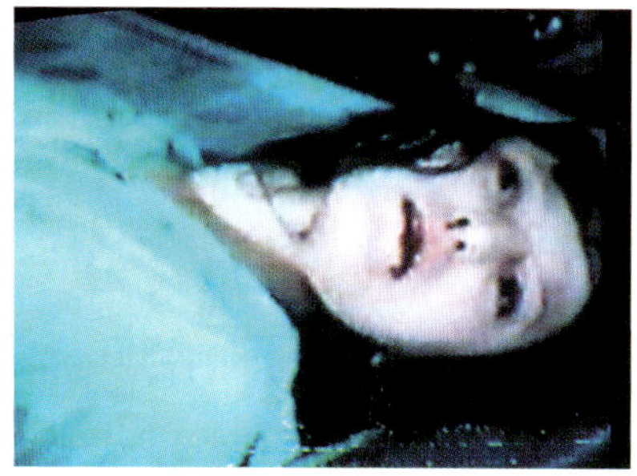

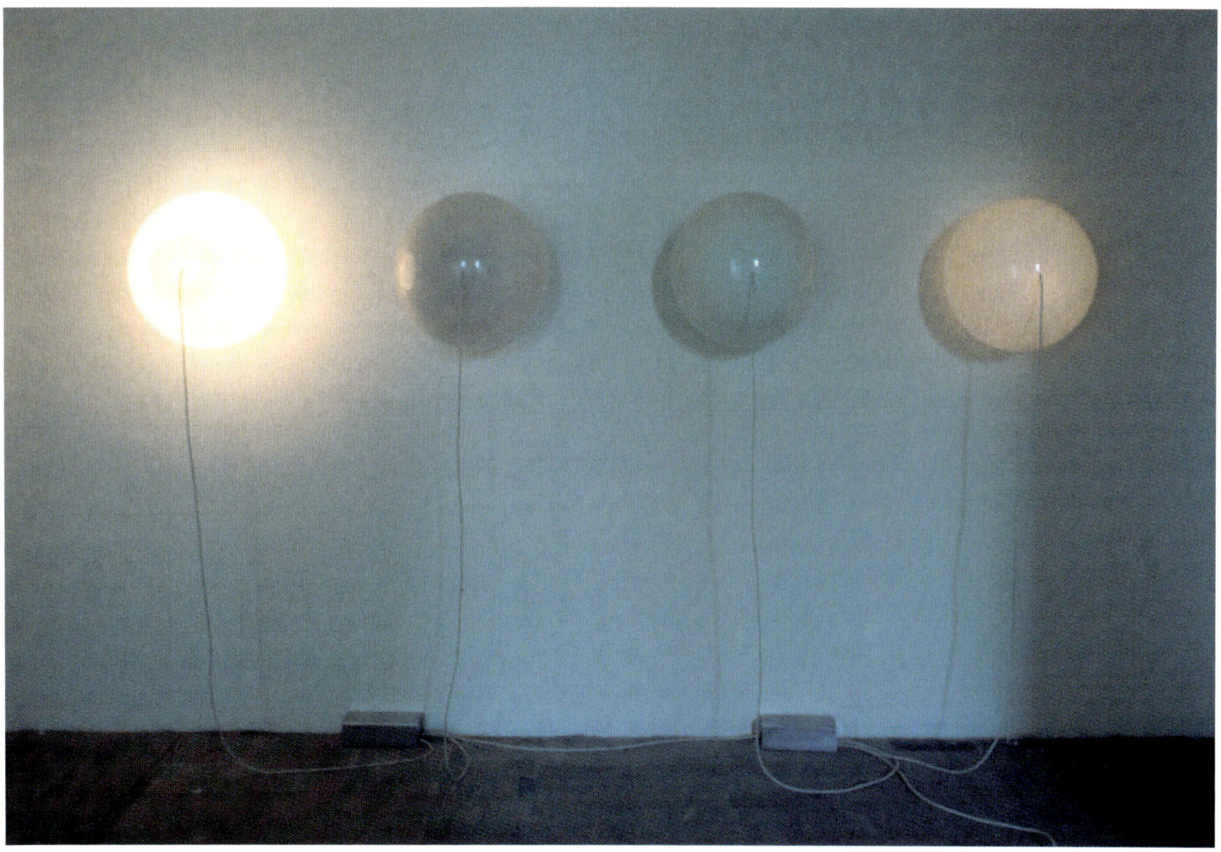

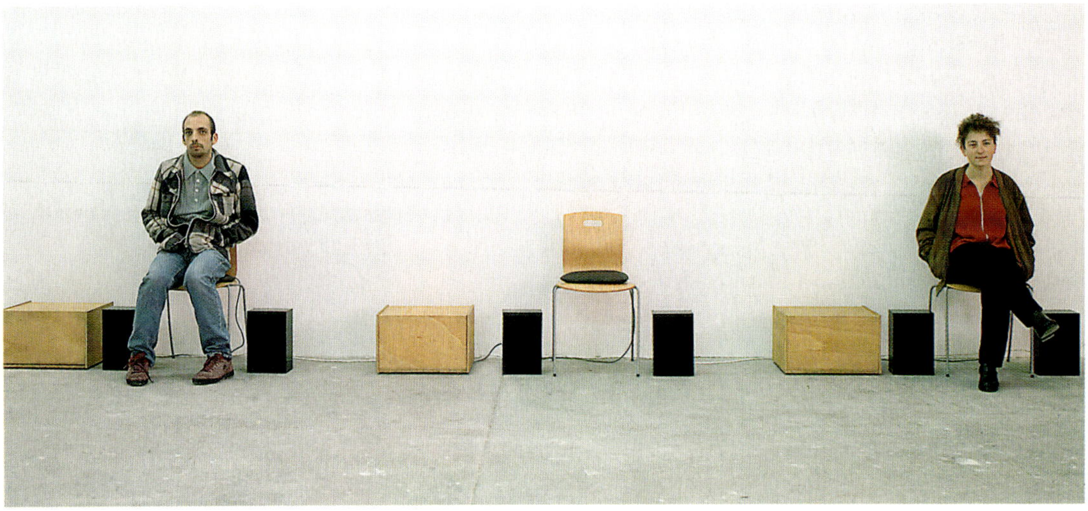

ANGELA BULLOCH, YES SOUND CHAIR PIECE, 1991; MAYBE SOUND CHAIR PIECE, 1991; NO SOUND CHAIR PIECE, 1991. Installation, "Vehicles," Le Consortium, Dijon, 1997.

(1993). The original film by Andrei Tarkovski was shortened to 15 minutes to encapsulate the relationship between the scientist Kelvin and the repeated death and reanimation of his wife Hari. The film's image-frame was cropped and its soundtrack dubbed into English, but entirely out of sync with the characters' lip movements. The video monitor is installed opposite two pairs of beacons which are illuminated in a sequence that is out of phase with each other. This light is reflected in the monitor's screen, at times even obliterating it. The beacons here provide a counterpoint to the relationship enacted in the film as well as a problematized narrative that is enacted as much in the space of the viewer as in the space of the screen.

Bulloch has suggested that her works "indicate the limits of choice and the possible consequences of one's actions. The work outlines the fact that one's individual choices are more or less meaningless, because the system or structure has already defined the parameters of choice. The work seeks to highlight behavior. It focuses on ... choice, perception and control. The viewer is already framed within the work, whether one likes it or not."[2] In 1991, for the exhibition "Broken English" at London's Serpentine Gallery, Bulloch installed three works which give a direct sense of the degrees to which the viewer is framed by her work. YES CHAIR SOUND PIECE (1991), NO CHAIR SOUND PIECE (1991), and MAYBE CHAIR SOUND PIECE (1991) each consist of a chair on which is placed a cushion pad. Sitting on the cushion activates the recorded voice of the artist, and using various different expressions one chair says "yes," one says "no," and one says "maybe." The work contains both choice and declaration—the choice is made by the viewer as an act of de-coding, the declaration could be made by the viewer who has chosen to sit in a particular chair, or is being made at the viewer. Furthermore, the repeated answers are isolated and follow no question, so that the viewers have to ask themselves what is being referred to here. There is also the framing in relation to the exhibition itself.[3] The three works were placed opposite Damien Hirst's ISOLATED ELEMENTS SWIMMING IN THE SAME DIRECTION FOR THE PURPOSE OF UNDERSTANDING (LEFT) (1991), and the choices and declarations that are a part of Bulloch's three works also bounce off and become reactions to the very different sculptural systems underpinning Hirst's.

Of these three works, it is the MAYBE CHAIR SOUND PIECE that reveals most about Bulloch's practice. The two other declarations, "yes" and "no," are direct answers, yet if there is a degree of ambivalence written into "maybe" it paradoxically gives more control to the viewer who, instead of being given a positive or a negative statement, receives in "maybe" an opening up of the structure to other possibilities. Strangely, you cannot be passive in the face of "maybe," and yet "yes" and "no" also demand their own sorts of negotiation—they are not necessarily final answers. It is this formation of a structure of control alongside the stimulation of a behavioral taking of control that also places Bulloch's ongoing *Rules Series*[4] at the heart of her œuvre. Bulloch's concern with the structuring of behavior in terms of a given authority or authorizing voice underpins the extent to which, one way or another, she is ultimately concerned with constructing a social sculpture which puts such authority in jeopardy and is defined through the different forms of negotiation of the structures she sets up and the particular displacement and recontextualization of language and signs used within each work.

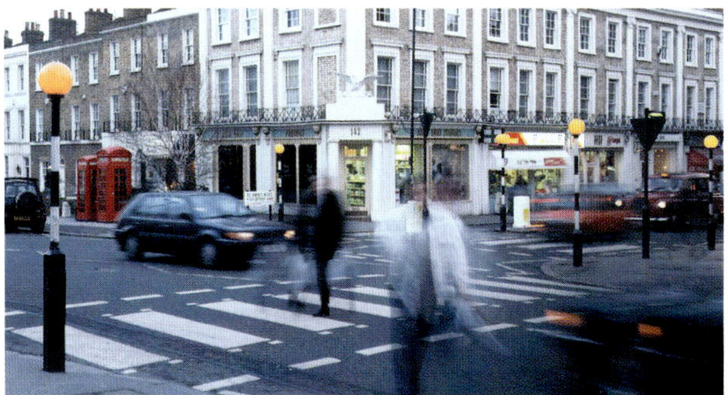

Left / Links: British zebra crossing with Belisha beacons / Englischer Zebrastreifen mit Belisha Beacons.
Below / Unten: ANGELA BULLOCH, BELISHA BEACON INDICATOR SYSTEM, 1996, installation view / Installation an der Leipziger Messe.
(PHOTO: M. RÜCKER, LEIPZIGER MESSE GMBH)

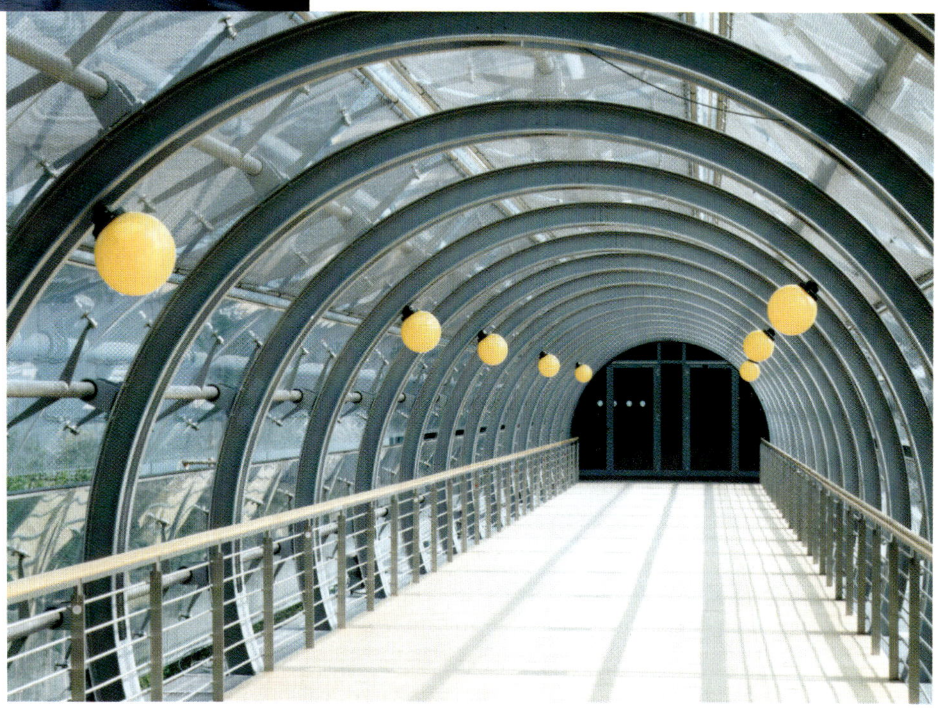

"The rules are lists of rules that pertain to particular places, practices or principles."[5)] By having been shifted away from their specific regulatory function, the different listings chosen for the *Rules Series* adopt a critical position in relation to their original objective and to the means by which individual behavior may be manipulated into group behavior. However, despite their ostensible purpose to describe limits for behavior—what can and cannot be done—all rules are open to interpretation and can be followed to the letter, ignored or subverted. Rules are, after all, made to be broken; "maybe" is as much a valid reaction to any rule as "yes" or "no." We have that choice. Concerning the series, Bulloch has stated that "Whether you physically participate or not, you still negotiate the idea of doing it by reading and qualifying the information—you imagine doing it anyway, even if you have no intention of actually doing it ... it's a negotiation of information and terms."[6)] In terms of the negotiation and re-coding of information that Bulloch

ANGELA BULLOCH, RIDDLED SCREEN, 2000, installation view / Ausstellung «ein/räumen», Kunsthalle Hamburg.

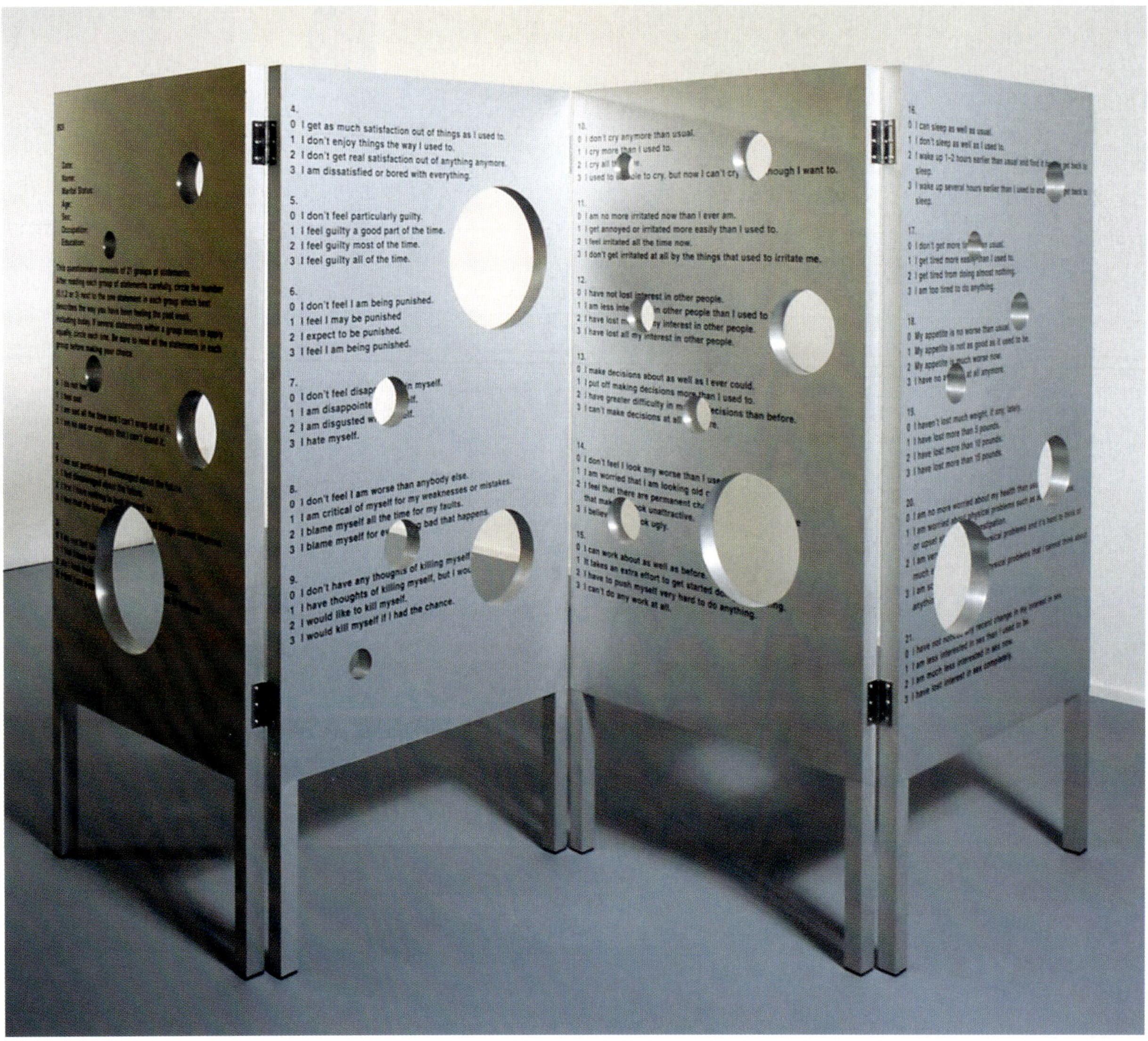

pursues throughout her work, the *Rules Series* indicates the extent to which behavior is subject to a regulation that spreads through all aspects of life—whether you are a stripper at the Baby Doll Saloon, a Member of the British Parliament, someone taking Prozac or in need of a haircut—but through isolation and displacement the series also allows us to question the often arbitrary and restrictive nature of such regulation.

The presentation of individual rules within the *Rules Series* has "no fixed form"[7)] and can be anything from photocopied sheets of paper to wall paintings or even parts of fabricated objects, and as such the definition of the rules shifts in relation to the context within which they may be exhibited. ZEBRA CROSSING WALL PAINTING (2001) consists of the black and white stripes of the British zebra crossing painted vertically on the wall, onto which were pasted the regulations covering the installation of such road crossings as well as the manner of their function. At the recent exhibition "ein/räumen" at the Hamburger Kunsthalle a number of rules were screen-printed onto aluminum stocks and screens whose form used the series of stocks by Cady Noland as a departure point. The representation of restraint and punishment within the form of Noland's objects complemented Bulloch's representation of how behavior is policed.

Bulloch's recent pixel works continue this investigation into the functioning, structuring and coding of social behavior and images. Taking segments of films—such as Michelangelo Antonioni's *Zabriskie Point* or Stanley Kubrick's *2001, A Space Odyssey*—or, in a recent exhibition in Berlin, elements of the BBC World hourly TV broadcasts, Bulloch creates an enlarged pixelation of these found images alongside treated soundtracks. Such a shift in scale, isolation and displacement again forces the viewer into an active decoding of these new images as the formation of a critical language (indeed, these can be understood as a clear development from her illuminated globe works). The changing color here is not aesthetically pre-ordained or decorative, but is purely functional—each pixel being the building block of the changing image. It is also entirely apt that Bulloch has, with her two series *Chain A* and *Chain B* (2002), created 32 chains of pixel boxes using the two color permutations found in André Cadere's *Round Bars of Wood*. For Cadere the color of his bars was not decorative but functional. Each color identifies the different segments within each permutational sequence, the colors in the sequence providing a key to deciphering the chain. Furthermore, in working out the code that structures the work, the error that Cadere inserted into each work is also replicated by Bulloch, in terms of a "maybe" that opens up the system whilst also unsettling its decoding.[8)]

Writing about Bulloch's recent exhibition, "Macro World: One Hour^3 and Canned," the artist and critic John Miller perceptively highlights how the "idea of instrumentalism" can be tracked through Bulloch's œuvre to the recent pixel works and that "by isolating and enlarging a small sampling of TV pixels, Bulloch confronts viewers with the seemingly senseless underpinnings of mass communications."[9)] Although one might not immediately grasp her immediate sources in these works, the critical language that Miller identifies being constructed, as well as its socialized function, relies not just on "yes" or "no" for its foundation, but on "maybe" by virtue of its open-ended stance towards those fixed systems of authoritarian language that make up our world.

1) David Bussel, "Who Controls What? Interview with Angela Bulloch" in *Art from the UK*, (Munich: Sammlung Goetz, 1997), p. 31.
2) Ibid.
3) The exhibition consisted of work by Bulloch's contemporaries and also included Ian Davenport, Anya Gallaccio, Damien Hirst, Gary Hume, Michael Landy, Sarah Staton, and Rachel Whiteread.
4) A selection of these can be found in Angela Bulloch, *Rule Book*, (London: Bookworks, 2000).
5) Angela Bulloch, "Rules Series" (1993), ibid., p. 11.
6) David Bussel, op. cit., p. 35.
7) Angela Bulloch, op. cit., p. 11.
8) The "chains" are divided between 20 pieces using Cadere's color Permutation A, and 12 that use Permutation B. Similar permutational systems (though not Cadere's) were earlier used by Bulloch in her MASTERMIND BEAD FORMATIONS (1998), in which tin beads, painted in 9 different colors were strung together in 23 cm. lengths. The colors are the same as those used for the counters in the seventies game in which players had to understand and break the codes made by their opponents.
9) John Miller, "United Colors of BBC, Angela Bulloch in der Galerie Schipper & Krome, Berlin," *Texte zur Kunst*, September 2002, pp. 153-55.

ANDREW WILSON

Vielleicht

Zwei Leute setzen sich auf zwei einander gegenüberstehende Stühle, dazwischen ein kleiner Tisch. Der Tisch ist ein altes Videospiel – *Space Invaders* – und das Sich-auf-die-Stühle-Setzen hat das Spiel aktiviert. Ziel dieses Spiels ist es, die Eindringlinge aus dem All zu zerstören, bevor sie einen erwischen. Bei Angela Bullochs SPACE INVADERS WITH LASER BASE SWITCH TOOLS (*Space Invaders* mit Laserschaltstühlen, 1996) geht es um etwas ganz anderes. Die Arbeit ist im Prinzip eine Versuchsanordnung zur Verhaltensorganisation im Kleinen. Sie kontrolliert niemanden und nichts, falls man es vorzieht, nicht mit ihr zu interagieren. Es steht jedermann frei, sich auf die hier präsentierte Organisationsstruktur einzulassen, und ihre Aktivitäten können jederzeit unterbrochen werden, indem man sich vom Stuhl erhebt. Doch selbst nachdem man aufgestanden ist, bleibt die Struktur als Potenzial erhalten; als eine unter vielen Möglichkeiten, mit der Welt zu Rande zu kommen.

Im Zentrum von Bullochs Arbeit steht ein Paradoxon. Die Strukturen innerhalb des Werks sind fix; Reaktionen auf einfache Verhaltensweisen werden in vorherbestimmter Weise ausgelöst oder folgen mechanisch aufeinander. Regelsysteme dienen der Organisation verschiedener Elemente; Lichter gehen an und aus, Farben werden aufgrund einer inneren Logik angeordnet, Regeln werden festgelegt. Doch ungeachtet dieser starren Ordnung liegt die Stärke dieser Arbeit gerade in der Bezugnahme auf das Unberechenbare individuellen Verhaltens; und das Gelungene des Werks liegt in seiner Fähigkeit, eine lebendige Interaktion zwischen dem Betrachter und den im Werk vorgegebenen Strukturen in Gang zu setzen. Diese Interaktion beruht auf der Kodierung und Wiederentzifferung von Zeichen, die bei Bulloch ihres ursprünglichen Sinns beraubt worden sind. Das runde gelbe Blinklicht, englisch *Belisha Beacon*, ist sofort als vertrauter Bestandteil der britischen Strassensignalisierung erkennbar. Es zeigt Fussgängern den Zebrastreifen an – jene Stelle, an der Fussgänger die Strasse überqueren dürfen –, während es zugleich die motorisierten Verkehrsteilnehmer dazu

ANDREW WILSON ist Kunsthistoriker, Kritiker und Kurator. Er lebt in London und ist stellvertretender Chefredaktor von *Art Monthly*. Zu seinen neueren Publikationen zählen *Art & Language* (Musée d'Art Moderne Lille Métropole); *Hamish Fulton* (Tate Britain, London); *Grayson Perry* (Stedelijk Museum, Amsterdam) und *Tony Hancock* (London Institute of Pataphysics). Zurzeit arbeitet er an einer umfassenden Studie über die Londoner Gegenkultur der 60er und 70er Jahre.

mahnt, anzuhalten, wenn jemand den Zebrastreifen benützen will. Das ist eine Regel. Von 1988 an hat Bulloch die ausgedienten Kugellampen dieser *Belisha Beacons* zweckentfremdet, um damit auf Galeriewänden ein Spiel der Farben, Formen und wechselnden Beleuchtungen zu entfalten. Die ursprüngliche Botschaft wird dabei zerstört, da diese Objekte allesamt nichts mit Verkehrssicherheit zu tun haben, dafür alles mit einer andauernden Opposition (bezüglich an- und ausgeschaltet sein) innerhalb eines bestimmten Raumes. Betrachterinnen und Betrachter müssen diese Bedeutungsverlagerung wahrnehmen und verstehen, denn Bullochs Leuchtsignale gleichen «den ersten Worten einer neuen, kodifizierten Sprache von Ursache und Wirkung, von Tun und Wissen oder einer bewussten Beziehung zwischen Menschen und Dingen».[1)]

1996 war Bullochs BELISHA BEACON INDICATOR SYSTEM (Belisha-Beacon-Anzeigesystem) in drei Korridoren der Leipziger Messe aufgestellt, nicht um den richtigen Weg zu weisen, sondern im Gegenteil so installiert, dass es Dichte und Richtung des Besucherstroms anzeigte. Dabei bleiben die Leuchtsignale zwar Zeichen für eine bestimmte Aktivität, weisen aber nicht länger Strassenbenützer auf die Möglichkeit oder Notwendigkeit die Strasse zu überqueren hin. Stattdessen zeigen sie den Besuchern ausserhalb der Messekorridore bestimmte Eigenschaften einer menschlichen Aktivität auf und machen diese Aktivität zugleich jenen verstärkt bewusst, die selbst in den Korridoren unterwegs sind. Diese Art der Bedeutungsverschiebung kündigte sich schon früher, in ihrer Videoarbeit SOLARIS 1993 (1993) an. Für diese wurde der Originalfilm von Andrej Tarkowski auf 15 Minuten gekürzt, so dass ein verdichtetes Bild der Beziehung des Wissenschaftlers Kelvin zu seiner wiederholt sterbenden und wieder reanimierten Frau Hari entstand. Die Filmbilder wurden arg beschnitten und die englische Synchronisation passt überhaupt nicht zu den Lippenbewegungen der Darsteller. Der Videomonitor wird jeweils gegenüber zwei Lichtsignalpaaren aufgestellt, die in voneinander unabhängigen Sequenzen aufleuchten. Ihr Licht spiegelt sich auf dem Monitor und bringt das Bild manchmal sogar ganz zum Verschwinden. Hier bilden die Lichtsignale einen Kontrapunkt zu der im Film dargestellten Beziehung, erzählen aber ihrerseits eine rätselhafte Geschichte, die sowohl im Raum des Betrachters wie auf dem Bildschirm spielt.

Bulloch meinte einmal, dass ihre Arbeiten auf die Grenzen der Entscheidungsmöglichkeiten und die eventuellen Folgen unseres Tuns verwiesen: *Das Werk unterstreicht die Tatsache, dass die eigenen individuellen Entscheidungen mehr oder weniger bedeutungslos sind, weil das System oder die Struktur die Entscheidungsparameter bereits definiert. (...) Das Werk versucht das Verhalten zu beleuchten. Es wirft Licht auf (...) Auswahl, Wahrnehmung und Kontrolle. Der Betrachter ist in das Werk bereits eingebunden, ob es ihm passt oder nicht.*[2)] 1991 installierte Bulloch für die Ausstellung «Broken English» in der Serpentine Gallery, London, drei Arbeiten, die genau zeigen, in welchem Grad der Betrachter ins Werk eingebunden ist. Es handelt sich um YES CHAIR SOUND PIECE (Ja-Stuhl-Klangstück), NO CHAIR SOUND PIECE (Nein-Stuhl-Klangstück)

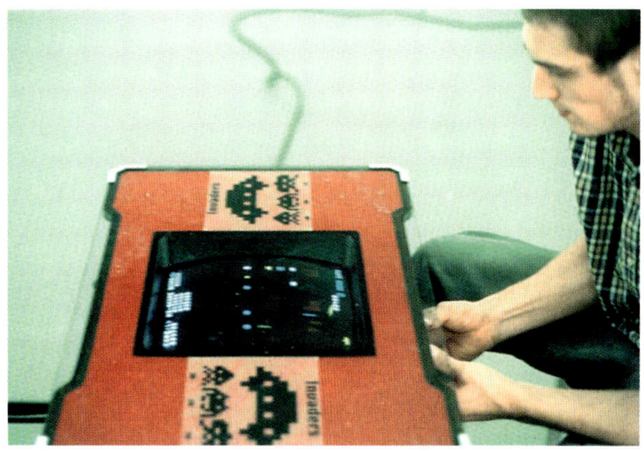

ANGELA BULLOCH, SPACE INVADERS WITH LASER BASE SWITCH STOOLS, 1996, installation view, "Superstructure," Museum für Gegenwartskunst, Zürich, 1998.

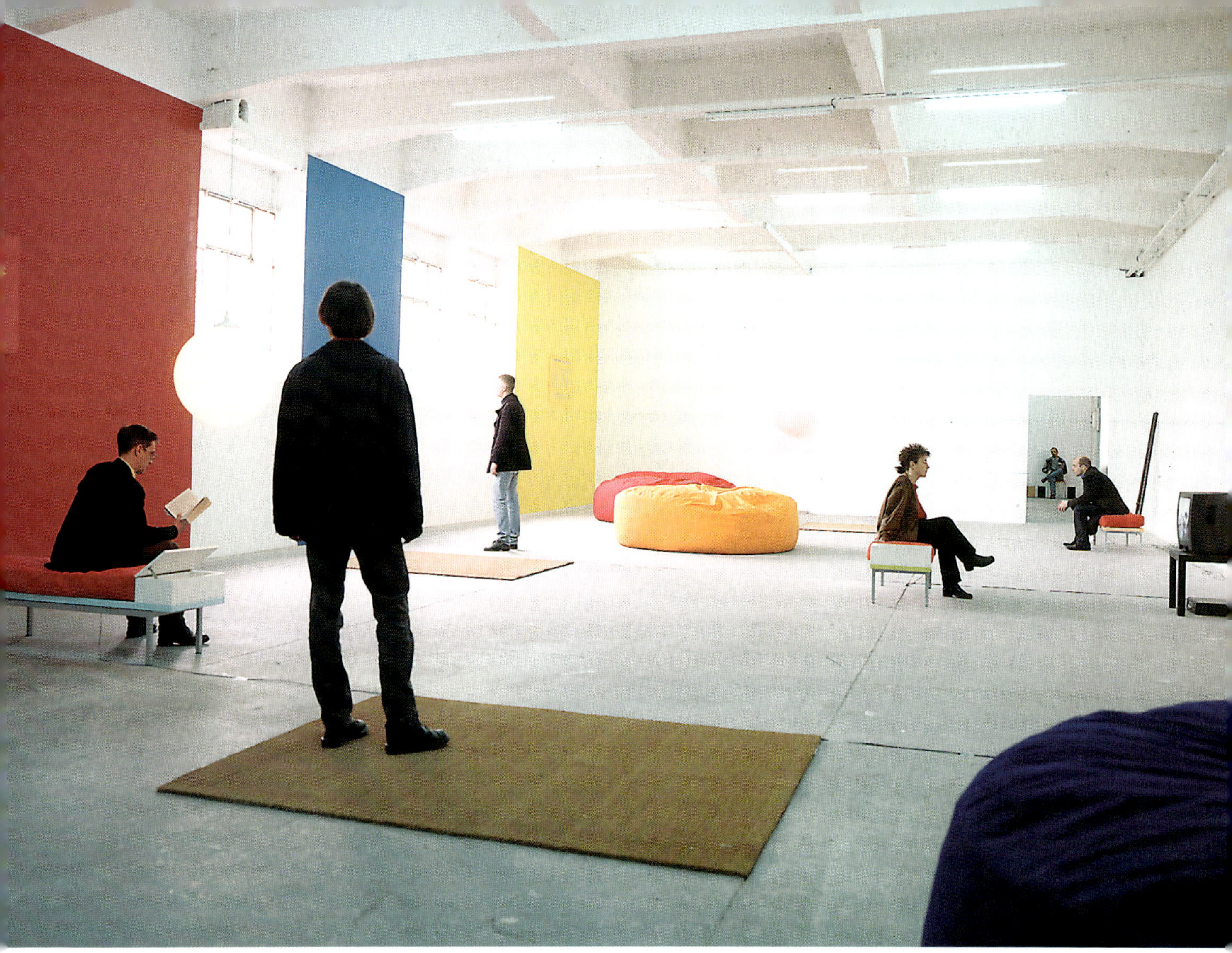

ANGELA BULLOCH, installation view, "Vehicles," Le Consortium, Dijon, 1997.

und MAYBE CHAIR SOUND PIECE (Vielleicht-Stuhl-Klangstück); jedes dieser Werke besteht aus einem Stuhl mit einem Kissen darauf. Setzt man sich auf das Kissen, ertönt die Stimme der Künstlerin ab Tonband, und der eine Stuhl sagt auf unterschiedliche Weisen «ja», der andere «nein», der dritte «vielleicht». Sowohl Entscheidung wie Aussage sind in diesem Werk vorweggenommen: Die Entscheidung trifft der Betrachter in einem Akt der Entschlüsselung, die Aussage kann vom Betrachter gemacht werden, indem er sich auf einen bestimmten Stuhl setzt, oder sie ist an den Betrachter gerichtet. Zudem sind die mehrmals wiederholten Antworten isoliert und folgen nicht auf eine Frage; so dass die Betrachter sich fragen müssen, worauf sie sich wohl beziehen. Aber auch in der Ausstellung selbst war schon eine Struktur vorgegeben.[3] Die drei Arbeiten standen gegenüber Damien Hirsts ISOLATED ELEMENTS SWIMMING IN THE SAME DIRECTION FOR THE PURPOSE OF UNDERSTANDING (LEFT) – Isolierte Elemente, die zum Zwecke des Verstehens in die gleiche Richtung schwimmen (links) (1991). Also gerieten die Entscheidungen und Statements in den drei Arbeiten von Bulloch auch in den Dunstkreis Hirsts und wurden zu Reaktionen auf die ganz anderen skulpturalen Strukturen, die diesem Werk zugrunde liegen.

Von den drei genannten Arbeiten ist MAYBE CHAIR SOUND PIECE das für Bullochs Arbeitsweise aufschlussreichste. Die beiden anderen Statements, «ja» und «nein», sind direkte Antworten, doch in sofern als im «Vielleicht» eine gewisse Ambivalenz steckt, räumt es dem Betrachter paradoxerweise mehr Freiheit ein, da er, anders als bei einer eindeutig positiven oder negativen Aussage, im «Vielleicht» eine Öffnung auf andere Möglichkeiten hin erfährt. Erstaunlicherweise kann man gegenüber einem «Vielleicht» nicht passiv bleiben, aber auch «ja» und «nein» verlangen irgendeine Reaktion – die Antwort muss ja nicht endgültig sein. Es ist dieses Erzeugen einer Machtstruktur, die zugleich zu einer gesteuerten Übernahme der Kontrolle anregt, die auch Bullochs laufend weiterentwickelten *Rules Series* (Regelserie)[4] einen zentralen Platz in ihrem Werk zuweist. Bullochs Beschäftigung mit der Verhaltenssteuerung durch eine vorgegebene Autorität oder sich autoritär gebende Stimmen macht deutlich, wie sehr sie letztlich auf die eine oder andere Art auf eine gesellschaftliche Skulptur hinarbeitet, welche eben diese Autorität in Frage stellt und sich gerade durch die verschiedenen Interaktionsmöglichkeiten und die spezifische Verrückung und Rekontextualisierung von Sprache und Zeichen in ihren Arbeiten definiert.

«Die Regeln sind Regel-Listen, die sich auf bestimmte Orte, Tätigkeiten oder Grundsätze beziehen.»[5] Weil die verschiedenen, für die *Rules Series* ausgewählten Auflistungen von Regeln ihrer spezifischen Regelfunktion enthoben wurden, treten sie in ein kritisches Verhältnis zu ihrem ursprünglichen Zweck und den manipulativen Mitteln, die individuelles Verhalten in Gruppenverhalten umwandeln können. Dennoch, trotz der offensichtlichen Absicht, die Verhaltensmöglichkeiten einzuschränken beziehungsweise festzulegen, was getan werden kann und was nicht, unterliegt jede Regel der Interpreta-

ANGELA BULLOCH, BEAN BAG WITH HEAD PHONES, 1997, installation view, "Pop Video," Kölnischer Kunstverein, Köln. (PHOTO: LOTHAR SCHNEPF)

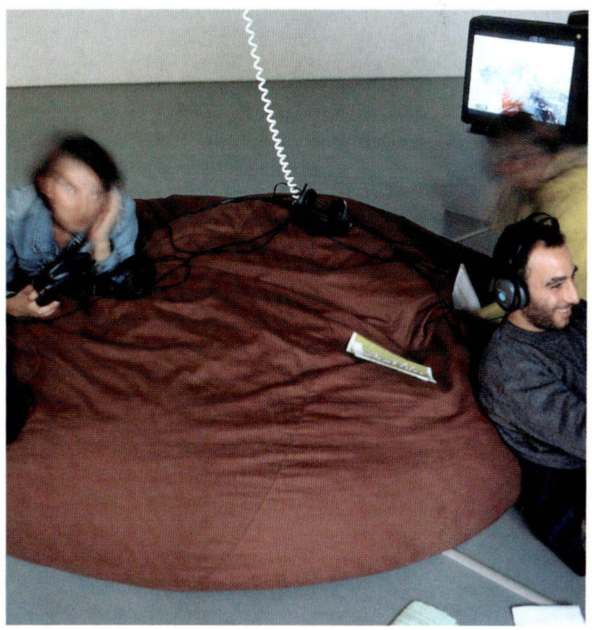

tion und kann buchstabengetreu befolgt, missachtet oder unterlaufen werden. Letztlich sind Regeln dazu da, verletzt zu werden; «vielleicht» ist eine genauso gute Antwort auf eine Regel wie «ja» oder «nein». Wir haben die Wahl. In Bezug auf diese Werkreihe meinte Bulloch: *Ob man sich körperlich beteiligt oder nicht, der Gedanke, es zu tun, beschäftigt einen trotzdem, da man ja die Information liest und abwägt – und man stellt sich auf jeden Fall vor, dass man es tut, selbst wenn man nicht die Absicht hat; (…) es ist eine Auseinandersetzung mit Informationen und Bedingungen.*[6] Hinsichtlich der Auseinandersetzung mit Informationen und ihrer Neu-Codierung, welche sich durch das ganze Werk Bullochs hindurchzieht, wird in *Rules Series* besonders deutlich, in welchem Mass unser Verhalten einer Reglementierung unterworfen ist, die sich auf alle Lebensbereiche erstreckt – egal, ob man nun Stripperin im Baby-Doll-Salon, Mitglied des Britischen Parlaments oder Prozac-Konsument ist, oder nur einen Haarschnitt braucht. Doch durch das Isolieren und Verpflanzen in einen anderen Kontext erlaubt uns diese Werkreihe auch, den oft willkürlichen und restriktiven Charakter solcher Regeln zu erkennen und sie in Frage zu stellen.

Für die Präsentation einzelner Regeln innerhalb der *Rules Series* gibt es «keine festgelegte Form»[7]; es kann alles sein, von photokopierten Blättern bis zu Wandmalereien oder sogar Elementen von Objekten, so dass sich auch die Definitionen der Regeln entsprechend dem Kontext, in dem sie ausgestellt werden, verändern. ZEBRA CROSSING WALL PAINTING (Zebrastreifen-Wandmalerei, 2001) besteht aus

ANGELA BULLOCH, exhibition view / Ausstellung "Chains", Galerie Micheline Szwajcer, Antwerpen, 2002: CHAIN B 1:1:52:4; CHAIN B 2:1:52:4; CHAIN B 3:1:52:4; CHAIN B 4:1:52:4; CHAIN B 5:1:52:4; CHAIN B 6:1:52:4 (PHOTO: PHILIPPE DE GOBERT)

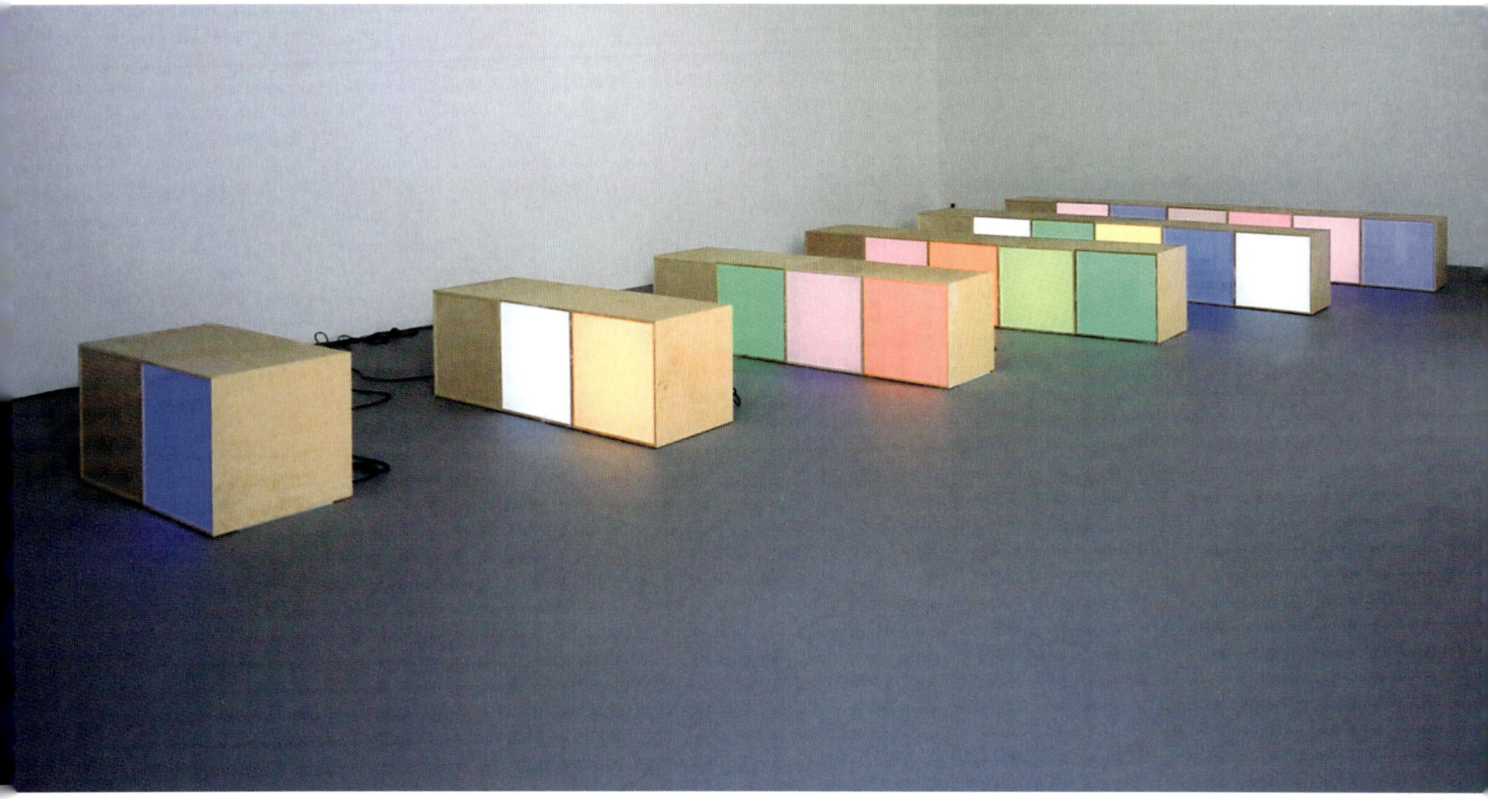

den vertikal an die Wand gemalten, schwarzen und weissen Bahnen des englischen Zebrastreifens, auf welchen neben den Reglementen zur Gestaltung solcher Strassenübergänge auch jene zu ihrer Benützung aufgeklebt sind. In der Ausstellung «ein/räumen», die jüngst in der Hamburger Kunsthalle stattfand, war eine Reihe von Regeln mit Siebdruck auf Prangerstöcke und Abschirmungen aus Aluminium gedruckt, deren Form sich an jene der Pranger von Cady Noland anlehnte. Die Darstellung von Zwang und Strafe nach dem Vorbild von Nolands Objekten ergänzte Bullochs Re-Präsentation der Art und Weise, wie Verhalten kontrolliert wird.

Bullochs neue Pixelarbeiten führen diese Untersuchung von Funktionsweisen, Strukturen und Codes im Sozialverhalten und in Bildern weiter. Bulloch nimmt Ausschnitte aus Filmen, etwa Michelangelo Antonionis *Zabriskie Point* oder Stanley Kubricks *2001, A Space Odyssey*, oder – wie jüngst für eine Ausstellung in Berlin – aus den stündlichen BBC-World-Sendungen *World News* und *Global Weather* und vergrössert die gefundenen Bilder, bis sie in ihre einzelnen Pixel zerfallen, welche sie mit einem bearbeiteten Soundtrack untermalt. Dieser massive Wechsel der Grössenordnung, erneut ein Isolieren und Verpflanzen, zwingt den Betrachter zu einem aktiven Verstehen der neu entstandenen Bilder als neue Elemente einer kritischen Sprache. (Tatsächlich kann man diese Bilder als direkte Weiterentwicklung der Arbeiten mit den Kugelleuchten verstehen.) Die wechselnde Farbe ist hier nicht ästhetisch bestimmt oder dekorativ, sondern rein funktionell, da jeder Pixel Baustein eines wechselnden Bildes ist. Es ist auch schlau ausgedacht, dass Bulloch mit ihren beiden Serien *Chain A* and *Chain B* (Kette A; Kette B, 2002) 32 Ketten von Pixelboxen schuf und dabei die Zweifarben-Permutationen verwendete, die man aus André Caderes *Barres de bois rondes* (Runde Holzbalken) kennt. Für Cadere war die Farbe seiner Balken nicht dekorativ, sondern funktionell. Jede Farbe kennzeichnet bestimmte Segmente innerhalb jeder Permutationsreihe, wobei die Farben in ihrer Abfolge den Schlüssel zur Entzifferung der ganzen Kette enthalten. Aber das ist noch nicht alles: Beim Herausarbeiten des die Werkstruktur bestimmenden Codes nimmt Bulloch selbst den von Cadere in jede Arbeit eingeschmuggelten Fehler in ihre Replik auf, sozusagen als das «Vielleicht», welches das System aufbricht und zugleich seine Entschlüsselung erschwert.[8)]

Wenn der Künstler und Kritiker John Miller über Angela Bullochs jüngste Ausstellung «Macro World: One Hour[3] and Canned» schreibt, schildert er scharfsichtig, wie die «Idee des Instrumentalismus» sich durch Bullochs ganzes Werk hindurch verfolgen lässt, bis hin zu den neuen Pixelarbeiten, in denen sie «eine kleine Auswahl von Fernseh-Pixeln isoliert und vergrössert» und damit «den Betrachter mit den scheinbar sinnleeren Grundvoraussetzungen der Massenkommunikation» konfrontiert.[9)] Selbst wenn man die direkten Quellen zu diesen Werken nicht gleich erfasst, beruht ihre kritische Sprache (die Miller als eine eben im Entstehen begriffene versteht) ebenso wie ihre gesellschaftliche Funktion nicht nur auf «ja» oder «nein», sondern auf dem «Vielleicht»; und zwar wegen der offenen Haltung dieses «Vielleicht» gegenüber all jenen durch eine autoritäre Sprache geprägten, starren Systemen, die unsere Welt ausmachen.

(Übersetzung: Wilma Parker)

1) David Bussel, «Wer kontrolliert was? Interview mit Angela Bulloch», in: *Art from the UK*, Ausstellungskatalog (dt./engl.), Sammlung Goetz, München 1997, S. 22.

2) Ebenda.

3) Es war eine Ausstellung von Künstlerinnen und Künstlern derselben Generation, zu denen auch Ian Davenport, Anya Gallaccio, Damien Hirst, Gary Hume, Michael Landy, Sarah Staton und Rachel Whiteread gehörten.

4) Für eine Auswahl dieser Arbeiten vgl. Angela Bulloch, *Rule Book*, Bookworks, London 2000.

5) Ebenda, S. 11.

6) David Bussel, op. cit., S. 29.

7) Angela Bulloch, op. cit., S. 11.

8) Die *Chains* bestehen aus 20 Arbeiten, die Caderes Farbpermutationsreihe A, und 12 Arbeiten, die die Reihe B verwenden. Ähnliche Farbpermutationssysteme (wenn auch nicht die von Cadere) hat Bulloch schon früher in MASTERMIND BEAD FORMATIONS (Mastermind-Perlengebilde, 1998) verwendet, wo in neun verschiedenen Farben bemalte Zinnperlen zu 23 cm langen Ketten aufgereiht wurden. Die Farben waren dieselben wie jene der Spielsteine im gleichnamigen Spiel der 70er Jahre, bei dem der Spieler den Code des Gegenspielers knacken musste.

9) John Miller, «United Colors of BBC: Angela Bulloch in der Galerie Schipper & Krome, Berlin», *Texte zur Kunst*, September 2002, S. 155.

Prozac

Fluoxetine

20 mg

30 capsules

No. 3105

Important Information:

- Many people have had symptoms like yours. Your doctor has prescribed Prozac to improve them, and to make a real difference to you.
- You should feel better in a few weeks but you may need to stay on the capsules for several months or more to achieve the best result.
- The full treatment should be completed as directed, otherwise your symptoms may return.
- Take your capsules every day. If you forget one, take it as soon as possible and carry on as before.
- Don't worry about taking Prozac over a long period of time – Prozac is not addictive.

Rules Series

1. The rules are lists of rules that pertain to particular places, practices or principles.

2. Each list is an individual work; however it is also part of a series.

3. Each list is a unique piece with no fixed form; however a collection of ten lists has been produced as a printed edition of 20.

4. Each unique piece is accompanied by this list, which becomes a certificate when titled and signed by the artist.

5. The unique pieces have no form; buying one confers the right to produce or reproduce the piece in any form or medium.

6. A rules series edition may be photocopied; buying one confers the right to photocopy the lists in any size or colour.

7. The artist asserts the usual moral rights and copyrights.

MARTIN PRINZHORN

SIMULATION der SIMULATION (und umgekehrt)

In der Geschichte der Kunst des zwanzigsten Jahrhunderts gibt es zahlreiche künstlerische Strategien, die örtlichen und damit gleichzeitig auch die medialen Verankerungen von Kunstwerken zu hinterfragen, indem die Grenzen zwischen ihnen und den sie umgebenden Kontexten immer verschoben, neu definiert, aufgelöst und hinterfragt werden. Die Orte, die ein Werk einnehmen kann, sind im Prinzip ad infinitum erweiterbar, da die Grenzen selbst hier nur mehr indirekt von den künstlichen Objekten selbst definiert werden. Es ist der viel zitierte psychologische Raum, der zwar in den meisten Fällen durch formale und konzeptuelle künstlerische Eingriffe ausgelöst und damit hergestellt wird, der aber seiner Logik nach eben nicht durch physische Eigenschaften der Intervention selbst ausmessbar ist, da er sich primär auf einer intentionalen Ebene bestimmen lässt und dort eine völlig andere Autonomie zu definieren versucht. In gewisser Weise wird hier in der Kunst eine Entwicklung nachvollzogen, die zuvor in utopischen Architekturphantasien einer affirmativen Moderne schon aus einem anderen Blickwinkel angedacht wurde, nur dort als physisches Projekt, in dem es der technologische Fortschritt dem Menschen ermöglichen sollte, seine Umwelt und damit letztendlich sich selbst materiell endlos auszudehnen und zu erweitern.[1] Umwelt wird hier also nicht, wie heute üblich, mit Natur gleichgesetzt, die ja selbst erst am Beginn der Moderne erzeugt werden

MARTIN PRINZHORN arbeitet als Linguist an der Universität Wien, daneben zahlreiche Veröffentlichungen zur Kunst, Lehrtätigkeit an der Akademie der bildenden Künste, Wien, sowie am Art Center College of Design, Pasadena.

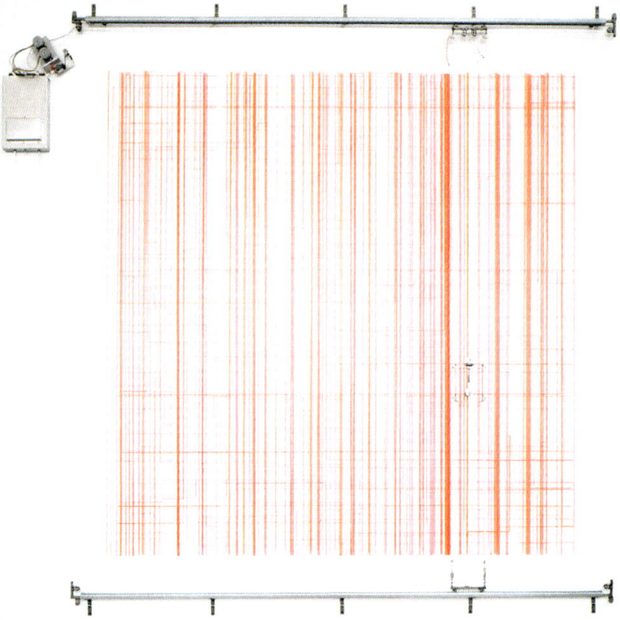

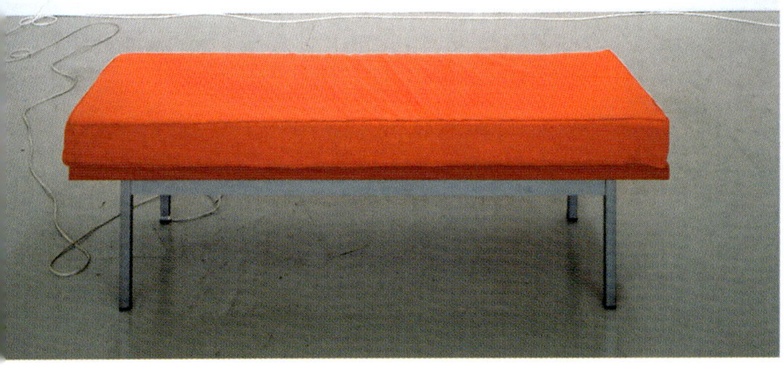

ANGELA BULLOCH, BETAVILLE, 1994, drawing machine (the machine draws vertical lines, unless someone sits on the bench, in which case the lines are horizontal), installation view, "The Cauldron," Henry Moore Institute, Leeds, 1996 / Zeichenmaschine, die vertikale Linien zeichnet, bis sich jemand auf die Bank setzt, worauf sie horizontale Linien zeichnet. (PHOTO: FREDRIK NILSEN)

musste,[2)] sondern mit einer hoch entwickelten architektonischen und technischen Maschinerie, die den menschlichen Körper physisch und perzeptuell erweitern soll, um so mit ihm eins zu werden. Gegenüber diesen Phantasien einer technologischen Totalität, in der eigentlich kein Äusseres mehr definierbar ist, da jenseits der Grenzen das Nichts beginnt, stehen minimalistische Skulptur und Installationskunst für tatsächlich umgesetzte Verfahrensweisen, die den Raum der Kunst als Phantasie mehr und mehr erweitern können. Beide sind Erweiterungen und Strategien einer Entgrenzung, aber doch komplementär, da von der jeweils anderen Ebene ausgegangen wird.[3)] Beide beziehen sich auch in sehr spezifischer Weise auf Wahrnehmung: Während von dieser im künstlerischen Ansatz in impliziter Weise Gebrauch gemacht wird, da sie es ja ist, die das Einbinden eines grösseren Kontexts auf einer psychologischen Bühne in das Kunstwerk ermöglicht, soll sie in der technologisch-architektonischen Utopie durch physische Eingriffe selbst erweitert und verändert werden und schliesslich mit der neu erzeugten Umwelt eins werden. Einmal entwickelt sich eine neue Form der Kunst aus der Intervention in einer vorhandenen Wahrnehmung, einmal entwickelt sich eine neue Form der Wahrnehmung aus der veränderten Umwelt. Einmal steht eine zutiefst skeptische Position gegenüber den grundsätzlichen Möglichkeiten künstlerischer Weiterentwicklung am Ausgangspunkt und einmal wird ein alter, affirmativer Fortschrittsglaube an sein Extrem geführt. Innerhalb der bildenden Kunst werden beide Ansätze noch am ehesten in verschiedenen Spielarten von Medienkunst vermischt, wobei sich aber hier oft das Problem stellt, dass die Entwicklung neuer medialer Möglichkeiten im Unterschied zur Architektur keiner internen Logik der Kunst entspringt, sondern bereits vorhandene Entwicklungen bruchlos importiert und nochmals verarbeitet. So wird vor allem das Problem einer Entscheidung zwischen skeptischer und affirmativer Attitüde umgangen. Eine mögliche Dynamik zwischen beiden Ansätzen kann nur erzeugt werden, wenn die kausalen Relationen zwischen kulturell definierter Wahrnehmung der Form und technisch möglicher Form der Wahrnehmung grundsätzlich als offene Handlungsräume analysiert werden.

Angela Bullochs Arbeit ist von Anfang an von einer Dynamisierung dieses Verhältnisses von technischer Möglichkeit und kulturellem Wahrnehmungsraum bestimmt. Die Statik des Objekts oder eines bestimmten Produktionsmodells ist immer durchbrochen, da die Präsentation immer als Mix vonstatten geht, Verschiebungen von Grösse und Geschwindigkeit beinhaltet und sich so nie auf eine Sichtweise reduzieren lässt. Oft ist in ihren Arbeiten eine Systematik oder sogar ein Regelsystem vorgegeben, das aber nie zur erwarteten Grammatik führt, sondern unerwartet offene Situationen erzeugt. Die Lampen eines Galerieraums gehen in verschiedenen Intervallen an und aus oder ballonartige Lichtkörper verändern langsam ihre Lichtqualität und werden beim Öffnen der Türe abgeschaltet. Ihre verschiedenen Farben geben ein System vor, das aber in der Schwebe bleibt, dessen Symbolik nicht verankert ist. Wie Maschinen, die nur nach internen, selbstbezüglichen Regeln funktionieren und so eine in sich abgeschlossene Umwelt repräsentieren, die aber durch ihre Abgeschlossenheit den Eindruck eines unheimlichen Anderen erzeugen. Sie erinnern in ihrer Form an minimalistische Skulptur oder Installation, sind aber eben gleichzeitig autonome Organismen, die sich keinem Kontext anpassen. Oder ein Strommessgerät, das an Solarzellen angeschlossen ist und so das Licht im Galerieraum misst. Auf den ersten Blick zwar von einer fast banalen Offensichtlichkeit, beinhaltet es doch schon die ganze Komplexität von Bullochs Arbeit: ein geschlossenes System, das aber doch vom Kontext verändert wird. Dieser Kontext bleibt aber ab einem gewissen Punkt offen: Ist es nur das Licht als physikalisches Phänomen oder doch auch unsere Wahrnehmung – die an dieses Licht gebunden ist –, welche das Kunstwerk ausmacht? Das Objekt gibt Autonomie vor, bezieht sich aber doch gleichzeitig wieder auf die Wahrnehmung und konstituiert sich so erst im tatsächlichen Gebrauch. Dies ist gleichzeitig aber auch wieder ein Kommentar zur Interaktivität: Die Frage, wo genau die Grenze anzusiedeln ist, an der die Benutzung erst das Objekt konstituiert, landet speziell in diesen Arbeiten eigentlich selbst in einem nicht endenden Loop. Es ist ein grundsätzliches Problem jeder Zeichentheorie, wie Symbole verankert werden, was Konvention, was Wahrnehmung ist. Es ist dieser Zwischenraum, der von Angela Bulloch bespielt wird: Ihre Kunst behandelt nie die Regeln selbst, sondern immer die komplexe Verkettung verschiedener Regelsysteme. In ihrer Arbeit *Rules Series* geht es um Fragen kontextspezifischer Regeln vs. universaler Regeln. Die Regeln sind gleichzeitig die Kunst selbst und die Anleitung zu ihrer Produktion. Die Räume, die so geöffnet werden, betreffen Fragen nach Original und Kopie oder nach Objekt und Konzept bzw. Beschreibung dieses Objekts. Im Unterschied zur alten Konzeptkunst, wo solche Fragen nur anhand von Repräsentation und deren verschiedener Modi abgehandelt wurden und die so oft nur ein Kommentar zur Möglichkeit verschiedener

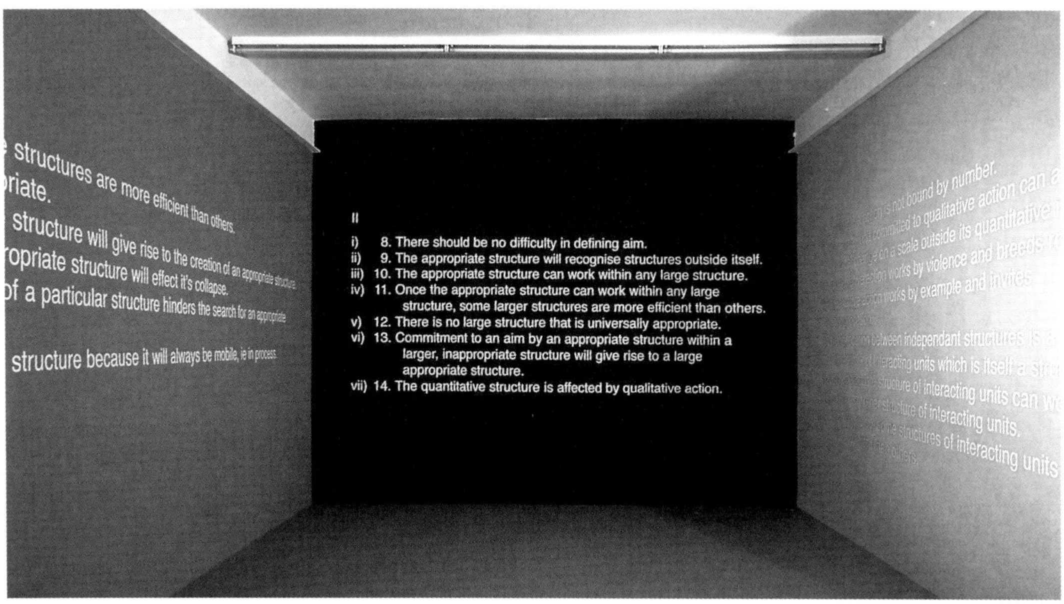

ANGELA BULLOCH, *RULES SERIES: LET THE POWER FALL. AN ALBUM OF FRIPPERTRONICS*, 2002, *installation view, Galerie Micheline Szwajcer, Antwerpen. (PHOTO: PHILIPPE DE GOBERT)*

medialer Repräsentationen blieb, geht es hier aber um den Prozess von Herstellung und Wahrnehmung der Kunst. Die Regeln sind nicht nur Kunst und Anleitung für ihre spezifische Herstellung, sie sind letztendlich in ihrer konkreten Situierung widersprüchlich und so gleichsam Kommentare über Kunst auf einer Metaebene. Kein spezifisches Programm, sondern eher eine Problematisierung von Programmen an sich. Mit Wittgenstein könnte man sagen: Wenn man den Regeln und ihrer Logik folgt, muss man irgendwann die Leiter wegschmeissen, die man hinaufsteigt. Es sind eben keine Regeln, die innerhalb der Kunst irgendwelche Hinweise geben oder etwas bedeuten, sie sagen nur etwas über Kunst aus.

In ihren Pixelarbeiten wird diese Strategie nochmals durch die Einbindung weiterer Ebenen kompliziert. Das Thema von Wahrnehmung als Illusion war für die gesamte Moderne konstitutiv. Die Tatsache, dass der Blick eigentlich auf nichts anderem beruht als auf einem Zusammenschalten verschiedener visueller und anderer kognitiver Einzelaspekte, die in ihrer Gesamtheit doch nur immer Illusion und erzeugte Harmonie sind, war zumindest implizit immer ein Thema der Kunst. Aus diesem Grund ist die Kunst auch so stark an das technische Medium gebunden, denn dort wird ja von dieser Tatsache explizit Gebrauch gemacht. Kunst hat sich auch immer wieder auf diese medialen Techniken bezogen, ihre internen Strukturen durch Vergrösserung oder Verlangsamung freigelegt. Das Pixel als kleinste bedeutungsunterscheidende Einheit der digitalen visuellen Welt gibt in Bullochs Arbeiten kaum mehr einen Hinweis auf seine illusionären Eigenschaften: Während es bei Digitalkameras darum geht, möglichst viele Pixel auf eine Fläche zu bringen und so die Illusion zu perfektionieren, werden sie in Bullochs Arbeiten auf eine Grösse aufgeblasen, die eher den Eindruck von monochromer Malerei aufkommen lässt. Dadurch wird die Illusion völlig pervertiert, da die Funktion einer fast perfekten Wahrnehmungsmaschine plötzlich zur Bühne aller möglichen Interpretationen und Sinnzuweisungen wird. Das eingespielte Filmmaterial wird zusätzlich noch durch die Veränderung einzelner Farbfelder durchbrochen, wodurch die Rekonstruktion eines dynamischen Bildablaufs weiter erschwert wird. Trotzdem verhindert die Künstlerin ein Abgleiten in einen völlig arbiträren, frei besetzbaren Raum. Das Material, Szenen aus einem Antonioni-Film oder Ausschnitte aus Fernsehinformationssendungen, ist sehr bewusst gewählt. Sowohl in Titel und Beschreibung der Arbeiten als auch in der Begleitmusik wird explizit darauf hingewiesen. Abstraktion bis hin zur Nicht-Repräsentation wird so in den Arbeiten genauso als Illusion verstanden wie ein perfekt wirkendes Bild aus tausenden nicht mehr diskriminierbaren Farbpunkten. Die Illusion eines offenen psychologischen Raums und die Illusion einer technisch generierten, die Wahrnehmung perfekt determinierenden Maschinerie sind so untrennbar verbunden. Man kann sich auf keine Ebene zurückziehen. Die gesamte Installation wiederholt diesen Bruch nochmals: Der Raumaufbau, der Spiegel und die Musik deuten eher Party an, ein Eindruck, der wiederum im Widerspruch zur transparent präsentierten Technik und zum Konzept eines Ausstellungsraums steht. Die Idee einer technisch determinierten Totalität und einer erzeugten offenen Subjektivität sind so miteinander fest verwoben, das eine kann nicht ohne das andere gelesen werden. So entsteht ein Feld, auf dem nicht mehr sicher ist, was aus was erzeugt wird, es gibt Prozesse der Abbildung, nur in ihrer Richtung sind sie nicht festlegbar.

1) Vgl. R. Buckminster Fuller, *Bedienungsanleitung für das Raumschiff Erde und andere Schriften,* hrsg. und übers. von Joachim Krausse. Reihe Fundus-Bücher, Verlag der Kunst, Amsterdam/Dresden 1998.
2) Dieses Definieren wurde auch schon am Anfang von technischen Entwicklungen wie Fluggerät oder Optik ermöglicht und hatte daher immer schon einen Medienbezug.
3) Es gibt in der Architektur tatsächlich umgesetzte Beispiele, die in ihrer Logik diesen Utopien folgen, aber nur insofern, als hier das Erweiterungskonzept durch organische Formen symbolisiert wird.

MARTIN PRINZHORN

The SIMULATION of SIMULATION (and vice versa)

In the history of 20th-century art, numerous artistic strategies have probed the local and therefore medial embeddedness of artworks by shifting, redefining, eliminating, and subverting the borders between them and their surrounding contexts. The possible loci of a work are basically extendible ad infinitum, for even then the borders are only indirectly defined by the artistic objects themselves. What is meant here is the much-debated psychological space, which is generally initiated and thus created through formal and conceptual artistic interventions, but which, logically, cannot itself be measured by the physical properties of the intervention since it is determined primarily by the level of intent, where it seeks to define an entirely different kind of autonomy. To a certain extent, art echoes a development previously already targeted by utopian architectural fantasies of an affirmative modernism but from another point of view, as a physical project in which technological progress would enable human beings to endlessly stretch and expand their material environment and ultimately themselves.[1] Thus, contrary to contemporary custom, environment is not to be equated with nature, the more so, since it was not created until the beginning of modernism anyway.[2] Instead it ties in with the highly developed architectural and technical machinery devised to extend the human body physically and perceptually in order, ultimately, to become one with it. In contrast to such fantasies of technological totality, in which an exterior can, in effect, no longer be defined since the void begins beyond its borders, minimalist sculpture and installation art represent procedures that actually implement

MARTIN PRINZHORN works as a linguist at the University of Vienna and publishes regularly on art. He also teaches at the Academy of Fine Arts, Vienna, and the Art Center College of Design, Pasadena.

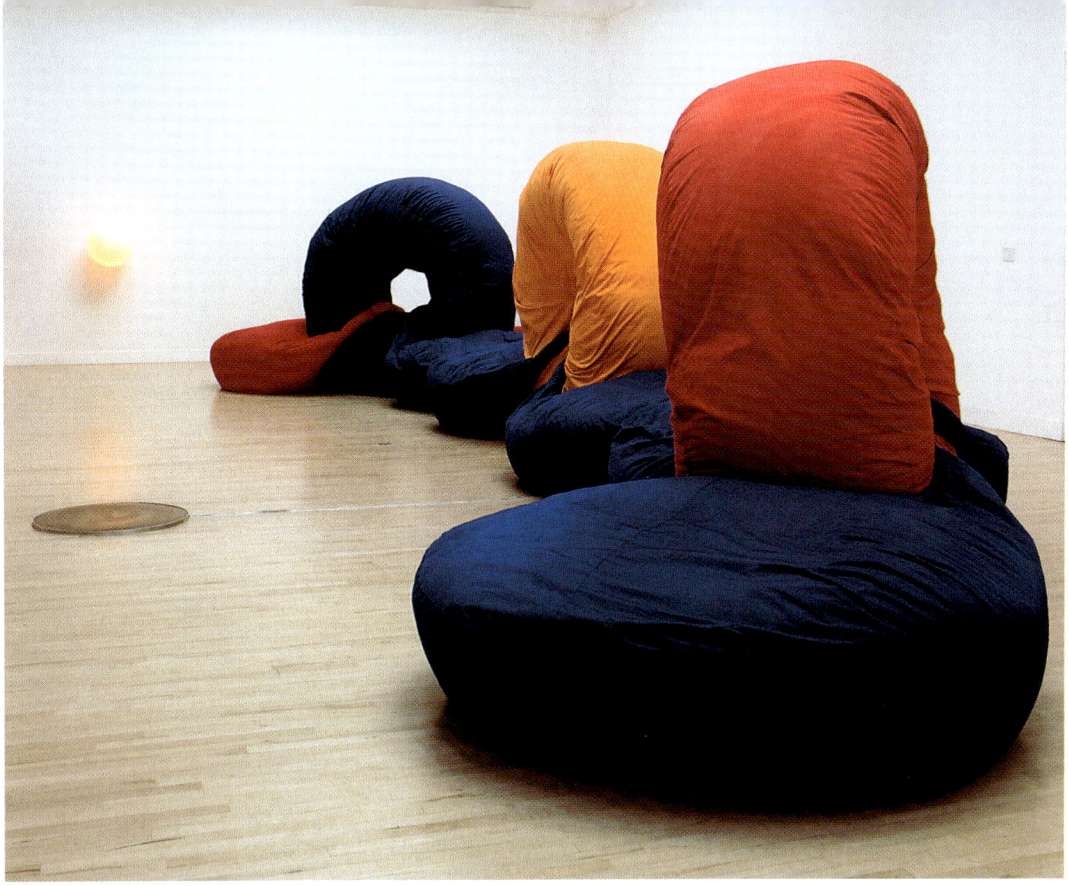

ANGELA BULLOCH, SUPERSTRUCTURE WITH SATELLITES, 1997,
installation view, "The Turner Prize," Tate Gallery, London. (PHOTO: MARCUS LEITH)

the steady expansion of the space of art as fantasy. Both are expansions and strategies of de-limitation, but they are also complementary inasmuch as they start on the level of the other.[3] Moreover, both make specific and specifically distinct reference to perception: while the artistic approach makes implicit use of perception, for it is the latter that makes it possible to invest the work of art with a larger context on a psychological stage, the technological, architectural utopia is expanded and modified and finally united with the newly generated environment through physical intervention. In one case, a new form of art emerges through intervention in perceptual givens; in the other, a new form of perception emerges from the modified environment. In one case, the point of departure is a profoundly skeptical stance regarding the fundamental potential of further artistic development; in the other, an old, affirmative belief in progress is taken to extremes. Within the fine arts the two approaches are most likely to merge in the various modes of medial art although, in contrast to architecture, the development of new medial possibilities often faces the problem of not being generated by the internal logic of art but instead seamlessly imports and reprocesses already existing developments. Above all, this dodges the problem of having to opt for either a skeptical or an affirmative attitude. A potential dynamic between the two approaches can only be generated if the causal relations between the culturally defined perception of form and the technically possible form of perception are basically analyzed as open territories of action.

Angela Bulloch's work is based on activating the dynamics of this relationship between technical possibility and cultural space of perception. The statics of the object or of a specific model of production is consistently undermined because the presentation always takes the shape of

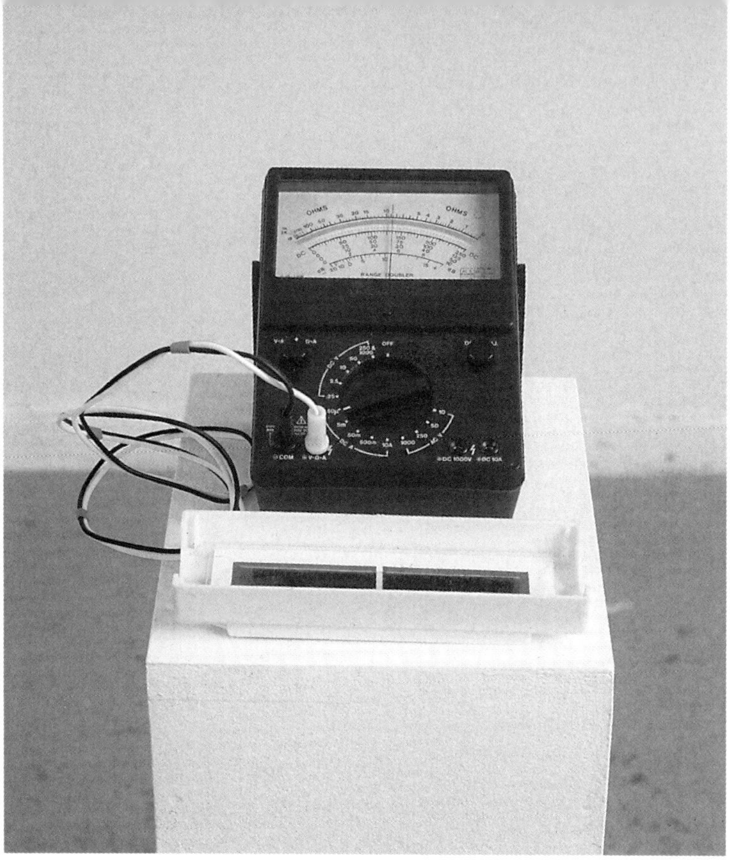

ANGELA BULLOCH, SOLAR POWERED LIGHT METER, 1990, installation view, APAC, Nevers. (PHOTO: LOTHAR SCHNEF)

a mix, contains shifts in size and speed, and can therefore never be reduced to one single interpretation. Bulloch's works often purport to have a system of some kind or even a set of rules but they never produce the anticipated grammar and, in fact, generate unexpectedly open-ended situations. The lamps in a gallery turn on and off at different intervals or balloon-like bodies of light gradually modify the quality of their illumination and turn off when the door opens. The colors appear to be subject to a system but one that remains elusive, with a symbolism that cannot be pinned down—like machines that only function according to internal self-referential rules and represent a self-contained environment by virtue of which they generate an impression of an uncanny other. Their shape recalls minimalist sculpture or an installation but they are still autonomous organisms incapable of adapting to any context. Or take the artist's electricity gauge which is connected to solar cells and measures the light in the gallery. Perfectly ordinary and obvious at first sight, it actually contains the entire complexity of Bulloch's work: a closed system and yet one that is modified by its context. However, this context does leave one specific question unanswered: is the work of art determined only by light as a physical phenomenon or does our perception of it come into play after all? The object acts as if it were autonomous but at the same time it refers to perception and is only constituted in the actual process of use. This in turn raises the issue of interactivity: in these works the question as to the exact point at which use actually constitutes the object turns into an endless loop of its own. It is the fundamental concern of semiotics to examine how symbols are embedded, what determines convention, and what perception. Angela Bulloch interrogates the spaces in between; her art never addresses the rules themselves but always the complex concatenation of various sets of rules. Her work *Rules Series* investigates context-specific rules vs. universal rules. At the same time the rules are the art itself and the instructions for making it. The territory thus charted explores questions of original and copy or of object and concept, or rather the description of the object. In the tradition of conceptual art, such questions were resolved only in terms of representation and its various modes and often did not go beyond a commentary on the possibility of different medial representations. In contrast, Bulloch is concerned specifically with the process of making and perceiving art. The rules are not only art and instructions for its specific production; they are ultimately contradictory in their concrete placement and thus become metalinguistic commentaries on art. No specific agenda but rather the exploration of agendas per se. To use Wittgenstein's metaphor, when you follow rules and their logic, you have to throw away the ladder after you've climbed it. They are not rules that give pointers or mean something within art; they only say something about art.

Bulloch's pixel works make this strategy even more complex by involving additional levels. The issue of perception as illusion has been constitutive for the whole of modernism. The fact that the gaze actually rests on nothing but the coupling of various visual and other cognitive aspects, whose totality is inevitably illusion and a generated harmony, has always, at least implicitly, been a subject matter of art. This also explains why art is so closely linked to its technical medium; because it is there that explicit use is made of that fact. Art has always referred to these medial techniques and exposed their internal structures by means of enlargement or deceleration. The pixel as the smallest semantically relevant unit in the digital visual world gives practically no indication anymore of its illusionary properties in Bulloch's work: while digital cameras aim to squeeze as many pixels as possible onto a surface in order to perfect the illusion, in Bulloch's work they are blown up to a size that produces the impression of monochrome painting. The illusion is utterly perverted since the function of an almost perfect perception machine is suddenly turned into an arena for all kinds of interpretations and assignments of meaning. The filmed footage is additionally undermined by changes in individual fields of color, which further obstructs the reconstruction of a dynamic sequence of pictures. Yet even so, the artist avoids spiraling into a completely arbitrary, semantically unclaimed space. The material, scenes from a film by Antonioni or footage of television newscasts, is carefully and deliberately selected, with explicit reference made to it in the titles and descriptions of the works as well as the accompanying music. Abstraction to the point of non-representation is thus treated as illusion in these works, quite like a perfectly readable picture made of thousands of no longer distinguishable dots of color. Here, the illusion of an open psychological space and the illusion of technically generated machinery that utterly determines perception are inseparably linked—and with no avenue of retreat. The entire installation is a repeat of this rupture: the arrangement of the room, the mirror, and the music are more reminiscent of a party, an impression, which in turn contradicts the transparent presentation of technique and the conception of the gallery space. The idea of a technically determined totality and the generation of unfixed subjectivity are firmly interwoven; the one cannot be read without the other. A field emerges on which it is no longer clear what is generating what; there are processes of representation but their direction cannot be fixed.

(Translation: Carin Rathbec)

1) See R. Buckminster Fuller, *Operating Manual for Spaceship Earth* (Carbondale: Southern Illinois University Press, 1969).

2) Such definition was also made possible at the beginning of technical developments such as flying or optical devices and has therefore always had a medial connection.

3) There are actual examples of architecture, whose logic follows these utopias but only inasmuch as the concept of expansion is symbolized by organic forms.

Edition for Parkett ANGELA BULLOCH

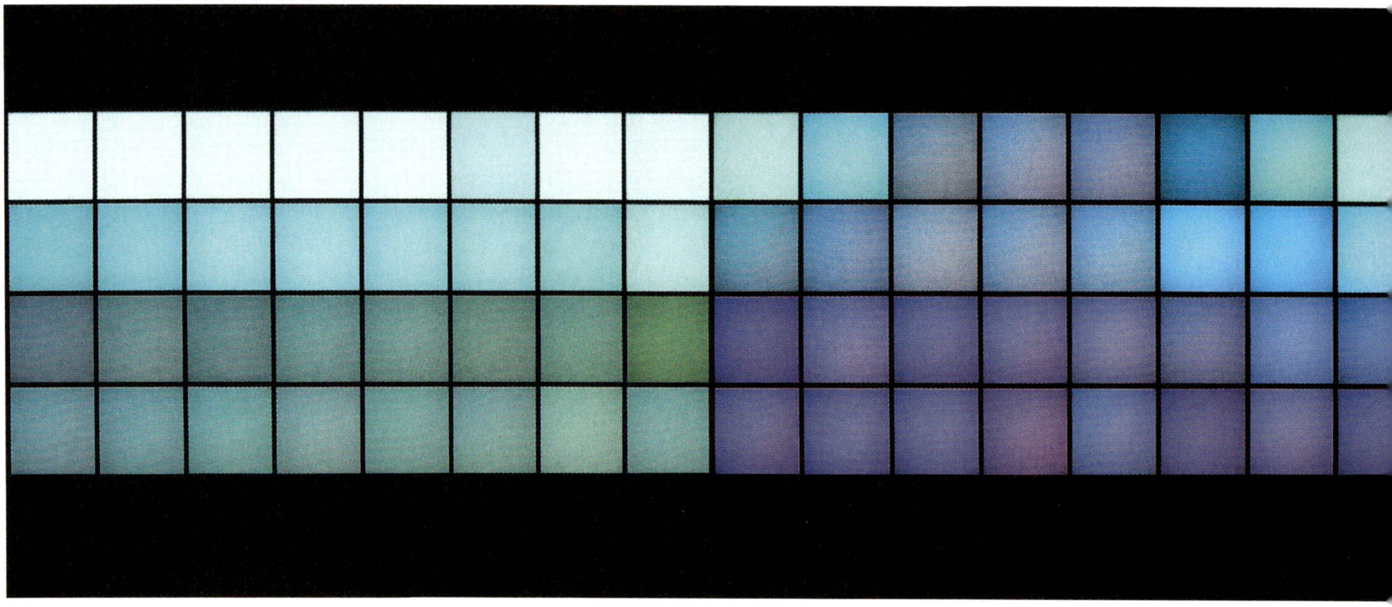

HORIZONTAL TECHNICOLOUR: STILLS WITH NEGATIVE SPACE, 2002

C-print, 12 3/16 x 46" (image 8 7/16 x 42 7/16)

Printed by Philippe Laumont, Laumont Editions, New York

Edition of 80, signed and numbered

C-Print, 31 x 116,8 cm (Bild 21,5 x 107,8 cm)

Gedruckt bei Philippe Laumont, Laumont Editions, New York

Auflage: 80, signiert und nummeriert

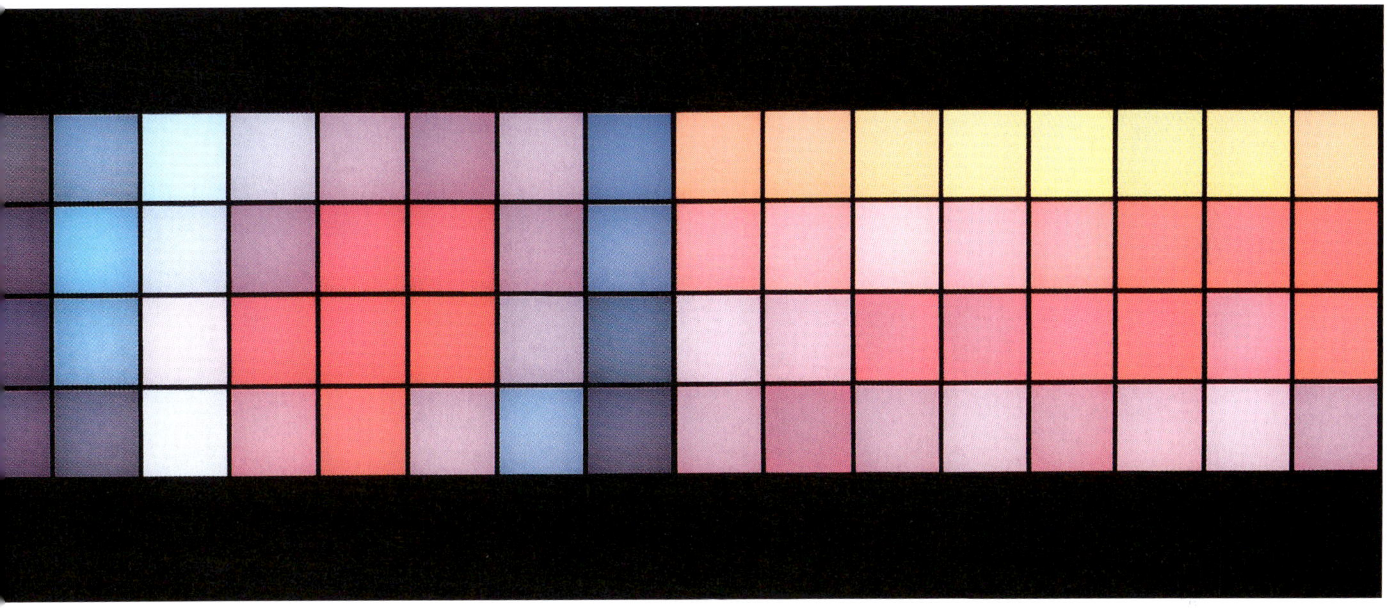

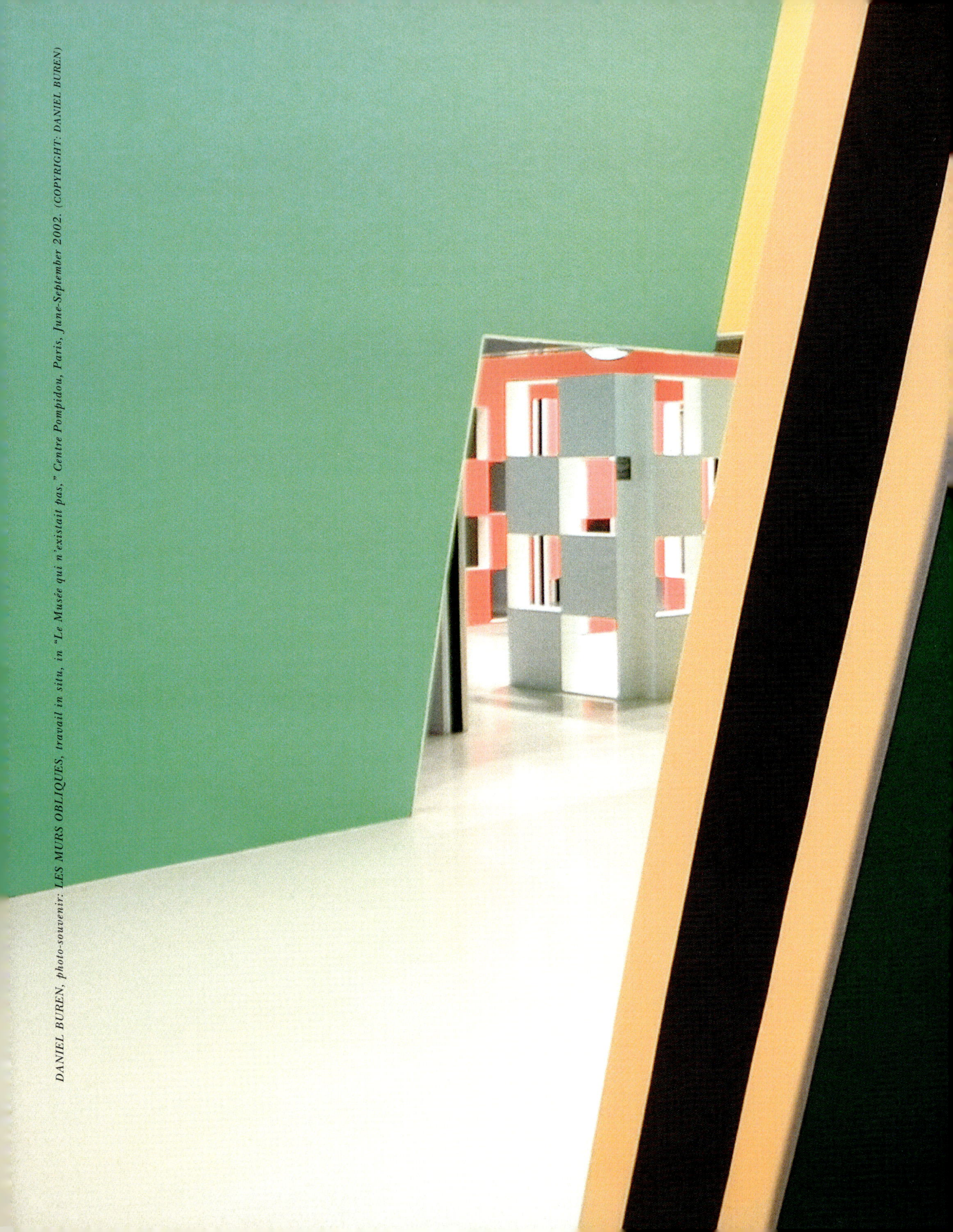

DANIEL BUREN, photo-souvenir: LES MURS OBLIQUES, travail in situ, in "Le Musée qui n'existait pas," Centre Pompidou, Paris, June-September 2002. (COPYRIGHT: DANIEL BUREN)

Daniel
Buren

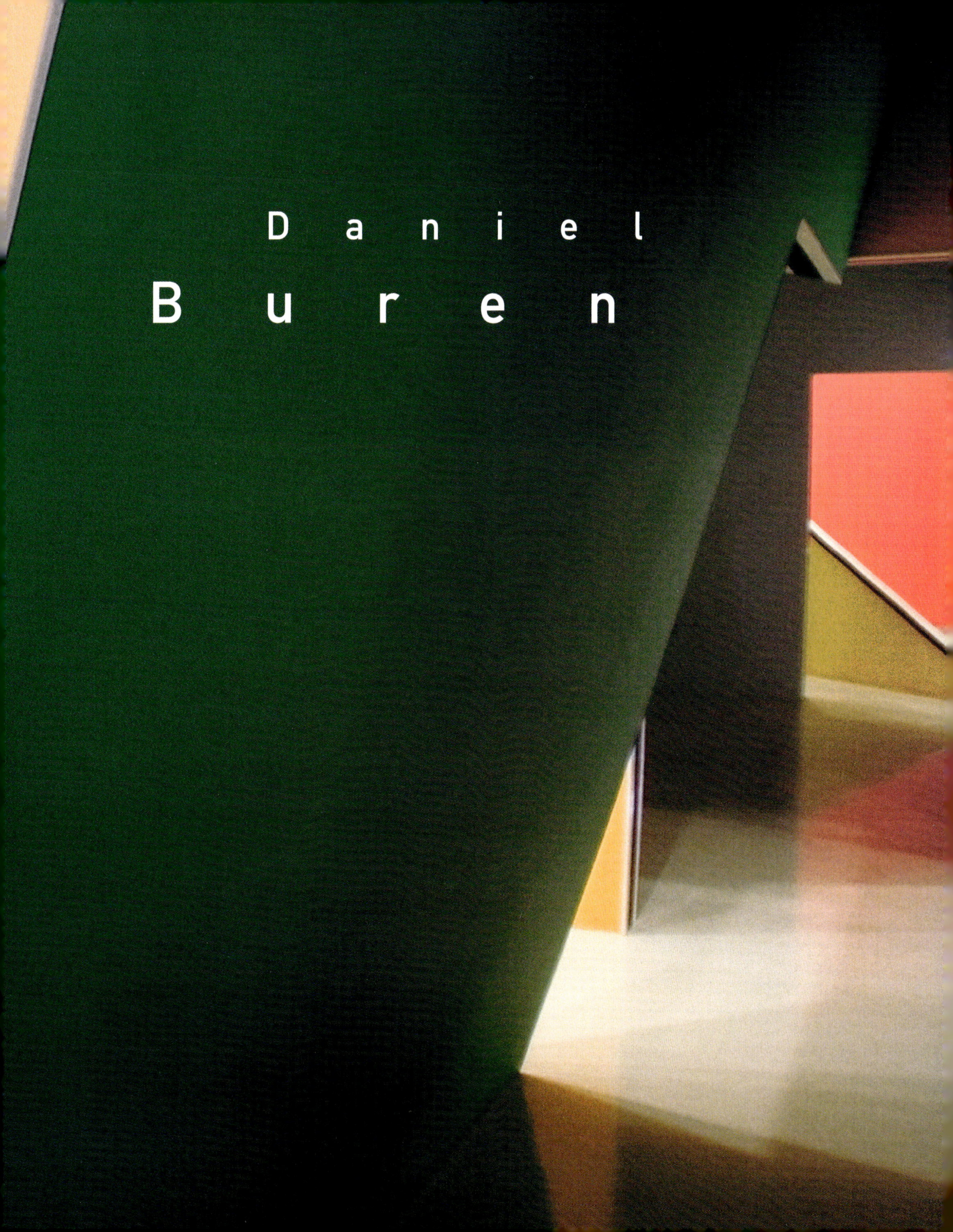

FROM PAINTING TO ARCHITECTURE

ANNE RORIMER

The art of Daniel Buren has been ever expanding upon the aesthetic possibilities arising from thematic attention to architectural visibility and institutional invisibility. His exhibition this summer at the Centre Pompidou in Paris, full of joie de vivre with its colorful vistas and effects, offered a multi-faceted and open-ended visual experience. Occurring in actual architectural space, "Le Musée qui n'existait pas" (The Museum Which Did Not Exist), as the exhibition was called, marked a culminating moment in a career devoted to extricating painting from its traditional confinement to a framed canvas.

Over a thirty-five year span, one can follow the course of Buren's ongoing exploration of relationships between painting and architecture. Painting, as of 1967, in Buren's oeuvre would situate itself with respect to existing architectural elements, but by the early eighties, would come to stand for—and *as*—architecture.

Buren's work is rooted in the artist's initial search for ways to strip painting of illusionistic and expressive reference as per his decision in 1965 to reduce the pictorial content of his canvases to the repetition of mechanically printed, alternating white and colored vertical bands 8.7 cm in width painted white on its outer stripes. Commercially obtained, prefabricated material with vertical stripes has thus functioned as an anonymous, painted sign/design. Throughout much of Buren's career this sign—which "remains immutable," while being used to provide the "internal structure"[1] of each and almost every work—has generated the hundreds of works in situ he has accomplished worldwide.

When Buren glued green and white striped material to the outside door of the Apollinaire Gallery in Milan in 1968 for his first solo exhibition, he effectively closed the door to the conventional exhibition area in order to open it up to questions. By covering the door with stripes, he substituted door frame for traditional frame while having replaced the traditional canvas surface area with the surface of the entry door.

From the late sixties and throughout the seventies, Buren further succeeded in the creation of works that self-critically embodied or drew attention to some aspect of their own institutional framework with reference to elements of their architectural surroundings. His 1969 exhibition, for example, at the Wide White Space in Antwerp, assumed its precise visual form in response to architectural reality. It linked together the interior exhibition space and the

ANNE RORIMER is an independent scholar and freelance curator. She was formerly curator at the Art Institute of Chicago, and she co-curated the exhibition "Reconsidering the Object of Art: 1965–1975" at the Museum of Contemporary Art, Los Angeles. She is the author of *New Art in the 60s and 70s: Redefining Reality* (Thames and Hudson, 2001).

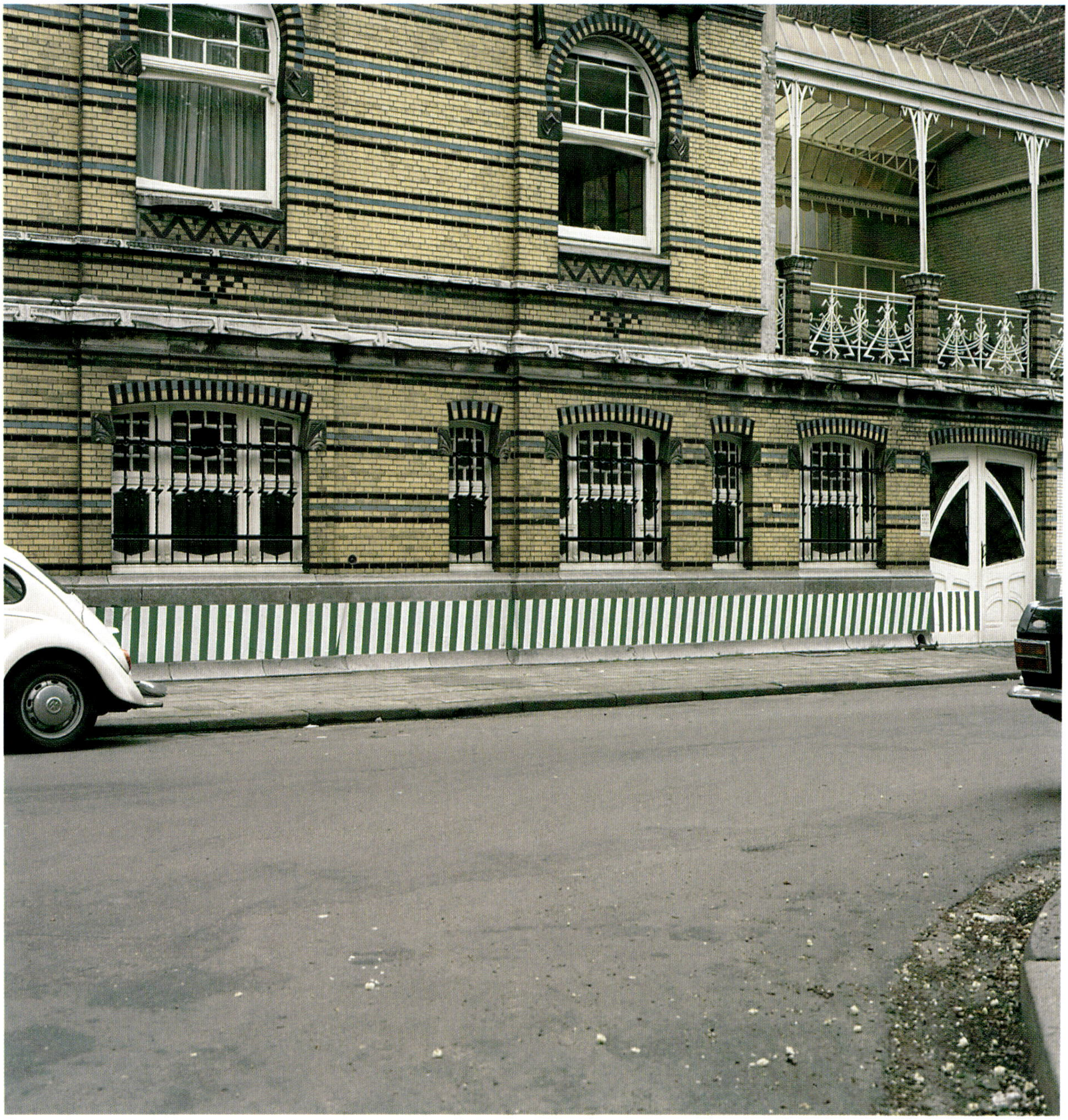

DANIEL BUREN, *photo-souvenir: (SANS TITRE), travail in situ (extérieur), Wide White Space Gallery, Anvers, January 1969, detail.*

(COPYRIGHT: DANIEL BUREN)

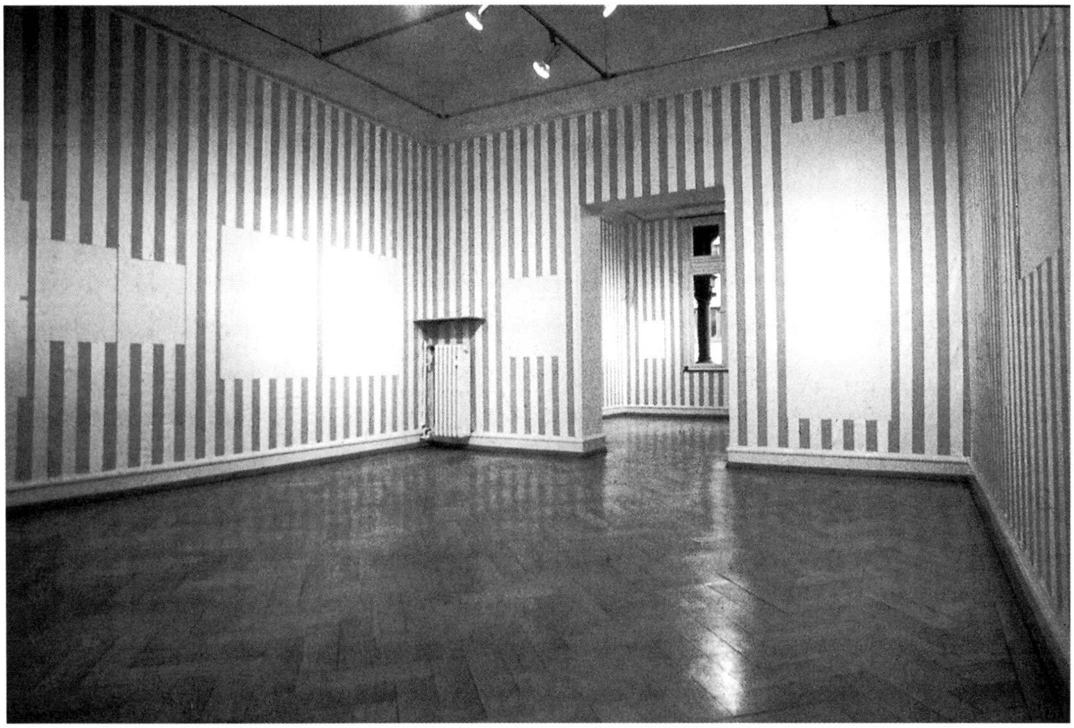

DANIEL BUREN, photo-souvenir: À PARTIR DE LÀ..., travail in situ, Städtisches Museum, Mönchengladbach, November 1975, detail, *see/siehe CABANE NO. 0, 1975–1982, p./S. 68.* (COPYRIGHT: DANIEL BUREN)

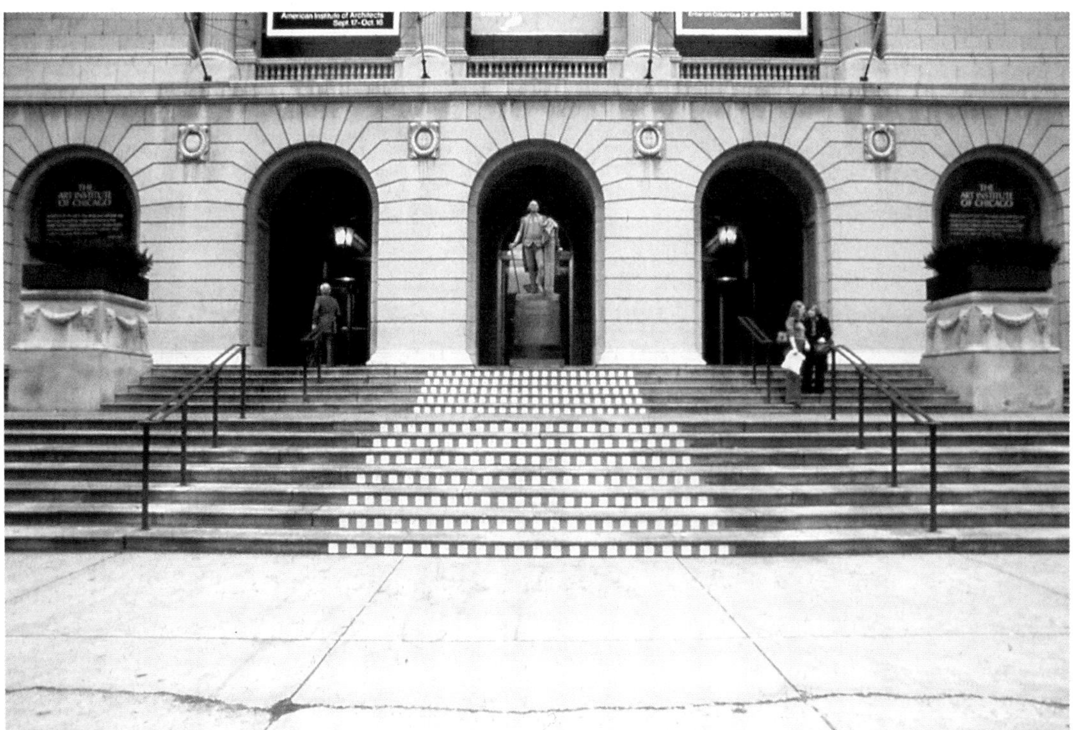

DANIEL BUREN, photo-souvenir: UP AND DOWN, IN AND OUT, STEP BY STEP, travail in situ (extérieur), Art Institute of Chicago, 1977, detail. (COPYRIGHT: DANIEL BUREN)

exterior of the building in which the gallery was located. In this instance, Buren applied striped paper, scaled to the show's invitational poster, to a flat plinth outside the building. The striped material extended from a hydrant at the side of the building to the doorway, and from the doorway into the gallery itself. Significantly, the work's formal properties and spatial allocation on the wall arose in direct association with existing conditions of architectural detailing.

Conceived in a totally different manner, À PARTIR DE LÀ (Starting from There, 1975) addressed conventions of exhibiting art. In doing so, it brought the walls of the entire exhibition area into active thematic service so that the painted surface of paintings inseparably merged with their mural surface. For this exhibition at the Städtisches Museum Mönchengladbach, Buren—having researched nearly ten years of the museum's installation history with its consistent approach to hanging paintings—covered the walls of all of its rooms with vertically striped fabric. Rectangular voids formed by cut-outs from the striped paper represented the spaces where paintings, selected from a cross-section of the museum's numerous exhibitions, had at one time been hung on the wall. Rhetorically asking "Is the wall a background for the picture or is the picture a decoration for the wall?" Buren observed that "in any case, the one does not exist without the other."[2] With its emphatically striped walls pierced by rectangular voids that represented absent paintings, À PARTIR DE LÀ could not be cut out from the encompassing framework of the museum as this is understood to be both a cultural construct and an architectural construction.

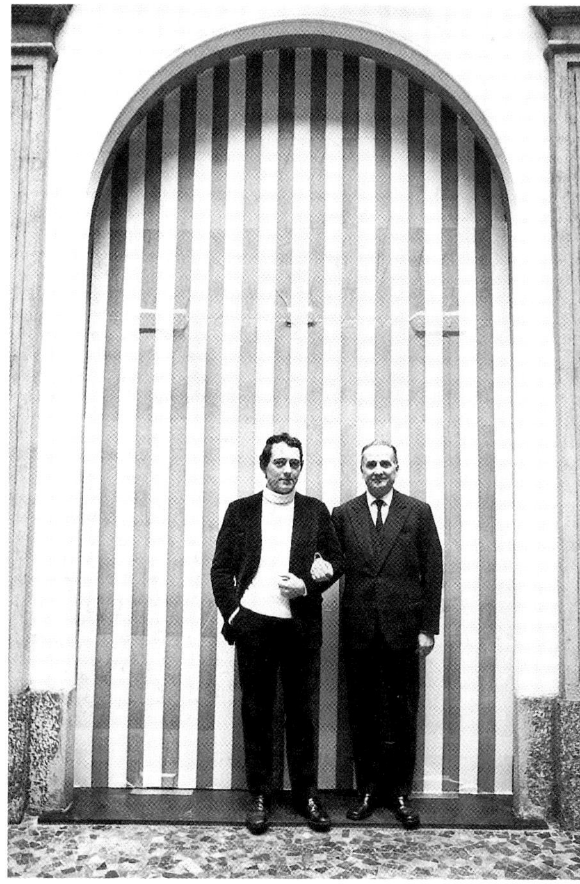

Photo-souvenir: Daniel Buren & Guido Le Nocci in front of the / vor der Galerie Apollinaire, Milano, October 1968, detail.

For his participation in "Europe in the Seventies: Aspects of Recent Art," held at the Art Institute of Chicago in 1977, Buren realized his unprecedented work titled UP AND DOWN, IN AND OUT, STEP BY STEP, A SCULPTURE. Now in the permanent collection of the museum, it demonstrates the complete coincidence of a work with its architectural and institutional setting. UP AND DOWN... utilizes the interior staircase (known as the Grand Staircase) that, leading from the museum's main entrance to the permanent collection on the second floor, provides access to galleries containing art from different centuries. When white and colored striped paper is cut and glued to the risers of its steps, the Art Institute's staircase becomes an object with a sculptural presence of its own. Of principle note, the steps retain their functional purpose as a staircase while simultaneously fusing painting, sculpture, and architecture.

In contrast to other works in the museum's collection, UP AND DOWN... is exempt from placement within rooms exclusively devoted to the permanent collection and interacts with the museum as an architectural and cultural whole by defining itself as its

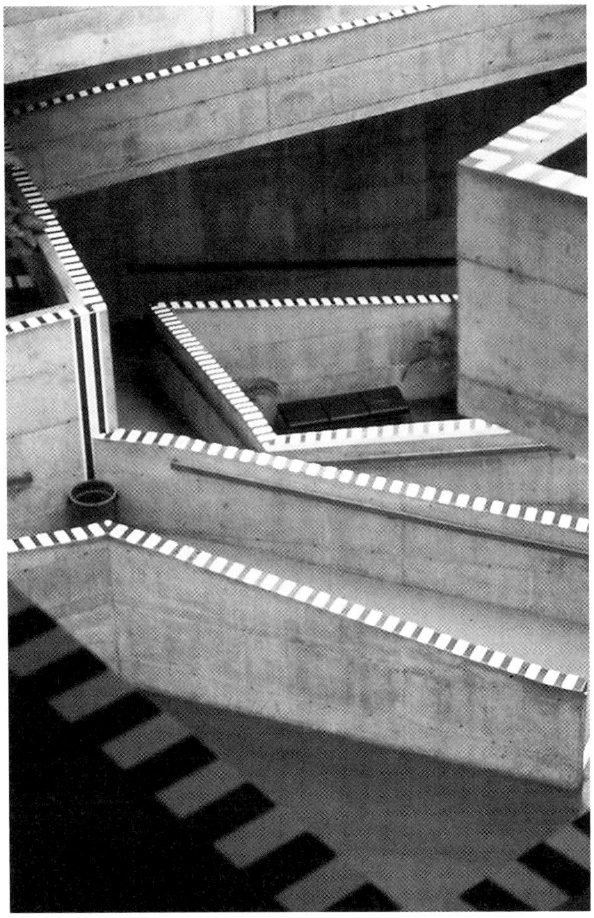

DANIEL BUREN, *photo-souvenir:* STALACTIC/STALAGMITIC: A DRAWING IN SITU AND THREE DIMENSIONS, *travail in situ, University Art Museum, Berkeley, California, 1979, detail.* (COPYRIGHT: DANIEL BUREN)

pedestal and core. While other works are subject to classification and relocation, generally in isolation from their original historical or cultural conditions, UP AND DOWN... cannot be considered apart from the architectural and institutional reality into which it is absorbed and with which it visibly coexists.

A work of two years later conceived at the University Art Museum, Berkeley, California for "Andre, Buren, Irwin, Nordman: Space as Support" marked an important transition in Buren's thinking about painting vis-à-vis architecture and vice versa. Rather than confining his work to the particularity of specific walls or architectural elements as in the Wide White Space exhibition of ten years before or in UP AND DOWN..., Buren chose to directly confront the entirety of the museum's interior space. STALACTIC/STALAGMITIC: A DRAWING IN SITU AND THREE DIMENSIONS (1979) revealed the complexity of the museum's architectural space in which domineering, multi-level planes of concrete, projecting into the interior, intersect one above another at emphatic angles. The exhibition areas of the museum, located on six different levels, are connected by ramps whose railings form low, concrete parapets that continue from the inside to the outside of the building. Buren adhered perpendicularly cut white- and blue-striped paper to the tops of all of the museum's interior and exterior parapet walls. He also glued paper—cut parallel with its printed stripes and defined by the width of the wall section—from the top to the bottom of all wall surfaces. By means of these ribbon-like bands, he demarcated the juncture of the walls' many intersecting axes. The vertically-cut stripes broke up the severity of the harsh, concrete space, while the repetition of the stripes as rectangles along the tops of all the parapets diagrammatically analyzed the nature of the fractured space and visually tied it together. The Berkeley installation thereby transformed the architectural barriers of the museum into unifying, rather than divisive, structures. As in his Mönchengladbach exhibition, Buren incorporated the walls of the exhibition space within the work instead of treating walls as passive backdrops or neutral elements of enclosure.

The Berkeley installation anticipated ensuing works of the early eighties in which painting would be set on a par with architecture rather than being dictated by or coterminous with existing architectural elements or elevations. A work of 1982, PLAN CONTRE-PLAN, shown at the Haus Esters Museum in Krefeld as part of a joint exhibition with Michael Asher (whose work was on view in the adjoining Haus Lange Museum), issued in Buren's subsequent construction of vertically striped partitions that would function actively in their own right to articulate the pre-existing exhibition area. Signaling a major shift in approach, PLAN CONTRE-PLAN—which was based on the floor plan from Haus Lange where Asher's work was on view—reproduced this house's mural partitions in full scale in white- and red-striped material. By superimposing the walls of one of the two early, neighboring houses of Mies van der Rohe on the other, Buren staged a visible interaction between the layouts of closely related houses. At the same time he juxtaposed "real" walls with walls fabricated from vertically-striped material. The white- and red-striped walls of canvas determined by Haus Lange's layout overlapped with and projected beyond House Esters' walls to form walled partitions on its exterior.

At Krefeld, vertically-striped fabric for the first time functioned autonomously as both mural surface and architectural divider. À PARTIR DE LÀ (1982), following immediately after Buren's Krefeld exhibition, reinforced the idea that painting could support an architectural dimension. A free-standing work made of striped fabric, wood supports, and Plexiglas, it replicated in full scale all of the ground floor wall elevations of the Mönchengladbach Museum (including its doors and windows) as it had appeared during the display of À PARTIR DE LÀ in 1975. A three-dimensional work, also from 1975, but shown in 1982, injected volumetric form into a previously enterable, yet undetachable, installation. It would lead shortly thereafter to the CABANES ÉCLATÉES (Exploded Cabins) in 1984 that, in their many different variations, furthered Buren's redefinition of painting in the terms of enterable pavilions. Built first out of stretched fabric, they subsequently would become more elaborate and would consist of other materials such as wood or Plexiglas.

A pivotal work of 1983, POINTS DE VUE OU LE CORRIDORSCOPE, presented at the Musée d'Art Moderne de la Ville de Paris, definitively established the self-sufficiency of fabric-cum-wall. Black and white fabric held taut and upright by wooden supports formed a walled, covered corridor that, available to passage, zigzagged through the museum. Instead of looking at one or more paintings attached to a wall, therefore, visitors were able to walk through a work that transformed painted—and static—planarity into architectural reality. While they moved through the work, visitors caught glimpses of other works of art on view from windows cut out from the fabric.

The walls of POINTS DE VUE... engendered a dynamic dialogue between painting, as indicated by its striped fabric, and architecture released from its usual background role in the mere service of display. Of particular note, POINTS DE VUE... masked its existing architectural container. Also, because of its winding shape, visitors were able to see the outer walls of the corridor in which they were being contained and which, itself, was contained by the museum's architecture. By instating an alternative architecture to that of the building, moreover, this work paradoxically revealed the virtual invisibility of the museum while proposing the idea of its own, self-supporting reality.

A work of 1983, INTERSECTING AXES: A WORK IN SITU, presented at the Renaissance Society at the University of Chicago, definitively established the self-sufficiency of fabric-cum-wall. Two bisecting corridors of vertical white and orange stripes, extending from the four corner bays of the gallery's perimeter, engendered a dialogue between the ad hoc striped partitions and the given wall partitions. The walls of striped fabric and the existing walls intersected with one another to establish a dynamic dialogue between painting, as indicated by striped fabric, and architecture brought forward from its usual background role in the service of display.

Buren's most recent achievement at the Pompidou Centre may be understood with regard to the logical evolution of thinking that, over the years, has led the artist away from the illusionistic space of traditional painting via architecture toward direct engagement with the concrete reality of the world. From the mid-eighties to the present, this engagement has further occasioned works far too numerous and varied to discuss here. These works hark back to works as famous (and infamous because it was removed before the opening of the exhibition) as PEINTURE-SCULPTURE (Painting-Sculpture, 1971), a two-sided painting suspended from the sky-lit ceiling that cut a gigantic swath through the open cavity of the Guggenheim Museum, New York. From among copious examples of later works, however, UNE EN-

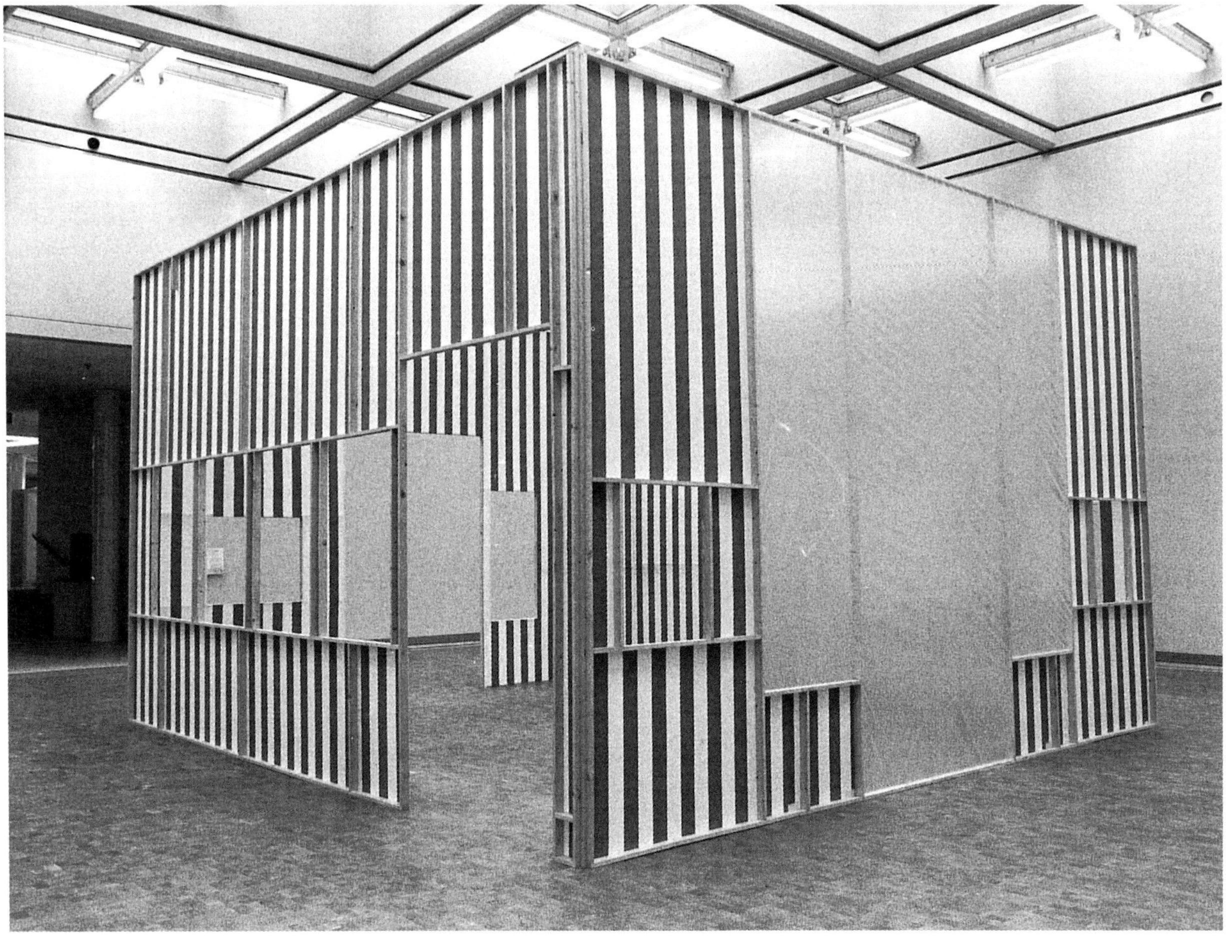

DANIEL BUREN, photo-souvenir: À PARTIR DE LÀ... CABANE NO. 0, 1975/82, travail in situ, Städtisches Museum, Mönchengladbach, September 1982, detail, see/vgl. A PARTIR DE LÀ..., p./S. 64. (COPYRIGHT: DANIEL BUREN)

VELOPPE PEUT EN CACHER UNE AUTRE (1989) might be singled out for the way it set up a dialectic not only between painting and architecture but also between the idea of the museum as container and the objects it contains. During the course of Buren's exhibition in Geneva, the Musée Rath housed ten CABANES ÉCLATÉES in its lower level gallery at the same time as the entire museum building itself was treated as an object of display.

In the interest of rejecting singular or static points of view, the art of Buren has embraced the notion of expressing the multiple, almost endless, facets of visual possibility. Grounding his works in the real without espousing the grandiose or impositional, he has constantly sought to express the idea of the unfettered nature of aesthetic experience that (as he has demonstrated) may be proffered to spectators in relation to the temporal and spatial reality of architecture and its institutional affiliations.

1) Daniel Buren, "Beware" in *Five Texts* (New York: The John Weber Gallery/London: The Jack Wendler Gallery, 1973), p. 15.
2) Buren, "On Saturday" in *Daniel Buren: Around "Ponctuations"* (Lyon: Le Nouveau Musée, 1980), n.p.

VON DER MALEREI ZUR ARCHITEKTUR

ANNE RORIMER

Die ästhetischen Möglichkeiten, die sich aus der thematischen Beschäftigung mit architektonischer Sichtbarkeit und institutioneller Unsichtbarkeit ergeben, bilden die eigentliche Grundlage von Daniel Burens Kunst. Seine Ausstellung «Le Musée qui n'existait pas» (Das Museum, das nicht existierte) im Centre Pompidou in Paris diesen Sommer fand ganz unmittelbar im architektonischen Raum statt und bot mit ihren farbenfrohen Ausblicken und Effekten eine offene und vielschichtige visuelle Erfahrung voller *joie de vivre*. Die Ausstellung markierte einen Höhepunkt in einer Karriere, die ganz der Loslösung der Malerei von ihrer traditionellen Bindung an die gerahmte Leinwand gewidmet war.

Man kann Burens fortlaufender Erkundung der Beziehungen zwischen Malerei und Architektur über eine Spanne von fünfunddreissig Jahren folgen. 1967 situierte sich die Malerei in Burens Werk noch im Verhältnis zu bestehenden architektonischen Elementen, doch seit den frühen 80er Jahren stand sie zunehmend für – und bestand als – Architektur.

Burens Werk wurzelt in der anfänglichen Suche des Künstlers nach Wegen, die Malerei von illusionistischen und expressionistischen Referenzen zu befreien, und führte im Jahr 1965 zur Entscheidung, den Bildinhalt seiner Leinwände auf die Wiederholung mechanisch gedruckter, jeweils 8,7cm breiter, abwechselnd weisser und farbiger Streifen zu reduzieren, wobei die äusseren Streifen jeweils weiss sind. Vorgefertigtes und käuflich erworbenes vertikal gestreiftes Material fungiert so als anonymes gemaltes Zeichen oder Muster. Während nahezu der gesamten Karriere Burens bildete dieses Zeichen – das «unverändert bleibt» und zugleich die «interne Struktur»[1] beinahe jedes Werkes stellte – die Grundlage für Hunderte von Arbeiten in situ, die Buren weltweit vor Ort produzierte.

Als Buren 1968 für seine erste Einzelausstellung grünweiss gestreiftes Material auf die Aussenseite der Eingangstür der Galerie Apollinaire in Mailand klebte, versperrte er den Eingang zum konventionellen Ausstellungsraum, um diesen für Fragen zugänglich zu machen. Indem er die Tür mit Streifen überzog, setzte er den Türrahmen an die Stelle des traditionellen Rahmens und die Oberfläche der Tür an die Stelle der traditionellen Leinwand.

Seit den späten 60er und während der gesamten 70er Jahre entwickelte Buren Arbeiten, die selbstkritisch auf ihren eigenen institutionellen Rahmen und dessen architektonische Elemente aufmerksam machten. Seine Ausstellung bei Wide White Space in Antwerpen im Jahr 1969, zum Beispiel, entwickelte ihre präzise visuelle Form als Antwort auf architek-

ANNE RORIMER arbeitet als unabhängige Autorin und freie Kuratorin. Zuvor war sie Kuratorin am Art Institute of Chicago und Co-Kuratorin der Ausstellung «Reconsidering the Object of Art: 1965–1975» am Museum of Contemporary Art in Los Angeles. Ihre jüngste Publikation war *New Art in the 60s and 70s: Redefining Reality* (Thames and Hudson, 2001).

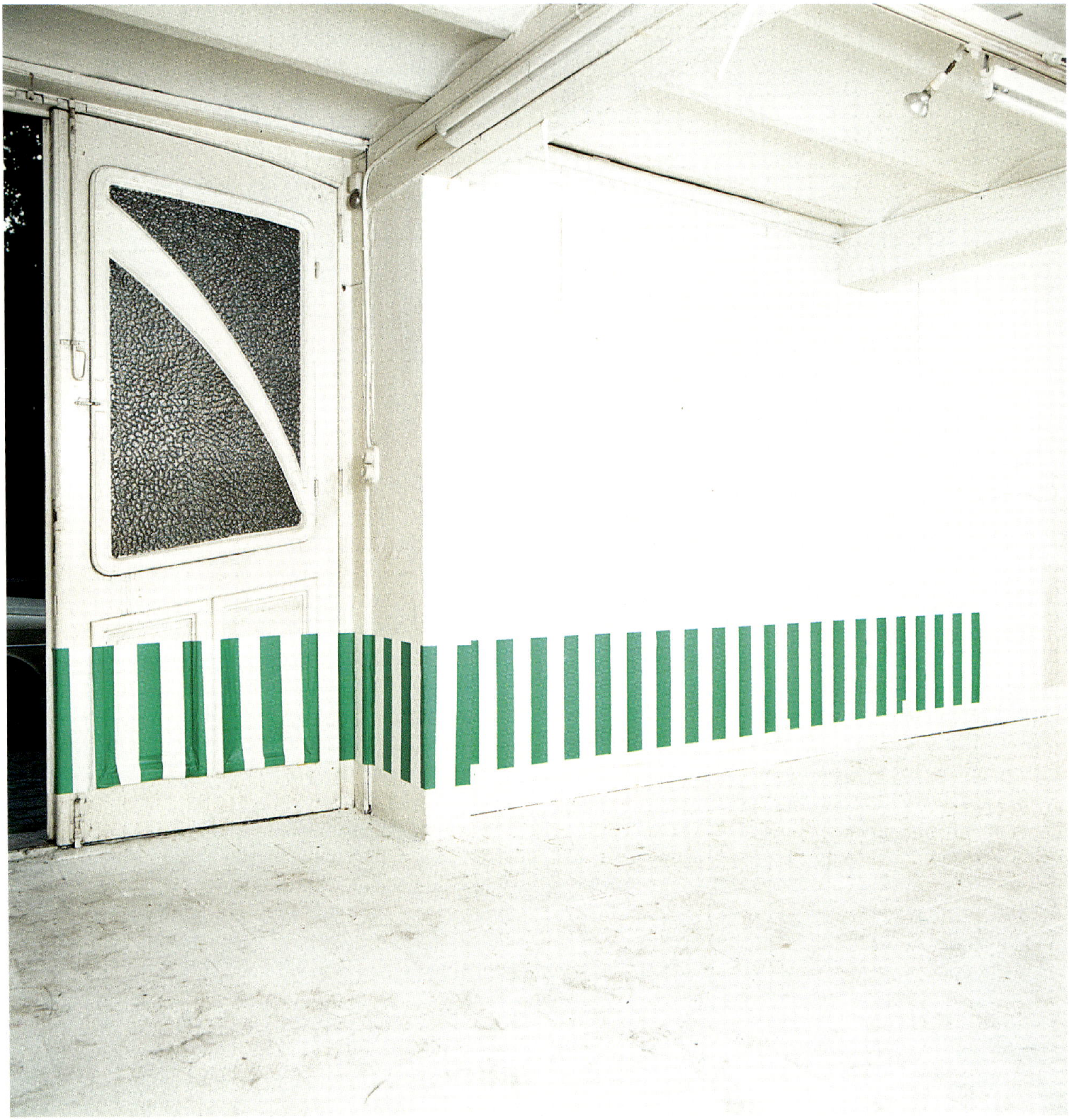

DANIEL BUREN, *photo-souvenir: (SANS TITRE), travail in situ (intérieur), Wide White Space Gallery, Anvers, January 1969, detail.*

tonische Gegebenheiten und stellte eine Verbindung her zwischen dem Ausstellungsraum und der Aussenseite des Galeriegebäudes. In diesem Fall brachte Buren gestreifte Papierbogen, so gross wie das Einladungsplakat, auf dem leicht vorspringenden Sockelband der Aussenmauer des Gebäudes an. Das gestreifte Material verlief von einem seitlich am Gebäude befindlichen Hydranten bis zum Hauseingang, und von dort in die Galerie hinein. Die formalen Charakteristika der Arbeit und ihre räumliche Anbringung standen in direktem Bezug zu bereits vorhandenen Architekturelementen.

Die grundsätzlich anders konzipierte Arbeit À PARTIR DE LÀ (Von da an, 1975) beschäftigte sich mit den Konventionen des Ausstellens von Kunst und bezog die Wände der gesamten Ausstellung thematisch derart mit ein, dass gemalte Bildflächen und Wandfläche untrennbar miteinander verschmolzen. Für diese Ausstellung im Städtischen Museum Mönchengladbach recherchierte Buren die Installationsgeschichte des Museums der vergangenen zehn Jahre – samt dessen spezifischer Art, Bilder zu hängen – und bedeckte die Wände sämtlicher Kabinette des Hauses mit einem vertikalen Streifenmuster. Rechteckige Leerstellen, die aus der gestreiften Tapete ausgeschnitten waren, markierten Stellen, an denen einzelne Gemälde, während einer der vielen Ausstellungen des Museums, einst gehangen hatten. Anhand der rhetorischen Frage, ob die Wand eher Hintergrund für das Bild oder das Bild eher Dekoration für die Wand sei, stellte Buren fest, dass keines von beiden ohne das andere bestehen könne.[2] Mit den auffälligen gestreiften, von rechteckigen Leerstellen durchbrochenen Wänden war die Arbeit À PARTIR DE LÀ untrennbar in den Rahmen des Museums – als kulturelle Idee wie als architektonisches Gebäude – eingebunden.

Für seinen Beitrag zur Ausstellung «Europe in the Seventies: Aspects of Recent Art» (Europa in den 70er Jahren: Aspekte aktueller Kunst) im Art Institute in Chicago, 1977, realisierte Buren die neue Arbeit UP AND DOWN, IN AND OUT, STEP BY STEP, A SCULPTURE (Auf und Ab, Innen und Aussen, Schritt für Schritt, eine Skulptur), die sich jetzt in der ständigen Sammlung des Museums befindet. Die Arbeit nutzt die zentrale Treppe des Gebäudes (bekannt als Grand Staircase oder Grosses Treppenhaus), die vom Eingang des Museums zur ständigen Sammlung im ersten Stock führt und den Zugang zu Ausstellungsräumen mit Kunst aus unterschiedlichen Jahrhunderten erlaubt. Mit Hilfe weisser und farbiger Papierstreifen, die er auf die vertikalen Flanken der Treppenstufen applizierte, verwandelte Buren das Treppenhaus des Art Institute in ein Objekt mit eigenständiger skulpturaler Präsenz. Die Stufen vereinen die Gattungen Malerei, Skulptur und Architektur in sich, wobei sie ihre primäre Funktion als Treppe bewahren.

Im Gegensatz zu anderen Werken in der Sammlung des Museums befindet sich UP AND DOWN... nicht in einem ausschliesslich der ständigen Sammlung vorbehaltenen Raum und steht in ständigem Dialog mit der architektonischen und kulturellen Gesamtheit des Museums, indem es sich als dessen Basis und Zentrum behauptet. Während andere Werke einer Ein- und Umordnung ausgesetzt sind, die üblicherweise unabhängig von ihren ursprünglichen historischen und kulturellen Bedingungen erfolgt, kann UP AND DOWN... nicht losgelöst von der architektonischen und institutionellen Situation betrachtet werden, in welche die Arbeit eingebettet ist.

Eine Arbeit, die zwei Jahre später für die Ausstellung «Andre, Buren, Irwin, Nordman: Space as Support» am University Art Museum in Berkeley, Kalifornien, entstand, markiert eine entscheidende Wende in Burens Auffassung des Verhältnisses zwischen Malerei und Architektur. Im Gegensatz zu UP AND DOWN... oder auch der Ausstellung bei Wide White Space zehn Jahre zuvor ging Burens Arbeit in Berkeley nicht mehr auf die Besonderheiten bestimmter Wände oder architektonischer Elemente ein, sondern bezog den gesamten Innenraum des Museums mit ein. STALACTIC/STALAGMITIC: A DRAWING IN SITU AND THREE DIMENSIONS (Stalaktisch/Stalagmitisch: eine Zeichnung vor Ort und in drei Dimensionen, 1979) legte die Komplexität der Museumsarchitektur frei, die von Betonplatten dominiert wird, die sich durch mehrere Stockwerke hindurchziehen, in die Innenräume hineinkragen und in kühnen Winkeln aufeinander treffen und sich kreuzen. Die Ausstellungsräume des Museums sind über sechs Ebenen verteilt und untereinander

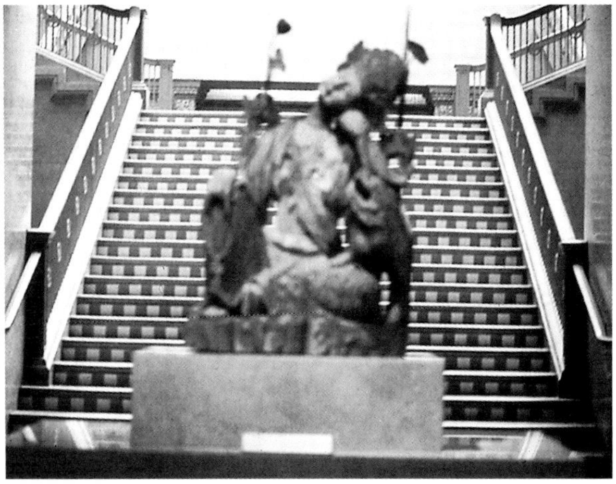

DANIEL BUREN, photo-souvenir: UP AND DOWN, IN AND OUT, STEP BY STEP, travail in situ (intérieur), Art Institute of Chicago, 1977, detail. (COPYRIGHT: DANIEL BUREN)

durch Rampen mit niedrigen, massiven Betonbrüstungen verbunden, die aus dem Inneren des Museums nach draussen führen. Buren bedeckte die Oberseite aller Brüstungen mit gestreiftem Papier, das quer zum Streifen beschnitten war. Und für die Wände verwendete er parallel zum Streifen beschnittene Papierbahnen, welche über die ganze Höhe der Wand verliefen. Mit diesen Streifenbahnen markierte er all jene Stellen, an denen Wände aufeinander trafen und sich kreuzten. Die vertikal gestreiften Bänder unterbrachen die Schwere des harschen Betonraums, während die Repetition der zu Rechtecken beschnittenen Streifen entlang der Oberkanten aller Geländerbrüstungen den vielfach gebrochenen Raum gleichzeitig graphisch zerlegte und visuell zusammenhielt. Die Installation in Berkeley verwandelte die architektonischen Abschrankungen des Museums in Strukturelemente, die nicht mehr trennend, sondern verbindend wirkten. Und wie bereits in Mönchengladbach machte Buren die Wände des Ausstellungsraums zum integralen Bestandteil seiner Arbeit, statt sie lediglich als passiven Hintergrund oder neutrale Raumbegrenzung zu begreifen.

Die Installation in Berkeley leitet eine Reihe von Arbeiten aus den frühen 80er Jahren ein, in denen die Malerei der Architektur gleichgestellt ist und nicht mehr von bestehenden architektonischen Elementen bestimmt wird oder mit diesen zusammenfällt. Burens Arbeit PLAN CONTRE-PLAN (1982) im Haus Esters in Krefeld war Teil einer gemeinsamen Ausstellung mit Michael Asher, der im Haus Lange ausstellte, und bestand aus einer Reihe von vertikal gestreiften Raumteilern, die den bestehenden Ausstellungsraum hervorhoben. PLAN CONTRE-PLAN signalisierte eine ganz neue Herangehensweise: Es basierte auf dem Grundriss des Hauses Lange, in dem Ashers Arbeit gezeigt wurde, und reproduzierte die Mauern und Raumteiler dieses Hauses massstabgerecht in weissrot gestreiftem Stoff. Indem er die Wände dieser zwei frühen Bauten Mies van der Rohes übereinander stülpte, inszenierte Buren eine sichtbare Interaktion zwischen den Grundrissen zweier eng verwandter Häuser und stellte zugleich den «echten» Wänden jene aus vertikal gestreiftem Stoff entgegen. Die für das Haus Lange stehenden weissrot gestreiften Stoffwände durchkreuzten das Wandsystem von Haus Esters und setzten sich ausserhalb des Gebäudes in wandhohen Raumeinschlüssen fort.

In Krefeld fungierten die vertikal gestreiften Stoffbahnen erstmals autonom als Wandflächen und architektonische Trennwände. Die Arbeit À PARTIR DE LÀ (1982), die unmittelbar im Anschluss an Burens Ausstellung in Krefeld entstand, erhärtete die Idee, dass Malerei architektonische Dimensionen annehmen und aushalten könne. Die frei stehende Arbeit aus gestreiftem Stoff, Holzgerüsten und Plexiglas war eine massstabgetreue Reproduktion des gesamten Erdgeschosses des Museums in Mönchengladbach (einschliesslich aller Türen und Fenster), wie es während Burens Ausstellung von À PARTIR DE LÀ im Jahr 1975 ausgesehen hatte. Diese dreidimensionale, ebenfalls 1975 enstandene, aber erst 1982 öffentlich gezeigte Arbeit verlieh der schon früher zugänglichen, aber nicht isolierbaren Installation ihre eigene räumliche Form. Wenig später sollten

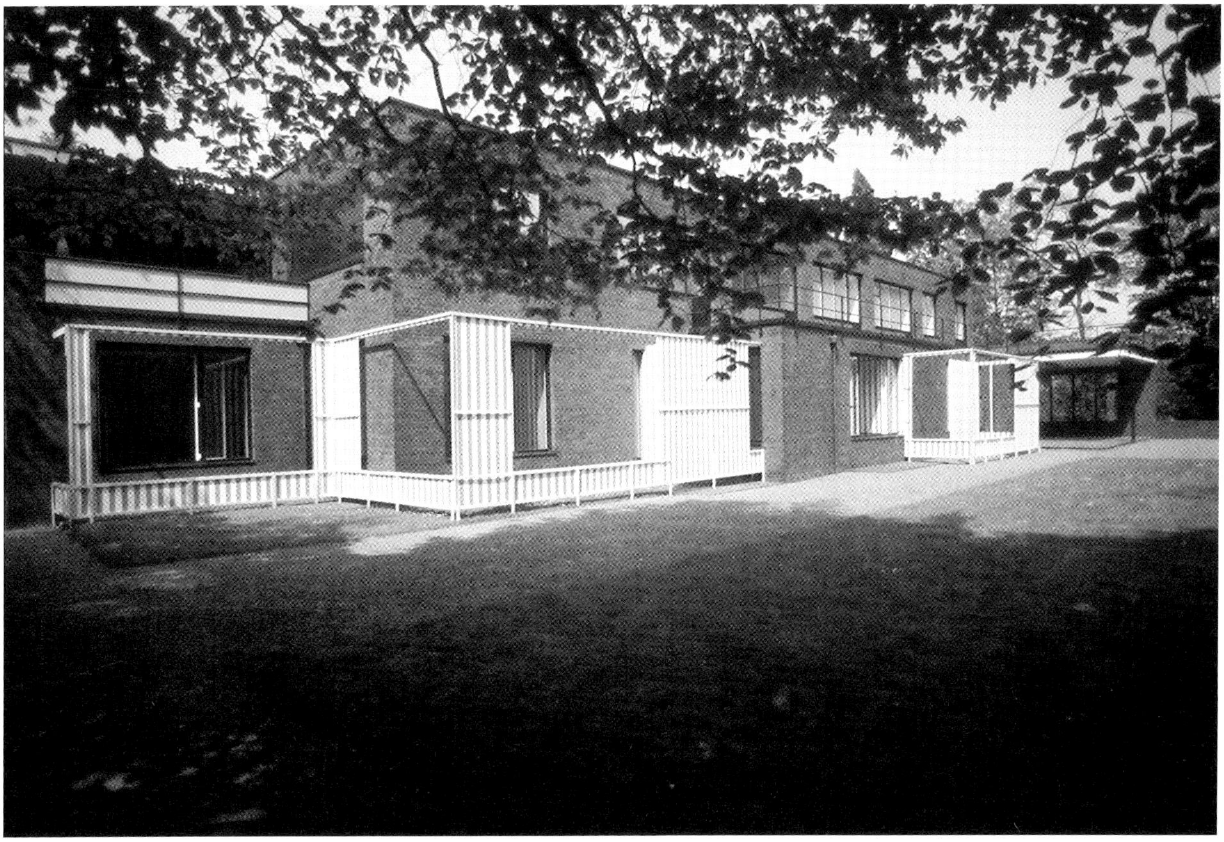

DANIEL BUREN, *photo-souvenir: PLAN CONTRE-PLAN, travail in situ, Museum Haus Esters, Krefeld, May–July 1982, detail.*
(COPYRIGHT: DANIEL BUREN)

die CABANES ÉCLATÉES (Geplatzte Hütten, 1984) folgen, die in unendlichen Variationen Burens Vorstellung von Malerei anhand begehbarer Pavillons erweiterten. Sie bestanden zunächst aus Stoffbahnen und später, als sie immer raffinierter wurden, auch aus anderen Materialien wie Holz oder Plexiglas.

POINTS DE VUE OU LE CORRIDORSCOPE (Ansichten oder das Korridorskop), ein Hauptwerk aus dem Jahr 1983, welches im Musée d'Art Moderne de la Ville de Paris gezeigt wurde, etablierte ein für allemal die Autarkie der Stoff-Wand-Kombination. Schwarzweisse, auf ein Holzgerüst gespannte Stoffbahnen bildeten einen geschlossenen und gedeckten Korridor, der begehbar war und im Zickzack durch das gesamte Museum führte. Anstatt das eine oder andere Bild an der Wand zu betrachten konnten die Besucher nun durch eine Arbeit hindurchgehen, welche die bemalte – statische – Fläche in eine architektonische Realität verwandelt hatte. Und während die Besucher in dieser Passage unterwegs waren, konnten sie durch ausgeschnittene Fenster in der Stoffwand kurze Blicke auf weitere ausgestellte Kunstwerke erhaschen.

Die Wände von POINTS DE VUE... erzeugten einen dynamischen Dialog zwischen der Malerei – in Gestalt der gestreiften Leinwand – und der Architektur,

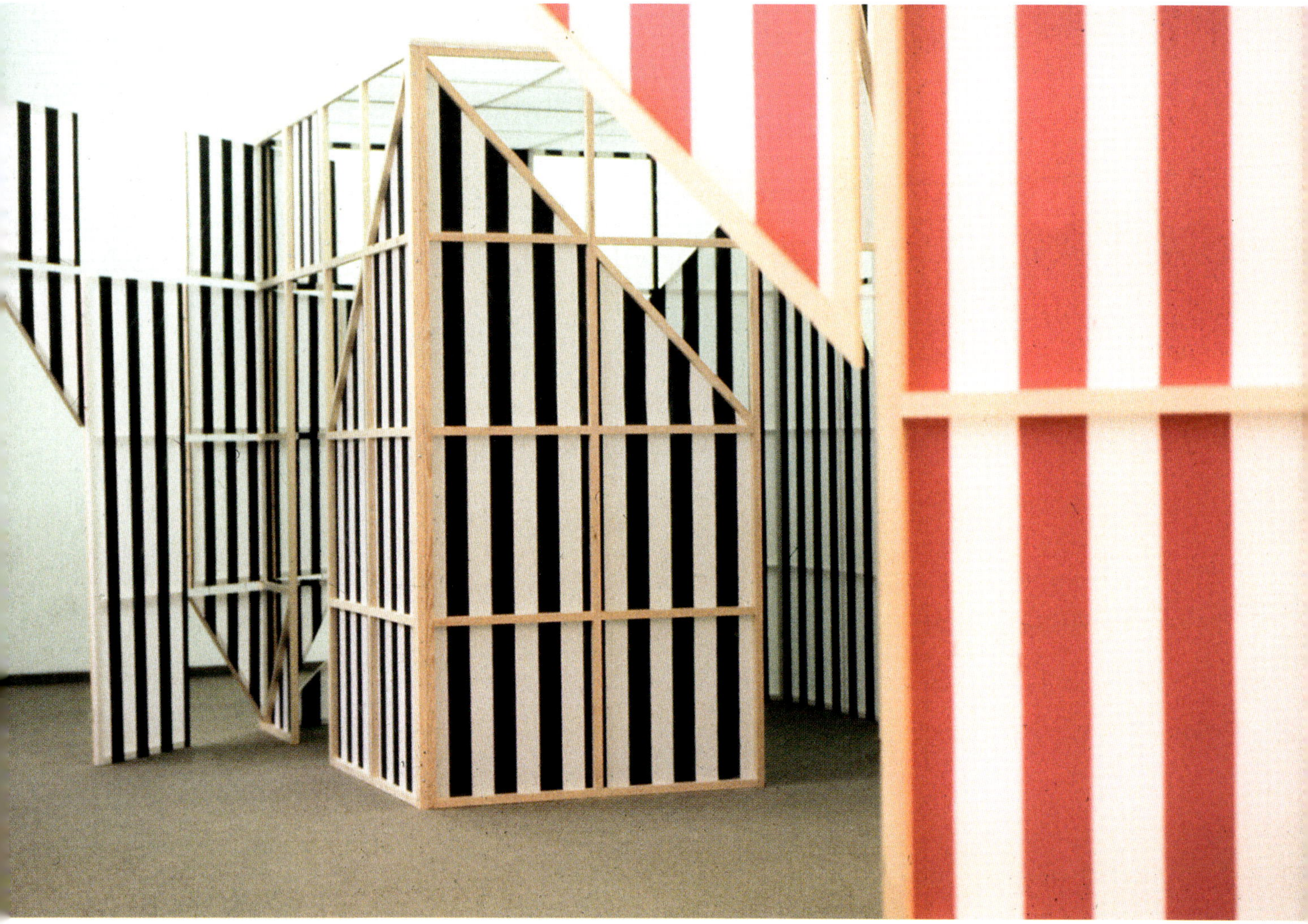

DANIEL BUREN, photo-souvenir: UNE ENVELOPPE PEUT EN CACHER UNE AUTRE, travail in situ (intérieur), Musée Rath, Genève, March 1989, detail. (COPYRIGHT: DANIEL BUREN)

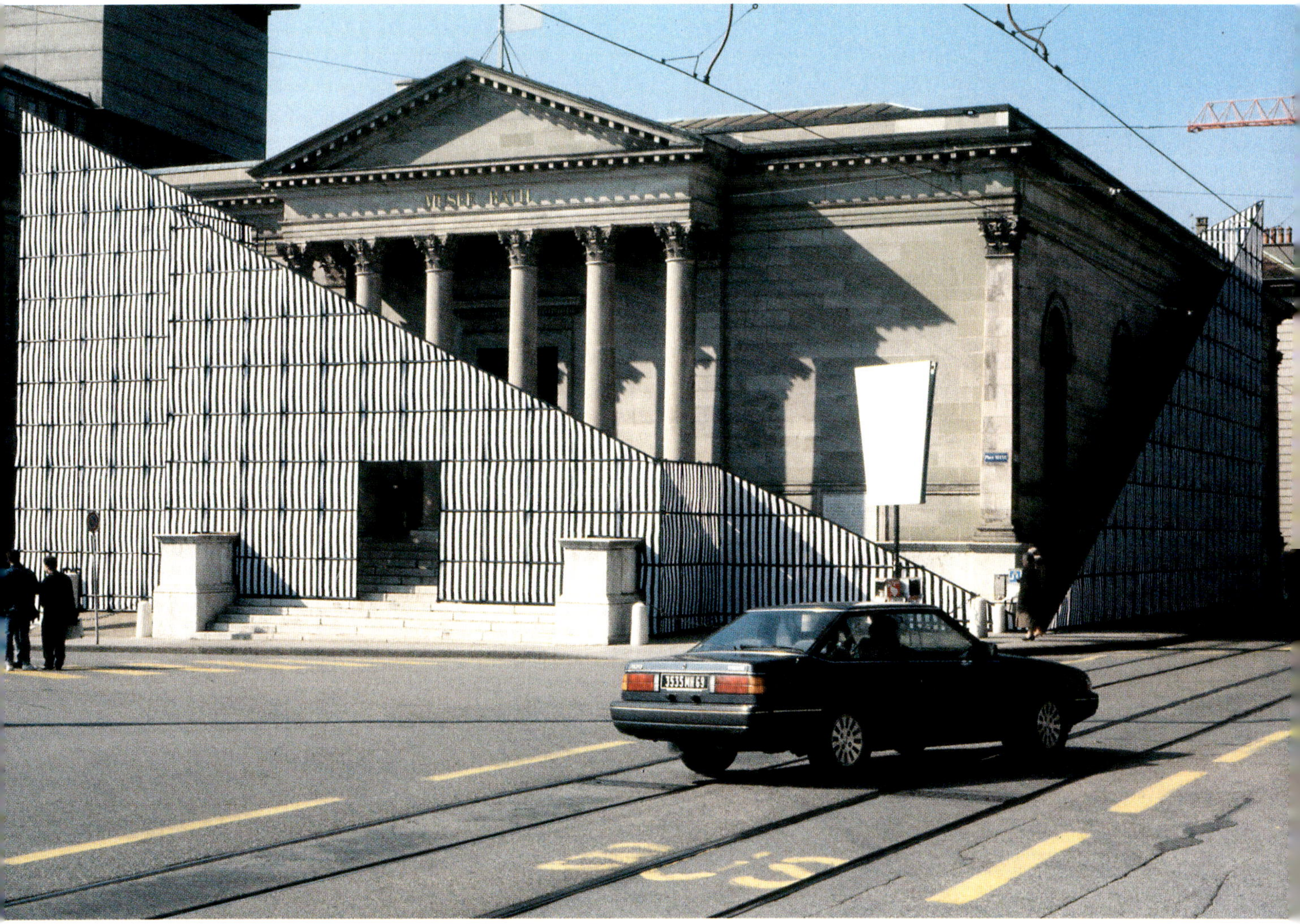

DANIEL BUREN, photo-souvenir: UNE ENVELOPPE PEUT EN CACHER UNE AUTRE, travail in situ (extérieur), Musée Rath, Genève, March 1989, detail. (COPYRIGHT: DANIEL BUREN)

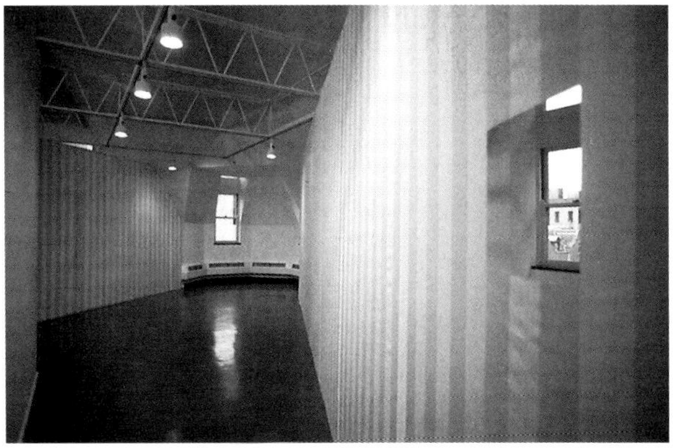

DANIEL BUREN, photo-souvenir: INTERSECTING AXES, travail in situ, The Renaissance Society, Chicago, 1983, detail. (COPYRIGHT: DANIEL BUREN)

die nun von ihrer üblichen Hintergrundrolle als blosser Präsentationsfläche befreit war. Besonders bemerkenswert ist, dass diese Arbeit ihr eigenes architektonisches Gefäss verbarg, während die Besucher zugleich die Aussenwände des mäandernden Korridors sehen konnten, in dem sie sich befanden und der seinerseits wiederum im Museum eingebettet war. Indem dieses Werk im Museumsgebäude eine alternative Architektur installierte, enthüllte es paradoxerweise die Unsichtbarkeit des Museums und propagierte zugleich die Idee seiner eigenen, selbständigen Realität.

Auch ein weiteres Werk aus dem Jahr 1983, INTERSECTING AXES: A WORK IN SITU (Sich schneidende Achsen: eine Arbeit *in situ*), welches für die Renaissance Society an der University of Chicago entstand, bestätigte den autarken Charakter der Stoff-Wand-Kombination. Es bestand aus zwei sich kreuzenden Korridoren aus vertikal gestreiftem Stoff in Weiss und Orange, die von den vier Ecken des Ausstellungsraums ausgingen und einen Dialog zwischen den temporären gestreiften und den ursprünglichen Wänden in Gang setzten. Wiederum entstand aus der gegenseitigen Durchdringung von gestreiften Stoffbahnen und bestehenden Wänden ein dynamischer Dialog zwischen der Malerei (in Gestalt der gestreiften Leinwand) und der von ihrer üblichen Hintergrundrolle befreiten Architektur.

Daniel Burens jüngster Streich im Centre Pompidou muss auf dem Hintergrund der logischen Entwicklung eines Denkens verstanden werden, das den Künstler vom illusionistischen Raum der Malerei wegführte und über die Architektur zu einer direkteren Auseinandersetzung mit der konkreten Wirklichkeit der Welt gebracht hat. Seit Mitte der 80er Jahre sind aus dieser Auseinandersetzung Werke entstanden, die viel zu zahlreich und vielfältig sind, um hier diskutiert werden zu können. Das beginnt bei so berühmten (und berüchtigten, weil bereits vor der Ausstellung wieder entfernten) früheren Werken wie PEINTURE-SCULPTURE (Gemälde-Skulptur, 1971), einem doppelseitigen Bild, das vom transparenten Dach des Guggenheim Museums herunterhängend mit einem gewaltigen Schnitt den zentralen offenen Raum des New Yorker Museums teilte. Unter den zahlreichen späteren Werken wäre vielleicht UNE ENVELOPPE PEUT EN CACHER UNE AUTRE (1989) hervorzuheben, und zwar wegen der Art und Weise, wie hier nicht nur eine Dialektik zwischen Malerei und Architektur aufgebaut wird, sondern auch zwischen dem Museum als Gefäss und dem, was es enthält. Im Laufe von Burens damaliger Ausstellung in Genf beherbergte das Musée Rath in seinem unteren Geschoss zehn CABANES ÉCLATÉES, während zugleich das gesamte Museum wie ein Ausstellungsobjekt behandelt wurde.

Aus der Ablehnung singulärer oder statischer Sichtweisen heraus hat sich Burens Kunst der Idee verpflichtet, die vielfältigen, wenn nicht gar endlosen Facetten visueller Möglichkeiten zum Ausdruck zu bringen. Seine Werke sind fest in der Realität verankert, ohne je anmassend oder pompös zu wirken; er vertrat immer die Idee einer uneingeschränkten ästhetischen Erfahrung, die (und das hat er bewiesen) den Betrachtern geboten werden kann, wenn die zeitlichen und räumlichen Gegebenheiten der Architektur sowie ihre institutionellen Begleitumstände mit einbezogen werden.

(Übersetzung: C. Rattemeyer/W. Parker)

1) Daniel Buren, «Beware», in: *Five Texts*, John Weber Gallery, New York & Jack Wendler Gallery, London 1973, S. 15.

2) Daniel Buren, «On Saturday», in: *Daniel Buren: Around «Ponctuations»* (Lyon: Le Nouveau Musée, Lyon 1980), n.p.

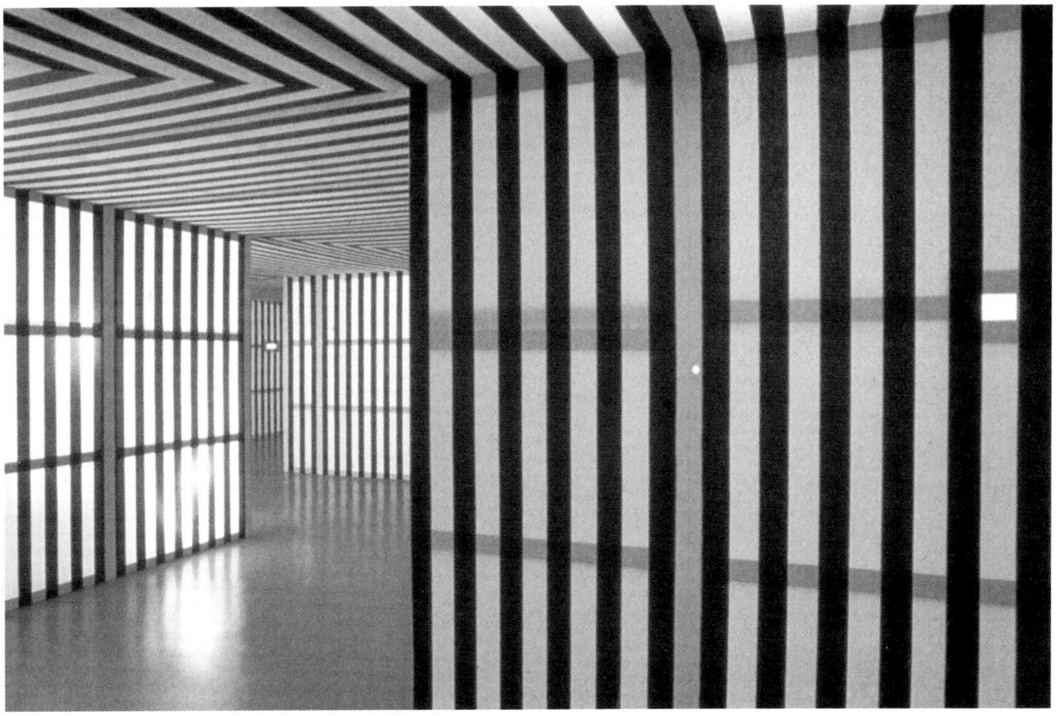

DANIEL BUREN, photo-souvenir: POINT DE VUE OU LE CORRIDORSCOPE, travail in situ, Musée d'Art Moderne de la ville de Paris, May 1983, detail. (COPYRIGHT: DANIEL BUREN)

Page/Seite 78–83: MARIN KASIMIR, SIMULTANÉMENT, 2002.
Within the framework of his own studies, Marin Kasimir made a series of photographs in the rooms that constitute my exhibition, "Le Musée qui n'existait pas," using those same rooms as their subject matter. I was so delighted with the result that I asked him if he would be willing to include some of the photographs in my PARKETT *collaboration, prior to their being issued elsewhere.*
The following three double pages not only offer pertinent insight into one aspect of my work, namely extending the angle vision to 360 degrees (which is even exceeded by Marin Kasimir's photographs). Having been designed by the photographer himself, they are above all part of an independent oeuvre. I take this opportunity to thank him warmly for agreeing to contribute to this issue.

Im Rahmen seiner eigenen Arbeit realisierte Marin Kasimir in den Räumen meiner Ausstellung «Le Musée qui n'existait pas» eine Reihe von Photographien, die eben diese Räume zum Gegenstand hatten. Ich war vom Ergebnis derart begeistert, dass ich ihn bat – vor einer anderweitigen Veröffentlichung – einige Photos auszuwählen, damit ich sie in meine PARKETT*-Collaboration mit einschliessen könnte.*
Die drei folgenden, vom Photographen selbst gestalteten Doppelseiten sind deshalb in erster Linie als Teil eines eigenständigen Werks zu verstehen, auch wenn sie einen Aspekt meiner Arbeit erhellen, nämlich die Erweiterung des Gesichtsfeldes auf 360 Grad (die Photos gehen sogar noch weiter). Ich möchte Marin Kasimir an dieser Stelle für seine Bereitschaft zur Mitwirkung ganz herzlich danken.
– Daniel Buren, November 2002

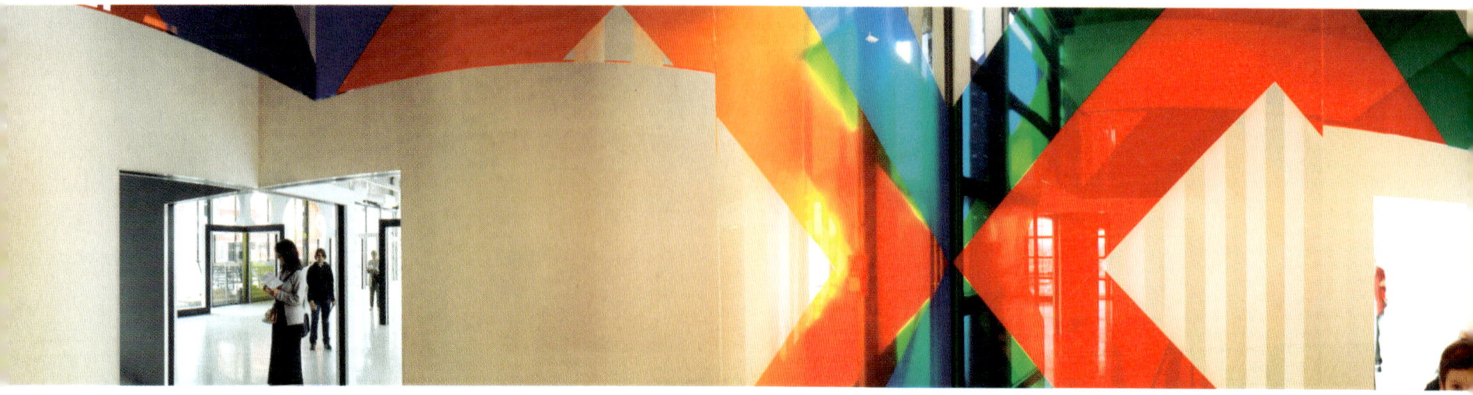

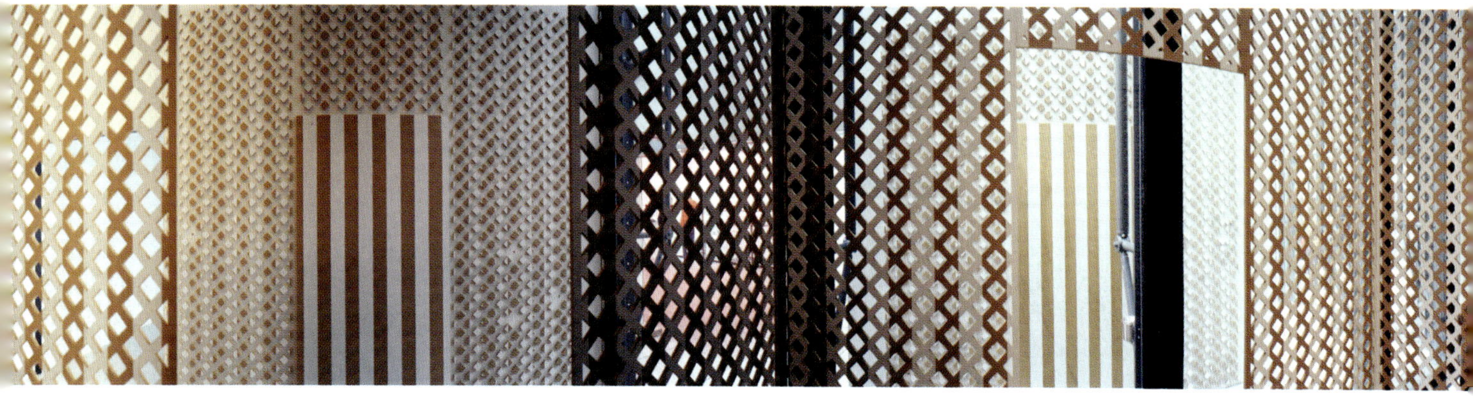

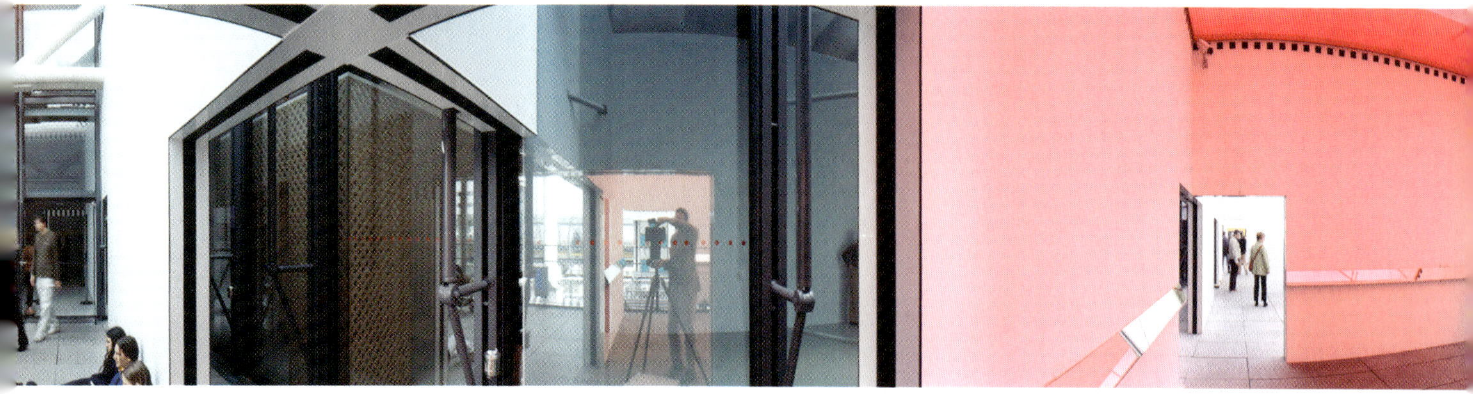

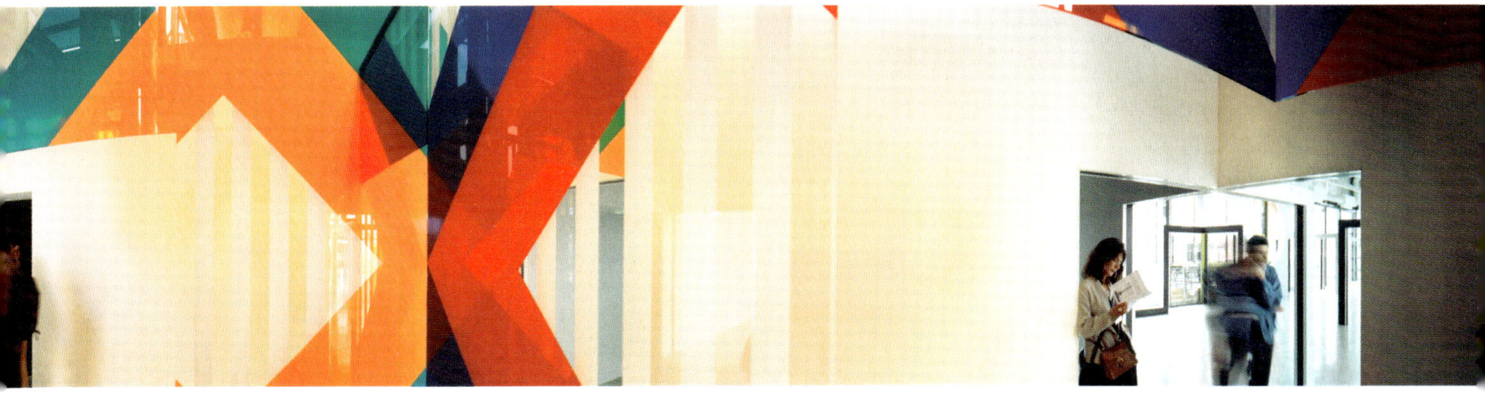

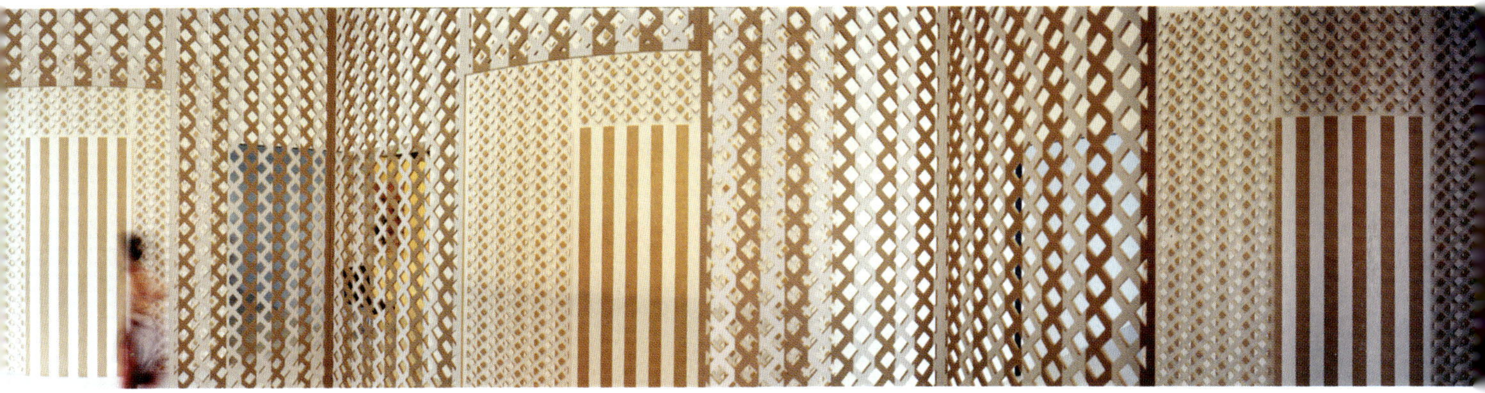

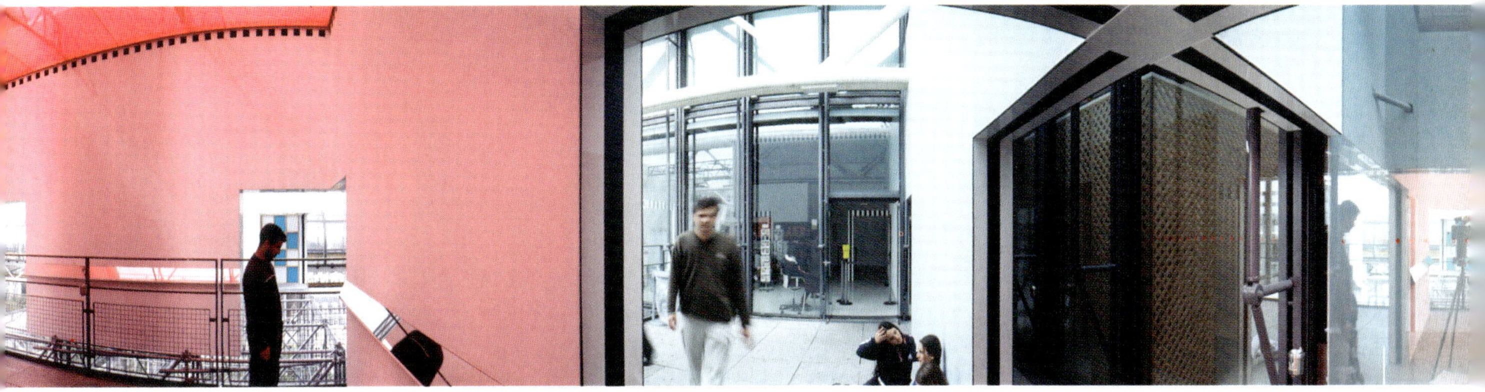

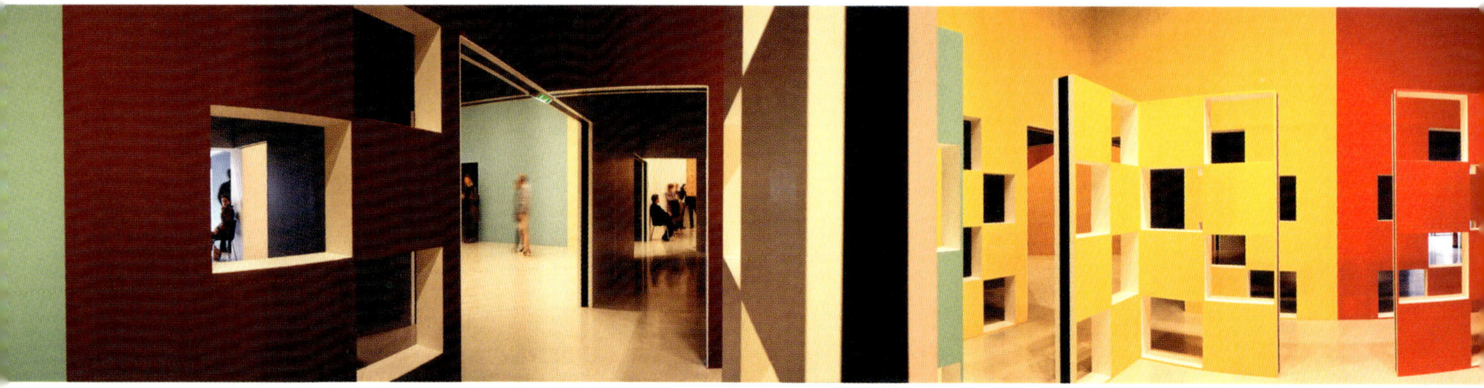

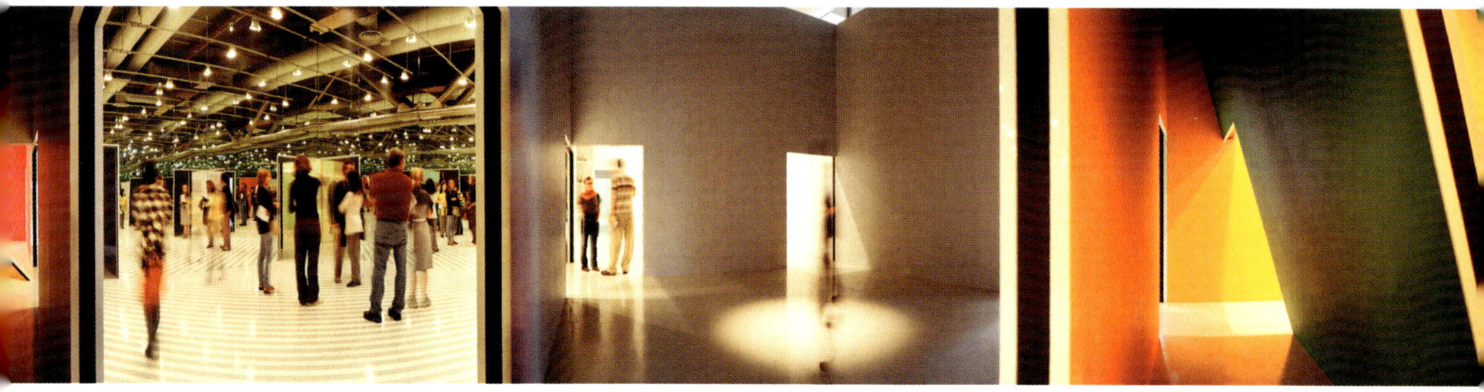

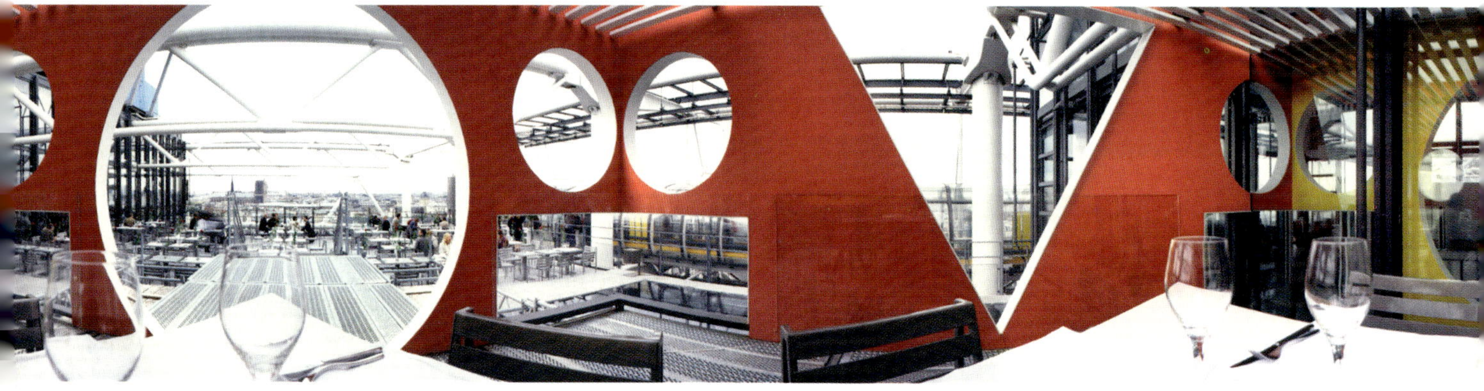

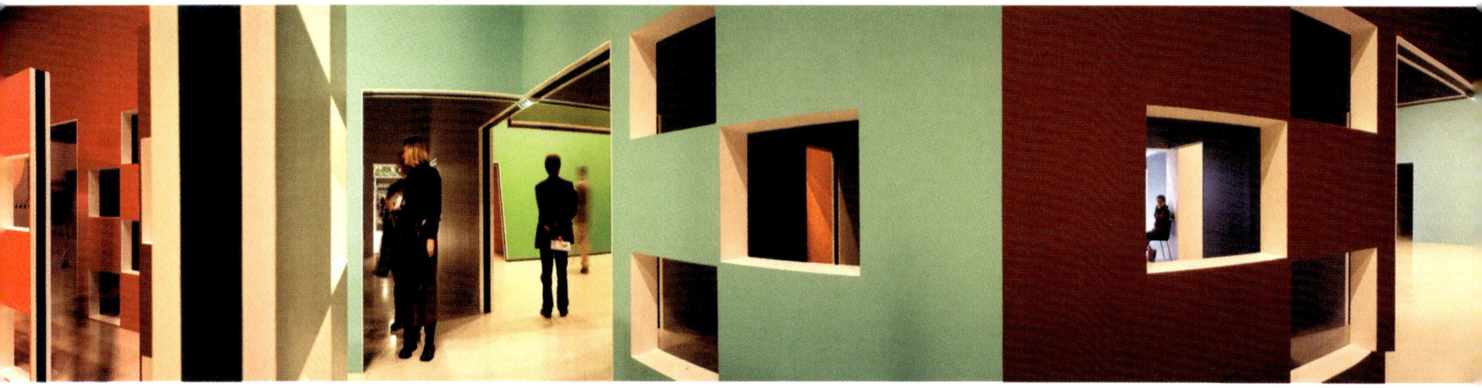

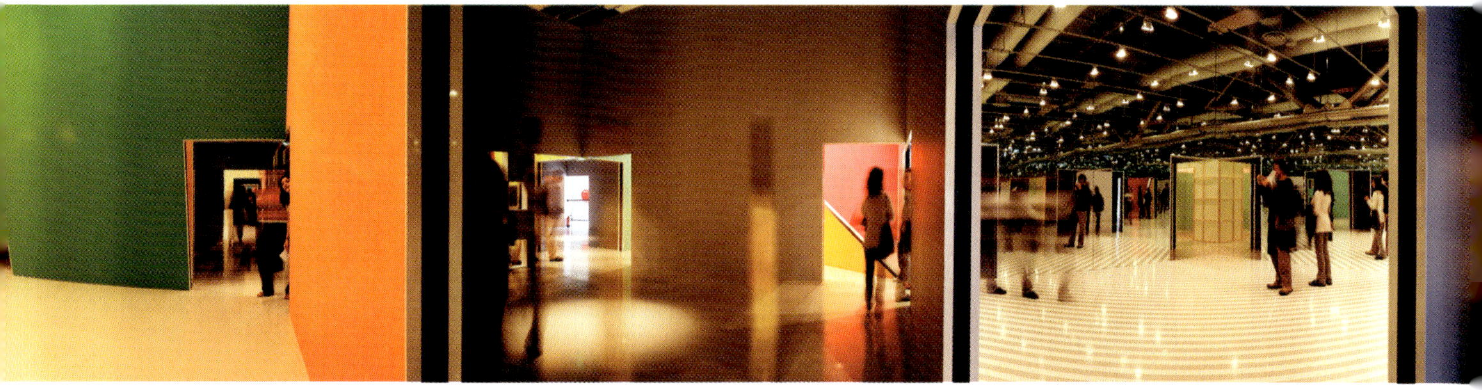

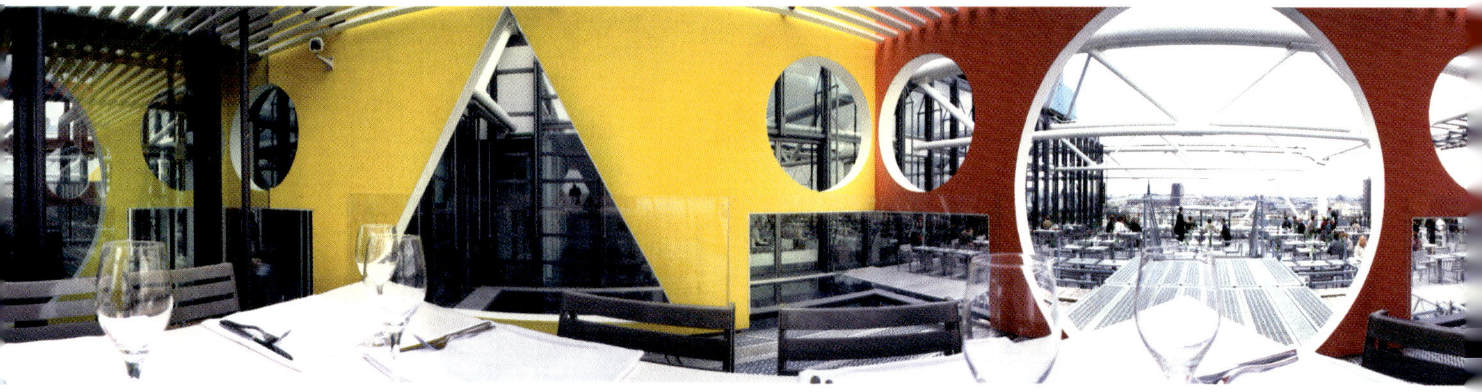

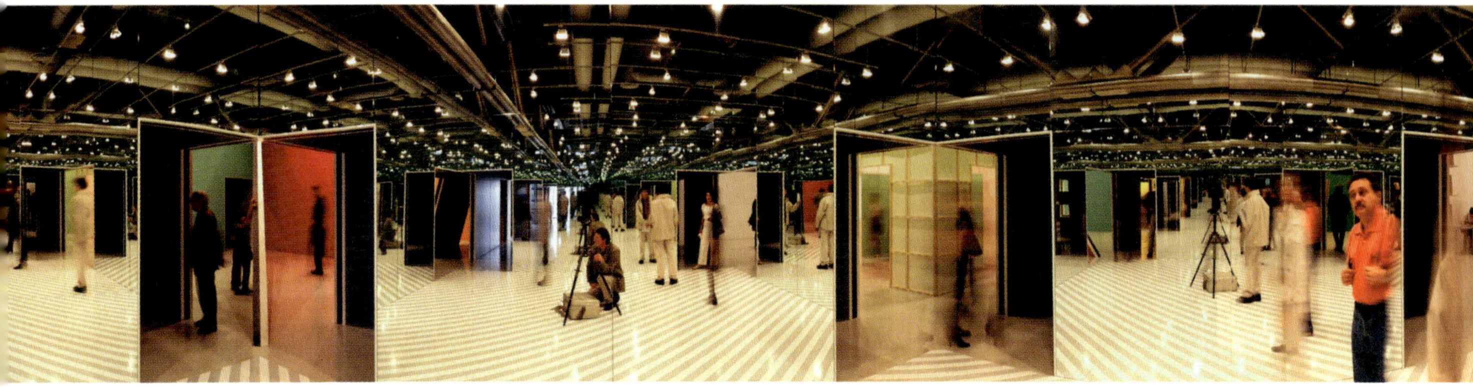

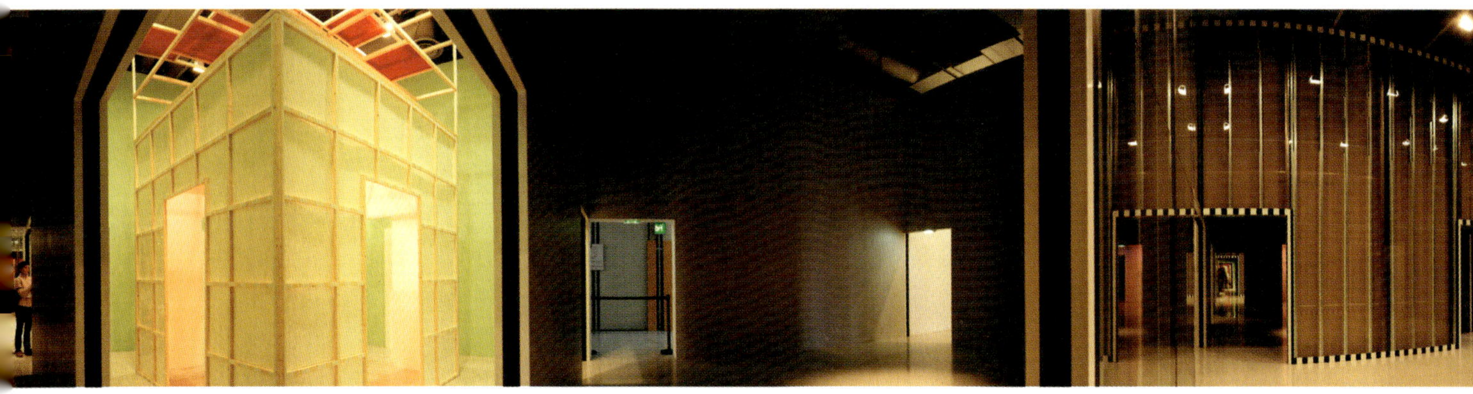

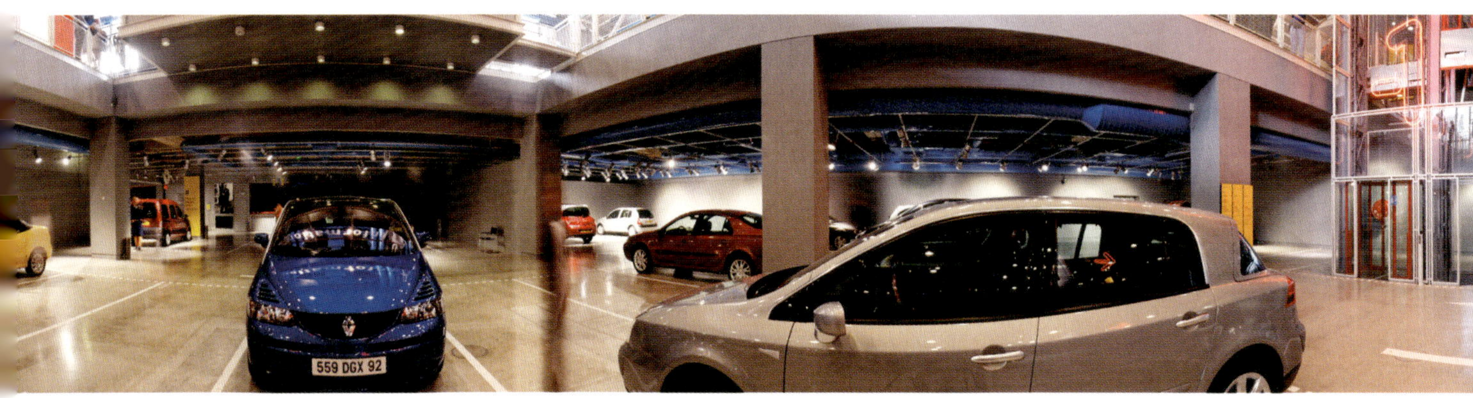
559 DGX 92

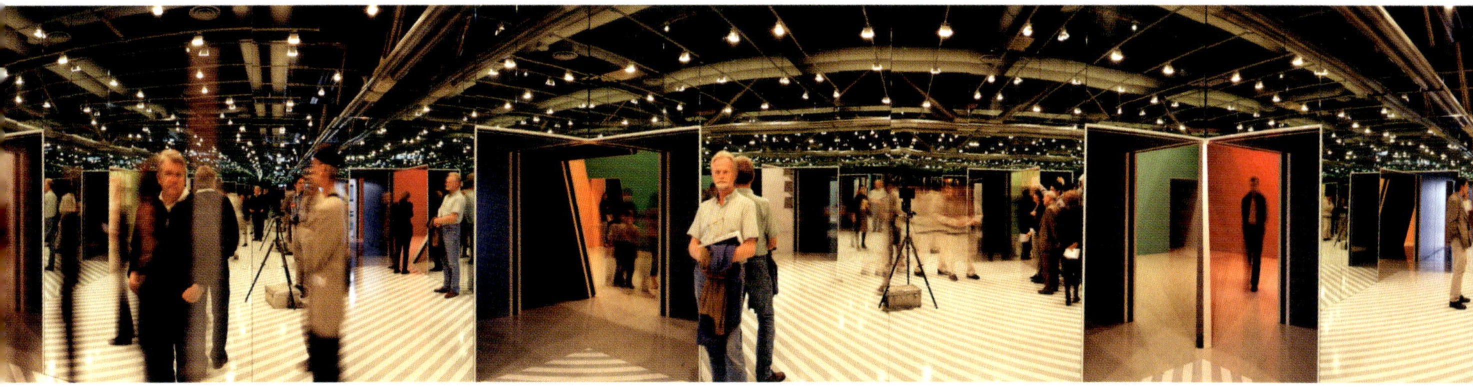

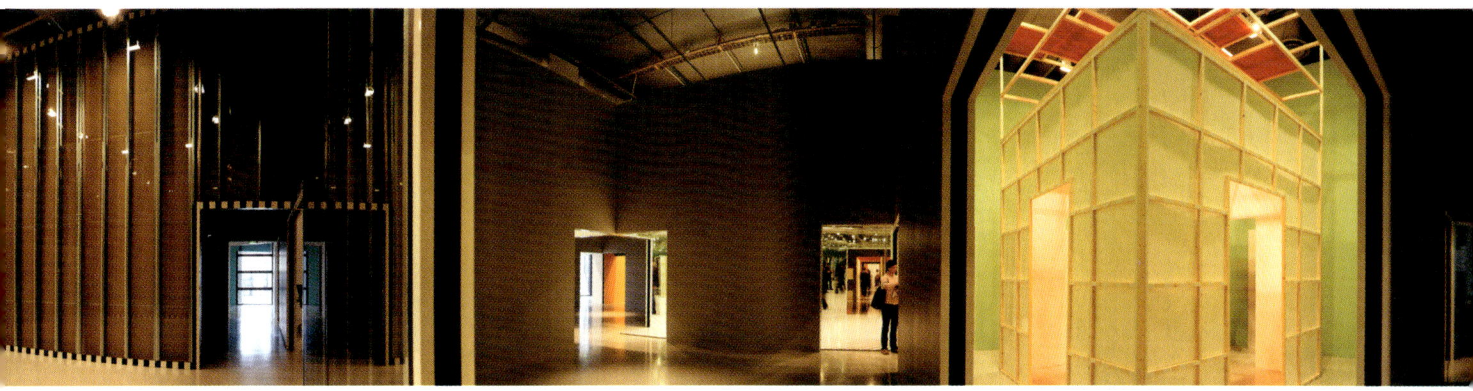

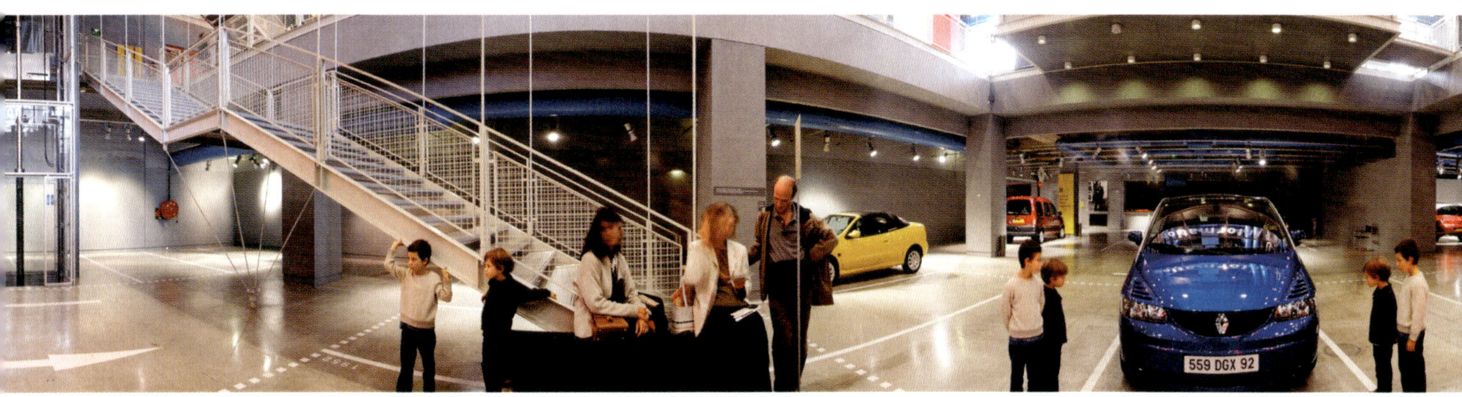
559 DGX 92

THE DECORATIVE AS STRATEGY

DANIEL BUREN'S "THE MUSEUM WHICH DID NOT EXIST"

ALISON M. GINGERAS

Art history, like any other discursive practice, often hides its constructed or conjectural nature. History becomes a vehicle for ideological agendas, chronological simplification in the name of "progress" as well as many other kinds of reduction. By its very nature, it veers away from multiplicity, contradiction, and speculative readings of art objects and practices. Whether in the form of a monograph or exhibition, living artists are almost always pinned down by such schematics especially on the occasion of a retrospective examination of a single artist's career. One way to fight this reductive process is to foreground a set of strategies over the historical assessment of the "content" that they are designed to convey. Perhaps more than any other artist of his generation, Daniel Buren has proven to be a deft strategist by transforming the format of the exhibition into a means to circumvent the historical reduction or ideological use of his work.

Despite Buren's 40-year-long career of exhibition making, the art history book's account of the "content" of his work has been inextricably entwined with the socio-political climate in which it emerged. Since the first series of paintings from 1966, which used a preprinted striped motif of repetitive, alternating white and colored vertical stripes of 8.7 centimeters in width (on top of which he usually painted the two outer stripes with white paint), his persistent use of the "stripe" retains an aura of Marxist criticism (of painting, of autonomy, of artistic gesture, etc.). Since this early, "radical" period, Buren's supposedly anonymous striped motif (or "visual tool" as more precisely termed by Buren himself) has jumped from the canvas stretcher to just about every imaginable format: architectural surfaces, utilitarian objects, or printed matter, just to name a few. While these "enlargements" have been read as an evolution of medium, most historical accounts assume that their meaning and intent is stable: the presence of the visual tool signals the same critical impulse as his first desire to strip painting to "degree zero."

As if anticipating the constraints of conventional art-historical readings, Buren made a series of strategic choices for his recent (and only) one-person exhibition at the Centre Pompidou entitled "Le Musée qui n'existait pas" (The Museum Which Did Not Exist). Conceived as a grid of 71 rooms overlaid upon the Pompidou's often overpowering, industrial architecture, its physical construction was an outright refusal of a retrospective. With two possible

ALISON M. GINGERAS is curator for contemporary art at the Musée national d'art moderne, Centre Pompidou, where she curated Daniel Buren's exhibition "Le Musée qui n'existait pas" (with Bernard Blistène and Laurent LeBon). She writes frequently for *Parkett, Art Press, French Vogue*, and *Phaidon.*

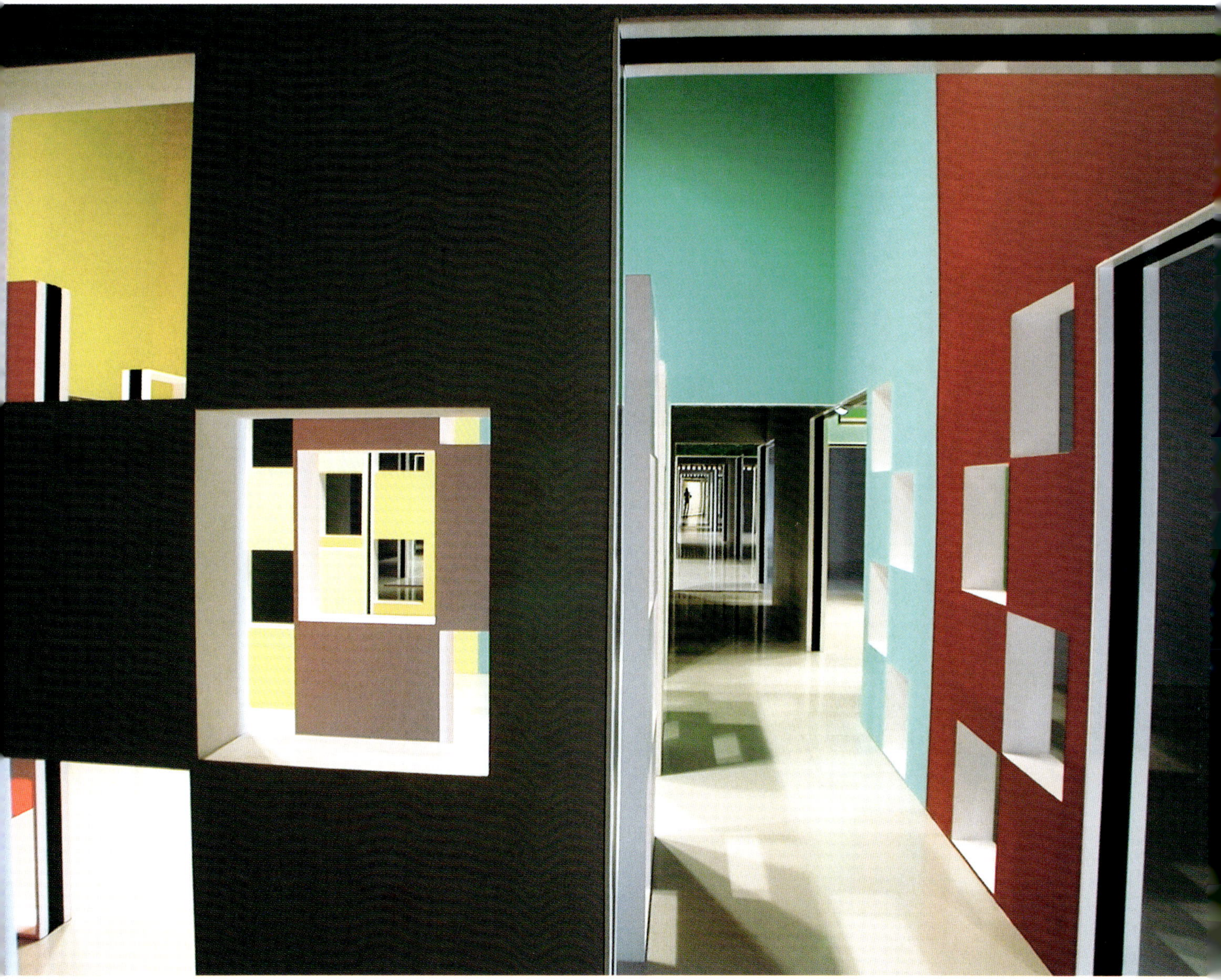

DANIEL BUREN, photo-souvenir: LA CABANE IMPLOSÉE: LES RUMEURS DE LA VILLE, travail in situ, in "Le Musée qui n'existait pas," Centre Pompidou, Paris, June–September 2002, detail. (COPYRIGHT: DANIEL BUREN)

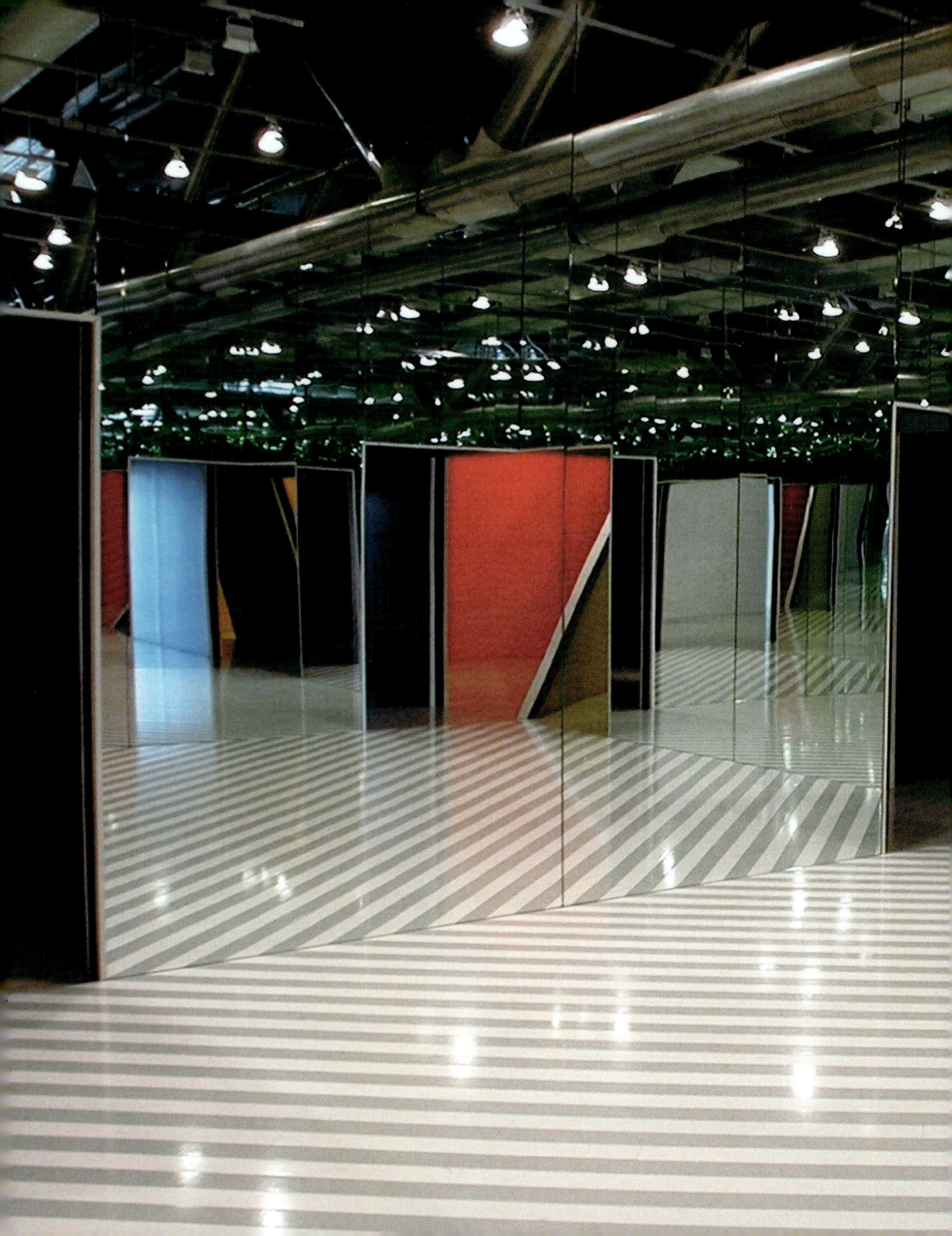

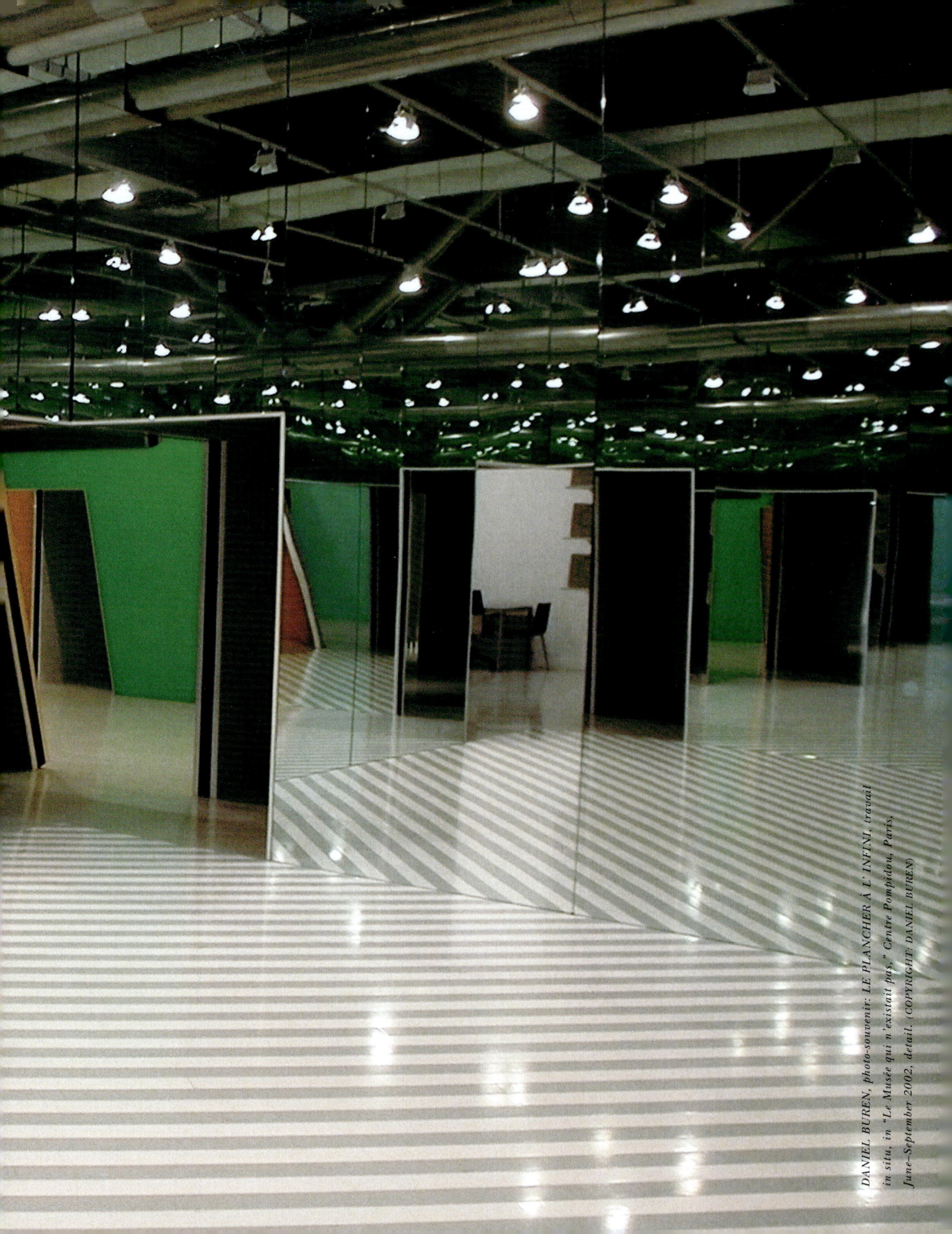

DANIEL BUREN, photo-souvenir: LE PLANCHER À L'INFINI, travail in situ, in "Le Musée qui n'existait pas," Centre Pompidou, Paris, June–September 2002, detail. (COPYRIGHT DANIEL BUREN)

points of entry into the main exhibition space on the sixth floor of the Pompidou,[1] the show broke all of the rules: no unidirectional progression of rooms, no indication of chronological order of individual works, and no possibility to chart formal or conceptual development between art works. Every other "cell" in the grid constituted a work, many times an architectural-sculptural construction as well as two reactivations or reconfigurations of existing works (such as a series of early film projections or *Autour du retour d'un détour,* travail in situ, 1988–2002). In fact, there was almost no means to disassociate the mechanisms of exhibition design itself from the individual works as the network of rooms—entitled the "device" by Buren—served both as "container and content." Disregarding what for most artists is a straightforward, hagiographic occasion, the first layer of Buren's strategy was to diffuse the linear impulse of art history into a maze-like configuration of past and present, jumbling his "initial" intention and pre-formatted interpretation.

A parallel tack was taken in the organization of the publication—*Mot à mot* (From Word to Word)—that accompanied the exhibition. Conceived as an alphabetical index of key words that could be used to describe Buren's work, the book weaves together documents from Buren's archive reproduced in facsimile. Whether photographs, letters, drawings, excerpts of Buren's critical writings, or press clippings, each "word" constitutes a storyboard of some aspect of his work that functions without third-party commentary (informative captions and the general "choreography" of the documents constitute the contribution of the publication's editorial team). The choice of words veer from the expected (architecture, censorship, in situ, protest, visual tool) to the formal or descriptive (color, fabric, water); from terms that describe process (to align, to frame, to mask, to traverse) to the whimsical (wind, voyage, zigzag), without any legible hierarchy or master narrative. Both exhibition and book decline a single point of beginning or ending for Buren's artistic trajectory; instead a series of conceptual tools, procedures, terms, and visual clues are offered to the viewers to aid in their speculation on his work. In the tradition of Buren's development of an in situ practice, these "curatorial" choices in terms of format (exhibition structure, catalogue) might initially seem like a mere shunning of institutional expectation. Yet the very Buren-ian strategy of short-circuiting expectation was pushed to an extreme when considering how he anticipated the art historical insistence on the purely "critical" or "contestatory" content of his work. Knowing full well that pleasure and criticality have never been compatible bedfellows, Buren chose to foreground what many progress-oriented readings of his work have named as his decline: the appearance of the decorative. If one subscribes to such narratives, the visual tool might seem to have traveled down a slippery slope, supposedly devolving away from its initial critical force. From his early quest to radically reduce pictorial content of the canvas to its transformation into an open, neutral sign or framing device used to bring the viewer's attention to a given context or situation, Buren's visual tool might today be read as being only part of a decorative device used to organize color and form. While Buren has always engaged formal issues coming from painting as well as the architectural/institutional frame, the spectacular explosion of color, mirrors, and materials that constituted the majority of the Pompidou exhibition was perhaps its most radical, startling ambition: to create a space for "undeniable visual pleasure." [2]

Almost always hurled as a nasty slur between twentieth-century artists, the "decorative" in Buren's exhibition seems to be deployed to demonstrate that it is (and has been) an integral, intentional element in his practice. In fact, Buren is one of the few artists to acknowledge that all of "the great artists of this century have reacted to or reflected upon" the question of the decorative.[3] Without slipping into pure revisionism on the occasion of such a notable exhibition, Buren has often addressed the decorative dimension of his work quite openly in numerous essays and interviews, as early as the mid-eighties:

If one can not escape the decorative, then one should address it. My work is not about "décor" but has a direct relationship to décor. I often play with the ambiguity between functionality and artistic works and I would like to sustain these ambiguities, these borders are blurred and mobile in almost all the works that I make. ... This is where the

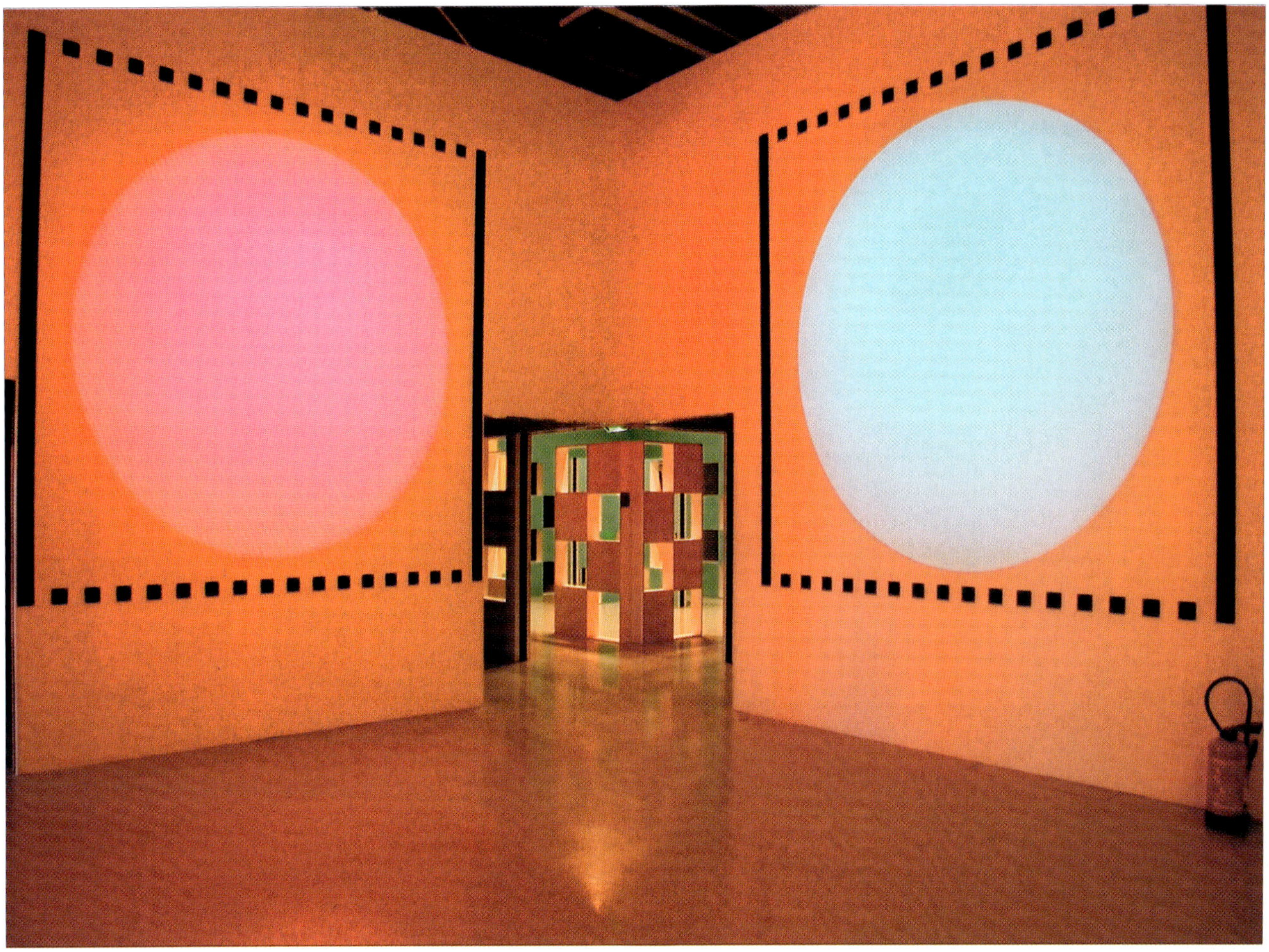

DANIEL BUREN, *photo-souvenir:* PROJECTION DE LUMIÈRES COLORÉES *(in the back/hinten:* LA CABANE IMPLOSÉE: LES RUMEURS DE LA VILLE), *travail in situ, in "Le Musée qui n'existait pas," Centre Pompidou, Paris, June–September 2002, detail.*
(COPYRIGHT: DANIEL BUREN)

work touches on the limits where the notion of the decorative can be introduced. In all of my in situ *works and all the works using "wallpaper" the question of frontier between the decorative and the non-decorative is posed, because the thing that is applied to the wall becomes the wall. Here, one encounters another problem: it would seem to suggest that the wall itself is decorative! And there, [the viewer] loses all points of reference and the question starts to be interesting.*[4]

The presence of spectacular visual effects and vibrant color in the Pompidou exhibition are but the surface manifestations of Buren's supposed "decorative" turn. A close re-reading of such earlier texts suggests that his interest in the decorative and in the notion of décor operates in regards to the deliberate ambiguity he creates using the medium of the exhibition itself: confusing functional exhibition architecture with architecture as oeuvre. In fact, this position comes from the fact that Buren is one of the few artists to acknowledge that the work of art itself—any object hung on a wall (painting) or placed on the floor (sculpture)—is decorative.[5] Whether working

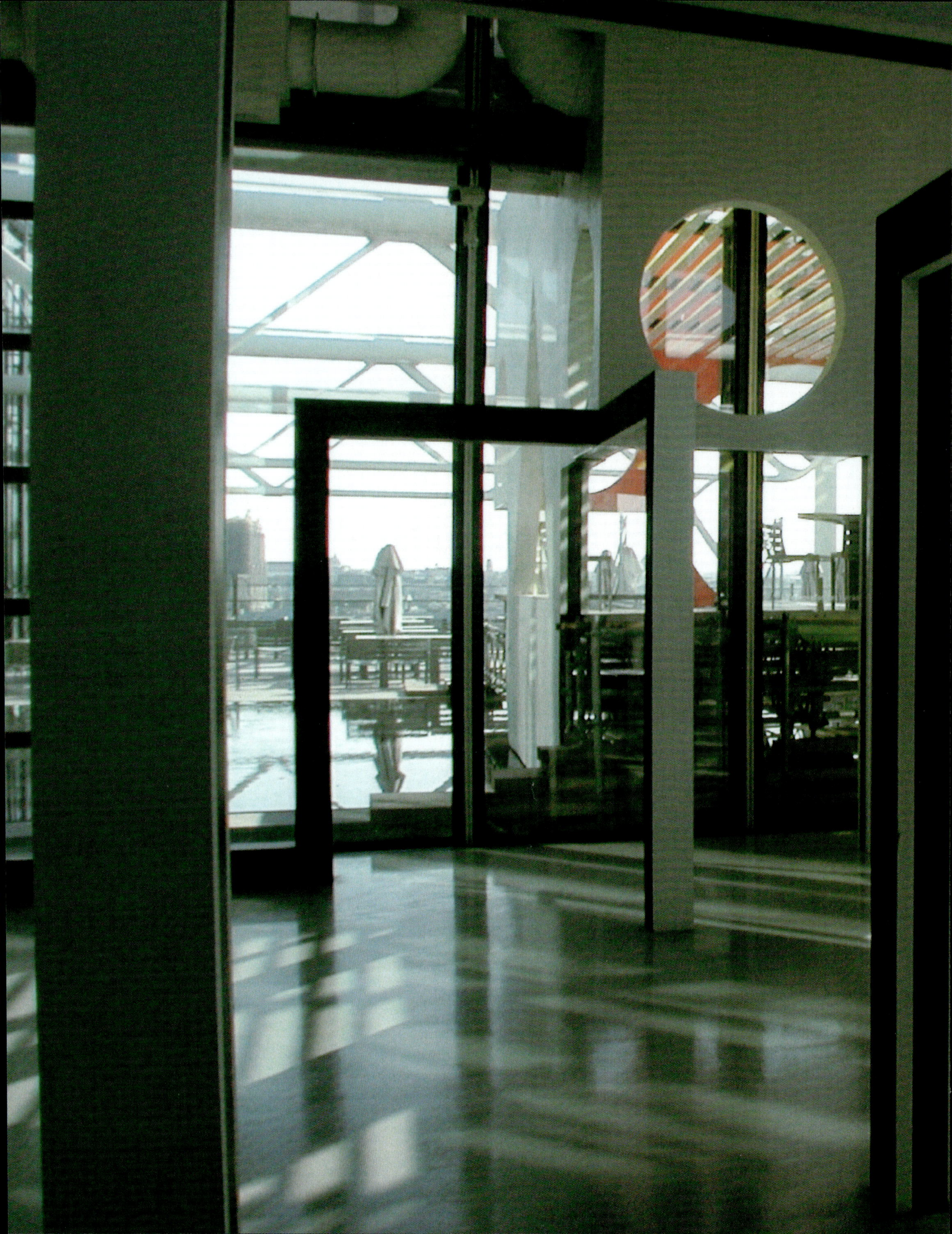

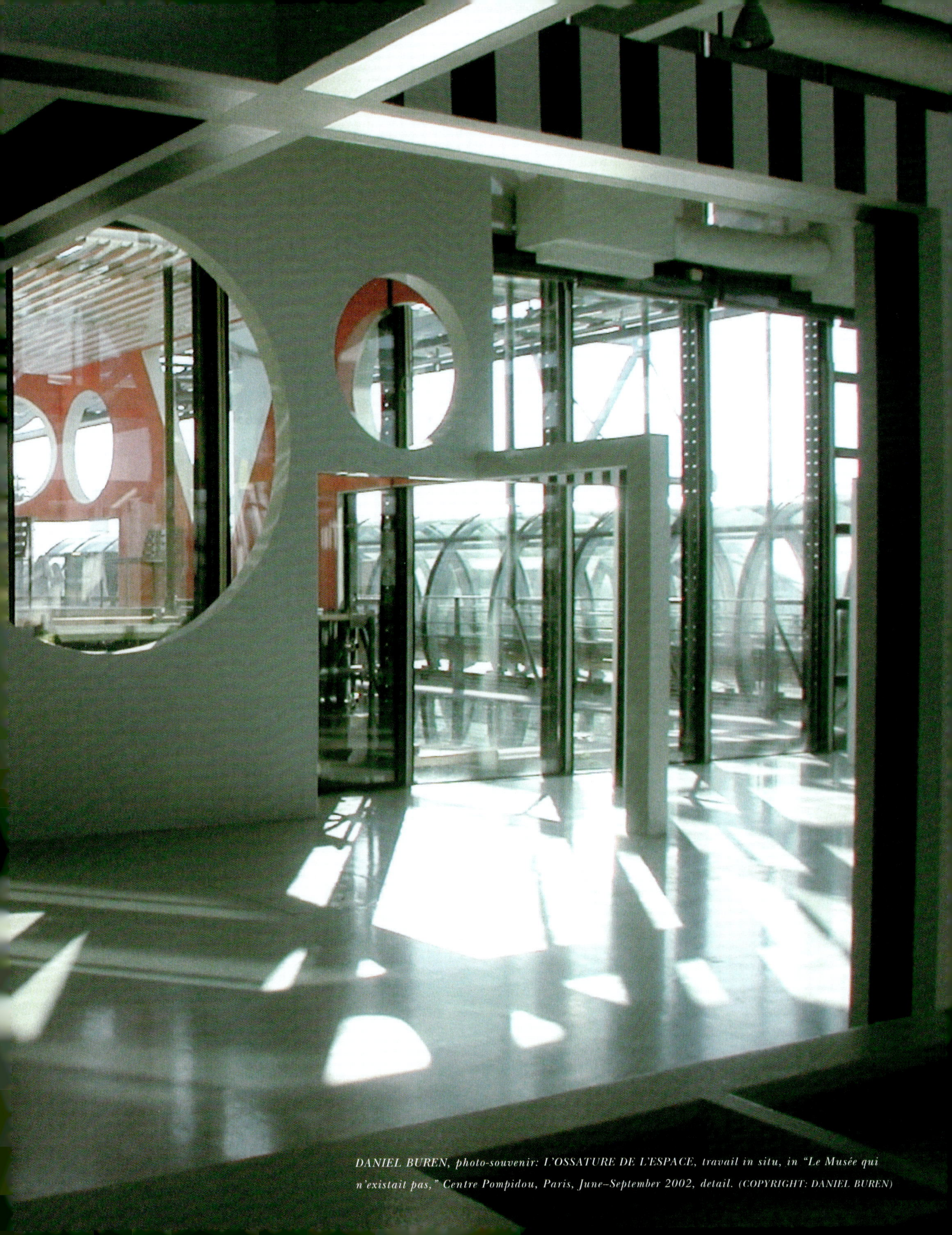

DANIEL BUREN, photo-souvenir: L'OSSATURE DE L'ESPACE, travail in situ, in "Le Musée qui n'existait pas," Centre Pompidou, Paris, June–September 2002, detail. (COPYRIGHT: DANIEL BUREN)

with or against this conceit, the decorative is an inescapable factor that is best confronted head-on.

When seen in this light, the exhibition becomes a speculation "device" that opposes linearity with multiplication, making it spatially and conceptually difficult to digest Buren's oeuvre in terms of simple dialectics: early/late, critical/decorative.

This usage or understanding of the decorative extends beyond a contamination of his otherwise reductive (critical) visual vocabulary in order to disappoint the customary place that art historians have created for him. The development of the decorative as a strategy is in fact analogous to his elaboration of the notion of in situ in Buren's practice.

Work in situ could be translated as a transformation of the space of reception. This transformation can be made for the space, against the space, or in osmosis with the space, just as a chameleon changes color on a green leaf, or becomes gray on a stone wall. (...) in situ means that there is a voluntarily accepted link between the space of reception and the "work" that is made, presented and exposed there.[6)]

Like the notion of in situ, the decorative is part of a larger set of strategies that critically engage the format of the exhibition through a double engagement with both the space of reception and the construction of the work itself. Decorative elements can physically infiltrate an existing exhibition space as well as "corrupting" the discursive space of art-historical reception, and they can also create a new space for the "work" by blurring the lines of form and function. More than a shift or degeneration from high, critical art to an appropriation of a lower form such as design, the decorative has become a weapon in Daniel Buren's exhibition-making arsenal, used to combat the otherwise invisible, reductive processes of reception. The decorative elements are an integral part of Buren's "Museum Which Did Not Exist": a museum where playful speculation replaces the dogmatism of any linear or Cartesian logic, where multiplicity and ambiguity of meaning are substituted for a teleological account of artistic progress.

1) In fact, elements of the exhibition penetrated all levels of the building: the sub-basement level (transformed into an extension of the parking garage below), the main public access lobby (a project to obscure/transform the otherwise ineffective signs that signal the various activities/administrative divisions of the Centre), the celebrated exterior "tube" that transports the visitor from one level to the next (the projection of a film showing successive tearing of different colored striped paper, COULEURS, 1984), both floors (4 and 5) of the National Museum of Modern Art with the reinstallation of LES FORMES: PEINTURES (work in situ, 1977) as well as the reinstallation of its companion piece conceived for the Centre Pompidou and installed on the roofs of buildings in the city of Paris, LES COULEURS: SCULPTURES (work in situ, 1977).

2) "It is true that my recent works are very different from those I might have done ten years ago. That being said, I have already used color and effects of 'explosion' in my work, these are constants in my work. What is also totally different without being completely new is my work on the notion of the decorative." Daniel Buren, *Les Ecrits (1965–1990)*, (Bordeaux, France: CAPC Musée d'art contemporain, 1991), vol. III, p. 87. (Translated from the French by the author.)

3) Daniel Buren, *Au Sujet de ... Entretien avec Jérôme Sans.* (Paris: Flammarion, 1998), p. 119. Buren cites the work of Mondrian, Matisse, Picasso, Léger, Rivera, Van Doesburg, El Lissisky, Malevich, Nauman, or Pollock...

4) Michael F. Gibson, "The Stripes and (Nearly) Nothing But the Stripes," *New York Times*, August 4, 2002, pp. 31, 33. It is interesting to mention that the element of "visual pleasure" is cited in this article as the element that completely disturbs the historical portrayal of Buren given in the article's introduction. Yet it is more interesting to note that the journalist uses two clichés of the French artist in his categorization of Buren: both the overly discursive, *soixante-huitard* maverick and the decadent colorist, pushing high art to its vulgar end in the easily consumable realm of design. While this view is not only reductive in terms of art history, it is also an extreme anti-French caricature that is part of *The New York Times'* systematic, xenophobic treatment of French culture, whether discussing culinary tradition, cinema, or even popular culture. Not only does Gibson schematize the historical trajectory of Buren's work, he also uses excessive examples to ridicule the artist's radical stance, and links it to an overarching frivolity and self-importance that is part of an anti-French stereotype, e.g. Gibson's translation of 8.7 cm into 3.4251968503937 inches as a nationalist stab at the metric system or his description of Buren's own writing as "most unreadable, authoritarian, indeed 'terrorist' (in the French sense of 'intimidating') and totalitarian commentary".

5) "In fact, no one wants to believe that the work of art is decorative. But the moment one asks, 'What do I do with this canvas? What does it become in a space?' one quickly realizes that it is impossible to escape the decorative effect of any object hung on the wall or any object placed on the floor." Daniel Buren, *Les Ecrits (1965–1990)*, op. cit., p. 88. (Translated from the French by the author.)

6) Daniel Buren. "Du travail in situ" in *Du volume de la couleur.* (Cadillac: Centre d'art contemporain, 1985), n.p.; partially reprinted in *Daniel Buren: Mot à mot*, (Paris: Centre Pompidou/Editions Xavier Barral/Editions de La Martinière, 2002), p. I-15. (Translated from the French by the author.)

DAS DEKORATIVE ALS STRATEGIE

DANIEL BURENS «LE MUSÉE QUI N'EXISTAIT PAS»

ALISON M. GINGERAS

Wie jede andere diskursive Praxis kaschiert die Kunstgeschichte vielfach ihren konstruierten, auf Vermutungen beruhenden Charakter. Die Geschichte wird zum Vehikel für ideologische Ziele, für chronologische Vereinfachungen im Namen des «Fortschritts» und mancherlei andere Formen der verkürzten Darstellung. Schon von Natur aus scheut die Kunstgeschichte Vielfalt, Widerspruch und jedes spekulative Verständnis von Kunstwerken und Formen künstlerischer Praxis. Lebende Künstler sehen sich, ob anlässlich einer Monographie oder einer Ausstellung, nahezu immer in irgendein Schema gepresst, insbesondere wenn es sich um die retrospektive Betrachtung einer einzelnen Künstlerlaufbahn handelt. Eine Möglichkeit, dieser Reduktion entgegenzutreten, besteht darin, eine Reihe von Strategien *über* die historische Einschätzung des «Inhalts», den sie transportieren sollen, zu stellen. Daniel Buren hat sich wie kaum ein anderer Künstler seiner Generation als geschickter Stratege erwiesen, indem er das Ausstellungsformat eben gerade dazu verwendet, sich sowohl der Reduktion aufs Historische wie der ideologischen Instrumentalisierung seines Werks zu entziehen.

Obwohl Buren inzwischen bereits auf eine vierzigjährige Ausstellungsgeschichte zurückblicken kann, ist die kunsthistorische Darstellung des «Inhalts» seines Schaffens unauflöslich mit dem soziopolitischen Klima der Zeit seiner künstlerischen Anfänge verknüpft. Seit der ersten, 1966 entstandenen Serie von Bildern mit vorgedrucktem Streifenmotiv – abwechselnd weisse und farbige vertikale Streifen mit einer Breite von jeweils 8,7 cm (wobei Buren in der Regel die beiden äusseren Streifen mit weisser Farbe übermalte) – haftet seinem ständigen Rückgriff auf die «Streifen» eine Aura marxistischer Kritik an (an der Malerei, an der Autonomie, am künstlerischen Gestus usw.). Seit dieser frühen, «radikalen» Periode hat sich Burens angeblich anonymes Streifenmotiv (das er selbst treffender als «visuelles Werkzeug» bezeichnet) vom Keilrahmen gelöst und nahezu jede denkbare Form angenommen: architekturgebundene Flächen, Gebrauchsgegenstände oder Drucksachen, um nur einige wenige Beispiele zu nennen. Da diese «Erweiterungen» lediglich als Weiterentwicklung des Mediums verstanden worden sind, gehen die meisten historischen Darstellungen davon aus, dass ihre

ALISON M. GINGERAS ist Kuratorin für zeitgenössische Kunst am Musée national d'art moderne, Centre Pompidou, in Paris, wo sie 2002 (zusammen mit Bernard Blistène und Laurent Le Bon) Daniel Burens Ausstellung «Le Musée qui n'existait pas» organisierte. Sie schreibt regelmässig für *Parkett, Art Press,* die französische *Vogue* und *Phaidon.*

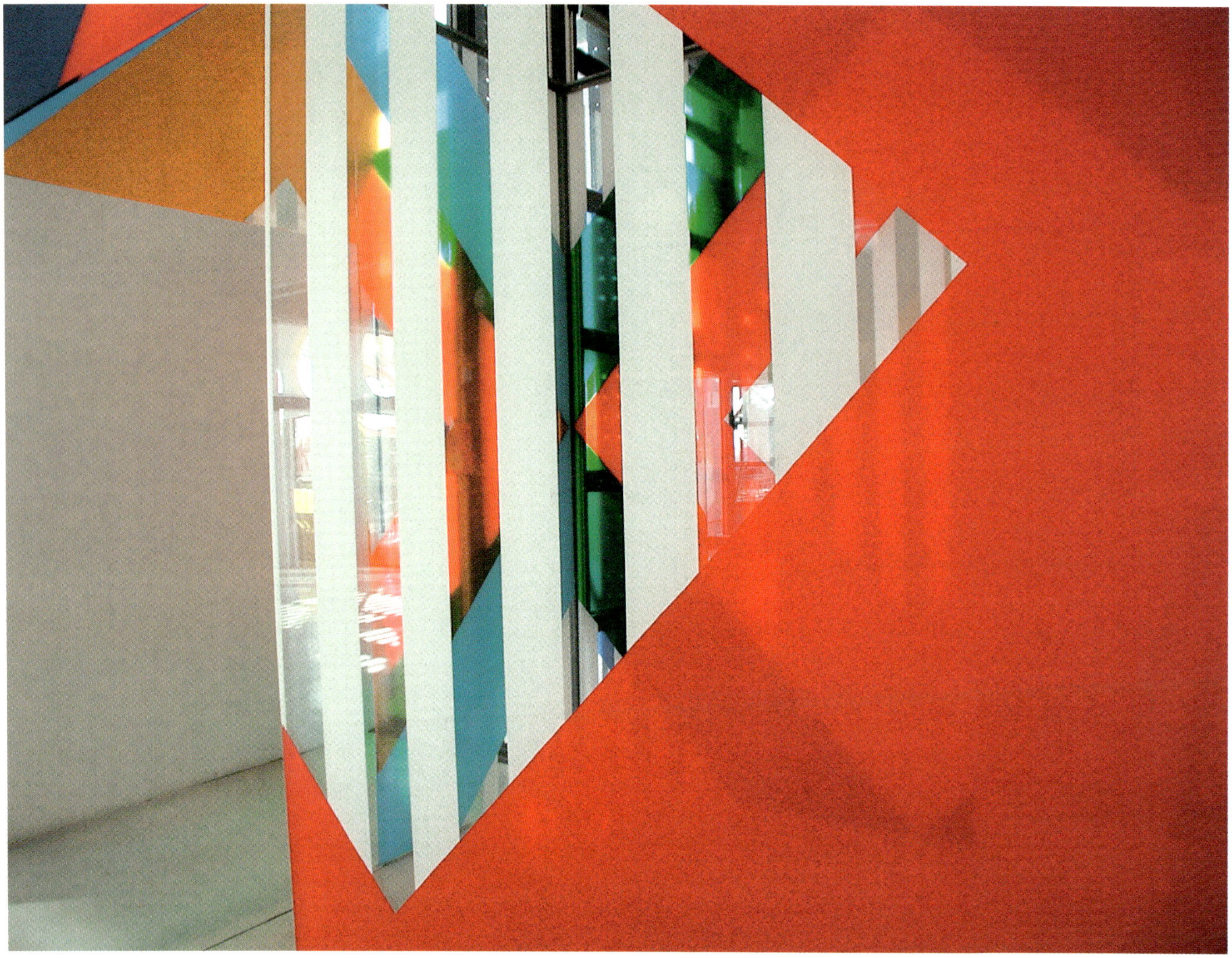

DANIEL BUREN, photo-souvenir: LES PAROIS TRANSPARENTES, travail in situ, in "Le Musée qui n'existait pas," Centre Pompidou, Paris, June–September 2002, detail. (COPYRIGHT: DANIEL BUREN)

Bedeutung und Intention die gleiche geblieben sei, dass also die Präsenz desselben visuellen Werkzeugs vom gleichen kritischen Impuls zeuge wie Burens ursprüngliches Bestreben, die Malerei auf den *degré zéro,* ihren Nullpunkt, zurückzustutzen.

Wie in Vorwegnahme der engen Schranken herkömmlicher kunsthistorischer Interpretationen traf Buren für seine jüngste (und einzige) Einzelausstellung im Centre Pompidou mit dem Titel «Le Musée qui n'existait pas» (Das Museum, das nicht existierte) eine Reihe strategischer Entscheidungen. Der konkrete Aufbau, ein Rasterkonzept von 71 Räumen, das der oft übermächtigen industriellen Architektur des Centre Pompidou übergestülpt wurde, stellte eine klare Verweigerung einer Retrospektive dar. Mit zwei möglichen Zugängen zum Hauptausstellungsraum im sechsten Stock des Centre Pompidou[1)] verstiess die Schau gegen sämtliche Regeln: keine eindeutige Raumfolge mit vorgegebener Richtung, keinerlei Hinweis auf die chronologische Ordnung der einzelnen Arbeiten und keine Möglichkeit, zwischen Kunstwerken eine formale oder konzeptuelle Entwicklungslinie zu ziehen. Jede zweite «Zelle» im Raster stellte ein Werk dar, in vielen Fällen eine architekturgebundene Installation oder auch Neuauflagen oder Neuanordnungen bereits bestehender Arbeiten (so eine Reihe früher Filmprojektionen oder die situationsbezogene Arbeit *Autour du retour d'un détour,* travail in situ, 1988–2002). Tatsächlich war es so gut wie unmöglich, die Mechanismen der Ausstellungsgestaltung als solche von den einzelnen Arbeiten zu unterscheiden, da das Netzwerk der Räume – von Buren als «Kunstgriff» bezeichnet – gleichzeitig als «Gefäss und Inhalt» diente. Anders als bei den meisten Künstlern, für die so was schlicht und einfach eine Gelegenheit zum Schreiben an der eigenen Geschichte ist, bestand Burens Strategie zunächst einmal darin, die lineare Stossrichtung der Kunstgeschichte in einer labyrinthartigen Anordnung von Vergangenheit und Gegenwart aufzulösen und dabei seine «ursprüngliche» Intention und sämtliche bereits bestehenden Interpretationen über den Haufen zu werfen.

Entsprechend wurde auch der Katalog zur Ausstellung gegliedert: *Daniel Buren: Mot à mot* ist als alphabetisches Register von Stichwörtern konzipiert, die sich zur Beschreibung von Burens Werk anbieten, und verknüpft unterschiedlichste, als Faksimile reproduzierte Dokumente aus Burens Archiv miteinander. Ob Photos, Briefe, Zeichnungen, Auszüge aus Burens kritischen Texten oder Presserezensionen: Jedes Stichwort wird zum Storyboard eines bestimmten Aspektes seines Werks, das ganz ohne Kommentar von dritter Seite auskommt (der Beitrag der Katalogherausgeber beschränkt sich auf informative Bildlegenden und die allgemeine «Choreographie» der Dokumente). Die Wahl der Stichwörter geht vom Vorhersehbaren (Architektur, Zensur, in situ, Protest, visuelles Werkzeug) und Formalen oder Deskriptiven (Farbe, Stoff, Wasser) über verfahrensbezogene Begriffe (ausrichten, einen Rahmen geben, verkleiden, kreuzen), bis zu launigen Elementen (Wind, Reise, Zickzack), ohne dass eine Rangordnung oder übergreifende Erzählstruktur erkennbar wäre. Ausstellung und Buch verneinen jeden klaren Anfangs- oder Endpunkt in Burens künstlerischer Laufbahn. Stattdessen werden dem Betrachter konzeptuelles Rüstzeug, Verfahren, Begriffe und visuelle Anhaltspunkte angeboten, um ihm beim Nachdenken über Burens Werk weiterzuhelfen.

In der Tradition der von Buren entwickelten in situ-Praxis mag diese «kuratorische» Wahl der Modalitäten (von Ausstellungsstruktur und Katalog) zunächst lediglich wie ein bewusstes Enttäuschen der Erwartungen an ein Museum anmuten. Die ausgesprochen «burensche» Strategie der Nichterfüllung von Erwartungsnormen wurde allerdings auf die Spitze getrieben, wenn man bedenkt, wie er das kunsthistorische Insistieren auf einem «kritischen» oder «streitbaren» Inhalt seines Werkes vorwegnahm. Wohl wissend, dass Vergnügen und eine kritische Haltung sich noch nie gut miteinander vertragen haben, beschloss Buren, das, was in zahlreichen fortschrittsorientierten Interpretationen seines Werkes als sein Niedergang ausgemacht worden war, nämlich das zunehmend Dekorative, in den Vordergrund zu rücken. Aus Sicht derer, die diese Kritik teilen, mag das visuelle Werkzeug auf eine verhängnisvoll abschüssige Bahn geraten sein und seine ursprüngliche kritische Schlagkraft eingebüsst haben. Von seinem anfänglichen Bemühen um eine radikale

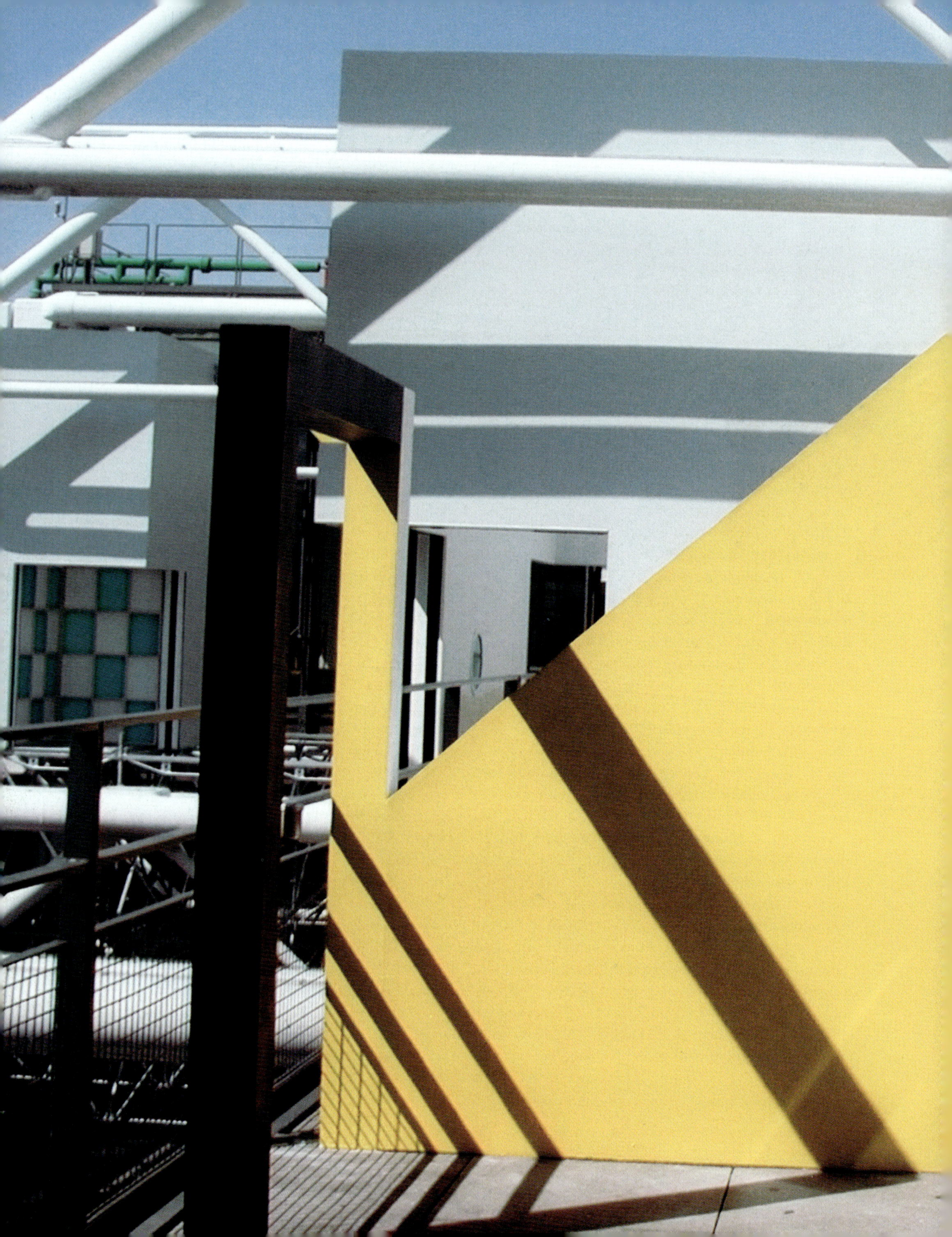

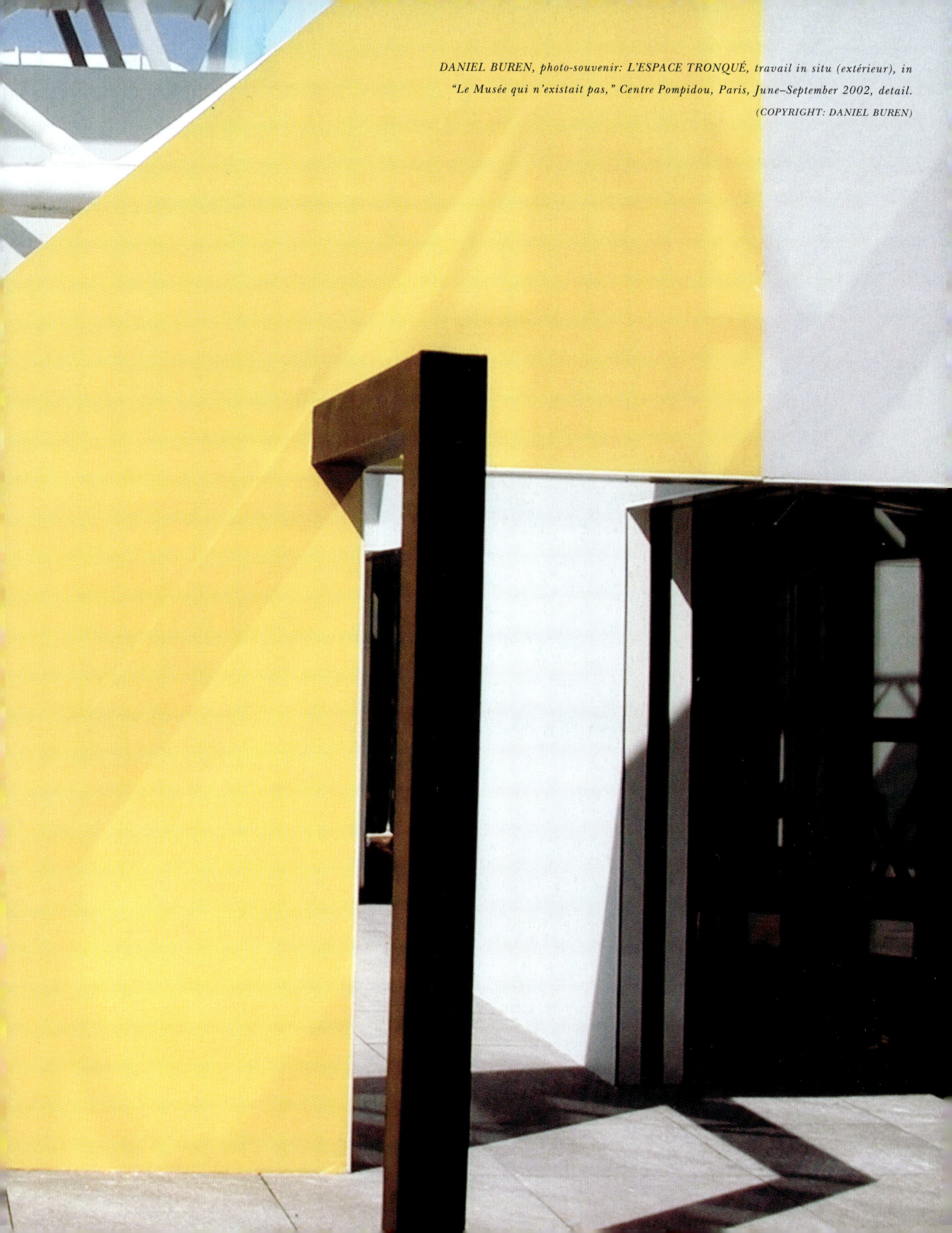

DANIEL BUREN, photo-souvenir: L'ESPACE TRONQUÉ, travail in situ (extérieur), in "Le Musée qui n'existait pas," Centre Pompidou, Paris, June–September 2002, detail.

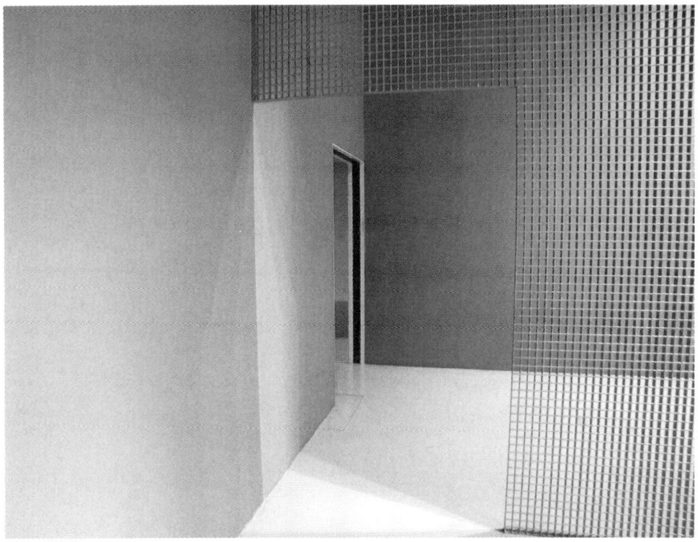

DANIEL BUREN, photo-souvenir: LA GRILLE, travail in situ, in "Le Musée qui n'existait pas," Centre Pompidou, Paris, June–September 2002, detail. (COPYRIGHT: DANIEL BUREN)

Reduktion des Bildinhalts der Leinwand bis hin zu dessen Verwandlung in ein offenes, neutrales Zeichen oder Gestaltungsmittel, welches die Aufmerksamkeit des Betrachters auf einen bestimmten Kontext oder eine bestimmte Situation lenken soll, liesse sich Burens visuelles Werkzeug heute lediglich als Teil eines dekorativen Apparats zur Organisation von Farbe und Form verstehen. Während Buren sich seit eh und je mit formalen Fragen auseinander setzt, die sich ebenso aus der Malerei wie aus dem architektonischen oder institutionellen Rahmen ergeben, war die spektakuläre Explosion von Farbe, Spiegeln und Materialien, die den Grossteil der Ausstellung im Centre Pompidou ausmachte, vielleicht deren radikalstes, verblüffendstes Ziel, nämlich einen Raum zum «unleugbaren visuellen Genuss» zu schaffen.[2]

Es ist, als wollte Buren mit dieser Ausstellung darlegen, dass das «Dekorative» – im zwanzigsten Jahrhundert zwischen Künstlern fast immer als übles Schimpfwort verwendet – von jeher ein wesentliches, gewolltes Element seiner Praxis sei. Buren ist tatsächlich einer der wenigen, der erkannt hat, dass sämtliche grossen Künstler dieses Jahrhunderts sich mit der Frage des Dekorativen auseinander gesetzt haben.[3] Ohne anlässlich einer so bemerkenswerten Ausstellung wie dieser in reinen Revisionismus zu verfallen, sei darauf hingewiesen, dass Buren bereits Mitte der 80er Jahre die dekorative Dimension seines Werkes in zahlreichen Aufsätzen und Interviews offen angesprochen hat:

Wenn man dem Dekorativen nicht ausweichen kann, sollte man sich damit auseinander setzen. Meine Arbeit hat nichts mit Dekoration zu tun, steht aber in einem direkten Verhältnis zu ihr. Ich spiele oft mit der Ambivalenz zwischen Funktionalität und Kunstwerk und ich möchte diese Ambivalenz aufrechterhalten, diese Grenzen sind verschwommen und beweglich in fast allen meinen Werken. (...) An diesem Punkt stösst das Werk an eine Grenze, an welcher der Begriff des Dekorativen ins Spiel gebracht werden kann. In all meinen in situ-Arbeiten und allen Arbeiten, in denen «Tapeten» zum Einsatz kommen, stellt sich die Frage nach der Grenze zwischen dem, was dekorativ ist und was nicht, weil die Sache, die an der Wand befestigt wird, selbst zur Wand wird. Dabei stösst man auf ein weiteres Problem: Dies scheint darauf hin zu deuten, dass die Wand selbst dekorativ ist! Und hier verliert man (der Betrachter) alle Bezugspunkte und die Frage beginnt interessant zu werden.[4]

Die spektakulären visuellen Effekte und die Farbenpracht, mit denen die Ausstellung im Centre Pompidou aufwartete, sind lediglich die äusseren Symptome der angeblichen «dekorativen» Wende Burens. Wenn man frühe Texte wie den oben zitierten sorgfältig nachliest, wird klar, dass seine Auseinan-

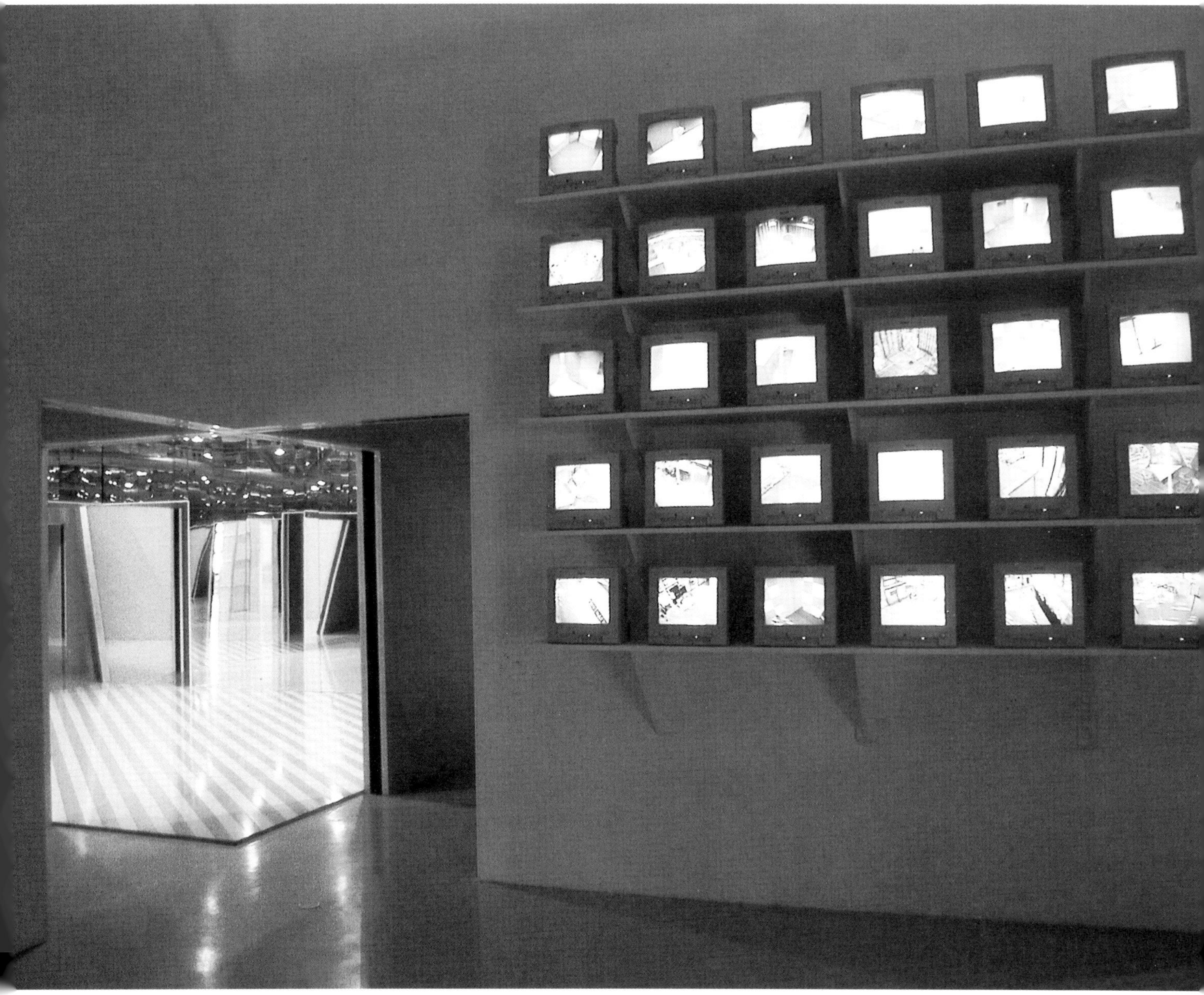

DANIEL BUREN, photo-souvenir: D'UN SEUL COUP D'ŒIL, travail in situ, in "Le Musée qui n'existait pas," Centre Pompidou, Paris, June–September 2002, detail. (COPYRIGHT: DANIEL BUREN)

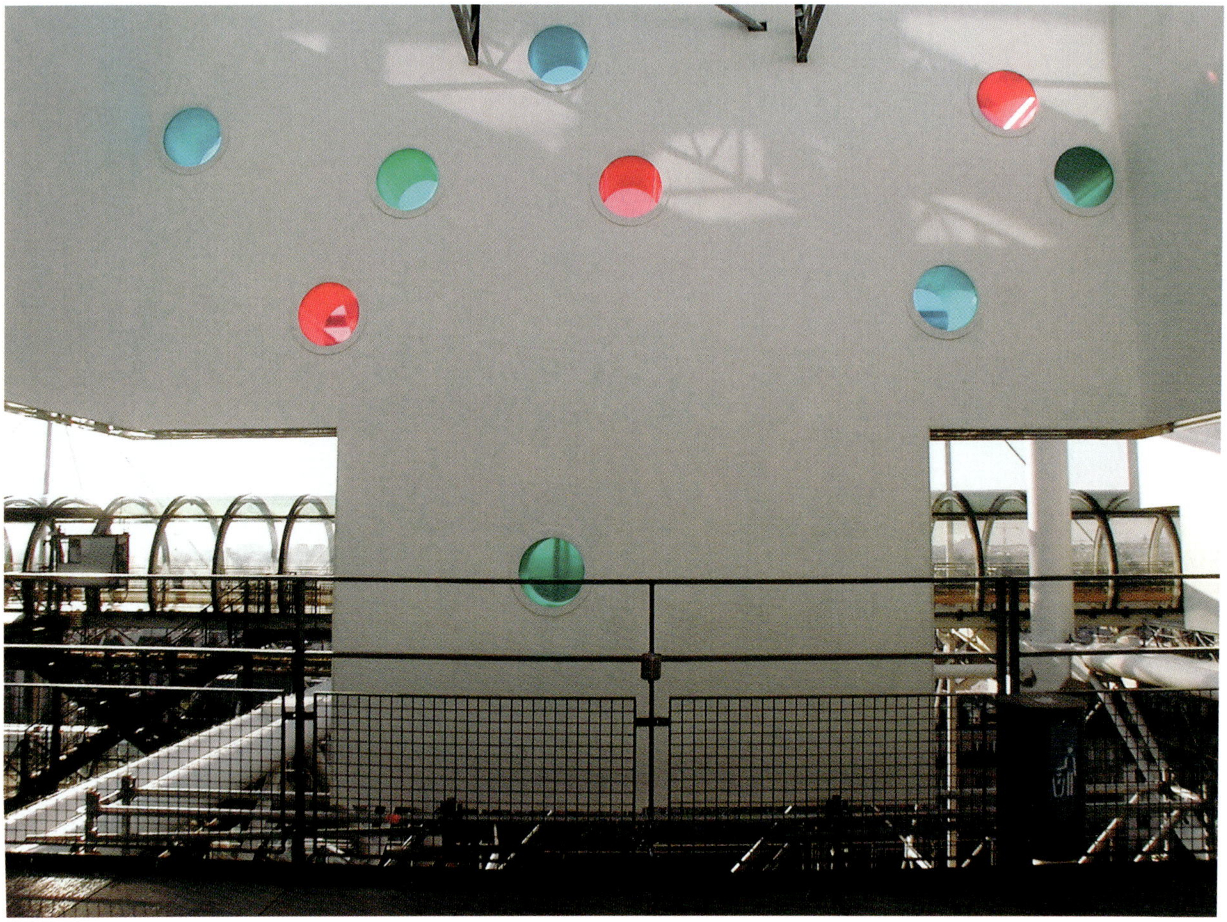

DANIEL BUREN, *photo-souvenir: PROJECTION DE LA COULEUR, travail in situ (extérieur), in "Le Musée qui n'existait pas,"* *Centre Pompidou, Paris, June–September 2002, detail.* (COPYRIGHT: DANIEL BUREN)

dersetzung mit dem Dekorativen und dem Begriff des Dekors im Zusammenhang mit der Vieldeutigkeit zu sehen ist, die er bewusst erzeugt, indem er sich des Mediums der Ausstellung selbst bedient: indem er funktionale Ausstellungsarchitektur und Architektur als Kunstwerk miteinander vermischt. Tatsächlich rührt dieser Standpunkt daher, dass Buren einer der wenigen Künstler ist, der einräumt, dass das Kunstwerk als solches, also jedes Objekt, das an der Wand hängt (Bild) oder auf dem Boden steht oder liegt (Skulptur), dekorativ sei.[5] Ob man diese Auffassung teilt oder nicht, das Dekorative bleibt ein unumgänglicher Faktor, dem man sich am besten direkt stellt.

In diesem Licht besehen wird die Ausstellung zu einem «Kunstgriff» der Spekulation, welcher Linearität und Vielfältigkeit miteinander konfrontiert und es räumlich wie gedanklich erschwert, Burens Schaffen mit einer simplen Dialektik – früh/spät, kritisch/dekorativ – beizukommen.

Burens Verwendung oder Auffassung des Dekorativen ist mehr als eine blosse Verunreinigung seines ansonsten reduktiven (kritischen) Bildvokabulars, um sich der gewohnten Platzzuweisung durch die Kunsthistoriker zu entziehen. Die Entwicklung des Dekorativen als Strategie verläuft tatsächlich parallel zur Entwicklung des Begriffes *in situ* in Burens künstlerischer Praxis.

Den Ausdruck travail in situ könnte man mit «Transformation des Rezeptionsortes» übersetzen. Diese Transformation kann für den Ort, gegen den Ort, oder in Austausch mit dem Ort erfolgen, wie bei einem Chamäleon, das auf einem grünen Blatt grün oder auf einer grauen Steinmauer grau wird. (...) Schliesslich meint in situ in Bezug auf mein Denken, dass es ein freiwillig akzeptiertes Bindeglied gibt zwischen dem Ort der Rezeption und dem «Werk», das dort geschaffen, präsentiert und ausgestellt wird.[6)]

Ebenso wie der Begriff *in situ* ist auch das Dekorative Teil einer umfassenden Reihe von Strategien, die das Format «Ausstellung» kritisch durchleuchten, indem sie sowohl den Ort der Rezeption als auch den Aufbau des Werkes selbst thematisieren. Dekorative Elemente können einen bestehenden Raum infiltrieren (das heisst in den konkreten Ausstellungsraum eindringen, aber auch den diskursiven Raum kunsthistorischer Rezeption «korrumpieren»). Sie können aber auch einen neuen Raum für ein «Werk» schaffen, indem sie die Grenzen von Form und Funktion verwischen. Das Dekorative, das viel mehr ist als eine blosse Schwerpunktverlagerung oder ein Abstieg von der anspruchsvollen, kritischen Kunst zur Appropriation einer «niedrigeren» Form wie Design, ist in Daniel Burens Arsenal der Ausstellungskonzeption zu einer Waffe geworden, um ansonsten unsichtbare, verkürzende Rezeptionsweisen zu bekämpfen. Die dekorativen Elemente sind ein integraler Bestandteil von Burens «Musée, qui n'existait pas», einem Museum, in dem spielerische Spekulation an die Stelle des Dogmatismus jeglicher linearen oder kartesianischen Logik tritt und wo die teleologische Darstellung künstlerischen Fortschritts der Vielfalt und Vieldeutigkeit Platz macht.

(Übersetzung: Bram Opstelten)

1) Teile der Ausstellung infiltrierten tatsächlich sämtliche Ebenen des Gebäudes: das erste Untergeschoss (das in eine Erweiterung der Parkgarage darunter umfunktioniert wurde), die Haupteingangshalle für die Besucher (ein Projekt zur Unsichtbarmachung bzw. Umwandlung der ohnehin untauglichen Hinweisschilder für die verschiedenen Aktivitäten und Verwaltungsabteilungen des Centre Pompidou), die berühmte Röhre aussen am Gebäude, durch welche der Besucher von einer Ebene zur nächsten gelangt (die Projektion eines Films, der zeigt, wie hintereinander verschiedenfarbig gestreifte Papiere zerrissen werden; COULEURS, 1984), das vierte und fünfte Geschoss des Musée national d'art moderne mit einer Neuinstallation der Arbeit LES FORMES: PEINTURES (Arbeit in situ, 1977) sowie der Neuinstallation von deren Pendant aus dem gleichen Jahr, LES COULEURS: SCULPTURES, die für das Centre Pompidou konzipiert und auf den Dächern von Pariser Gebäuden installiert wurde.

2) *Es ist wahr, dass meine neuen Arbeiten sehr verschieden sind von dem, was ich vor zehn Jahren hätte tun können. Abgesehen davon habe ich schon früher Farben und «Explosionseffekte» verwendet, das sind Konstanten in meinem Werk. Was ebenfalls ganz anders ist, ohne wirklich neu zu sein, ist mein Umgang mit dem Dekorativen.* Daniel Buren, *Les Ecrits (1965–1990)*, CAPC Musée d'art contemporain, Bordeaux 1991, Bd. III, S. 87. (Übersetzung durch die Redaktion.)

3) Daniel Buren, *Au Sujet de ... Entretien avec Jérôme Sans.* Flammarion, Paris 1998, S. 119. Buren führt hier als Beispiel Mondrian, Matisse, Picasso, Léger, Rivera, van Doesburg, El Lissitzky, Malewitsch, Nauman oder Pollock an.

4) Michael F. Gibson, «The Stripes and (Nearly) Nothing But the Stripes», in: *The New York Times*, 4. August 2002, S. 31, 33. Das Element des «visuellen Genusses» wird in diesem Artikel interessanterweise als der Faktor angeführt, der das eingangs dieses Beitrags gezeichnete historische Bild von Buren völlig durcheinander bringe. Es sei jedoch erwähnt, dass der Autor bei seiner Einordnung Burens auf zwei Klischeebilder des französischen Künstlers zurückgreift, nämlich einerseits auf das Bild des theorielastigen, einzelkämpferischen Achtundsechzigers und andererseits auf das des dekadenten Koloristen, der die schönen Künste zu ihrem vulgären Endpunkt in den konsumgerechten Gefilden des Designs führt. Diese Betrachtungsweise fasst nicht nur kunsthistorisch zu kurz, sie ist auch eine höchst frankophobe Karikatur, die im Rahmen der systematischen xenophoben Darstellung französischer Kultur seitens der *New York Times* gesehen werden muss, egal ob es sich um die kulinarische Tradition, das Kino oder sogar die Populärkultur handelt. Gibson schematisiert nicht nur die historische Entwicklung von Burens Werk, sondern greift auch zu extremen Beispielen, um die radikale Position des Künstlers lächerlich zu machen und mit einer allgemeinen Oberflächlichkeit und Selbstherrlichkeit in Verbindung zu bringen, die Teil dieses frankophoben Klischees sind. (Als Beispiele seien genannt: Gibsons Umrechnung von 8,7 cm in 3,4251968503937 Zoll als nationalistischer Seitenhieb auf das metrische System sowie seine Bezeichnung der Schriften Burens als «höchst unlesbare, autoritäre, ja ‹terroristische› – in der französischen Bedeutung von ‹einschüchternde› – und totalitäre Kritik».)

5) *Tatsächlich will niemand glauben, dass das Kunstwerk dekorativ ist. Aber im Moment, wo es um die Frage geht, «Was mache ich mit dieser Leinwand? Was wird daraus im Raum?», merkt man rasch, dass man der dekorativen Wirkung eines Objektes, das an der Wand hängt bzw. auf dem Boden steht oder liegt, unmöglich entkommen kann.* Buren, *Les Ecrits (1965–1990)*, op. cit., S. 88. (Übersetzung durch die Redaktion.)

6) Daniel Buren, «Du travail in situ», in: *Du volume de la couleur*, Centre d'art contemporain, Cadillac 1985, auszugsweise abgedruckt in: *Daniel Buren: Mot à mot*, Centre Pompidou/Editions Xavier Barral/Editions de La Martinière, Paris 2002, S. I-15.

Ein Gespräch

zwischen Daniel Buren & Pierre Huyghe

DANIEL BUREN & PIERRE HUYGHE

Das folgende Gespräch ist ein Auszug aus einer längeren Unterhaltung der beiden Künstler, die im März 2001 dank der Initiative von MYRIAM SALOMON zustande kam.

PIERRE HUYGHE: Wir könnten damit beginnen, über das Phänomen der Verschiebung *(déplacement)* zu sprechen. Beim Betrachten deiner Arbeit ist mir aufgegangen, dass ein Zeichen ziemlich fragil sein muss, damit erkennbar ist, aus welchem Zusammenhang es stammt und in welchen es versetzt worden ist.

DANIEL BUREN: Wenn du das Wort «Zeichen» verwendest, meinst du doch etwas, was man wieder erkennt und was dennoch jedesmal etwas Besonderes sein kann?

PH: Ja, so verstehe ich es. Bei dir durchläuft das Zeichen, der «Streifen» verschiedene Formate. Es ist jedesmal wie ein Auszug aus einem Stück, das eine Entwicklung durchmacht und an anderer Stelle wieder auf eine andere Art gespielt werden kann. Es befreit den Raum aus seinem ursprünglichen Kontext und macht ihn hinterfragbar. Mit «Format» meine ich einen Raum, eine Zeit, deren Verwendung – oder Inszenierung – festgelegt ist, um eine bessere Lesbarkeit und Vermittlung zu ermöglichen; es ist eine Art von Repräsentation oder Interaktion zwischen Individuen, welche alltägliche Erfahrungen in einem bestimmten Rahmen präsentiert (eine Zeitschrift, die Fernsehnachrichten, ein Privathaus, eine Ausstellung usw.). Der Sinn liegt nicht im Format selbst, sondern in der Art und Weise, wie es subjektiviert und artikuliert werden kann, und in seiner Fähigkeit Verbindungen zu ermöglichen.

DB: Allerdings gibt es hier wohl einen feinen Unterschied. In Bezug auf deine Arbeit, soweit ich sie kenne, sehe ich zwar diese Verbindung, die sich aus dem ergibt, was du Format nennst. Und ich glaube, dass diese Verbindung entsteht und irgendwie auch sichtbar wird, und zwar eben gerade ohne eindeutig bezeichnet zu sein. Andrerseits, aber vielleicht täusche ich mich da, scheint mir diese Idee eines besonderen, wieder erkennbaren Merkmals genau dort meiner Auffassung des «Zeichens» nahe zu kommen, wo sie in deiner Zusammenarbeit mit anderen aufgebrochen wird. Ich meine nicht unbedingt, wenn ein Bild zu vier oder sechs Händen entsteht, sondern im Sinne dieser ziemlich neuen Geschichte, die du gemacht hast, mit einer Figur, die von anderen aufgegriffen werden und jeweils eine eigene Geschichte haben kann, eine Geschichte, die ihr von Pierre, Paul, Jacques gegeben wurde: Ich glaube hier wird es möglich, dass die Bedeutung ein und desselben Zeichens ins Rutschen gerät, je nachdem, wer es verwendet und wie, uneingeschränkt und jenseits reiner Nachahmung. Also findet auch hier etwas statt, was dem Erkennen gleicht, dank einem Zeichen, also etwas, was zugleich allgemein und besonders ist. So etwa sehe ich das, und ich finde, das ist ein sehr raffinierter und neuer Ansatz, um etwas ins Spiel zu bringen, was ich schon seit einiger Zeit versuche, nämlich eine Situation zu schaffen, in der man nicht nur ein Logo erkennt – auch wenn manche geglaubt haben und immer noch glauben, dass es sich nur um ein Zeichen dieser Art handelt, was völlig daneben greift –, sondern ein Zeichen, das erlaubt, heterogene Objekte und Räume miteinander in Verbindung zu bringen, aber auch eine Beziehung zwischen einander von Mal zu Mal widersprechenden Lesarten herzustellen. Darum geht es mir, ich behaupte nicht, dass es jedesmal funktioniert, aber nur darin liegt für mich der Sinn dieses Zeichens. Es ist lesbar und hat auch noch den Vorteil, wieder erkennbar zu sein. In diesem Sinn verwende ich den Ausdruck «visuelles Werkzeug», weil es immer ein fester Bestandteil jeder Arbeit bleibt, egal ob vordergründig oder eher zurückgenommen, es ist immer da. Es ermöglicht nicht nur die Arbeit, sondern bleibt bis zum Schluss sichtbar. Es verschwindet nicht wie ein Hammer, der in der fertigen Holzhütte nicht mehr zu sehen ist, obwohl er für deren Bau gebraucht wurde. Nein, hier bleibt das, was zur Errichtung nötig war, sichtbar, deshalb «visuell», und zugleich kann man mit der Zeit, dank diesem Wissen oder der daraus folgenden Fähigkeit zu erkennen, allmählich beginnen die verschiedenen Dinge zu verstehen und miteinander in Verbindung zu bringen. Im Grunde ermöglicht dieses Zeichen das Präsentierte ohne jeden weiteren Kunstgriff zu entschlüsseln.

PH: Es ist ein Vehikel, das dir erlaubt verschiedene Ereignisse zu durchlaufen und miteinander zu verbinden, und sein Sinn liegt im Weg, den es beschrieben hat – dem Logbuch dieses Zeichens. Wenn man sagt, dieses Zeichen sei der Buchstabe...

DB: Es ist das Alphabet. Ein a priori beschränktes Alphabet, obwohl man, sobald man die Farbe zu Grösse und Form hinzufügt, bereits Millionen von Möglichkeiten hat, und wenn man zu den Farben noch alle möglichen Materialien dazunimmt, vervielfacht man diese Möglichkeiten noch einmal und erhält so eine Art Alphabet, das viel komplexer ist, als man zunächst dachte. Was immer gleich und unveränderlich bleibt, ist die Breite der weissen und farbigen Streifen dieses visuellen Zeichens, dieses Werkzeugs, das dadurch zu einem Zeichen der Koordination wird. So jedenfalls sehe ich es, seit ich aufgehört habe repetitive Bilder zu machen, also schon sehr lange. Das Paradoxe dabei ist, dass ich darauf kam, weil ich nicht länger unter willkürlicher Verwendung repetitiver Muster suspekte «Neuheiten» produzieren wollte, wie ich es von Ende 1965 bis Ende 1967 ununterbrochen getan hatte. Dabei entstand eine Art limitierter Malerei, die Begriffe wie Avantgarde, Fortschritt in der Kunst, plötzliche Eingebung, Talent usw. in Frage stellte und über den Haufen warf... Und plötzlich mündete diese Malerei, die radikal anders sein und dennoch «Malerei» bleiben wollte, in eine Befragung des Ortes, an dem sich alles abspielte; über seine Wichtigkeit oder Unwichtigkeit, kurz, über die reale Autonomie der Kunst in Bezug auf den Ort, an dem sie sich entfaltet. Ich verwendete das Zeichen, das bis dahin an die textilen Bildträger gebunden war, auf denen ich malte, nun nicht mehr als Selbstzweck, sondern als Mittel um herauszufinden, ob sich damit all die Fragen stellen liessen, die sich plötzlich in diesem neuen Untersuchungsfeld auftaten. Dieses visuelle Werkzeug entwickelte sich durch seine wiederholte Anwendung in Folge des Vorausgegangenen nun plötzlich vom fertigen, wiewohl unerschöpflichen Objekt zu einem Zeichen, das in Bewegung war und oft als Messwerkzeug diente, eine Art Masseinheit wie der Meter im metrischen System. Dieser Übergang vom gemalten Objekt zum freien Zeichen gab auch Anlass zu einer Reihe von Missverständnissen, die bis heute bei all jenen fortbestehen, die den fundamentalen Unterschied zwischen den beiden nicht mitbekommen haben. Es handelt sich in der Tat um zwei verschiedene Geschichten, die aufeinander folgen, sich während einiger Jahre vermischen und sich schliesslich definitiv trennen, um diametral entgegengesetzte Wege einzuschlagen. Die zweite Geschichte, die uns hier interessiert, ist die «Erfindung» eines Zeichens, das erlaubt eine Arbeit an je verschiedenen Orten verschieden zu lesen, was nur anhand dieses roten Fadens möglich ist, dem visuellen Werkzeug, das eines mit dem anderen verbindet. Diese zunächst visuell kaum wahrnehmbare Veränderung war in Wirklichkeit ein gewaltiger Bruch mit allem Vorangegangenen. Sobald ich damit aufgehört hatte, gestreiften Stoff als Malgrund zu verwenden, und sobald ich diese Form, die aus ganz anderen Gründen halt gerade da war, zur Analyse und Beschreibung von Flächen und schliesslich ganzen Räumen zu verwenden begann, wurde mir klar, dass dieses Zeichen als eine Art Alphabet dienen konnte, das auf den ersten Blick sehr einfach und auf den zweiten sehr viel komplexer war, was mich endgültig davon abbrachte, dieses Werkzeug mit einem x-beliebigen Logo zu verwechseln. Ich muss hinzufügen, dass schon die Idee des Logos an sich meilenweit von dem entfernt ist, was ich im Sinn habe. Und seine Bedeutung lässt sich, wie ich meine, überhaupt nicht damit vergleichen. Was ist ein Logo? In erster Linie ist es ein Zeichen, das seine ganze Bedeutung in sich trägt, seinen ganzen Diskurs, und eben aus diesem Grund lässt es sich aus jedem Kontext herauslösen, aber auch derart vergrössern, dass es schon aus grosser Entfernung zu erkennen ist, oder aber so sehr verkleinern, dass es auf einem Briefkopf Platz findet. Es lässt sich unendlich vervielfachen, egal in welcher Grösse. Was man damit nicht tun kann, ohne seinen Sinn zu zerstören, ist, es zu zerschneiden, seine allfällige Farbe zu ändern, die Form seiner Buchstaben oder Muster zu verändern usw.... Ganz anders beim Zeichen, das ich verwende, welches sich paradoxerweise keinem Kontext unterordnet. Egal, wo es sich befindet, jeder Streifen ist immer 8,7 cm breit. Tatsächlich ist es immer das Fragment einer unendlichen Menge, was die Grösse angeht, und einer vielfachen Menge, was Material und Farbe angeht; eine Menge, aus der ich schöpfe und die ich unaufhörlich und in alle Richtungen teilen und zerschneiden werde, je nachdem, was mir gerade wichtig und vonnöten erscheint, um mit diesem «visuellen Leim» Dinge miteinander verbinden zu können: Farben, Materialien, Orte, so dass sie einen Sinn erhalten, den sie vor dieser Verbindung nicht hatten. Damit das möglich ist, darf dieses Zeichen gar keine eigene Bedeutung haben. Es muss das Gegenteil eines Logos sein und muss genauso effektiv sein, wenn es den äussersten Rand einer Mauer mit nur zwei parallelen Streifen bedeckt, der eine weiss, der andere farbig, wie wenn es die ganze Fläche derselben Mauer mit 250 abwechselnd farbigen und weissen Streifen verkleidet. Es gibt kein Logo, das beliebig fragmentiert für den einen immer Citroën und für den anderen McDonald's bedeutet. Jedes Logo ist ein vollständiges unteilbares Ganzes, ausserhalb dessen es nicht existiert, es ist ein autonomes «Objekt». Mein visuelles Werkzeug entzieht sich der Dummheit, die es auf die simple Bedeutung eines Eigennamens reduzieren möchte, und wechselt seine Bedeutung mit jedem Eingriff. Es ist ein «Objekt» bar jeder Autonomie. Rot heisst nicht blau, heisst nicht violett und nicht gelb. Pierre heisst nicht Wasser, heisst nicht Zink und nicht Bambus. Place de la République in Paris bedeutet nicht Museum of Modern Art in New York und auch nicht Favelas in Rio.

Wohlverstanden, dieses Zeichen lässt alles in seinem Umfeld deutlicher zum Ausdruck kommen. Das neutrale Zeichen erlaubt ein Lesen, Wiederlesen und Verbinden. Es steht entweder im Widerspruch zu seiner Umgebung oder hebt sie hervor. Es wäre ein Irrtum, zu glauben, dass es diese Umgebung neutralisiert. Genau das Gegenteil ist der Fall.

PH: Vielleicht wirkt dieses ausgehöhlte «Objekt», gerade weil es über keinerlei Autonomie verfügt, nicht wie ein Magnet, sondern erlaubt Zerstreuung und lässt unsere Gedanken anderswohin schweifen. Interessant ist dieses Anderswo, das ausserhalb des Objekts ist; es ist keine Frage der Anordnung, sondern der Verschiebung *(déplacement)*. Um aber nochmals auf das Projekt von *Annlee* zurückzukommen: Zuerst haben wir die Rechte auf die Zeichnung erworben, auf eine Figur ohne besondere Eigenschaften, die wir aus dem Markt der Comicliteratur genommen und verschiedenen Künstlern zur Verwendung angeboten haben. Dieses Zeichen war nichts, solange es nicht mit einer Geschichte versehen war. So bildete sich eine Gemeinschaft um dieses Zeichen, das bei allen Autoren dasselbe und doch bei jedem einzigartig war. Die Form dieser Gruppenausstellung hat sich an verschiedenen Orten, zu verschiedenen Zeiten und entsprechend den verschiedenen Präsentationen herauskristallisiert. Die Verbindung entstand durch das Zeichen (diese Figur). In diesem Sinn ist das *Annlee*-Projekt ein Ereignis, das erst an der Schnittstelle all der unterschiedlichen Worte, Orte und Ausstellungszeiten sichtbar wird.

DB: Ich glaube, es hat wie ein Logo eigentlich immer dieselbe Form, aber ihr zerstört diese Zugehörigkeit, indem ihr es zum Leben erweckt und es nie zweimal dasselbe sagen lässt.

PH: Ja, gerade die Fragilität dieses Zeichens ermöglicht, es zu füllen. Dank seiner Beschaffenheit hat es die Fähigkeit vielfältig und komplex zu werden.

DB: Ich verstehe, was du meinst, wenn du sagst, dass diese Figur zunächst nicht von euch erschaffen wurde und dass sie an sich leblos ist. Dort, wo eine einzelne Person – zum Beispiel ich – ein Zeichen wiederholt verwendet, gerade weil es zunächst einmal neutral ist, verwendest du ein Zeichen, das an sich überhaupt nicht neutral ist, aber ihr verwendet es als Gruppe und macht euch daran, es zu etwas Neutralem zu machen, indem ihr ihm jedesmal, wenn jemand es verwendet, ein Stück seines eigenen Charakters wegnehmt, bis es schliesslich völlig nackt zurückbleibt. Diese Figur hat etwas, was man sofort erkennen kann, was aber, wenn sie im Rahmen der künstlerischen Arbeit von Hand zu Hand weitergereicht wird, allmählich verloren geht und jede einheitliche Bedeutung verliert. Und hier liegt die Verbindung zu «meinem» Zeichen, das nicht meines ist, in dem Sinn, dass ich es erfunden hätte, aber dessen ich mich bediene und das nicht von Hand zu Hand geht, sondern allein in meiner Hand bleibt, zu meiner Verfügung, von einer Arbeit zur nächsten. Aber ich glaube, wenn es nicht so neutral und abstrakt wäre, sondern vielleicht von vornherein ein bisschen aufgeladener, wie das emblemartige Zeichen der Figur, die ihr verwendet, könnte ich das, was ich mache, eben gerade nicht tun. Aber ich persönlich finde euren Ansatz genau wegen dieses entscheidenden Unterschieds und dieser Verschiebung so spannend, und zwar sowohl auf der Wahrnehmungsebene wie im Hinblick auf das, was dabei in Gang kommt. Und ich glaube, dass auch diese Demonstration in Anführungszeichen (denn es handelte sich dabei schliesslich nicht um eine Lektion in Kunstgeschichte), eure Ausstellung zu dritt – im Musée d'Art Moderne de la Ville de Paris, wenn ich das richtig verstanden habe –, genau deshalb so bemerkenswert war …

PH: … eine Monographie zu dritt.

DB: … wirklich beispielhaft, und ich glaube auch wirklich neu – ich mag dieses Wort zwar nicht besonders –, aber jedenfalls sehr innovativ und offen. Vielleicht wird es nie jemandem gelingen, das wirklich auszuschöpfen, aber ich glaube, dass ihr, in der Art, wie ihr es verwendet habt, vieles andeutet. Der Versuch ein Zeichen (eure Figur) von jeder a priori mit ihm verbundenen Geschichte zu befreien mittels bunt zusammengewürfelter Geschichten, bis hin zur Auslöschung des Zeichens durch Erschöpfung. Wirklich stark!

PH: Ja, es ist seine vielfache Bedeutung, die es einmalig macht. Wenn du von dieser Ausstellung im Musée d'Art Moderne de la Ville de Paris zusammen mit Dominique Gonzalez-Foerster und Philippe Parreno sprichst, so ist das nicht allzu weit davon entfernt, denn in gewissem Sinn hat dort auch keine Auflösung des Urhebers stattgefunden, sondern eine Aufteilung. Wichtig erscheint mir all das, was der dabei entstandene Zwischenraum zu erzählen vermochte. Wir haben versucht dieses Miteinander gemeinsam zu denken. In gewissem Sinn findet man denselben Dialog und polyphonen Charakter auch bei *Annlee* wieder.

(Übersetzung aus dem Französischen: Wilma Parker)

Conversation

between Daniel Buren & Pierre Huyghe

DANIEL BUREN & PIERRE HUYGHE

The following dialogue has been excerpted from an extended conversation between the two artists that took place in March 2001, at the initiative of MYRIAM SALOMON.

PIERRE HUYGHE: We could start by talking about displacement. I understood, by looking at your work, that a sign has to be fragile enough in order for the chain that constitutes it and in which it is inscribed to be readable.

DANIEL BUREN: When you use the word "sign," do you mean something that is recognizable and that could be distinguishable every time?

PH: Yes, that's what I mean. In your work, the sign, the "stripe," goes through different formats. Each time, a score is developed and can be played again elsewhere in a different way. It frees the space from the scenario to which it is bound and opens it up to debate. What I mean by "format" is a space or time whose manner of use—or scenario—is fixed so as to make it more easily readable and transmittable. It is a mode of representation or interaction between individuals that acts as a frame for daily experiences (a magazine, a TV news broadcast, an individual home, an exhibition ...). What is significant is not the format in itself, but the way it can be subjectivized and its capacity for linking.

DB: There is however a distinction to make. I see fairly clearly in your work, at least in what I know of it, this linking that occurs with regards to what you call the format. And I believe that this linking occurs, and in a way is quite recognizable, without a distinctive sign. However, and I may be mistaken, the same idea of a distinctive sign that is recognizable seems to me to come closer to my way of thinking about the "sign" as opening up when you work with others. I don't mean necessarily getting together with one or two other people to make a painting, but rather this quite novel story you've embarked upon with this character that can be invested by others and that can have its own story, a story given by Tom, Dick or Harry. Here, I think, we are getting closer to the possibility of a slippage of the same sign under different signatures, from one scenario to the next, without limitation or imitation. So here again, there is something that can be likened to the recognition, thanks to a sign, of something that is at once common and different. This is how I see it. Actually, I find it a very subtle and new way to try to introduce what I myself have attempted to do for quite a long time now, that is, to introduce the possibility of reading not a logo—even if some have often considered and continue to consider it just that, which is entirely erroneous—but a sign that allows one to link together not only heterogenous objects or spaces, but also contradictory readings from one experience to the next. That is the goal. I'm not saying it works every time, but that is the main purpose of the sign for me. It allows for reading, and it has another advantage: it allows itself to be recognized. This is what I mean by "visual tool," because it remains inscribed somewhere in the foreground, or in the background for that matter, but it is always there, in every work. It not only allows for making the work but, in addition, it remains visible in the result. It doesn't disappear afterwards. You will never see a hammer in the structure of a woodshed, even though it contributed to its building. However, what was used in the construction here is still visible, hence visual, and after a while, thanks to the knowledge or ability for recognition that ensues, you finally begin to read and connect different things to one another. Thus, in the end, this sign makes it possible to read what is presented without any other contrivance.

PH: It is a vehicle that allows you to traverse and connect different events, and what is significant is its trajectory—the logbook of this sign. Let's say this sign is the letter.

DB: It's the alphabet. A limited alphabet to begin with, but as soon as you add color to the size of a form, you've already got millions of possibilities, and if you add all kinds of materials to color, you multiply the possibilities and you end up creating a much more complex type of alphabet than you previously thought. What remains unique, unchangeable and recurrent is the width of the white and colored stripes of this visual sign, this tool, which then becomes a sign of coordination. At least, that is how I envisioned it when I stopped making paintings based on repetition, which was a very long time ago. Paradoxically, I started from the desire to stop producing dubious "novelties" through a willful use of successive repetitions, and that is what I did tirelessly from the end of 1965 to the end of 1967. What I created was a kind of limit-of-painting that simultaneously questioned the notions of avant-garde, of progress in art, of sudden inspiration, of talent. Then, suddenly, this painting which pretended to be radically other while remaining "painting" led to the questioning of the location in which all this was happening, of its importance or not—in a word, of the autonomy (real or not) of art with respect to the space in which it was deployed. So the sign, which until then was woven in the textile support on which I was painting, was retained not as an end in itself but as a means to try out whether such a use allowed me to ask all the questions that suddenly arose from this new field of inquiry. This repetitive visual tool, which until then had had the status of an interminable yet finite object, suddenly became a sign in motion, often used for measuring—a sort of standard, like the meter in the metric system. This transition from painted object to free sign also opened up a series of misunderstandings, which persist today for those who haven't perceived the fundamental break between the two stages. There are in fact two stories that follow each other, intermingle for a few years, and then permanently go their diametrically opposite ways. This second story, which is of interest to us, is the "invention" of a sign allowing us to read each work in a different way from one location to the next, thanks to the connecting thread, the visual tool linking one to the other. This shift, which at first was almost imperceptible visually speaking, was in reality a violent break from the preceding stage. As soon as I abandoned the idea of using striped fabric to paint on, and started to use this form that was there for other reasons, to analyze or decipher surfaces and later entire spaces, I realized that this sign could become a sort of alphabet, a simple one *a priori*, but very complex *a posteriori*, one that definitively moved me away from possibly confusing this tool with any kind of logo. I would like to add that the very notion of logo is miles away from my work and what it signifies cannot even, in my opinion, be applied to it. What is a logo? Before anything else, it is a sign that carries in itself its own utterance, its own discourse, and for this fundamental reason can not only be isolated from a specific context, but can also be expanded at will so as to be visible from afar, or diminished in order to fit on the top of letterhead paper for example. It can be infinitely multiplied to any size. What one can never do to it, without causing it to lose its meaning, is truncate it, change its color if it is part of the logo in question, change its form if it is a letter-based design, etc. This is not at all the case with the sign I'm using, which, paradoxically, is never governed by any context. Wherever it is, each stripe is 8.7 cm wide. The sign is, in fact, always a fragment from a mass limitless in size, multiple in matter and in color, from which I draw, in and out of which I could ceaselessly cut in every direction, according to what seems necessary to me, in order for this "visual glue" to allow me to connect things, colors, materials and locations with one another, until they take on a meaning they didn't have prior to this amalgamation. To this end, the sign must have no proper meaning. It must be the opposite of a logo and must remain just as efficient when it covers the furthermost edge of a wall with only two parallel stripes, one white and the other colored, as when it covers the entire surface of the same wall with two hundred and fifty alternating stripes of white and color. One cannot imagine a logo that, having been fragmented, would continue to signify Citroën in one case and McDonald's in the other. A logo is a complete and indivisible whole outside of which it cannot exist. It is an autonomous "object." My visual tool, notwithstanding the ignorance that reduces it merely to the significance of a proper noun, changes meaning in each intervention. It is an "object" without any autonomy. Red doesn't mean blue, doesn't mean purple or yellow. Peter doesn't mean water, or zinc or bamboo. Place de la République, Paris doesn't mean Museum of Modern Art, New York or favelas, Rio. Naturally, this sign helps everything around it acquire expression. A neutral sign allows reading, rereading, and connecting. It contradicts or emphasizes its surroundings. It would be a mistake to believe that it neutralizes its surroundings. It does the exact opposite.

PH: It may be because it has no autonomy that this hollowed out "object" does not produce an attraction but opens a space for distraction, hence for thinking elsewhere. This elsewhere is the outside of the object, it is no longer a problem of arranging but of displacing. To go back to the *Annlee* project. We started by acquiring the rights of a drawing, a figure without character, which we freed from the fiction market and offered for use to several artists. This sign was nothing unless it was invested with a story. A community congregated around the same sign which, while identifiable in every author, remained singular for each one of them. The form of this group exhibition was developed according to these different presentations, which this sign (character) served to connect. In that sense, *Annlee* is an event emerging at the intersection of these different utterances, of the different times and places of these exhibitions.

DB: I think basically it always has the same form, like a logo, but you have undermined its uniform identity by bringing it to life and never letting it say the same thing twice.

PH: Yes, the fragility of the sign actually makes it possible to fill it. Thanks to its properties it has the capability of becoming diverse and complex.

DB: I understand what you mean when you say that this character is *a priori* not even your creation and it is *a priori* inert. Another person—me—would use a sign in a recurring fashion because it is *a priori* neutral, but you use a sign that is *a priori* not neutral at all: you go at it with the help of others, and together you apply yourselves to making it so by removing a little more of its own distinctiveness each time a different person uses it, and, in time, you completely strip it bare. This character has *a priori* connotations, but by passing from hand to hand according to this device within the art world, it loses, little by little, any univocal meaning. And this is where we return to "my" sign, which is not mine inasmuch as I didn't invent it, but which I use and which doesn't pass from hand to hand but stays in my hands only, at my disposal to pass from piece to piece. And were it not neutral and abstract too but, say, a little more charged as is the emblem-sign-character you use, I think that what I do could not be done. But it is because of that considerable difference or shift that I, personally, find your approach absolutely interesting, both at the level of the senses and because of what it displaces, and this is the reason why, in my opinion, the quasi-demonstration (because it wasn't going to be an art history lesson anyway), the one-person exhibition the three of you put together at the Musée d'Art Moderne de la Ville de Paris, was so remarkable.

PH: ... a multiple monograph.

DB: ... exemplary in many ways, and I believe it was something really new, I don't like the word very much, but at least very innovative and very open. Now, maybe no one will ever be able to use it, but I think that the way you have used it is indicative of many things. An attempt to free a sign (your character) from any *a priori* connotations in favor of a hodgepodge of assorted stories and moving towards the possible erasure of this sign by extenuation. Very impressive!

PH: Yes, it is its plural meaning that makes it singular. When you speak of this exhibition at the Musée d'Art Moderne de la Ville de Paris with Dominique Gonzalez-Foerster and Philippe Parreno, it is not that different, in the sense that there was no dissolution of the author, but rather a multiplication. What seems important to me is everything that this in-between can tell us. We tried to think about these proximities together. In a way, the same dialogue and polyphonic aspect appear again in the *Annlee* project.

(Translated from the French by Anthony Allen)

Daniel Buren

DE LA BRODERIE À LA DENTELLE:
TRAVAIL IN SITU, ENCRES DE COULEUR ET DÉCOUPES

en hommage à Madame Livia Curiger

VON DER STICKEREI ZUR SPITZE:
ARBEIT IN SITU, DRUCKFARBEN UND STANZUNG

Hommage an Frau Livia Curiger

FROM EMBROIDERY TO LACE:
WORK IN SITU, COLORED INK AND CUTOUT

Homage to Mrs. Livia Curiger

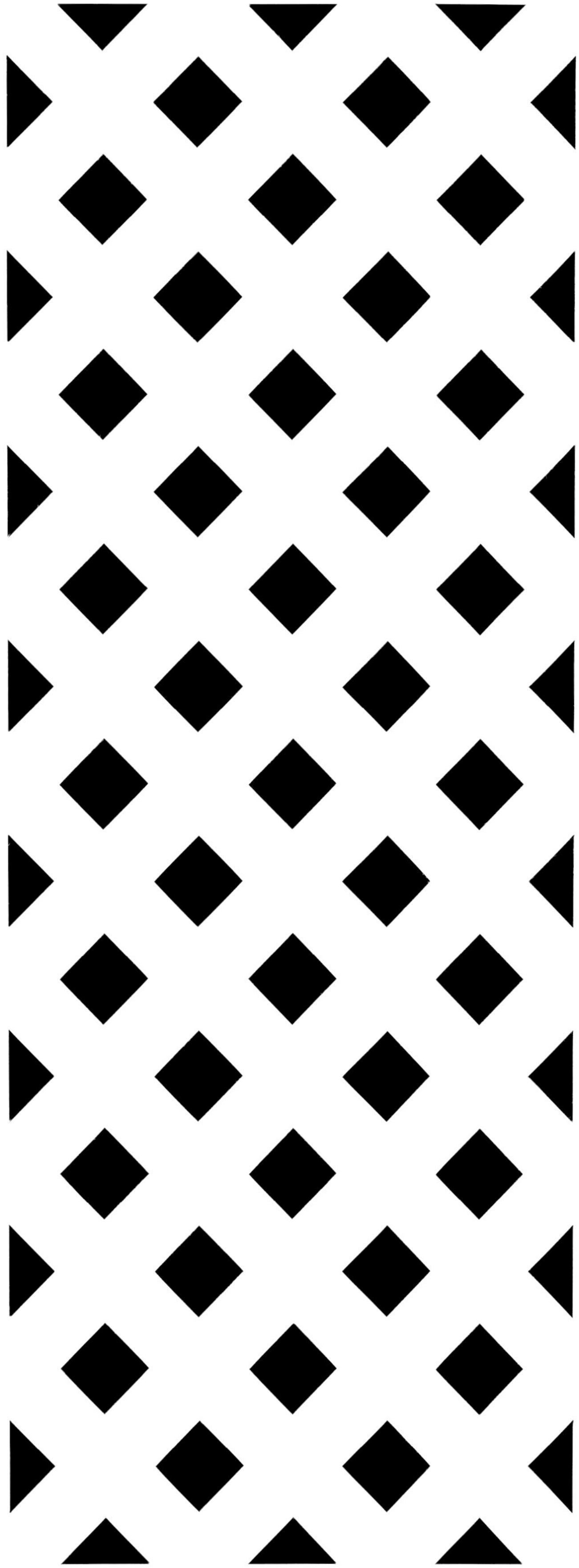

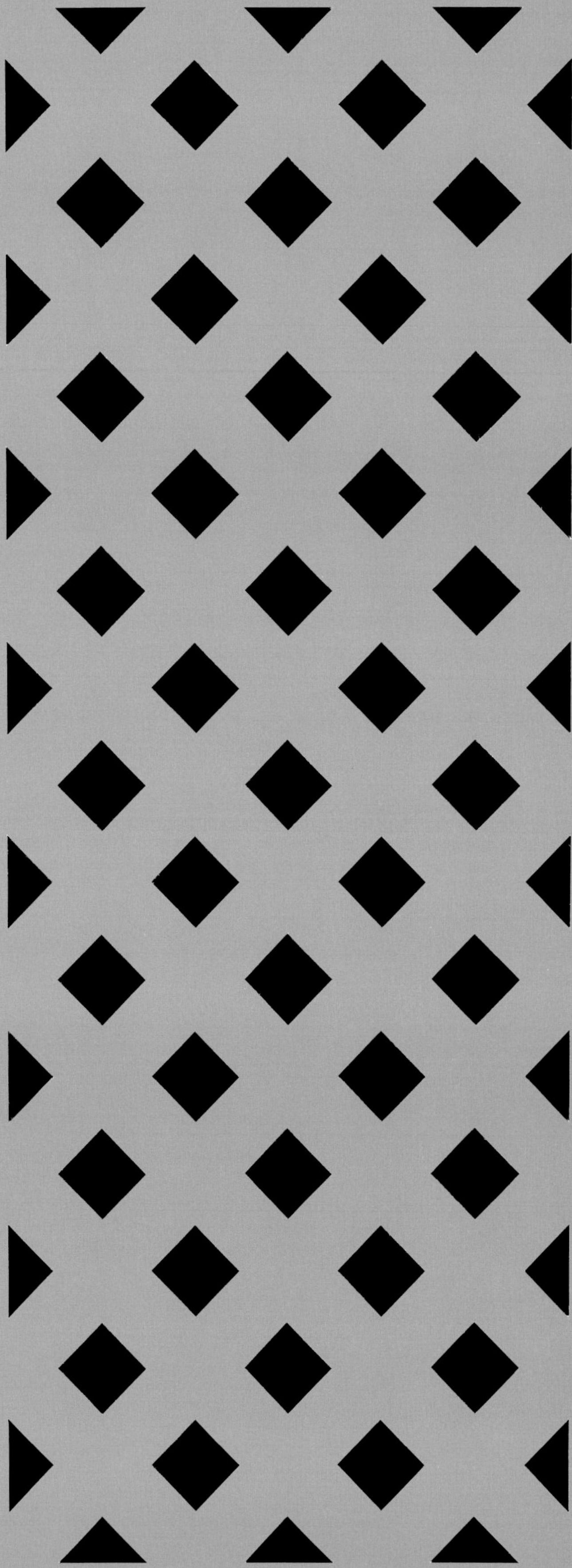

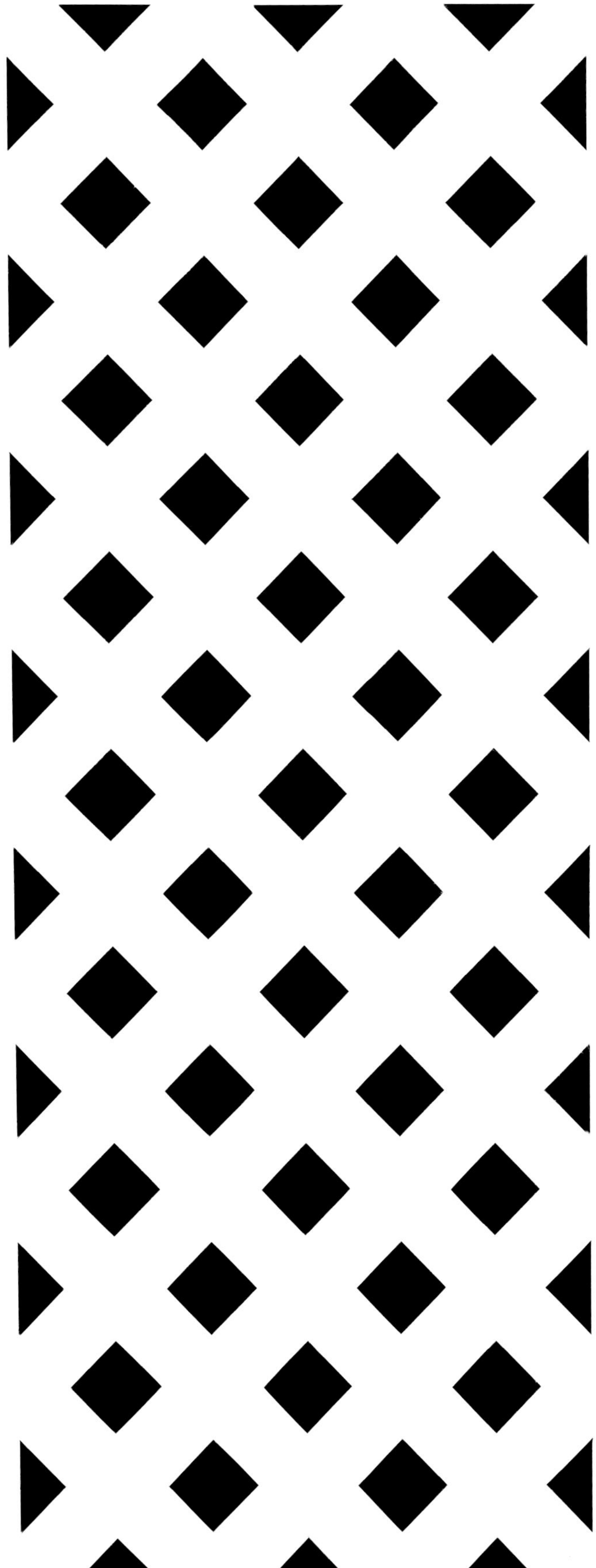

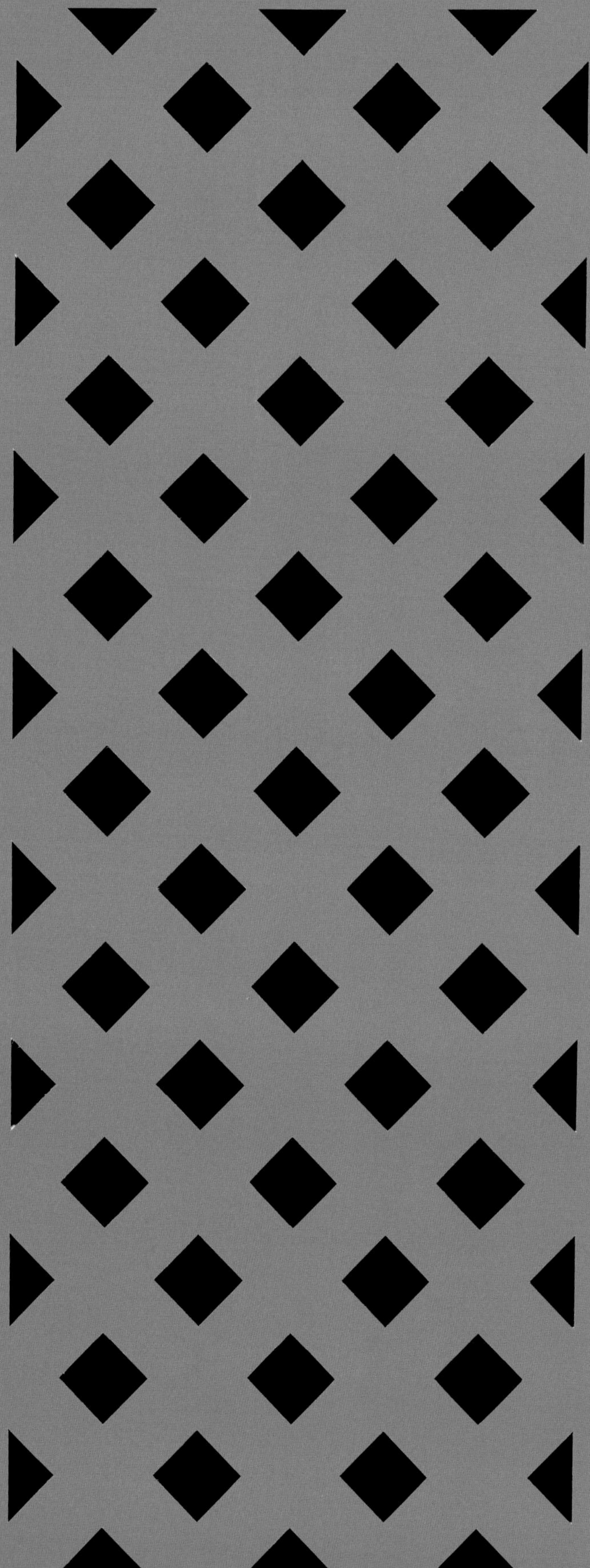

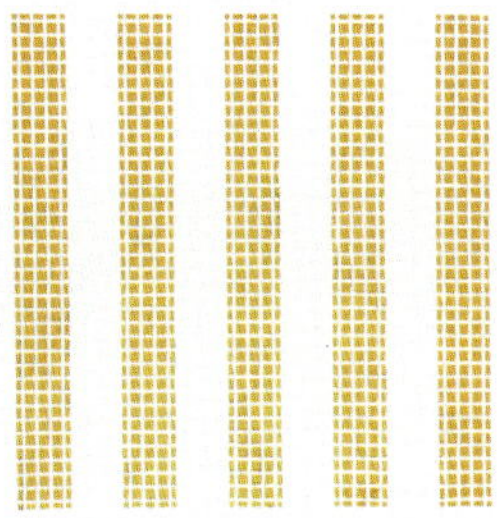

1A

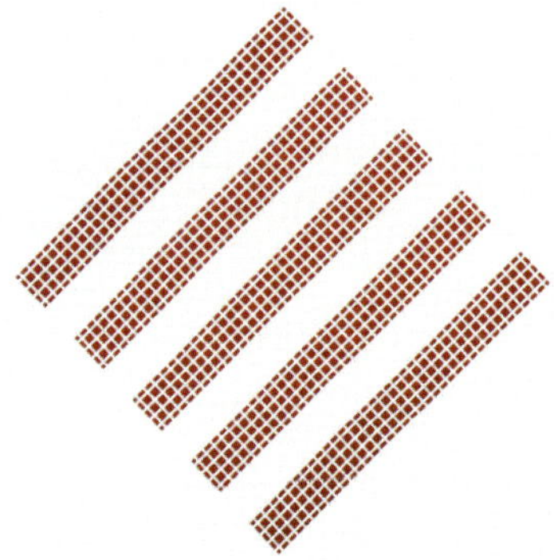

1B

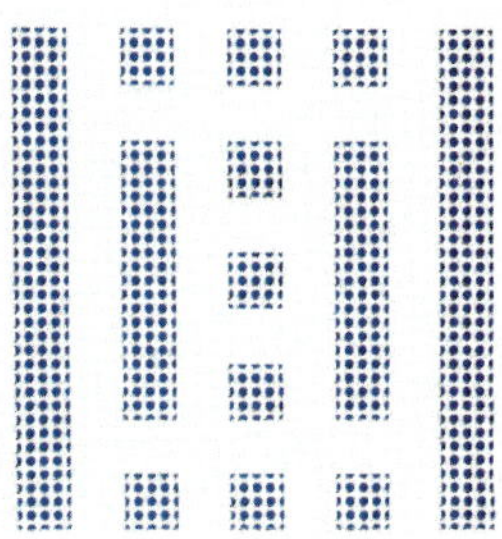

2A

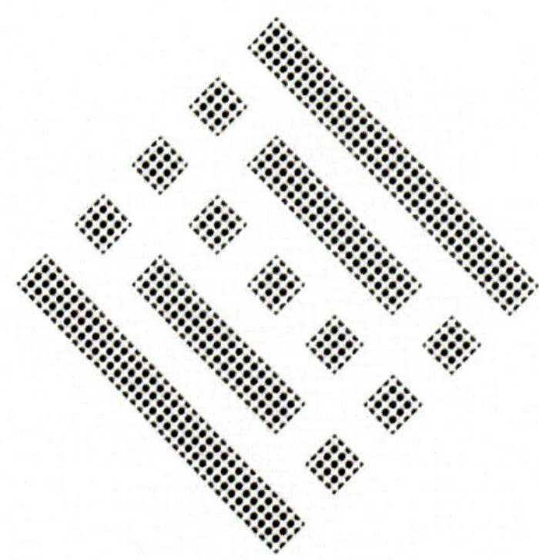

2B

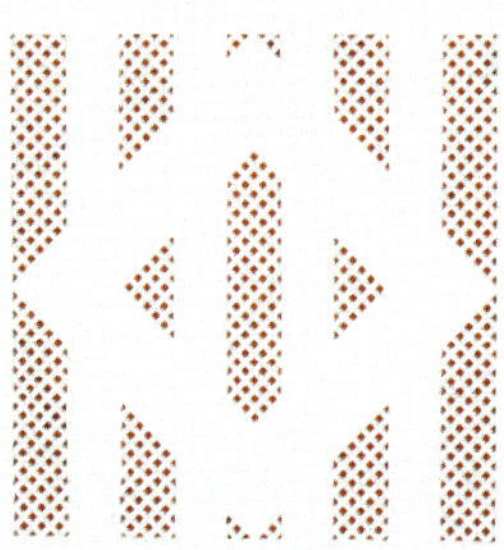

3A

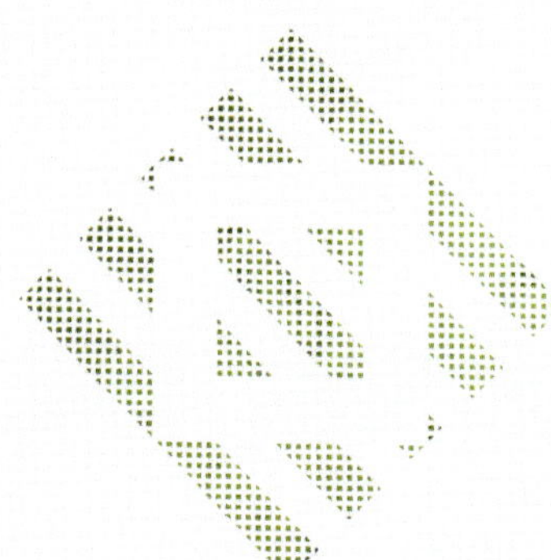

3B

(PHOTOS: MANCIA/BODMER, FBM STUDIO, ZÜRICH)

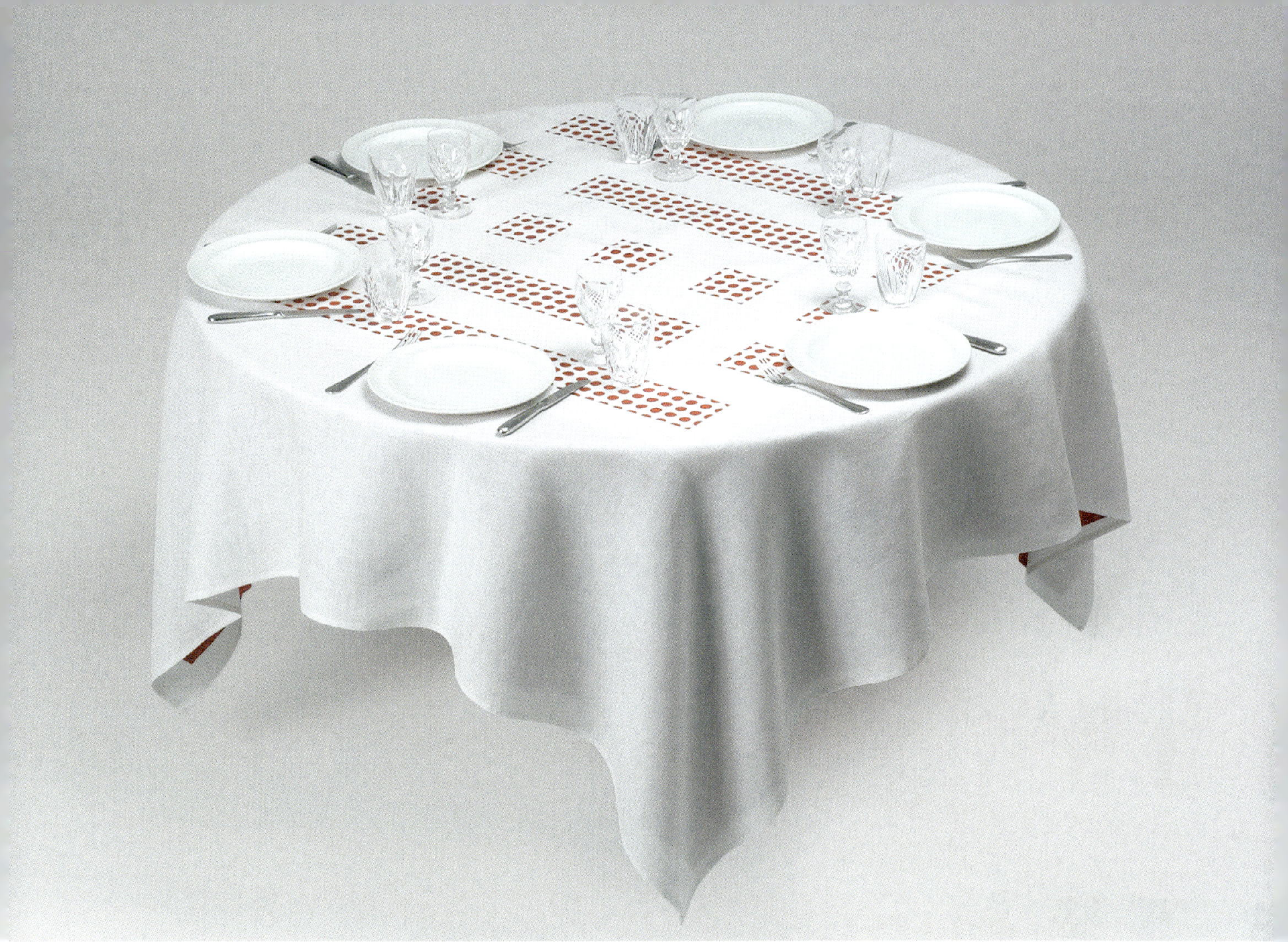

Edition for Parkett DANIEL BUREN

UNIQUE TABLECLOTH WITH LASER-CUT LACE (OBJECT TO BE SITUATED ON TABLE), 2002

Two-layered tablecloth: off-white laser-cut design on monochrome underlayer. Each tablecloth has a unique combination of design and color. Top layer 70 7/8 x 70 7/8"; bottom layer 67 x 67"; design 30 11/16 x 30 11/16"; width of stripes 8.7 cm
Washable polyester, laser-cut and produced by Jakob Schläpfer AG, St. Gallen
Edition of 78 unique versions (design versions 1A–3A: 13 each on different colors;
diagonal design versions 1B–3B: 13 each on different colors), signed and numbered certificate

UNIKAT-TISCHTUCH MIT LASERSPITZE (AUF TISCH ZU PLATZIERENDES OBJEKT), 2002

Weisses Tischtuch mit Laserschnittdesign und farbigem Untertischtuch. Die Kombination von Muster und Farbe ist bei jedem Tischtuch anders. Grösse 180 x 180 cm; Untertischtuch 170 x 170 cm; Muster 78 x 78 cm, Breite des Streifenelements 8,7 cm
Polyester, waschbar, Laserschnitt und Herstellung: Jakob Schläpfer AG, St. Gallen
Auflage: 78 Unikate (Design-Versionen 1A–3A: je 13 auf verschiedenfarbigen Untertischtüchern;
diagonale Design-Versionen 1B–3B: je 13 auf verschiedenfarbigen Untertischtüchern), signiertes und nummeriertes Zertifikat

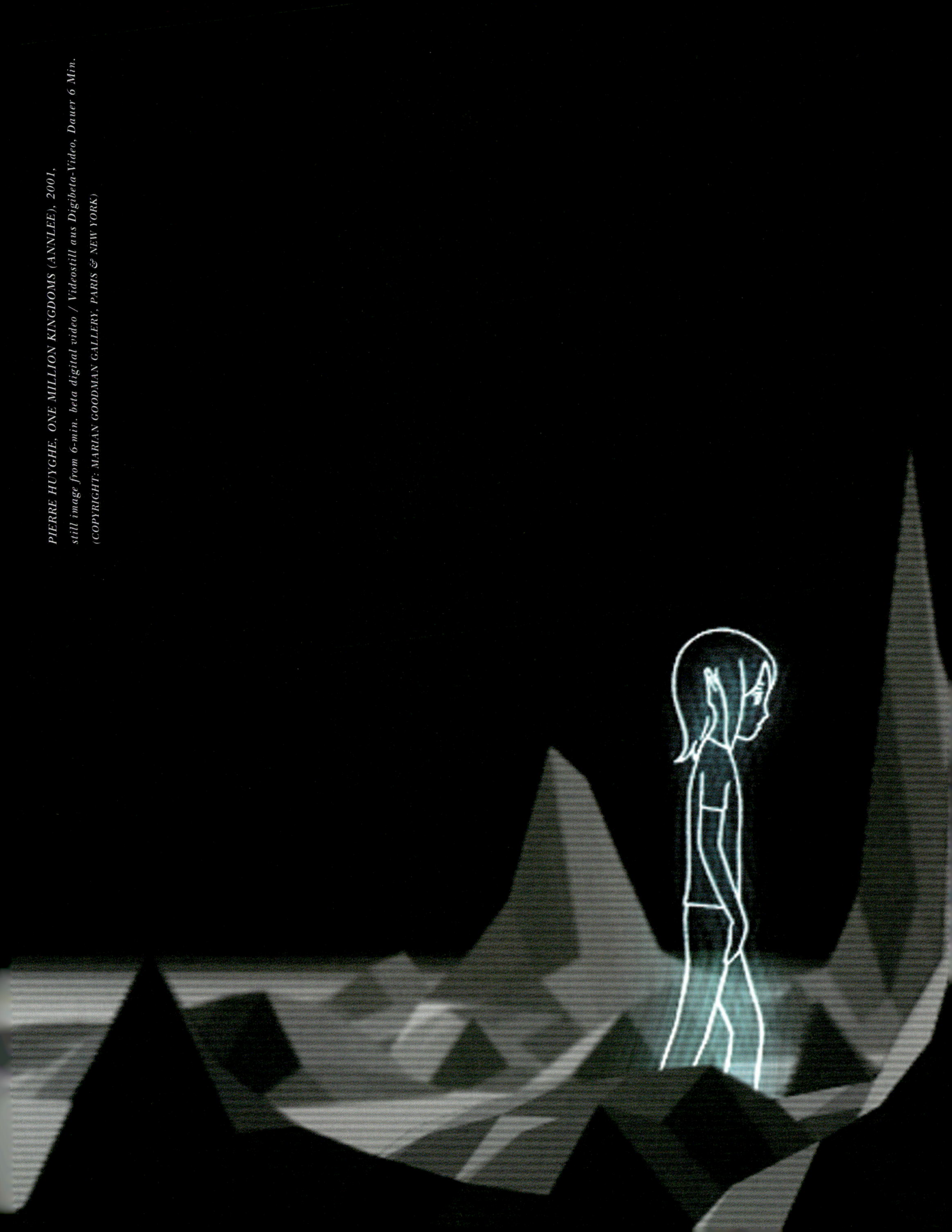

PIERRE HUYGHE, ONE MILLION KINGDOMS (ANNLEE), 2001,
still image from 6-min. beta digital video / Videostill aus Digibeta-Video, Dauer 6 Min.
(COPYRIGHT: MARIAN GOODMAN GALLERY, PARIS & NEW YORK)

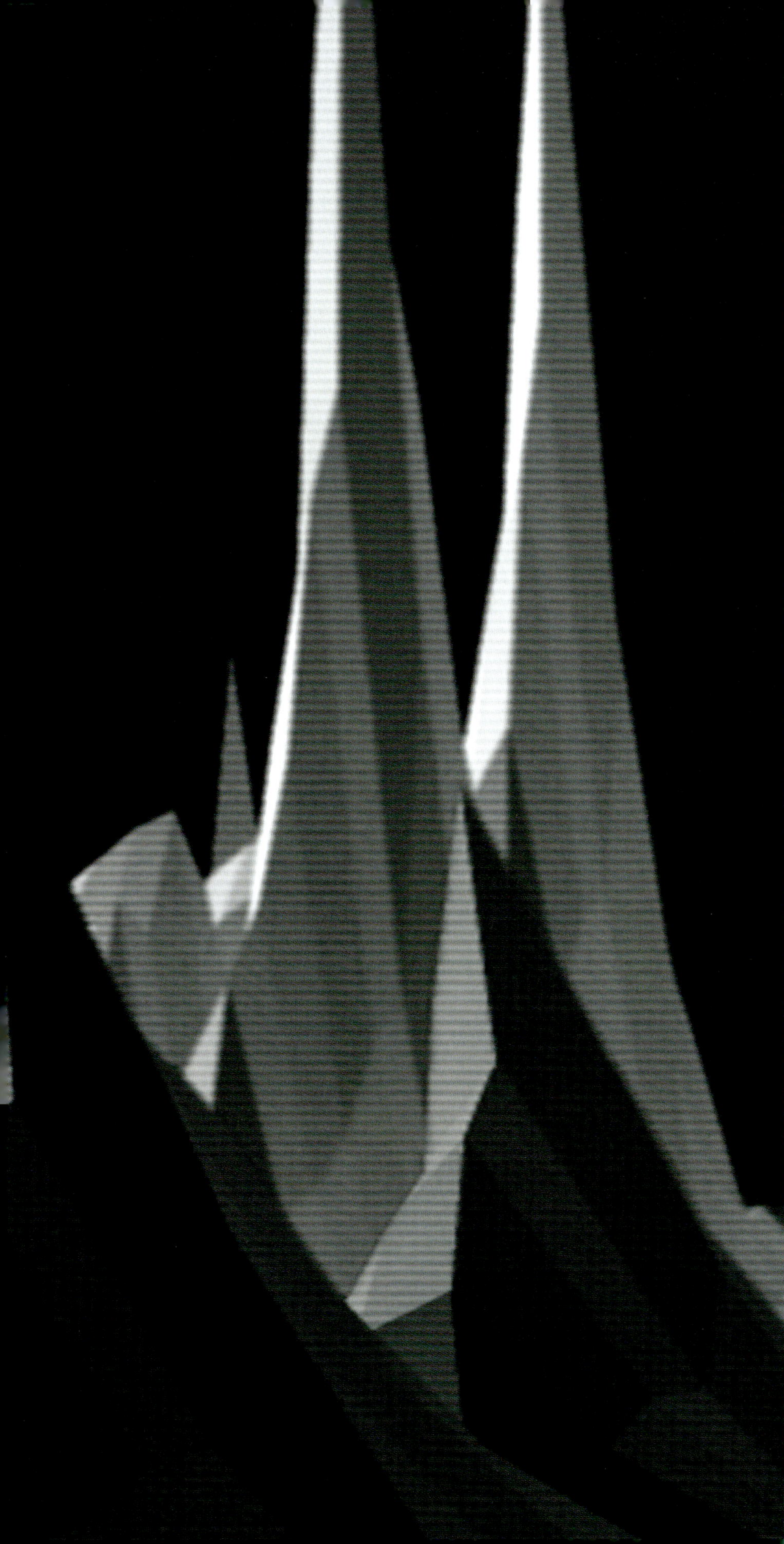

Pierre Huyghe

TRAVELERS' TALES

JEREMY MILLAR

... make something which experiences, reacts to its environment, changes, is nonstable...
... make something indeterminate, which always looks different, the shape of which cannot be predicted precisely...
... make something which cannot 'perform' without the assistance of its environment...
... make something which reacts to light and temperature changes, is subject to air currents and depends, in its functioning, on the forces of gravity...
... make something which the 'spectator' handles, with which he plays and thus animates...
... make something which lives in time and makes the 'spectator' experience time...
... articulate something Natural...
– Hans Haacke, Cologne, January 1965[1)]

to think is to voyage...
– Deleuze and Guattari[2)]

It is the block of cold one first notices, turning to begin the walk up smooth concrete steps, the cold and the sound of water and the smell of pine. One arrives on the first floor in some sense transformed or rather one's senses have been transformed. It is dark. The floor has been raised slightly and consists, now, of fragrant timber which runs across the wide open space. Squares have been removed from the ceiling grid, these shapes appearing in the mitred floor below. In the middle of one square sits a cone of snow and occasionally, if one waits, a small flurry falls from the opening above. Elsewhere, the sound of falling water announces a shower of rain within another square, or there is the hiss of mist falling, tumbling, and spreading. A single light moves above the ceiling grid, illuminating squares as if some accelerated calendar-like display; a short-wave radio moves between static and voices and sounds; and in the center of the room, a boat, made entirely of ice melts away slowly.

The floor above is dark also, although a faint red glow drifts down the approaching stairs. Music rolls down and one recognizes one of Satie's *Gymnopédies*, albeit orchestrated by Debussy. On the floor in the middle of the empty room is a white box, low and wide like a small platform; another box, identical to the first, floats a few feet above it. Smoke curls and whirls between them, like some elegant performance, lit by the many colored lights angled within the upper box: red, white, yellow, no yellow, then yellow again, orange-red and purple, red and purple only, then yellow once more, slow and simple and beautiful, like some Post-Impressionist synaesthesia. Some minutes later, as the music comes to its end, the small spotlights beam red and white, the main gallery lights come up and there, high and to the west, a warm orange glow radiates.

The final floor is brightly-lit, this time; there is music once more, yet it is difficult to distinguish at

JEREMY MILLAR is an artist and curator living in Whitstable, England. He is Director of the Brighton Photo Biennial 2003.

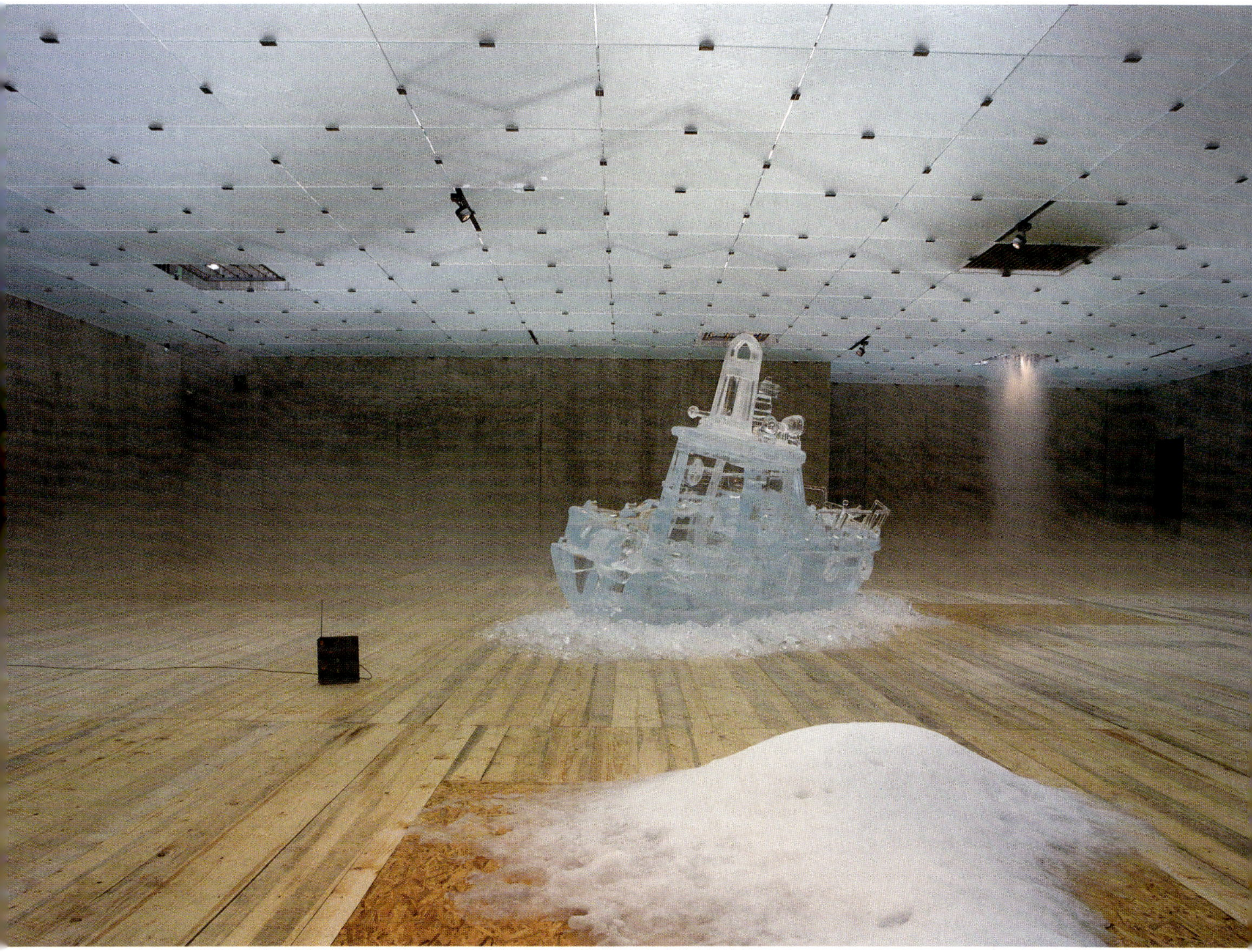

PIERRE HUYGHE, L'EXPÉDITION SCINTILLANTE, ACT 1, UNTITLED (ICE BOAT, WEATHER SCORE, OFFSHORE RADIO), exhibition view, "L'Expédition Scintillante, a Musical," Kunsthaus Bregenz, September 2002; ice, rain, fog, snow, "Radio Music" by John Cage; boat 8½ x 6½ x 19 11/16' / Eis, Regen, Nebel, Schnee, «Radio Music» von John Cage, Schiffsmasse 2,6 x 2 x 6 m. (PHOTO: MARKUS TRETTER, KUNSTHAUS BREGENZ)

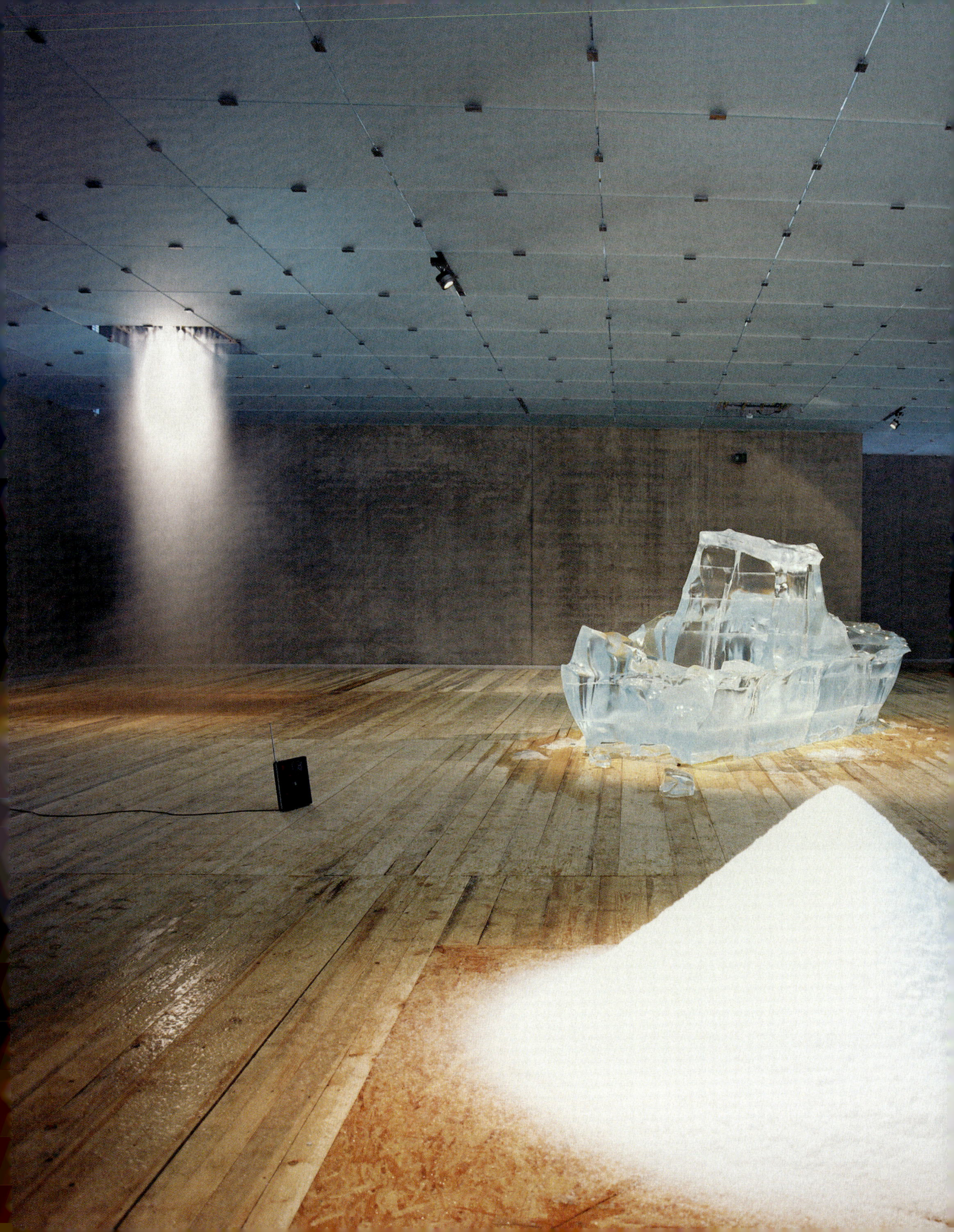

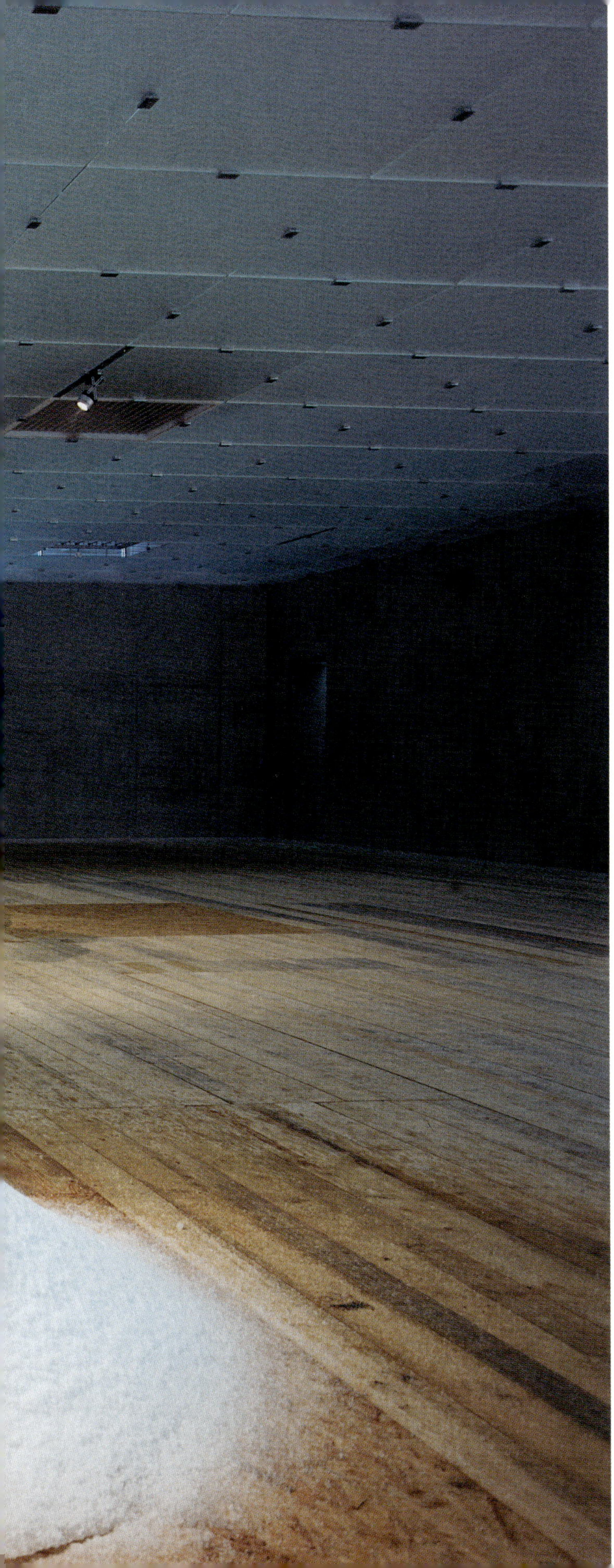

PIERRE HUYGHE, L'EXPÉDITION SCINTILLANTE, ACT 1, UNTITLED (ICE BOAT, WEATHER SCORE, OFFSHORE RADIO), exhibition view, "L'Expédition Scintillante, a Musical," Kunsthaus Bregenz, September 2002; melting ice boat, rain, fog, snow, "Radio Music" by John Cage; boat $8\frac{1}{2}$ x $6\frac{1}{2}$ x $19\frac{11}{16}$' / schmelzendes Eisschiff, Regen, Nebel, Schnee, «Radio Music» von John Cage, Schiffsmasse 2,6 x 2 x 6 m. (PHOTO: MARKUS TRETTER, KUNSTHAUS BREGENZ)

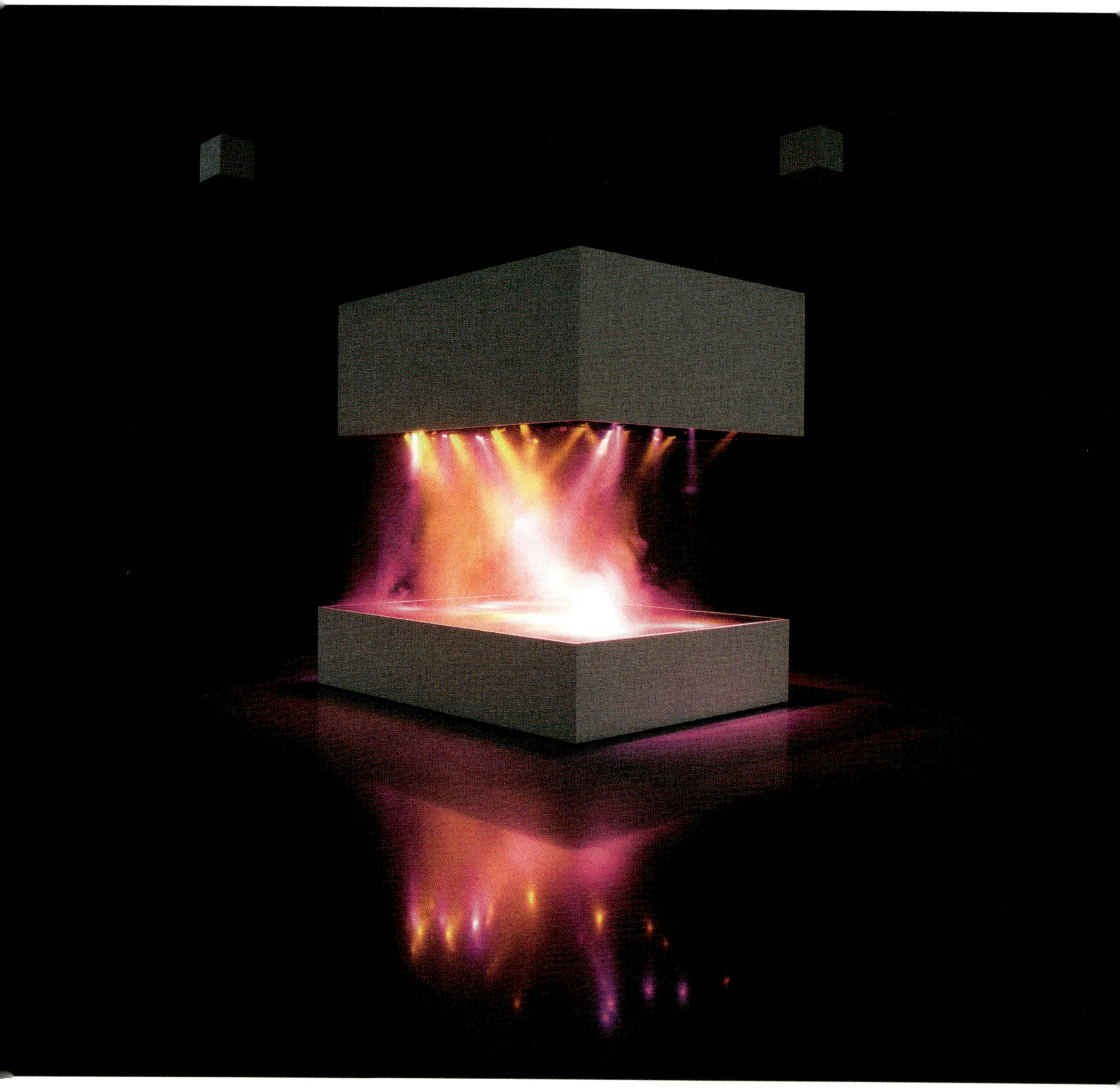

PIERRE HUYGHE, L'EXPÉDITION SCINTILLANTE, ACT 2, UNTITLED (LIGHT BOX), *light show, installation view, Kunsthaus Bregenz, September 2002, $6^1/_2$ x $6^1/_4$ x $5^1/_{16}$' / Lichtspiel, 2 x 1,9 x 1,55 m.* (PHOTO: MARKUS TRETTER, KUNSTHAUS BREGENZ)

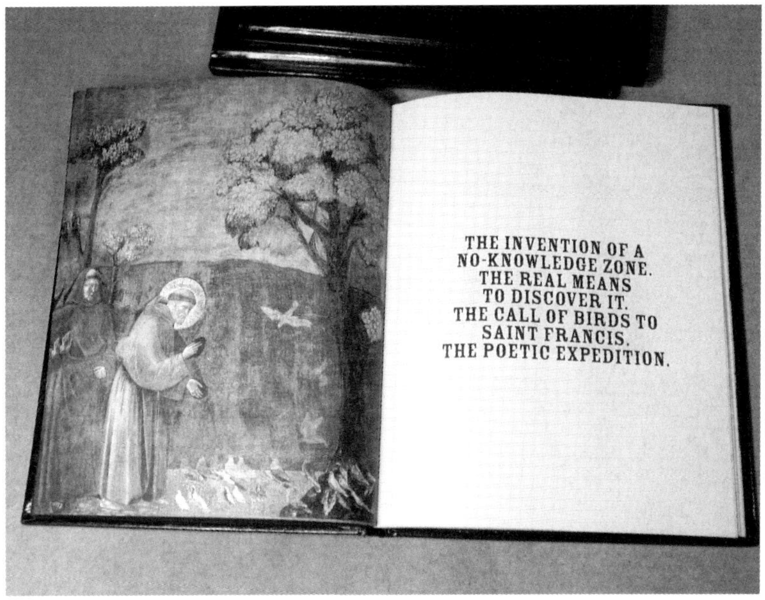

PIERRE HUYGHE, L'EXPÉDITION SCINTILLANTE, ACT 3, UNTITLED (PROGRAM BOOKLET), 2002, detail / Programmbuch zur Ausstellung. (PHOTO: PIERRE HUYGHE)

first. A large poster is placed on the wall near the entrance, showing a polar landscape upon which are scribbled black and white lines, and the text, in white: "L'expédition scintillante—a musical." Long black leather benches are placed around the edges of the room and between them, in the middle of the room, a low black form, quite large, is defined by its black wooden surround. The music is early Brian Eno, a later form of the *Furniture Music* developed by Satie. Moving closer, the black surface is ice and although it has been recently polished, one can still see the traces made upon its surface by ice-skate blades, swirls and loops like those made by the trajectories of subatomic particles. On the wooden surround is a small white book with a hard, shiny white cover (there are one or two others lying on the benches). Printed on the front are some small penguins. I sit down, and open the book.

The title of the book is printed in white, just as it is printed on the poster. A black-and-white reproduction of Giotto's fresco of ST. FRANCIS' SERMON TO THE BIRDS (1297–99) is placed opposite the title "Prologue" and then on the overleaf once more, and followed by the statements: "The invention of a no-knowledge zone. The real means to discover it. The call of birds to St. Francis. The poetic expedition." Some small images of the pirate radio ship, Caroline, a mountain range, possibly Antarctic, and then Act I: "Six or seven persons. A radio boat navigating outside territorial waters. The quest of a nameless place in Polar Regions. A radio ship's log in the shape of a musical etude. Edgar Allan Poe's climatic score. Romantic weather. The change of seasons. The calypso." Some more images of pirate radio ships, Friedrich's ice-bound wreck, and then the title page of the first French edition of Edgar Allan Poe's *Aventures d'Arthur Gordon Pym* (1838), translated by Charles Baudelaire. The preface (or rather an extract) follows in French, signed by Pym, and relates how he was persuaded by the young Poe, then editor of the *Southern Literary Messenger*, to allow the author to write up his extraordinary adventures and present them in the journal "sous le manteau de la fiction," under the garb of fiction. We then move to the final chapter of the book where the narrator refers to "la mort récente de M. Pym" and the terrible fact of the loss of the final two or three chapters of the narrative through the terrible accident which claimed their author also. So, while we know that Pym returned to America after his adventures, we cannot be sure how

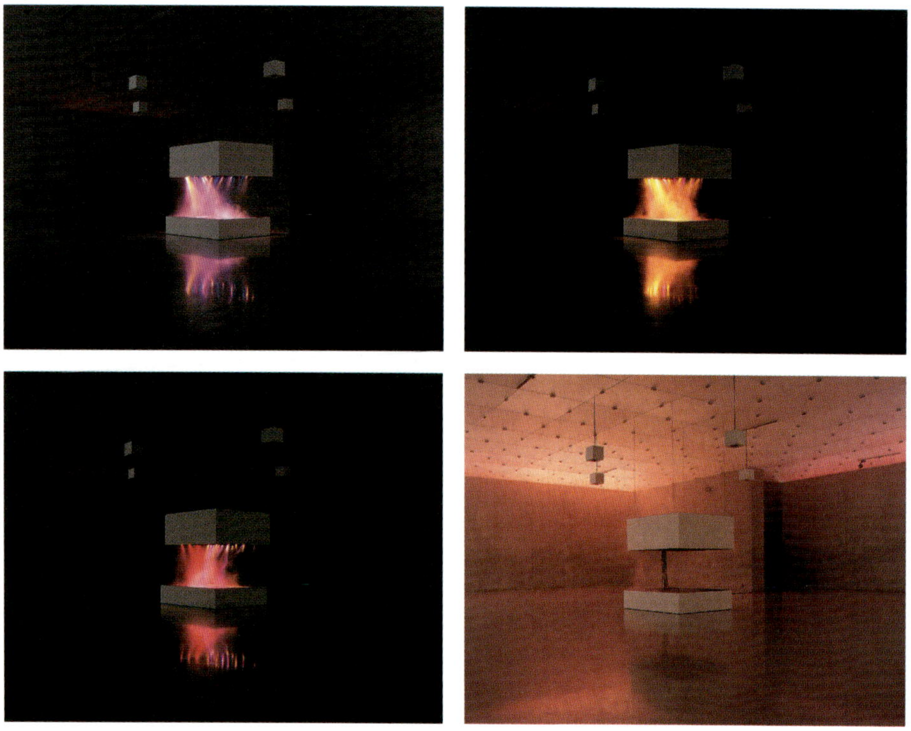

PIERRE HUYGHE, L'EXPÉDITION SCINTILLANTE, ACT 2, UNTITLED (LIGHT BOX), light show views, Kunsthaus Bregenz, September 2002, $6^{1}/_{2}$ *x* $6^{1}/_{4}$ *x* $5^{1}/_{16}$*' / Lichtspiel, 2 x 1,9 x 1,55 m.* *(PHOTO: MARKUS TRETTER, KUNSTHAUS BREGENZ)*

he managed this feat, or how he met his final demise (and we would be no further enlightened were we to read the entire book, rather than these short extracts). Pym's narrative is left unfinished, which of course allows others to continue the story.

In a sense, this is what Poe himself did: he continued a story by borrowing heavily upon the improbable theories of John Cleves Symmes, who believed the earth was hollow and open at the poles, and the contemporaneous exposition (or satire) of these theories in *Symzonia—A Voyage of Discovery* (1820) by Captain "Adam Seaborn." No doubt the vision of Symzonia as a perfect utopia of perfect reason, and one reserved for perfect whites also appealed to Poe, amidst the tension of 1830s Virginia, as he too used the white polar expanses in order to play out his own lurid fantasies of paranoia and race-war in a place far removed from his adopted homeland. The title page of the actual sequel, Jules Verne's *Le Sphinx des Glaces* (1897) follows in the small book in my hand, with a couple of its pages. Poe's fascination with nature is replaced with Verne's fascination with machines, and the sublime becomes technological. As I sit, my mind begins to wander. I turn the pages in the book: "Act II... A musical box. A concert for penguins. A psychadelic [sic] experience. A night rainbow..." A still from the mother ship sequence in *Close Encounters of the Third Kind* (1977); an Antarctic scene with penguins, twice; "General Principles in Place Naming" with regard to Antarctic features; and "Act III... The documentary that became a musical tale. The musical event. The program on ice..." These are tales of travel and tales that have traveled, the acts in the book referring to the floors in the building, and the passage from journey, to experience, to the representation of that experience. Yet this exhibition is no record of an expedition that has already taken place, but rather a scenario for a collective expedition yet to come, a poetic expedition rather than a scientific one, and one that can be joined by anyone at any point.

There is always a strong sense of performance within tales, the sense that they exist, somehow, only in their telling and this is something of which

Huyghe is undoubtedly aware. While considering this exhibition, and the book which is a part of it, one cannot help but ask why there is no great Polar art, although one can refer to literature and music inspired by these extraordinary places. The art created in these regions is afflicted by a certain literalness, a desire to document scenes accurately while lacking the means to do so. There are the technical difficulties of making pictures in conditions where gloves must be worn at all times, where paint freezes, and where cameras may be rendered useless by too much—or too little—light, yet I would suggest that the conceptual problems are greater. In the Antarctic, particularly the interior, the conventions of representational landscape art fall apart: the use of perspective to create a convincing three-dimensional space becomes impossible in the surrounding emptiness; the perception of space is full of hazards, and distances shift, often with dangerous consequences; the forms of landscape art are missing also, no color and no shape, or rather they are not recognized as such. Artists such as Frank Hurley and Edward Wilson found only what they were looking for, and for all their physical bravery, their work appears timid alongside the explorations being made by artists at the same time.

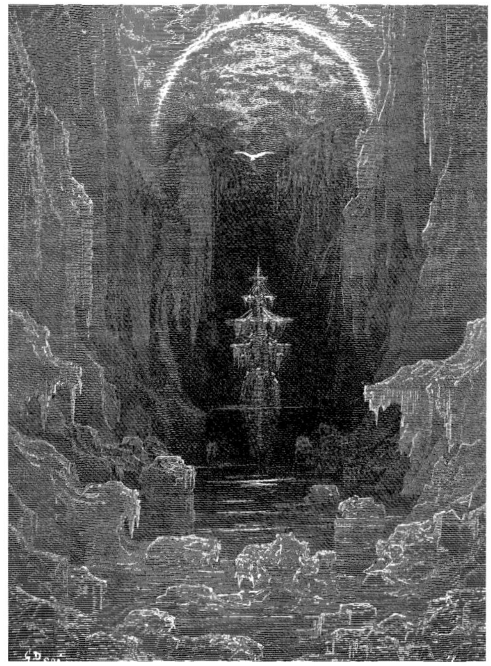

GUSTAVE DORÉ, woodcut illustration for Samuel Taylor Coleridge's "Rime of the Ancient Mariner" / Buchillustration, Holzschnitt.

Huyghe has recognized that our relationship to a place such as Antarctica can only ever be abstract, and that fiction—rather than a misplaced documentary realism—might be the most appropriate form of engagement (perhaps in this way its difference is left intact). There is a literalness here, undoubtedly—the cold, the sound, the snow—yet they appear as elements within a story rather than as realistic representations, elements which can be reconfigured continuously. The ice boat is not just a means of travel to the territory, but part of that territory also; the radio playing John Cage brings to mind his own *Imaginary Landscapes*; the small spot-lit arena upon which Huyghe has created his own *aurora*, and which in Scotland was commonly referred to as the "merry dancers"; and the ice-rink and the illuminated mist suggesting the "multitude of colors" which appeared to Coleridge while skating in Germany, shortly after publishing *The Rime of the Ancient Mariner*, an allegorical narrative that describes a spiritual journey rather than a merely maritime one. Like Poe, Huyghe is able to present a certain degree of closure while allowing an immense and productive openness at its center, like a traveler into the unknown, prepared and yet desiring the unexpected. Perhaps, then, he understands one of the few things there is to understand about art: that our engagement with art is a form of movement, of travel, a journey across time and space towards something we consider the work of art, although that work only exists in our working towards it.[3]

1) *Obra Social: Hans Haacke*, ex. cat., Spanish/English (Barcelona: Fundació Antoni Tapies, 1995), p. 312.
2) Gilles Deleuze and Félix Guattari, *A Thousand Plateaus: Capitalism and Schizophrenia II*, trans. Brian Massumi (London: Athlone Press, 1988), p. 482.
3) This is something I explore further in my essay "Distance and Proximity" in *Graham Gussin* (Birmingham: Ikon Gallery, 2002).

Pierre Huyghe

*REISE*GESCHICHTEN

JEREMY MILLAR

... etwas machen, was erlebnisfähig ist, auf seine Umwelt reagiert, was sich verändert, nicht stabil ist...
... etwas Unbestimmtes machen, was immer wieder anders ausschaut, dessen Gestalt man nicht genau vorhersagen kann...
... etwas machen, was nicht ohne die Unterstützung seiner Umwelt «funktionieren» kann...
... etwas machen, was auf Licht und Temperaturschwankungen reagiert, was dem Luftzug ausgesetzt ist und in seiner Funktion den Gesetzen der Schwerkraft unterliegt...
... etwas machen, was der «Betrachter» in die Hand nimmt, mit dem er spielt und es dadurch lebendig werden lässt...
... etwas machen, was in der Zeit existiert und den «Betrachter» die Zeit spüren lässt...
... etwas Natürliches zum Ausdruck bringen...
– Hans Haacke, Köln im Januar 1965[1)]

Denken heisst reisen...
– Deleuze und Guattari[2)]

Zuerst bemerkt man die geballte Kälte, wenn man sich umdreht und die glatten Betonstufen hinaufzusteigen beginnt, die Kälte, ein Wassergeräusch und den Geruch von Tannennadeln. Im ersten Stock angelangt ist man irgendwie verwandelt, oder vielmehr unsere Sinne sind wie verwandelt. Es ist dunkel. Der Boden wurde leicht erhöht und besteht nun aus duftendem Bauholz, das sich in der ganzen Weite des Raums ausbreitet. Aus der Deckenkonstruktion wurden einzelne Quadrate entfernt, deren Form jeweils auf dem Boden unmittelbar unter diesen Öffnungen aufgenommen wird. In der Mitte eines solchen Quadrates liegt ein Schneehaufen, und wartet man lange genug, fällt von Zeit zu Zeit ein bisschen Schnee aus der Öffnung in der Decke. Bei einem anderen Quadrat kündet das Geräusch fallenden Wassers einen kurzen Regenschauer an, oder man hört das leise Zischen fallenden Nebels, der sich wirbelnd ausbreitet. Ein einziges Licht bewegt sich über dem Deckengerüst und beleuchtet einzelne Quadrate, wie auf einer superschnellen kalenderähnlichen Anzeigetafel; ein Kurzwellenradio wechselt zwischen elektrostatischem Rauschen, Stimmen und Klängen hin und her; und in der Mitte des Raumes schmilzt ein ganz aus Eis bestehendes Boot langsam vor sich hin.

Einen Stock höher ist es ebenfalls dunkel, obwohl ein schwaches rotes Leuchten über die allmählich näher rückende Treppe herunterfällt. Musik klingt herab und man erkennt eine von Saties *Gymnopédies*, allerdings in der Orchestrierung von Debussy. Auf dem Boden in der Mitte des leeren Raumes steht

JEREMY MILLAR, Künstler und Kurator, lebt in Whitstable, England. Er ist leitender Direktor der Brighton Photo Biennial 2003.

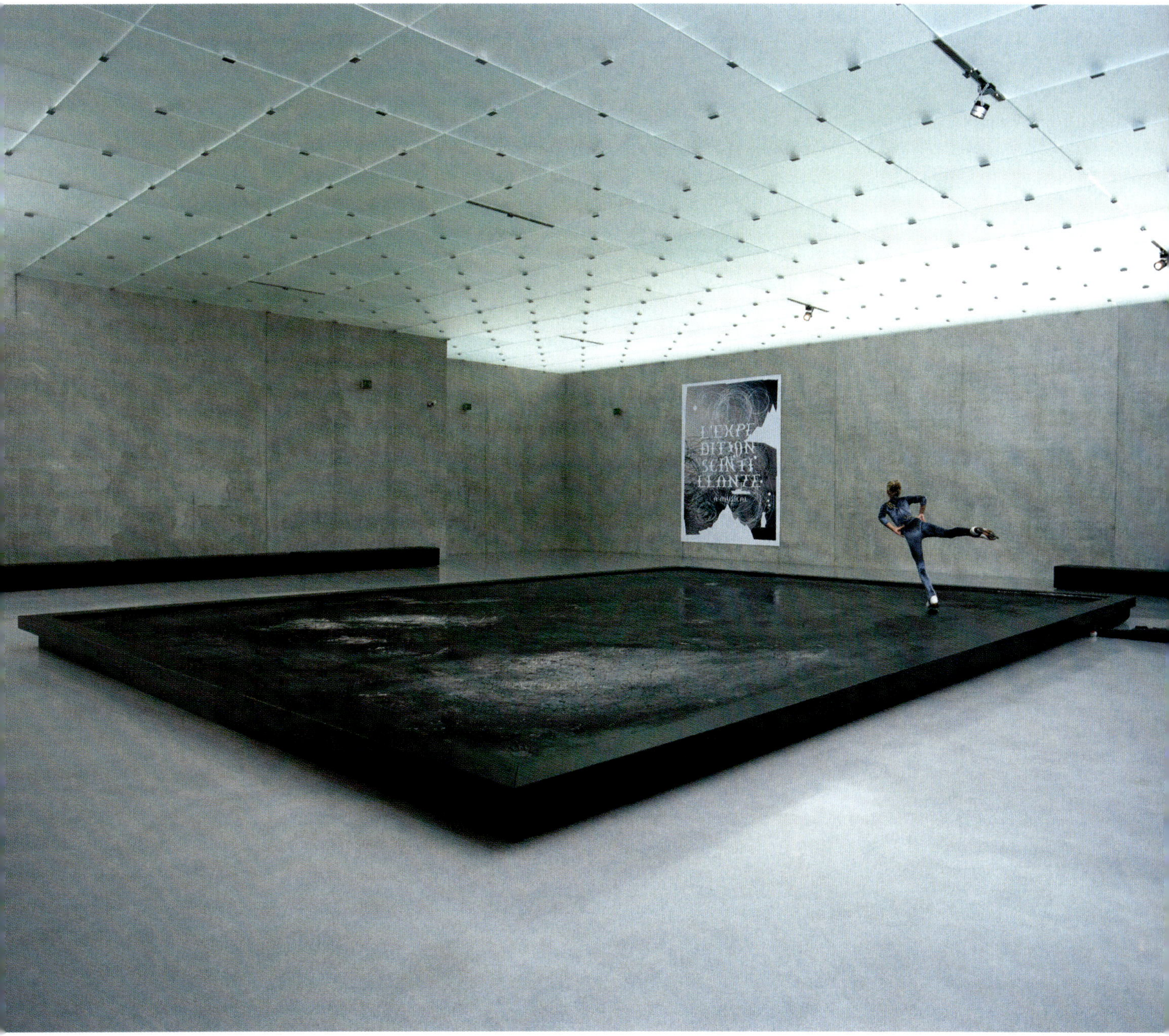

PIERRE HUYGHE, L'EXPÉDITION SCINTILLANTE, ACT 3, UNTITLED, black ice stage, $32\frac{3}{4}$ x $24\frac{5}{8}$', poster, $13\frac{1}{8}$ x $9\frac{7}{8}$', program booklet; exhibition view, "L'expédition scintillante, a musical," Kunsthaus, Bregenz, September 2002 / schwarzes Eisfeld, 10 x 7,5 m, Plakat, 4 x 3 m, Programmbuch zur Ausstellung. (PHOTO: MARKUS TRETTER, KUNSTHAUS BREGENZ)

eine weisse Box, niedrig und breit, wie ein kleines Podium; eine weitere, gleich aussehende Box schwebt wenige Fuss darüber. Dazwischen kringelt und wirbelt Rauch herum, wie eine elegante Performance, beleuchtet von den bunten Lampen, die im Innern der oberen Box befestigt sind: Rot, Weiss, Gelb, kein Gelb, dann wieder Gelb, Orangerot und Violett, Rot und Violett alleine, dann wieder Gelb; langsam, einfach und schön, in einer Art postimpressionistischer Synästhesie. Als die Musik einige Minuten später zu Ende geht, leuchten die kleinen Spotlampen rot und weiss, die Hauptbeleuchtung des Ausstellungsraums geht an, und dort, hoch oben im Westen, erstrahlt ein warmes oranges Leuchten.

Der oberste Stock ist jetzt hell erleuchtet; wiederum hört man Musik, doch ist sie zunächst kaum auszumachen. Ein grosses Plakat hängt an der Wand neben dem Eingang; es zeigt eine Polarlandschaft, die mit schwarzen und weissen Linien bekritzelt ist, der Text in Weiss lautet: «L'expédition scintillante – a musical». Lange schwarze Lederbänke stehen den Wänden entlang, und dazwischen, in der Mitte des Raums, etwas Niederes, Schwarzes, ziemlich gross, begrenzt von einer schwarzen Holzumrandung. Die Musik entpuppt sich als frühes Stück von Brian Eno, eine jüngere Variante der von Satie entwickelten *Musique d'ameublement*. Im näher Kommen merkt man, dass die schwarze Fläche aus Eis besteht, und obwohl es erst vor kurzem gereinigt wurde, sind immer noch Spuren von Schlittschuhkufen darauf zu erkennen, Pirouetten und Schleifen, die an die Umlaufbahnen atomarer Elementarteilchen erinnern. Auf der hölzernen Umrandung liegt ein kleines weisses Buch mit einem festen, glänzend weissen Umschlag (ein oder zwei weitere liegen auf den Bänken). Auf der Titelseite sind einige kleine Pinguine abgedruckt. Ich setze mich hin und öffne das Buch.

Der Titel des Buches ist in Weiss gedruckt, genau wie auf dem Plakat. Eine schwarzweisse Reproduktion von Giottos Fresko FRANZISKUS PREDIGT DEN VÖGELN (1297–99) ist gegenüber dem Titel «Prolog» abgebildet und dann ein weiteres Mal auf der nächsten Seite, gefolgt von den Sätzen: «Die Erfindung einer wissensfreien Zone. Die wahren Mittel zu ihrer Entdeckung. Der Ruf der Vögel nach dem Heiligen Franziskus. Die poetische Expedition.» Einige kleine Bilder des Piratensender-Schiffes Caroline, eine vermutlich antarktische Berglandschaft, und dann Akt I: «Sechs oder sieben Personen. Ein Radioschiff ausserhalb der Hoheitsgewässer. Die Suche nach einem namenlosen Ort im Polargebiet. Das Logbuch eines Radioschiffes in Form einer musikalischen Etüde. Klimatische Verhältnisse wie bei Edgar Allan Poe. Romantisches Wetter. Der Wechsel der Jahreszeiten. Calypso.» Mehr Bilder von Piratensender-Schiffen, Caspar David Friedrichs im Eis feststizendes Wrack, und dann die Titelseite der ersten französischen Ausgabe von Edgar Allan Poes *Aventures d'Arthur Gordon Pym* (1838) in der Übersetzung von Charles Baudelaire. Darauf folgt das Vorwort auf Französisch (genauer: ein Auszug davon), unterzeichnet von Pym, der darin schildert, wie er vom jungen Poe, damals noch Redaktor des *Southern Literary Messenger*, dazu überredet wurde, ihn seine ausserordentlichen Abenteuer aufschreiben zu lassen und sie in der Zeitung «sous le manteau de la fiction», unter dem schützenden Mantel der Fiktion, zu veröffentlichen. Darauf ein Sprung zum letzten Kapitel des Buches, in dem der Erzähler auf «la mort récente de M. Pym» Bezug nimmt sowie auf den unersetzlichen Verlust der letzten zwei oder drei Kapitel der Geschichte durch den tragischen Unfall, der auch ihren Autor dahinraffte. So wissen wir zwar, dass Pym nach seinen abenteuerlichen Reisen nach Amerika zurückfuhr, aber wir wissen nicht, wie er das anstellte, und erfahren nicht, wie er seinem letzten Schicksalsschlag begegnete (und wir wären auch nicht klüger, wenn wir anstelle dieser kurzen Auszüge das ganze Buch gelesen hätten). Pyms Bericht bleibt unvollendet, was anderen natürlich Gelegenheit bietet, die Geschichte weiterzuspinnen.

In gewissem Sinne tat Poe genau dies: Er griff die unwahrscheinlichen Theorien des John Cleves Symmes auf, der glaubte, die Erde wäre hohl und offen an den Polen, und bediente sich, um seine Geschichte fortzuspinnen, gleichzeitig der zeitgenössischen (satirischen) Darstellung dieser Theorien in dem Buch *Symzonia – A Voyage of Discovery* (1820) eines gewissen Kapitän «Adam Seaborn». Mit Sicherheit fühlte sich auch Poe inmitten der Spannungen in Virginia um 1830 von der Vision eines Symzonia angesprochen, einem perfekten Utopia, in dem die Vernunft herrschte und das einer vollkommeneren weissen Rasse vorbehalten war. Denn auch Poe benutzte die weissen Weiten der Polarlandschaft, um dort seine eigenen grausigen Phantasien von Verfolgungswahn und Rassenkampf weit entfernt von seiner Wahlheimat anzusiedeln. In dem kleinen Buch in meiner Hand folgt nun die Titelseite der eigentlichen Fortsetzung dieser Geschichte, Jules Vernes *Le Sphinx des Glaces* (1897) sowie ein paar Seiten daraus. An die Stelle von Poes Naturbesessenheit tritt nun Jules Vernes Faible für Maschinen; das Erhabene wird zur Technologie.

Während ich hier so sitze, gerate ich ins Sinnieren. Ich blättere die Buchseiten um: «Akt II... Eine Musikdose. Ein Konzert für Pinguine. Eine psychadelische [sic] Erfahrung. Ein nächtlicher Regenbogen...» Ein Bild von der Szene im Mutterschiff aus dem Film *Unheimliche Begegnung der dritten Art* (1977); eine antarktische Szenerie mit Pinguinen, zweimal; «Grundregeln der geographischen Namensgebung» im Hinblick auf die besonderen Eigenarten der Antarktis; und «Akt III ... Der Dokumentarbericht, der zur musikalischen Erzählung wurde. Das musikalische Ereignis. Das Programm auf dem Eis...» Es sind Geschichten von Reisen und Geschichten, die gereist sind, wobei die drei Akte im Buch auf die verschiedenen Stockwerke des Gebäudes verweisen und auf den Übergang von der Reise zur Erfahrung und zur Darstellung dieser Erfahrung. Und dennoch ist diese Ausstellung kein Bericht von einer Expedition, die bereits stattgefunden hat, sondern vielmehr das Szenario für eine noch zu bewältigende kollektive Expedition, und zwar eher eine poetische als eine wissenschaftliche, und eine, der sich jeder und jede jederzeit anschliessen kann.

Geschichten haftet immer etwas Performatives an, man hat das Gefühl, dass sie irgendwie nur existieren, während sie erzählt werden, und Huyghe ist sich dessen offensichtlich bewusst. Wenn man sich diese Ausstellung anschaut und das Buch, das ein Teil davon ist, kann man nicht umhin, sich zu fragen, warum es keine grosse Kunst aus den Polargebieten gibt, obwohl es etliche von diesen aussergewöhnlichen Orten inspirierte Literatur und Musikstücke

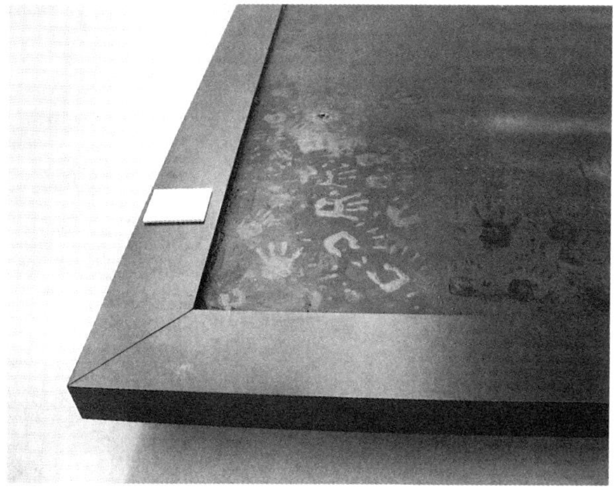

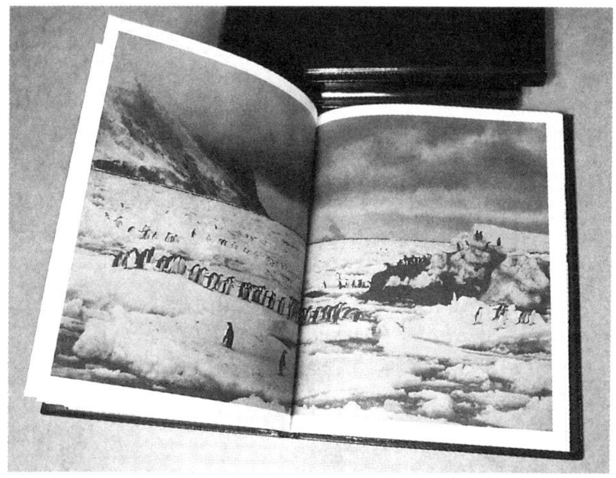

PIERRE HUYGHE, L'EXPÉDITION SCINTILLANTE, ACT 3, UNTITLED, black ice stage, detail (top image), and program booklet / Detailansicht des schwarzen Eisfeldes (oberes Bild) und Programmbuch zur Ausstellung. (PHOTO: PIERRE HUYGHE)

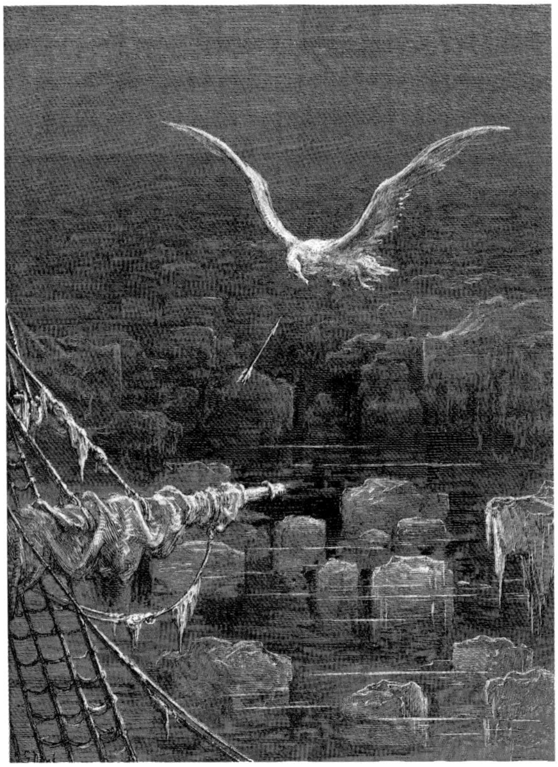

GUSTAVE DORÉ, *woodcut illustration / Buchillustration zu Samuel Taylor Coleridges «Rime of the Ancient Mariner».*

gibt. Die bildende Kunst, die in diesen Gebieten entsteht, leidet unter einer gewissen Buchstäblichkeit, dem Wunsch, Szenen akkurat wiederzugeben, obwohl einem die Mittel dazu fehlen. Da ist einmal die technische Schwierigkeit des Malens unter Bedingungen, die das ständige Tragen von Handschuhen erfordern, die die Farbe gefrieren lassen und unter denen Kameras wegen zu viel oder zu wenig Licht nichts taugen; aber ich denke, dass die konzeptuellen Probleme entscheidender sind. In der Antarktis, besonders in den Gebieten der inneren Antarktis, werden sämtliche Konventionen der Landschaftsdarstellung hinfällig: Die Verwendung der Perspektive zur Schaffung eines überzeugenden dreidimensionalen Raums erweist sich in der Leere dieser Umgebung als unmöglich; die räumliche Wahrnehmung ist von zufälligen Umständen abhängig, die Entfernungen täuschen, oft mit gefährlichen Folgen; auch die vertrauten Stilmittel der Landschaftsmalerei fehlen, es gibt weder Farbe noch Form, oder jedenfalls sind sie nicht als solche erkennbar. Künstler wie Frank Hurley und Edward Wilson fanden nur das, wonach sie gesucht hatten, und trotz ihrer physischen Tollkühnheit erscheinen ihre Werke geradezu zaghaft neben den künstlerischen Vorstössen ihrer Zeitgenossen.

Huyghe hat erkannt, dass unser Verhältnis zu einem Ort wie der Antarktis immer abstrakt bleiben muss und dass – anstelle eines deplatzierten dokumentarischen Realismus – das Fiktionale hier wohl die angemessenste Form der Auseinandersetzung ist (vielleicht weil so die grundlegende Andersartigkeit unangetastet bleibt). Natürlich gibt es auch in dieser Ausstellung Buchstäblichkeiten – die Kälte, die Geräuschkulisse, der Schnee –, aber diese wirken eher wie Teile einer bestimmten Geschichte als wie realistische Darstellungselemente, und sie lassen sich immer wieder neu kombinieren. Das Eisboot ist nicht nur ein Verkehrsmittel zum Erreichen der Eislandschaft, sondern selbst Teil dieser Landschaft; das Radio, das John Cage spielt, erinnert an dessen eigene *Imaginary Landscapes*; die kleine Arena im Scheinwerferlicht, über der Huyghe seine eigene *Aurora* erzeugt, die in Schottland gern *merry dancers* (fröhliche Tänzerinnen/Tänzer) genannt wurde; schliesslich das Eisfeld und der beleuchtete Nebel,

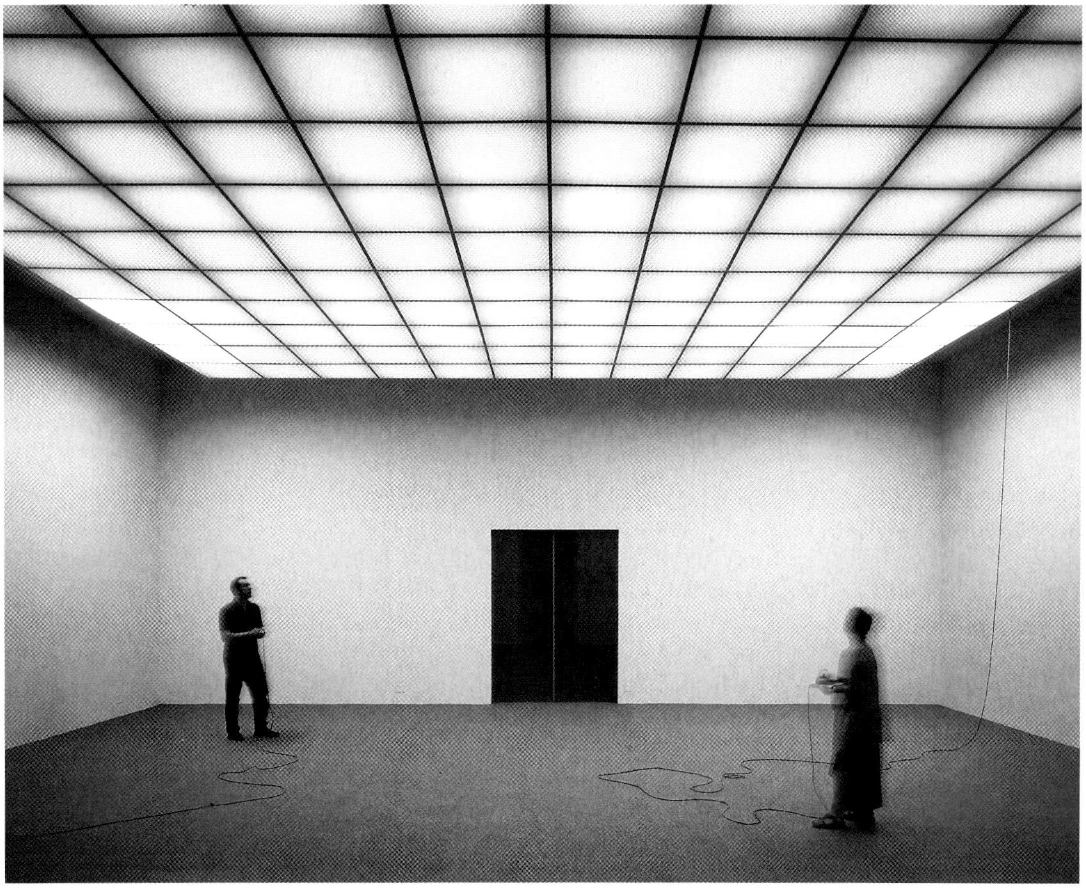

PIERRE HUYGHE, ATARI LIGHT, 1999, Computer Game Program, installation, 48th Venice Biennale, 2 5/8 x 39 3/8 x 39 3/8' / Computerspiel-Programm, Installation, Biennale Venedig, 0,8 x 12 x 12 m.
(PHOTO: LAURENT LECAT / MARIAN GOODMAN GALLERY, PARIS & NEW YORK)

der an die «multitude of colors», die vielen Farben erinnert, die Coleridge beim Eislaufen in Deutschland wahrnahm, kurz nachdem er sein *The Rime of the Ancient Mariner* veröffentlicht hatte, eine allegorische Geschichte, die eher eine spirituelle Reise schildert als eine blosse Seereise. Wie Poe schafft es auch Huyghe, ein gewisses Mass an Geschlossenheit zu präsentieren und gleichzeitig in deren Innerstem eine ungeheure produktive Offenheit zuzulassen, wie ein Reisender ins Ungewisse, wohl vorbereitet und dennoch das Unerwartete ersehnend. Also hat er vielleicht eines der wenigen Dinge begriffen, die an der Kunst zu begreifen sind: dass unsere Auseinandersetzung mit Kunst eine Art von Bewegung oder Unterwegssein ist, eine Reise durch Zeit und Raum, hin zu etwas, was wir als Kunstwerk betrachten, obwohl dieses Werk nur in unserem darauf Hinarbeiten existiert.[3)]

(Übersetzung: Suzanne Schmidt)

1) *Obra social: Hans Haacke*, Fundació Antoni Tapies, Ausstellungskatalog (engl./span.), Barcelona 1995, S. 31.
2) Gilles Deleuze, Félix Guattari, *Tausend Plateaus, Kapitalismus und Schizophrenie II*, Merve Verlag, Berlin 1992, S. 668 (franz. Originalausgabe: Les Editions de Minuit, Paris 1980).
3) Vgl. dazu meinen Essay «Distance and Proximity», in: *Graham Gussin*, Ikon Gallery, Birmingham 2002.

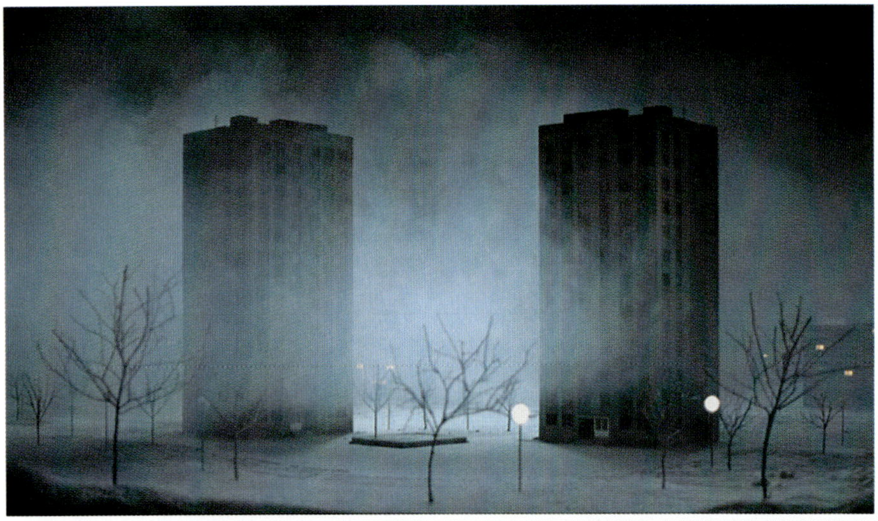

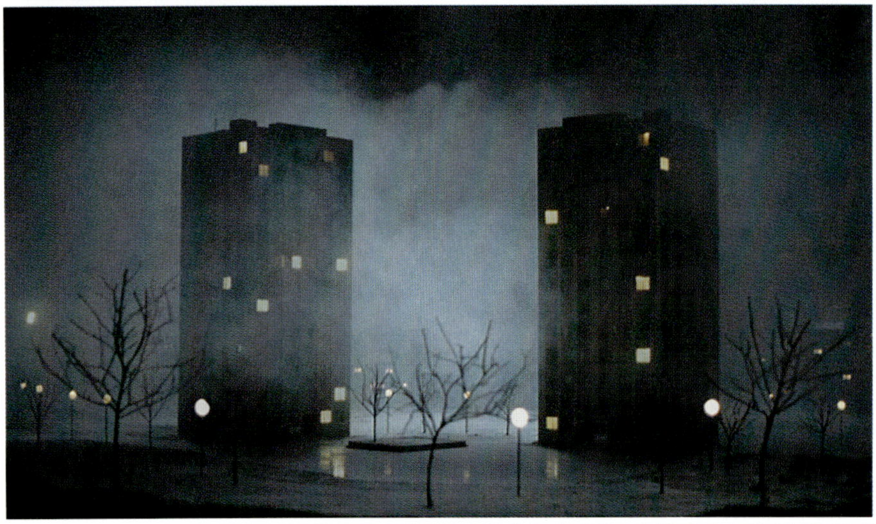

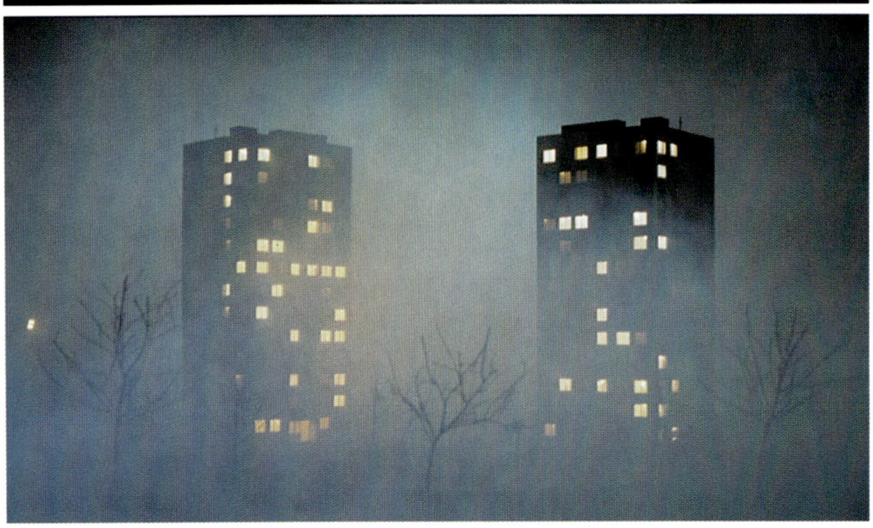

PIERRE HUYGHE, LES GRANDS ENSEMBLES, 2001, *Vistavision transferred onto digital harddisc, 7 mins. 41 secs., looped, music by Pan Sonic and Cédric Pigot (random program) / Vistavision-Breitbild, digital gespeichert, Endlosschlaufe, 7 Min. 41 Sek.* (COPYRIGHT: MARIAN GOODMAN GALLERY, PARIS & NEW YORK)

P. 141, bottom / S. 141, unten: PIERRE HUYGHE, LES GRANDS ENSEMBLES, 2001, *exhibition view of "Le Chateau de Turing," French Pavilion, 49th Venice Biennale / Installation im französischen Pavillon, Biennale Venedig.* (PHOTO: LAURENT LECAT)

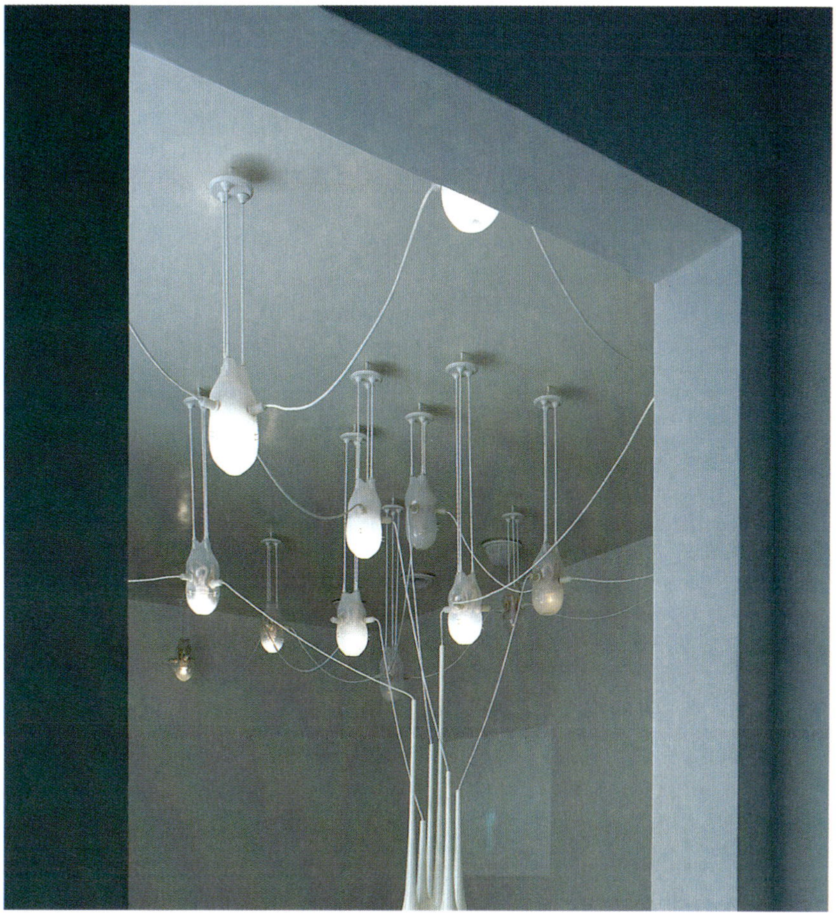

PIERRE HUYGHE, PHILIPPE PARRENO, M/M PARIS: LIGHTING PROTOTYPE, 2001, in collaboration with CIRVA, Marseille, installation view, French Pavilion, 49th Venice Biennale / BELEUCHTUNGSPROTOTYP, in Zusammenarbeit mit CIRVA, Marseille, französischer Pavillon, Biennale Venedig. (PHOTO: LAURENT LECAT)

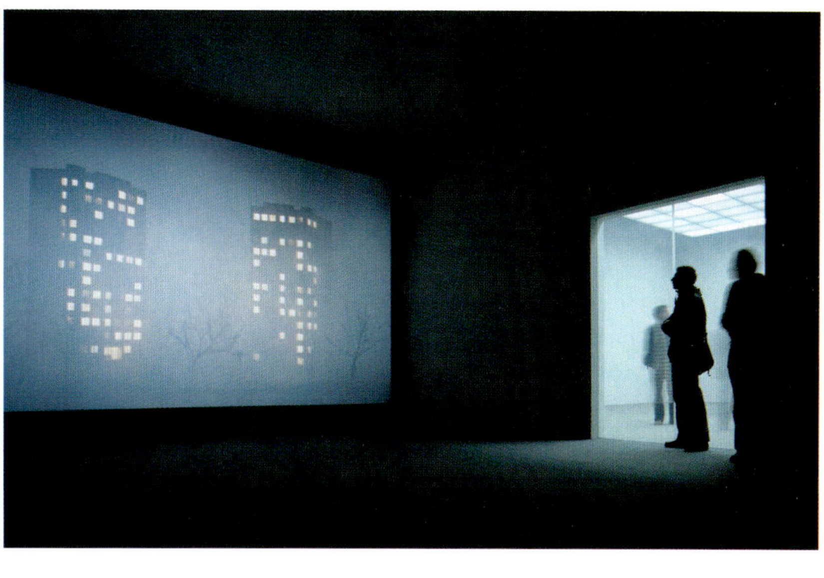

DIE GESCHICHTE DER TAUSEND ZEICHEN

HANS ULRICH OBRIST

Es war in Paris, Donnerstag, der 3. Oktober, am heiteren Nachmittag so zwischen 15.31 und 16.02 Uhr. In diesem Büro des Musée d'Art Moderne de la Ville de Paris, in dem ich arbeite, ein Kämmerlein ganz am Ende eines Korridors, übersät mit Büchern, Zeitschriften, herumliegenden Papieren, aufgerissenen Briefumschlägen.

Pierre war da und sass mir gegenüber. Zwischen uns ein Tisch, dicht bedeckt mit Papieren, auf welche wir relativ unbeschwert einige vorbereitende Notizen für dieses Gespräch hingeworfen hatten. Ferner stand auf diesem Tisch ein nicht mehr ganz weisses Telefon, das wir beide nicht aus den Augen liessen und über welches wir uns beugten, als Luc Steels am anderen Ende der Leitung in Brüssel zu reden begann. Als wir uns schliesslich daran gewöhnt hatten, hörte Luc auf, dieses Telefon zu sein. Luc sagte uns, dass er fünfundzwanzig Minuten Zeit hätte und danach an der Université Libre de Bruxelles eine Lektion halten müsse; er leitet dort das Labor zur Erforschung der künstlichen Intelligenz.

Bevor wir Luc anriefen, hatten wir, Pierre und ich, über die Rolle der Stille und allgemein über die Bedeutung der Zeit für Gespräche und ihre Transkription gesprochen. Ich hatte Pierre von meiner ein paar Jahre zurückliegenden Begegnung mit Hans Georg Gadamer erzählt. Dieser war damals hundertundein Jahr alt gewesen und während des Interviews eingeschlafen. Ich hatte ihm ein paar Minuten lang beim Schlafen zugeschaut ohne das Tonband auszuschalten. Später sprach Gadamer davon, wie wichtig das Schweigen in Gesprächen sei und dass es in der Transkription verloren ginge. 1996 machte Pierre den Vorschlag eine Partitur für das 4 Minuten 33 Sekunden lange Stück *Silence* von John Cage zu schreiben, die einige der kaum wahrnehmbaren Geräusche, die die Stille veränderten, festhielte: das Summen einer Biene, das Wehen des Windes, ein ferner Glockenschlag. Das war eine teilweise Antwort auf die Frage, die Gadamer aufgeworfen hatte. Das Problem der Zeit blieb noch zu erforschen.

Um die Diskussion mit Luc in Gang zu bringen, schlug Pierre zudem vor, den Zeitbegriff anzusprechen. Er bat Luc darzulegen, wie er diesen Begriff in seinen Untersuchungen berücksichtige und entwickle.

Luc holte aus.

«Meine – übrigens keineswegs neue – Vorstellung ist die, dass die Sprache für unseren Zeitbegriff eine zentrale Rolle spielt. Konkret bedeutet das, dass wir hier Experimente mit Robotern durchführen, die Ereignisse erfahren, die in der Zeit ablaufen. Eines dieser Experimente sieht so aus, dass jemand einen Raum betritt, während eine andere Person ihn verlässt. Die Roboter beherrschen die Begriffe der zeitlichen Unterscheidung (Imperfekt, Futur, Perfekt) nicht, Begriffe, deren Subtilität wir erst jetzt erkennen und die untrennbar mit unserer jeweiligen Sprache verbunden sind. Wir versuchen zu erreichen, dass sie Begriffe zur Unterscheidung und Beschreibung der Zeit entwickeln, dass sie Worte erfinden, um sich miteinander verständigen zu kön-

HANS ULRICH OBRIST ist Kurator des Musée d'Art Moderne de la Ville de Paris.

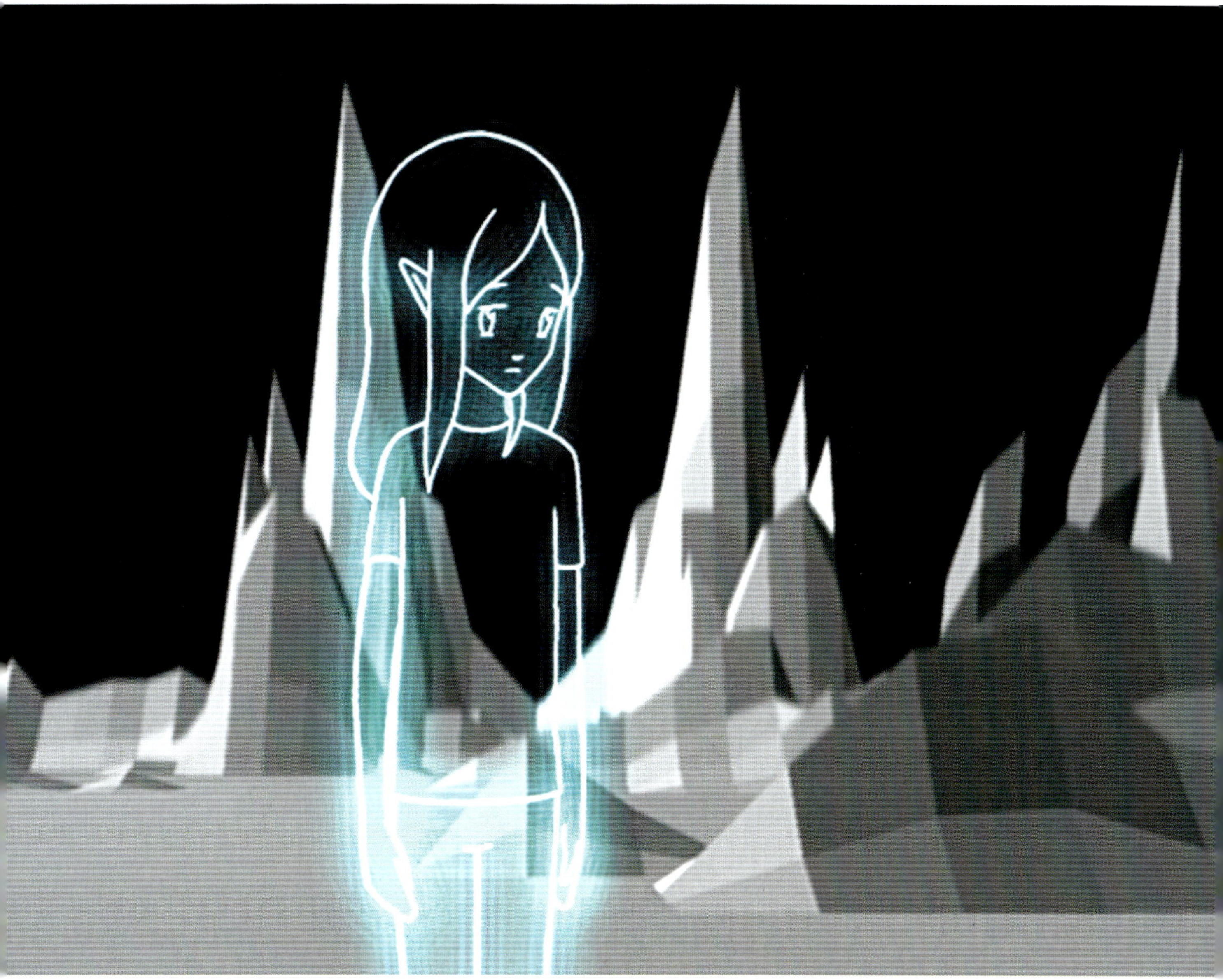

PIERRE HUYGHE, ONE MILLION KINGDOMS (ANNLEE), 2001, still image from 6-min. beta digital video / Videostill, Digibeta-Video, Dauer 6 Min. (COPYRIGHT: MARIAN GOODMAN GALLERY, PARIS & NEW YORK)

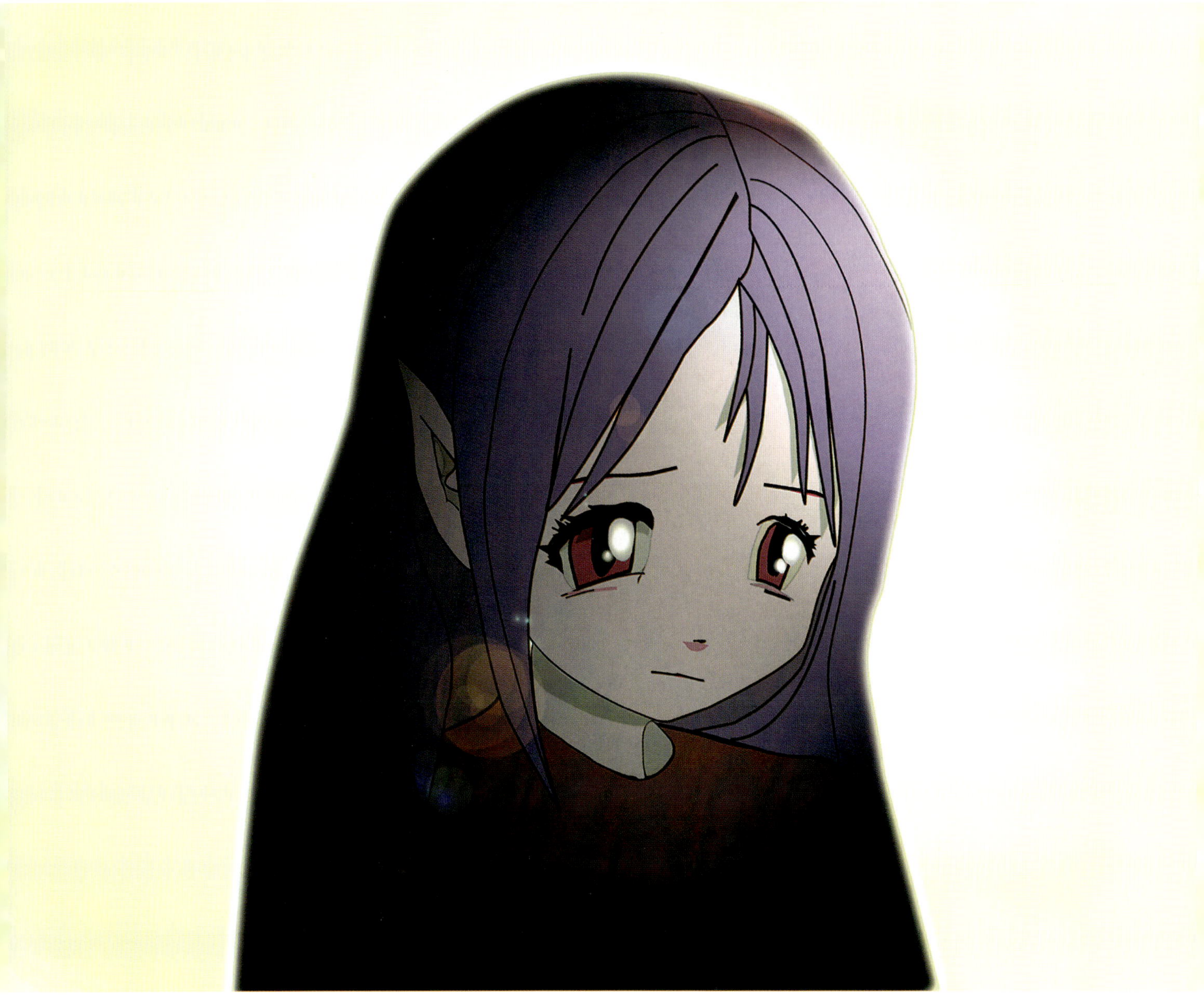

PIERRE HUYGHE & PHILIPPE PARRENO, NO GHOST JUST A SHELL, ANNLEE,
collaboration project, 1999, original image of Annlee / Originalfigur.

nen. Die Idee dahinter ist, dass es den Robotern mithilfe solcher Sprachspiele Schritt für Schritt gelingt, einen allgemeinen Begriff der Zeit zu entwickeln.»

Pierre unterbrach ihn.

«Du sprichst von Zeit und Sprache, aber ich glaube, dass du damit auch viel über Bilder sagst, denn was ihr da versucht, ist die Suche nach Möglichkeiten Zeit zu beschreiben. Ich habe den Eindruck, dass der Zeitbegriff, der euch beschäftigt, nicht der einer messbaren Zeit ist, von dem François Jullien sagt, er sei ein Produkt der abendländischen Zivilisationen, sondern vielmehr, wie er erklärt, ein orientalischer Zeitbegriff, also bestimmt von zufälligen Umständen, Ereignissen, durch das, was passiert.»

«Es ist wie mit den Bauern, die sich bei ihrer Entscheidung, wann der geeignete Moment zur Aussaat gekommen ist, auch nicht einfach nach dem Kalender oder der Uhr richten, sondern nach der Jahreszeit und den beobachtbaren saisonalen Veränderungen», meinte er.

Luc präzisierte.

«Wir sind uns vollkommen bewusst, dass die Zeit nicht in allen Kulturen gleich erlebt wird, und wissen sehr wohl, dass es in gewissen Sprachen, zum Beispiel, keinen Unterschied zwischen einer Erzählung in der Vergangenheit, in der Gegenwart oder der Zukunft gibt. Es gibt auch Menschen, die nicht die Zeit, sondern vielmehr den Raum verwenden, um Handlungen voneinander zu unterscheiden: In manchen Sprachen sagt man ‹an einem bestimmten Ort› anstelle von ‹das war gestern›. Wir versuchen in unseren Experimenten ja gerade mit so wenigen vorgefassten Zeitvorstellungen und -begriffen wie möglich zu arbeiten.»

«Es ist auch klar», meinte Luc, «dass in jeder Darstellungsform und insbesondere, wenn man einen Film dreht oder ein Bild erzeugt, immer eine bestimmte Form von Zeit entsteht und mitspielt.»

Pierre pflichtete ihm bei.

«Es gibt eine Zeitlichkeit oder eine Dauer (was nicht unbedingt heisst eine messbare Zeit), die sich nicht von der Erscheinungsweise einer Form trennen lässt», fügte er hinzu.

Dann schlug ich vor, über *Annlee* (NO GHOST, JUST A SHELL, 1999–, work in progress) zu reden, denn die Fragen, die Philippe Parreno und Pierre Huyghe in dieser Arbeit aufwerfen, schienen mir an einen gedanklichen Bereich zu rühren, den Luc in seinen eigenen Untersuchungen ebenfalls lange bearbeitet hat: die Nichtlinearität, das Symbolische und das Postsymbolische.

Luc fasste zusammen.

«Das ist und bleibt ein Geheimnis: die Art, wie man von einem symbolischen Universum (einem Gebilde aus Sprache und Zeichen) zu einer Welt kommt, die nicht auf diese Ordnung anspricht, die ein Kontinuum darstellt, das man zuerst gedanklich organisieren muss, bevor man es symbolisch ausdrücken kann. Was mich interessiert, ist dieser Weg von der Erfahrung bis zu ihrem Ausdruck durch eine Darstellungsform, aber auch die Art und Weise, wie die Art der Repräsentation wiederum unsere Erfahrungen beeinflusst.»

Dann fügte er hinzu:

«Ich interessiere mich sehr für Künstler, die sich – natürlich auf ganz andere Art als ich – in ihrer Arbeit mit diesen Fragen beschäftigen, die dieses Hin und Her zwischen persönlicher Erfahrung und ihrer Darstellungsweise untersuchen.»

Für Pierre «ist es wichtig diese Zeichen oder Arten der Repräsentation zu fragilisieren, verletzlich zu machen.» Er zitierte Carsten Höller, der, wie er sagt, «diese Frage vorantreibt, denn für ihn ist die Repräsentation einer Erfahrung im Kunstkontext selbst wiederum eine Erfahrung, eine Erfahrung anderer Art, bei der eine Reduktion der Interaktionen zwischen Erfahrung und Darstellung ins Spiel kommt».

Pierre kommt noch einmal auf die Zeit zurück und sagt, «dass die Erfahrung offensichtlich auch jene der Zeit ist, die man zum Verstehen der jeweiligen Darstellung braucht. Der Gegenstand oder seine Repräsentation sind nur transitorische Zustände. Sie sind auf die Fragilität angewiesen um so komplex sein zu können. Und auch die Irrtümer, die Unentschiedenheiten sind Bestandteile der Erfahrung oder des Ereignisses.»

Für mich hatte Pierre in diesen wenigen Sätzen genau die Richtung der Arbeit bzw. die Hauptachse der Untersuchung umrissen, welche Philippe Parreno und er nun schon seit einigen Jahren verfolgt und vertieft hatten.

Und Luc brachte einen interessanten Kontrapunkt ins Spiel.

«In der generativen Grammatik hat man diese Überlegungen völlig beiseite gelassen. In der Linguistik von Chomsky sind nur fehlerlose Sätze von Interesse. Ich wehre mich gegen diese Idee, denn auf diese Weise leugnet man den ganzen kreativen, lebendigen Teil der Sprache. Bei Chomsky ist das der Preis, damit die Sprache zu einem der Logik ähnlichen, formalen System werden kann, das natürlich leichter beschreibbar und mathematisch formalisierbar ist. Mich dagegen interessiert gerade das Zögern, der Irrtum, die Unzulänglichkeit der Interpretation usw. Bei unseren Experimenten mit den Robotern versuchen wir genau den Punkt zu erreichen, an dem sie sich getrauen Fehler zu machen, denn in unseren Augen handelt es sich um eine eigentliche Lehrzeit.»

Er fuhr fort.

«Ich glaube, dass die Kraft der Sprache und in der Kunst die Kraft eines Bildes in all den Metaphern, Analogien und Assoziationen liegt, die sie hervorzurufen vermögen. Denn man hat keine Kontrolle darüber, was im Kopf des andern passieren wird; er/sie wird sich mit Sicherheit Dinge vorstellen, mit denen man überhaupt nicht gerechnet hat. Darin liegt die Kraft. Bewegen wir uns nicht in diese Richtung, sind wir nichts als simple Automaten, die Kommandos austauschen.

«Vollkommen kalkulierbar», fügte Pierre hinzu.

«Und in Bezug auf John Cage und die Frage des Zufälligen?», fragte ich.

Luc ergriff das Wort.

«Was ich erkläre, dient nur dazu, mich verständlich zu machen; man muss Risiken eingehen, man muss sich in diese schummrigen Zonen (des Zögerns, der Fehler usw.) vorwagen, also gibt es natürlich ein Element von Beliebigkeit, *randomness*, aber ich glaube nicht im Sinn von Cage oder Xenakis.»

«Ich verstehe, was du sagen willst, es ist tatsächlich eher ein zufälliges Ereignis. Und da sind wir wieder bei der Idee der zufälligen Umstände, von der wir schon gesprochen haben. Was mich betrifft, gefällt mir diese Idee des Zufalls um des Zufalls willen nicht, denn Zufälligkeit ist lediglich ein anderes unbegrenztes System, eine weitere Gleichung», meinte Pierre.

Da Luc Künstler gewesen war, bevor er sich der Wissenschaft zuwandte, und Pierre mit Leuten aus den verschiedensten Disziplinen zusammengearbeitet hat – mit Douglas Coupland in literarischen Fragen und für die Musik vor allem mit Pan Sonic, eine echt dynamische Zusammenarbeit –, fragte ich die beiden, wie sie den interdisziplinären Aspekt ihrer Arbeitsweise beschreiben würden.

Luc bemerkte:

«Ich finde das sensationell, dass wir drei uns alle gleich so gut verstehen. Und ich glaube wir verstehen einander wirklich. Es ist zwar nur ein kleines Gespräch, aber ich glaube, dass wir sehr viel weiter kommen könnten mit diesen Fragen der Erfahrung, der Zeitlichkeit, der Repräsentation, des Zufalls. Ich finde das aussergewöhnlich, denn immerhin handelt es sich hier um Themen, über die zu reden ausgesprochen schwierig ist. Wenn uns das gelingt, so deshalb, weil wir uns mit verwandten Dingen beschäftigen und daher gezwungen sind ein Vokabular zu entwickeln, das uns, wie ich jetzt feststelle, gemeinsam ist. Ich bin überrascht und glücklich zu sehen, dass die Beziehung zwischen der Kunst und dem, was ich treibe, nämlich Kognitionswissenschaft, immer enger wird.»

Pierre seinerseits meinte:

«Ja, denn es ist, einmal abgesehen vom Arbeitsgebiet, in erster Linie eine Frage des Denkens. Je weiter man etwas zurückverfolgt, desto grösser sind die Gemeinsamkeiten; erst später äussern sie sich in unterschiedlichen Vorgehensweisen. Wenn du von Ereignissen sprichst, von Beziehungen zwischen Ereignissen und der Zeit oder der Sprache, sehe ich, dass Gemeinsamkeiten vorhanden sind. Später entwickeln wir die Dinge in je verschiedene Richtungen. Aber bei der Planung eines Projektes muss ich die unterschiedlichen Gesichtspunkte verschiedener Disziplinen zur selben Frage oder zum selben Problem ins Spiel bringen.»

«Dem kann ich nur beipflichten. Ich halte Künstler oder Schriftsteller für äusserst begabt, wenn es um die Konstruktion von Repräsentationen oder Experimenten geht, und genau diese Vorgänge interessieren mich bei meiner Arbeit. Wenn ich diesen Künstlern zuhöre, komme ich auf neue Ideen, die mir weiterhelfen. Der Unterschied zeigt sich erst danach, in der Art und Weise, wie man die Dinge der Aussenwelt präsentiert», fügte Luc hinzu.

Pierre fuhr fort.

«Die Frage ist weniger die nach dem ‹was?› als vielmehr die nach dem ‹für wen?›. Es ist ein pädagogisches Problem.»

Bei diesen Worten realisierte Luc, dass er zu spät zu seinem Kurs kommen würde. Er hängte ein und wir stellten uns vor, wie er durch die Gänge der Universität Brüssel rannte, um zu seinen Studenten zu gelangen.

Es war jetzt 16.02 Uhr (mitteleuropäische Zeit).

Danach zählte Pierre all die vergangenen und zukünftigen Gemeinschaftsprojekte und Vorhaben auf, die er mit Luc hätte diskutieren können, «um weiterzukommen». *Annlee* natürlich, aber auch die ASSOCIATION DES TEMPS LIBÉRÉS (Vereinigung für befreite Zeiten), die er 1995 zusammen mit Maurizio Cattelan, Liam Gillick, Dominique Gonzalez-Foerster, Douglas Gordon, Carsten Höller, Jorge Pardo, Philippe Parreno und Rirkrit Tiravanija gegründet hatte.

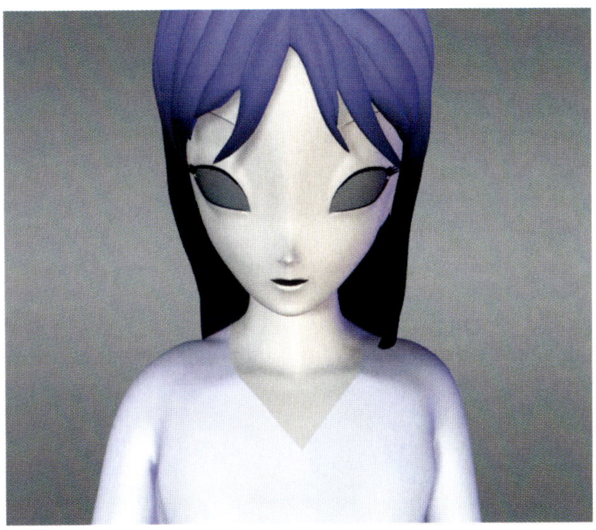

PIERRE HUYGHE, TWO MINUTES OUT OF TIME, 2000, still image from 4-min. beta digital video / Videostill aus Digibeta-Video, Dauer 4 Min. (COPYRIGHT: MARIAN GOODMAN GALLERY, PARIS & NEW YORK)

«Ein Projekt, bei dem es darum ging, zu einem bestimmten Zeitpunkt einer Versammlung von Individuen eine soziale Struktur zu geben und in gewisser Weise die Zeit dieses Momentes zu dehnen, etwas, was die üblichen Formate, insbesondere jenes der Ausstellung, gewöhnlich verbieten. Das deutete schon auf Projekte wie *Annlee* (NO GHOST, JUST A SHELL/Kein Geist, nur eine Hülle, 1999–, work in progress) oder MOBILE TV (Beginn 1995) hin.»

Ein anderes Beispiel war L'ÉCOLE TEMPORAIRE (Die temporäre Schule, 1996).

«Eine Arbeit, in der wir die Beziehung, die wir zu den Kunstakademien hatten, in ihr Gegenteil verkehrten. Anstatt wie üblich einzeln auf ihre Einladungen zu reagieren habe ich zusammen mit Dominique Gonzales-Foerster und Philippe Parreno eine Art Lehrbuch zusammengestellt, das wir zu dritt vorstellten. So funktionierten wir wie eine fahrende Schule. Ich zeichnete unser Gespräch über dieses Schulprojekt auf und liess dann die Szene von drei Schauspielern an unserer Stelle aufführen.»

MOBILE TV, im Consortium Dijon (1997), ist ein Projekt, das für junge französische Künstler wie Marine Hugonnier oder Mélik Ohanian ebenfalls als (unkonventionelle) Schule fungierte.

«Anders als bei traditionellen Fernsehsendungen, die ganz der gewohnten Unterscheidung von Arbeitszeit, Ruhezeit und Freizeit folgen, gewann MOBILE TV seine Gestalt erst allmählich, ausgehend von verschiedenen singulären und subjektiven Zeitspannen, einer ‹Zeit für sich›, welche die Künstler und Filmemacher vorgaben, die den Ausstellungsraum vorübergehend in Besitz nahmen.»

Schliesslich sprach Pierre von seinem Projekt einer Expedition.

Sechs oder sieben Personen auf einem Radioschiff unterwegs auf einer poetischen Reise, deren Erzählung die Form eines Musicals annehmen würde... Eine andere Geschichte. (Fortsetzung folgt.)

(Übersetzung aus dem Französischen: Suzanne Schmidt)

PIERRE HUYGHE, WALLPAPER POSTER 1.3 (Annlee Colors) and NO GHOST JUST A SHELL, silkscreened poster, M/M, Paris, 2000–2001 / TAPETEN-POSTER 1.3 (Annlee-Farben) und NO GHOST JUST A SHELL, Siebdruckplakat.

(COPYRIGHT: MARIAN GOODMAN GALLERY, PARIS & NEW YORK)

THE TALE OF THE ONE THOUSAND SIGNS

HANS ULRICH OBRIST

It was in Paris, on Thursday, October 3, 2002, in the middle of the afternoon, maybe between 3:31 p.m. and 4:02 p.m. In my office at the Musée d'Art Moderne de la Ville de Paris, a little room at the end of a hallway, cluttered with books, journals, scattered papers, torn envelopes.

Pierre was there, sitting across from me. Between us was a table covered with layer upon layer of notes, ideas we'd been jotting down to prepare for this conversation, without really consulting each other. On the table was a once white telephone, which we were both staring at and which we leaned closer towards when Luc Steels' voice came on the line, from Brussels. As we slowly got used to it, Luc stopped being that telephone. He told us that he had twenty-five minutes before he had to go teach at the Free University of Brussels, where he heads the Artificial Intelligence Laboratory.

Before calling Luc, Pierre and I had talked about the place of silence, and more generally the question of time, in interviews and in their transcriptions. I told Pierre about my meeting with Hans Georg Gadamer a few years earlier. He was 101 years old, and he dozed off during the interview. For a few minutes I watched him sleep, without turning the tape off. Later, Gadamer talked to me about the importance of silence in conversations, and about the impossibility of recording silence in a transcription. In 1996, Pierre proposed a score for the 4'33" of *Silence* by John Cage, transcribing into notes the few, almost imperceptible noises that alter the silence in the recording: the buzzing of a bee, the wind, a distant church bell. Here was part of an answer to the problem Gadamer had evoked; the question of time remained to be explored.

Pierre therefore proposed first talking with Luc about the concept of time. He asked Luc to explain how he addresses and develops the notion of time in his research.

Luc explained.

"My idea—and it is not a new one—is that language plays a key role in the way we conceive of time. To be concrete, here (at AI-Lab) we run experiments with robots that experience a series of events in time. One of these experiments is to have one person enter a room and another one go out. Robots do not comprehend notions of time differentiation (such as past, future, imperfect), which are incredibly subtle notions that are implicit to our languages. So we try to make them formulate concepts of time differentiation and time description, to make them invent words that allow them to speak about time among themselves. The idea is to see whether, through these iterative language games, robots can begin to conceptualize time on a general level."

HANS ULRICH OBRIST is a Curator at the Musée d'Art Moderne de la Ville de Paris.

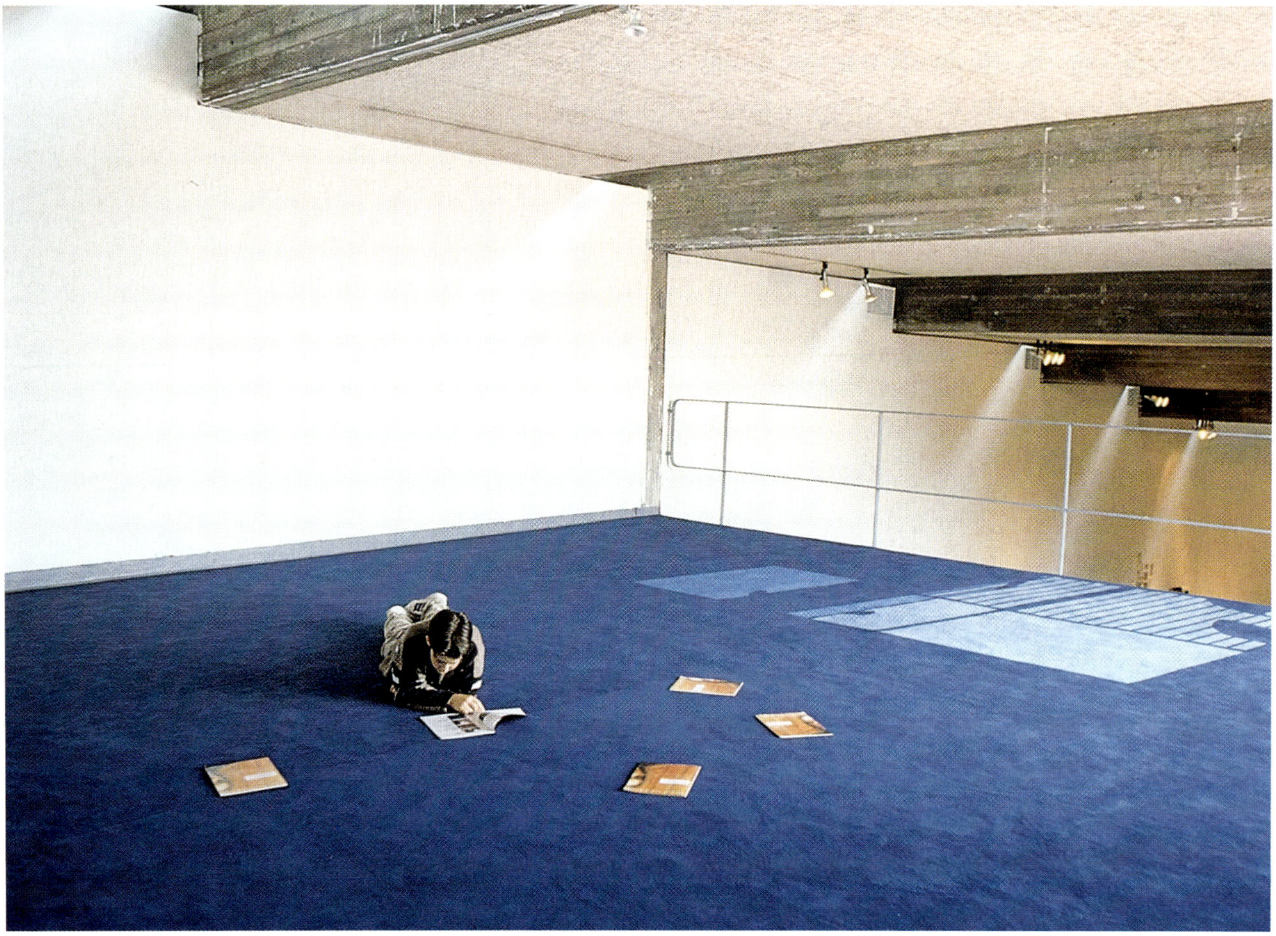

PIERRE HUYGHE & PHILIPPE PARRENO, 06.00 PM, 2001, carpet, exhibition view, Stedelijk Van Abbemuseum, Eindhoven / Teppich. (COPYRIGHT: MARIAN GOODMAN GALLERY, PARIS & NEW YORK)

Pierre interrupted him.

"You're talking about time and language, but I think you're talking a lot about images too, because what you're doing is trying to find ways of describing time. It seems to me that the conception of time that you're interested in is not that of measured time, which François Jullien says is characteristic of Western civilizations, but rather an Eastern conception, where time, as he explains, is determined by occasions, events, things happening."

"There is the example of peasants, who determine the proper time for cultivating by referring to seasons and observing seasonal shifts rather than going by the calendar or the clock," Pierre said.

Luc clarified.

"We are utterly aware of the fact that the perception of time isn't identical in every culture; we know very well, for example, that in certain languages there are no visible differences between a story told in the past, a story told in the present, and a story told in the future. Some people also use space rather than time to identify actions: in some languages, instead of saying 'it was yesterday,' you would say 'in a certain location.' To be more precise, what we're trying to do here, in these experiments, is merely to work with possible pre-notions or pre-conceptions of time."

"It is obvious as well," said Luc, "that in every attempt to represent things, and in particular when one makes a film or creates an image, a creation of time is involved."

Pierre agreed.

"There is a temporality or a duration (which does not necessarily mean a measured time) that is inseparable from the coming into being of a form," he added.

I suggested then that we speak about *Annlee*, for the questions asked by Philippe Parreno and Pierre for that project (NO GHOST, JUST A SHELL, 1999–, work in progress) seem to me to be part of a field of inquiry that Luc has, for his part, long been exploring in his own research: non-linearity, the symbolic and the post-symbolic.

Luc summed it up.

"This much remains a mystery: the way we pass from a symbolic universe (a universe structured by language and signs) to a world that isn't organized that way, a continuum that must be mentally sorted out in order to be expressed through symbols. What interests me is this progression from an experience to its expression as representation, and how these representations in turn alter our experiences."

Then, he went on.

"I am very interested in artists whose work revolves around these questions, who are doing research—in a manner completely different from mine, of course—on this oscillation between personal experience and its representation."

For Pierre, "what is important is to make these signs or these modes of representation more fragile."

Pierre mentioned Carsten Höller who, he said, "delves far into this issue, because for him the representation of an experience in the context of art becomes itself an experience, a different type of experience where the interactions between experience and representation are multiplied."

Returning to the question of time, Pierre said that "clearly, any experience is also that of the moment of reading this representation. The object and its representation are just transitory states. They need this fragility to be complex. And mistakes and forms of non-resolution also constitute an experience or an event."

For me, with these few sentences Pierre had perfectly summed up the line of inquiry that he and Philippe Parreno have been pursuing or exploring for a number of years now.

And Luc brought up an interesting counterpoint.

"In generative linguistics, these considerations are entirely banned. In Chomsky's linguistics, only errorless sentences are of interest. I am completely opposed to this idea, because you end up denying all the creative and living aspects of language. For Chomsky, this is how language can be turned into a formal system, like logic, which then becomes much easier to describe and to model in mathematical terms. What I am interested in, on the contrary, are the hesitations, the mistakes, the misinterpretations, and so on. In our experiments with the robots, we attempt precisely to reach the point where they are able to make mistakes, because that is, for us, a real form of learning."

He continued.

"I think that the power of language, and, in art, the power of an image, proceeds from all the metaphors, analogies, or associations they can engender. You can't control what happens in someone else's head; that person will probably imagine things you haven't envisaged at all. That's power. If we don't go in that direction, we're like simple automata that can only exchange commands."

"The combination is finite," Pierre added.

"And what about John Cage and the idea of chance?" I asked.

Luc replied.

"What I'm saying is that to communicate, one has to take risks, one has to go toward those dark areas (hesitations, mistakes, etc.), so there is indeed an element of randomness, but I don't think it's randomness in Cage's or Xenakis' sense."

"I see what you mean, in fact it's more in the sense of accident. And this brings us back to the idea of occasion we brought up earlier. The idea of randomness for randomness' sake is in fact just another endless system, it's still an equation," said Pierre.

Since Luc was an artist before he became a scientist, and since Pierre's working dynamic has been to collaborate with practitioners of various disciplines (notably Douglas Coupland in literature and Pan Sonic in music), I asked them how they would describe the transdisciplinary aspect of their respective approaches.

Luc noted.

"I find it extraordinary that the three of us manage to understand each other right away like this. And I think we really are understanding each other. This is just a small discussion, but I think we can go much further on these questions of experience, temporality, representation, and accident. I find it extraordinary, because after all we're discussing topics that are extremely difficult to talk about. If we manage to do it, it's because we're working on similar subjects. Therefore, we're forced to develop an increasingly common vocabulary, and I'm surprised and delighted to see that the relationship between art and what I do, cognitive science, is becoming deeper and deeper."

Pierre, in turn, added.

PIERRE HUYGHE, TIMEKEEPER, 1999, *successive exhibition layers, 20 cm diameter, Vienna Secession* / ZEITMESSER, *aufeinanderfolgende Ausstellungsschichten, 20 cm Durchmesser, Wiener Secession.* (COPYRIGHT: MARIAN GOODMAN GALLERY, PARIS & NEW YORK)

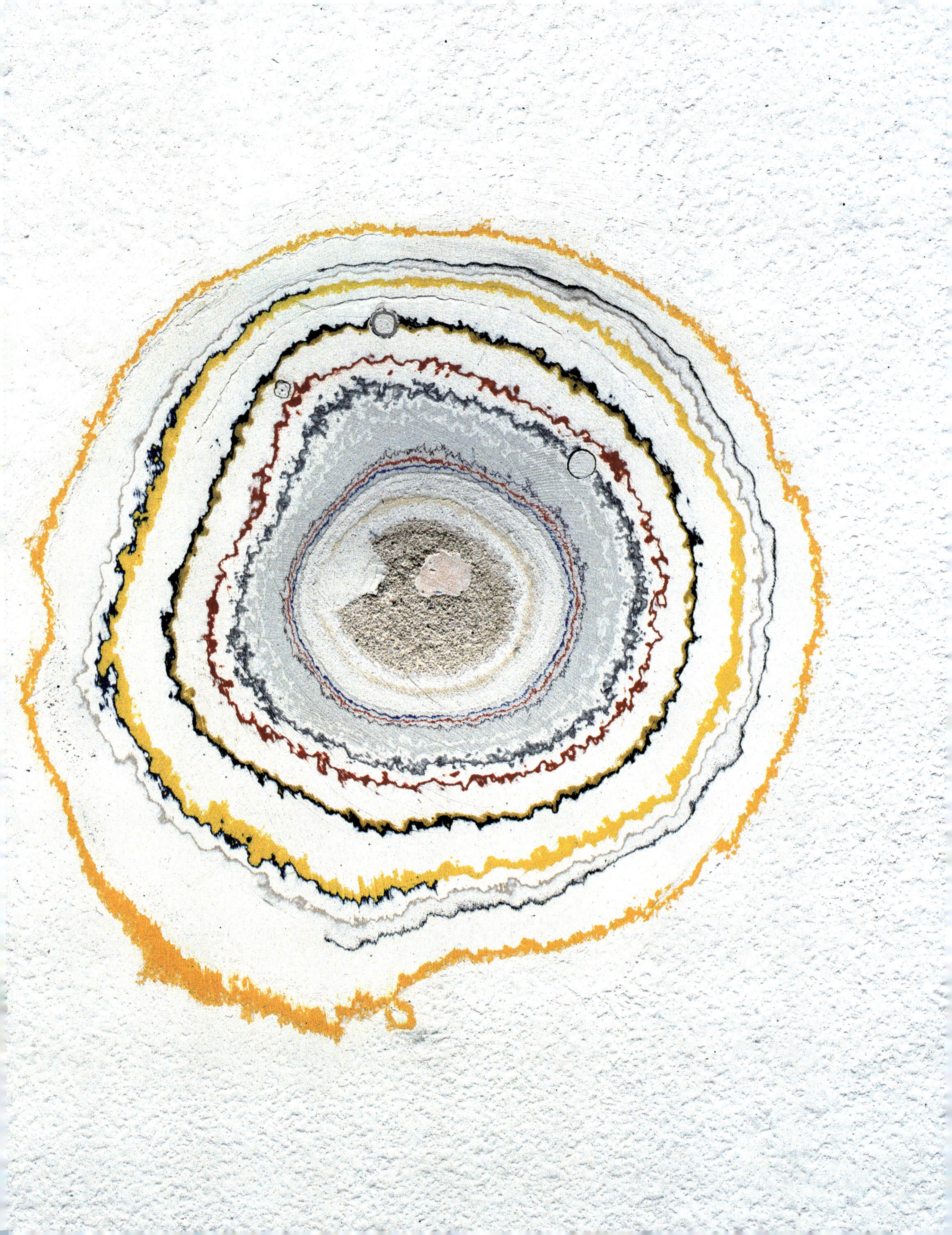

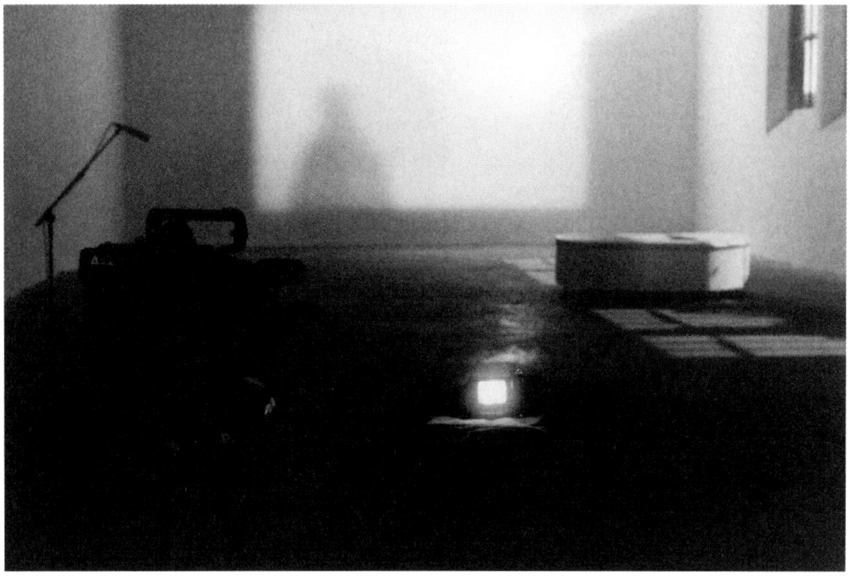

PIERRE HUYGHE, MOBILE TV, 1995 & 1998, local public TV with Mélik Ohanian and other artists / Lokalfernsehen in Zusammenarbeit mit Mélik Ohanian und anderen Künstlern.

"Yes, because it is, beyond a question of fields of course, above all a question of thinking. It is at the outset that things are shared; down the line, they insinuate themselves in different practices. When you talk about events, about the relations of events in time, or about language, I see that there are things we share. Then, we develop them in different directions. But to elaborate a project, I need to mobilize various disciplinary perspectives on the same issue or problem."

"I completely agree. For me, artists and writers are especially gifted in the construction of representations and experiences, and those are precisely the processes that I'm focusing on in my research. After listening to such artists, ideas come to me and I'm able to go further. The difference is in the way we then choose to present our work to the world," Luc added.

And Pierre continued.

"The question is less 'what?' than 'to whom?' It becomes a question of pedagogy."

At that moment, Luc realized he was late for his class. He hung up, and we imagined him running in the hallways of the University of Brussels to meet his students.

It was 4:02 p.m. (Western time).

Pierre then spoke about his multiple collaborations and projects, past and future, which he could have discussed with Luc in order to "go further." *Annlee,* of course, but also L'ASSOCIATION DES TEMPS LIBÉRÉS (The Freed Times Association), founded in 1995, which brought together Maurizio Cattelan, Liam Gillick, Dominique Gonzalez-Foerster, Douglas Gordon, Carsten Höller, Jorge Pardo, Philippe Parreno, and Rirkrit Tiravanija.

"The ambition of this project was to provide a social structure for a group of individuals at a given moment, and, in a way, to stretch out the duration of that given moment, which is something the prevailing formats usually preclude, in particular the ex-

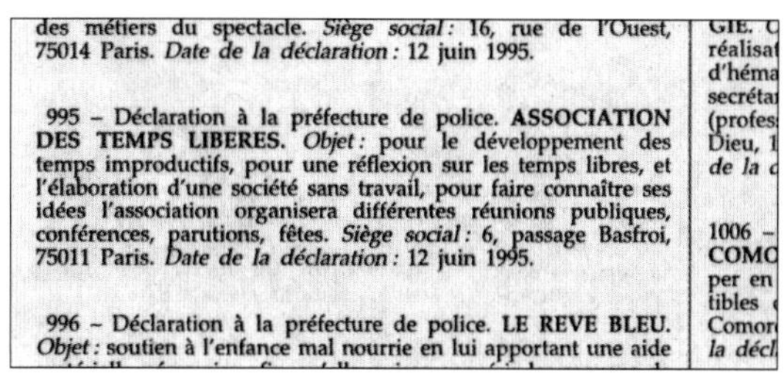

des métiers du spectacle. *Siège social :* 16, rue de l'Ouest, 75014 Paris. *Date de la déclaration :* 12 juin 1995.

995 – Déclaration à la préfecture de police. **ASSOCIATION DES TEMPS LIBERES.** *Objet :* pour le développement des temps improductifs, pour une réflexion sur les temps libres, et l'élaboration d'une société sans travail, pour faire connaître ses idées l'association organisera différentes réunions publiques, conférences, parutions, fêtes. *Siège social :* 6, passage Basfroi, 75011 Paris. *Date de la déclaration :* 12 juin 1995.

996 – Déclaration à la préfecture de police. **LE REVE BLEU.** *Objet :* soutien à l'enfance mal nourrie en lui apportant une aide

Bottom / Unten: PIERRE HUYGHE, L'ASSOCIATION DES TEMPS LIBÉRÉS, 1995, French association as defined in the 1901 Act, extract from the French government publication / gemäss einem Erlass von 1901 in Frankreich gegründete Gesellschaft, Auszug aus der entsprechenden Publikation der französischen Regierung.

hibition format. This project foregrounded others such as MOBILE TV (start 1995) or that of *Annlee*."

Another example was THE TEMPORARY SCHOOL (1996).

"This project consisted in reversing our relationship with Beaux-Arts schools. Rather than responding individually to their invitations, Dominique Gonzalez-Foerster, Philippe Parreno, and I created a kind of schoolbook, which we presented together. Thus, we operated like a wandering school in motion. I recorded our conversation about this school project and had three actors play our roles."

MOBILE TV, at the Consortium in Dijon (1997), was another project that functioned like an (unconventional) type of school for young French artists like Marine Hugonnier and Mélik Ohanian.

"Contrary to TV programs, which are structured around a regulation of time based on work time, rest, and leisure time, MOBILE TV progressively took form on the basis of a combination of singular and subjective temporalities, time for oneself given by the artists and filmmakers who temporarily inhabited the exhibition space."

Finally, Pierre talked about his expedition project. Six or seven people in a radio boat, embarked on a poetic expedition whose story would take the form of a musical tale. Another tale. (To be continued.)

(Translated from the French by Anthony Allen)

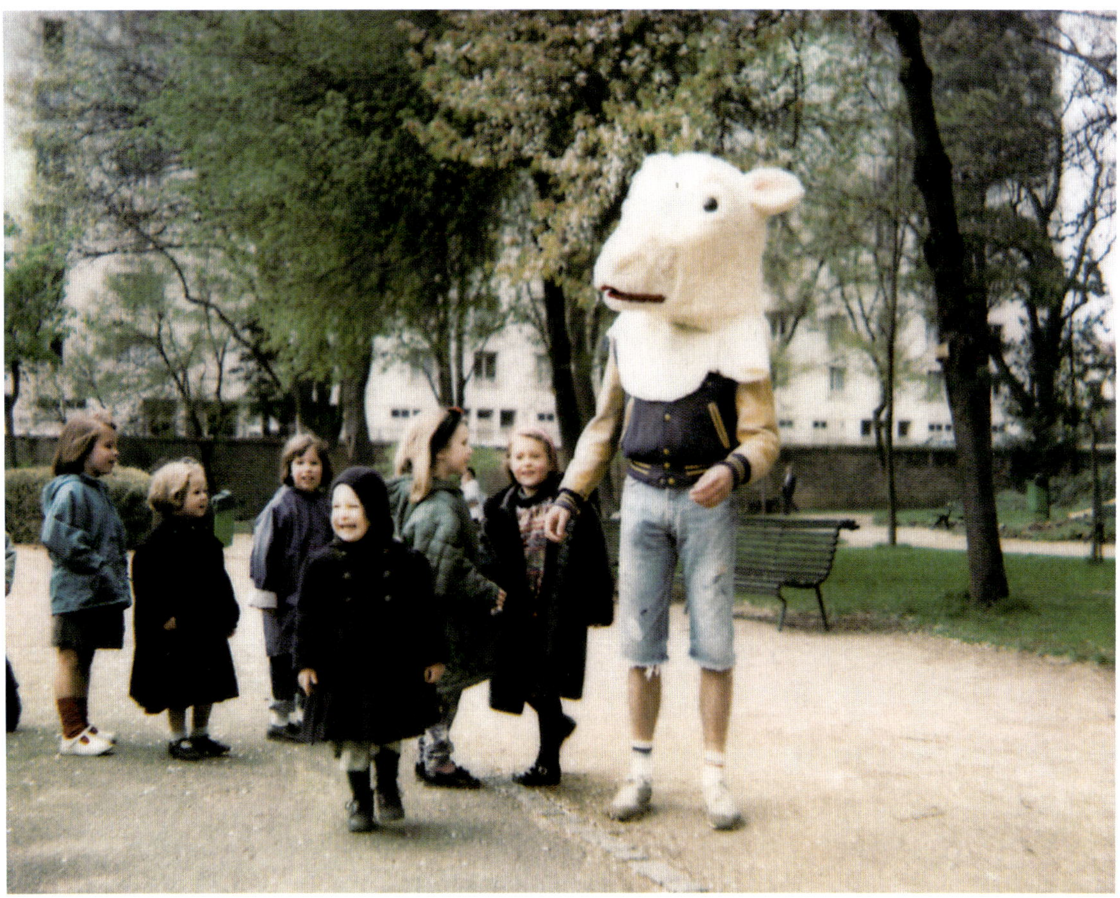

PIERRE HUYGHE, LA TOISON D'OR / THE GOLDEN FLEECE, 1993, event and leaflet / DAS GOLDENE VLIES, Aktion und Flugblatt.
(COPYRIGHT: MARIAN GOODMAN GALLERY, PARIS & NEW YORK)

Pierre Huyghe's *Ellipses*

ROBERT HOBBS

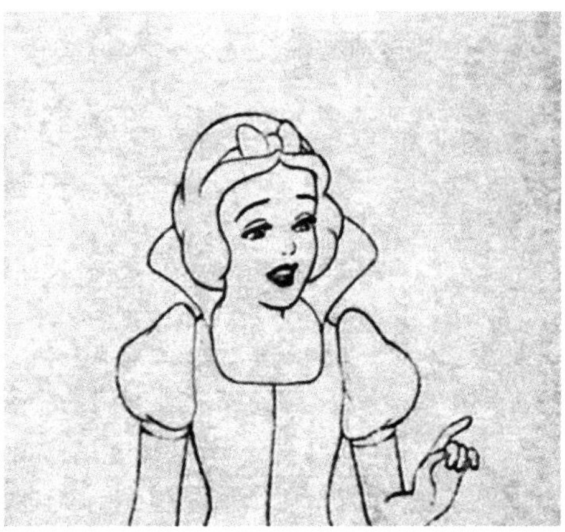

Walt Disney's Snow White / Schneewittchen.

Writings on Pierre Huyghe's art have generally overlooked his posters of the mid-1990s in favor of his better known films even though the artist himself finds many similarities between these two bodies of work.[1)] Because they are condensed into static form, such posters as GÉANT CASINO (1995), LITTLE STORY (1995), and CAMPUS MONTPELLIER (1995), represent an opportunity to focus on central aspects of Huyghe's art that pertain to Jacques Lacan's thought, particularly the inassimilable real that necessarily eludes art's confinements. Huyghe's accomplishments in this area include: (1) breaking up the unity of the art object so that it dramatizes multiple perspectives and ongoing dialectics; (2) reworking the thematic of the Lacanian gaze, specifically its reliance on desire activating the *objet a*, so that it approximates the complexity of shared and overlapping imaginaries; and (3) countering the *dompte-regard*,[2)] a term Lacan used to refer to tamed visions as opposed to undomesticated and therefore unknown ones.

Huyghe's posters represent a crisscrossing of commercial and fine art realms as well as public and contemplative domains. To create each of these posters, Huyghe first needed to find a billboard in a locale that would serve as an adequate stage for his work. Then he photographed views of this vicinity together with actual pedestrians or actors. After that he commissioned one of his snapshots to be blown up to billboard size before having it affixed to the display panel that had originally caught his atten-

---

ROBERT HOBBS, the Rhoda Thalheimer Endowed Chair in Art History at Virginia Commonwealth University in Richmond, is author of several artists' monographs. In 1982 he was the U.S. Commissioner/Curator of the Robert Smithson retrospective for the 40th Venice Biennale, and in 2002 he was U.S. Commissioner for the 25th São Paulo Bienal where he curated a selection of Kara Walker's work.

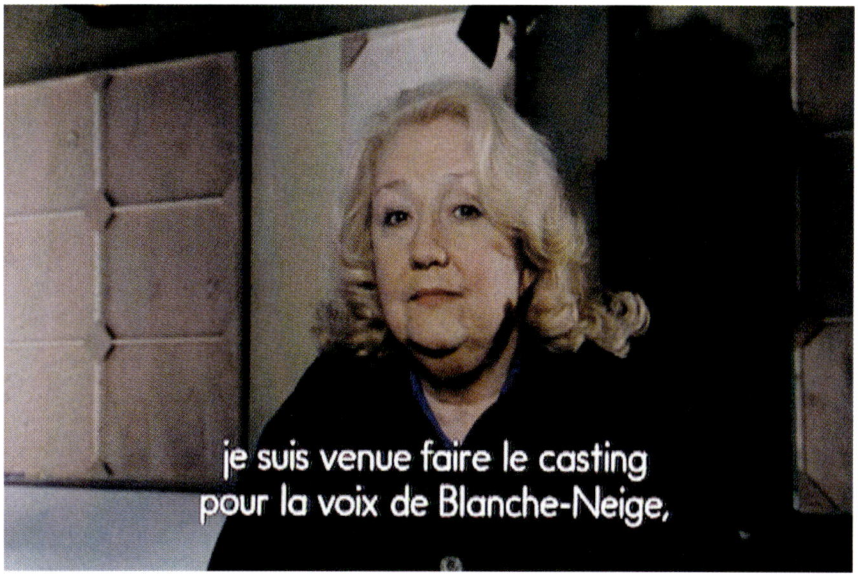

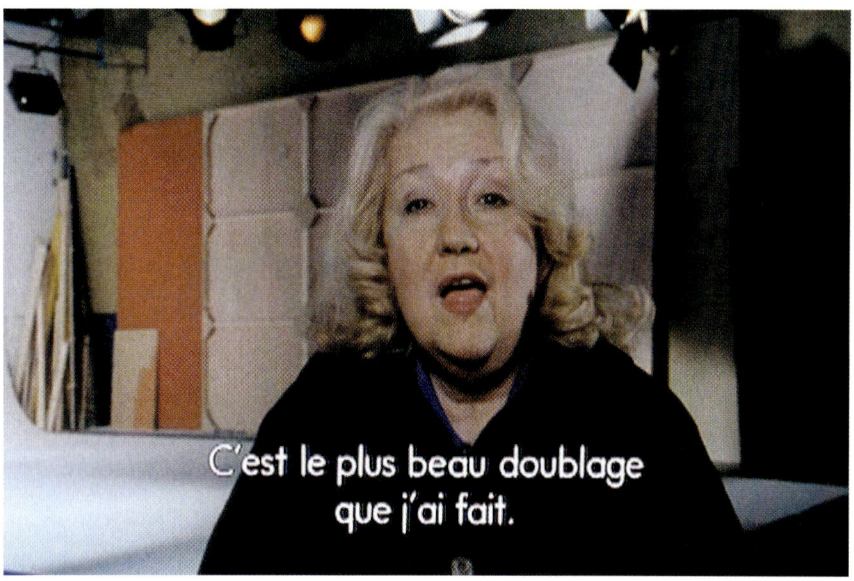

PIERRE HUYGHE, BLANCHE NEIGE, LUCIE / SNOW WHITE, LUCIE, 1997, stills from S-16/35mm film: "I have come for the casting of Snow White's voice,... It's the most enchanting doubling I've ever done." / SCHNEEWITTCHEN, LUCIE, Stillaufnahmen: «Ich bin wegen der Besetzung für Schneewittchens Stimme gekommen,... Es ist die schönste Synchronisierung, die ich je gemacht habe.» (COPYRIGHT: MARIAN GOODMAN GALLERY, PARIS & NEW YORK)

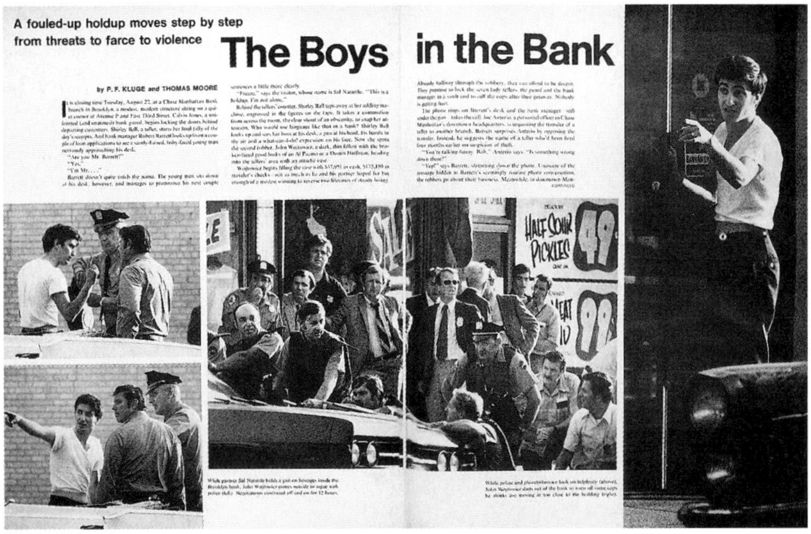

A fouled-up holdup moves step by step from threats to farce to violence

The Boys in the Bank

by P. F. KLUGE and THOMAS MOORE

PIERRE HUYGHE, THE THIRD MEMORY, 1999, beta digital projection and book, coproduction of Centre Pompidou, Musée National d'Art Moderne, The Renaissance Society at the University of Chicago, and The Bohen Foundation: "The Boys in the Bank," Life Magazine, 22 September 1972 / Digibeta-Videoprojektion und Buch: Zeitungsartikel.
Page /Seite 159: Daily News, 23 August 1972 / Zeitungsartikel.

tion. Once his own billboard image was in place, he photographed it in situ and made an offset, poster-sized print of it. Although the ensuing images matched formal means with subject matter in an ostensibly modernist manner, each poster's carefully composed unity begins to break down when viewers become aware of its ongoing tensions between the real, symbolic, and imaginary registers.

We can readily discern the path making up these different zones in CAMPUS MONTPELLIER. Located in a parking lot at the center of this image is a portable billboard picturing students comfortably seated on the ground. This displayed image closely resembles the park and low building behind it. However, as one examines the overall poster, one perceives differences between the grainy display and its environs that depend mostly on contrasts between blowing up a snapshot to billboard scale and making a photograph poster size. While the billboard looks etiolated, the colors of its surroundings are heightened, thus rendering problematic the mirroring of these two images by creating a gap between them. Relying on Lacan's thought, we might refer to the irreconcilable and competing inducements attracting viewers to these two scenes as rivaling vectors predicated on differentiated desires, in other words, distinct types of "object a" that activate these competing photographic schemes. Although the billboard might appear to be an advertisement for the vicinity in which it is located—a situation that would legitimize its sun-bleached appearance and tame the disparity between the nested images making up this work of art—it contains neither a logo nor a message. According to Huyghe, "the work advertises itself, yet its public nature is well assured."[3] Featuring an ad without the verbal text hyping Montpellier, say, as the town of "gray matter"—a favored slogan since it is home to three universities, five schools of engineering, 60,000 students, and many research institutes—has the net effect of underscoring its status as a psychological rather than a commercial lure. According to Lacan, this kind of enticement functions as both a supplement and a lack by serving as a marker for the reality that a given dream excludes or represses.

Although the bleached billboard might represent the primary lure in CAMPUS MONTPELLIER, it operates as one element in a dialectic that includes the portion of

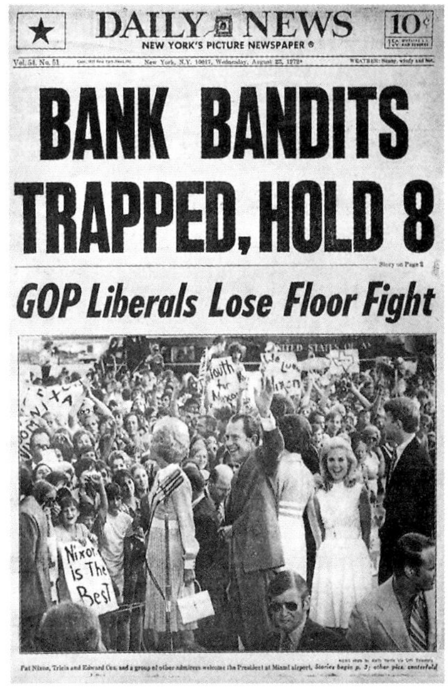
DAILY NEWS 10¢
NEW YORK'S PICTURE NEWSPAPER
BANK BANDITS TRAPPED, HOLD 8
GOP Liberals Lose Floor Fight

the picture permeated with saturated color. These opposing images of the real can be regarded as homeomorphisms, which can be typologically compared for similarities and differences—a project indirectly implied by the map pins Huyghe customarily uses to attach these posters inside their frames. Each of the two images making up CAMPUS MONTPELLIER has its own inducement to trap readers into accepting its credentials as authentic; however, both elide the Lacanian real since their pictorial schemes ultimately are only able to manifest their inability to come to terms with it. We might think of these two distinct and inadequate depictions of reality as bookends marking a nonrepresentational gap or a jump cut in a film bridging a rift between two scenes. The resulting lacuna is a key factor in Huyghe's ongoing project to underscore art's limits. Apropos this goal, Huyghe has pointed to the need to keep reality's inherent wilderness untamed:

When you ground yourself in one form of knowledge, you domesticate it, you polish it. I like it when knowledge is rough, wild... To remain that way it has to feed on dialogue... Ways of thinking that don't get formatted interest me... By saying wild, I mean something for which you can't make an image. Knowledge gets smoothed out because it has to be transmitted.[4]

Of course, the term "knowledge" in this statement is oxymoronic since information, once categorized as such, already belongs to either imaginary or symbolic registers and therefore already has been subdued. Huyghe's reference to the unmediated disorder and chaos of the unbearable and ultimately unknowable character of reality refers both to Lacan's ideas and their elaboration in Clément Rosset's *Le Réel et son double* and *Joyful Cruelty: Toward a Philosophy of the Real.*

Huyghe's statement suggests an understanding of a key source for Lacan's *Four Fundamental Concepts of Psycho-Analysis*: Maurice Merleau-Ponty's *The Visible and the Invisible*, which analogizes vision in structuralist terms as a nonmaterial flesh that represents lines of force between exterior and interior realms.[5] The reciprocal force field between the two creates a situation in which the art object interpolates seers, i.e., it calls them into being so that we can conjecture, as did Merleau-Ponty, that it sees them. Such a dialectic is mirrored by Huyghe's art, which in turn entangles and enriches it by interpolating viewers through two competing types of "object a," as we have seen. The essential triangulation between viewers confronted with rival imaginaries helps us to understand Huyghe's assertion:

I do not direct the real in order to show it. I make an actor replay it...it is a question of creating distance, a gap between the scene which may arise and the image... Even if we are not the protagonist, we are part of the story.[6]

Moving from CAMPUS MONTPELLIER, we can see how Huyghe has characterized his video projections in terms of the gap created by Lacan's symbolic and imaginary registers. L'ELLIPSE (1998) is particularly apposite since its French title literally means "jump cut" and, according to the artist, refers to the breaks in a narration that suture viewers to a film when their imaginations colonize these ellipses.[7] Using a scene from Wim Wenders' *The American Friend*, as an example, Huyghe interweaves a chiasmus between fictive and so-called real segments in the life of actor Bruno Ganz.[8] Playing the

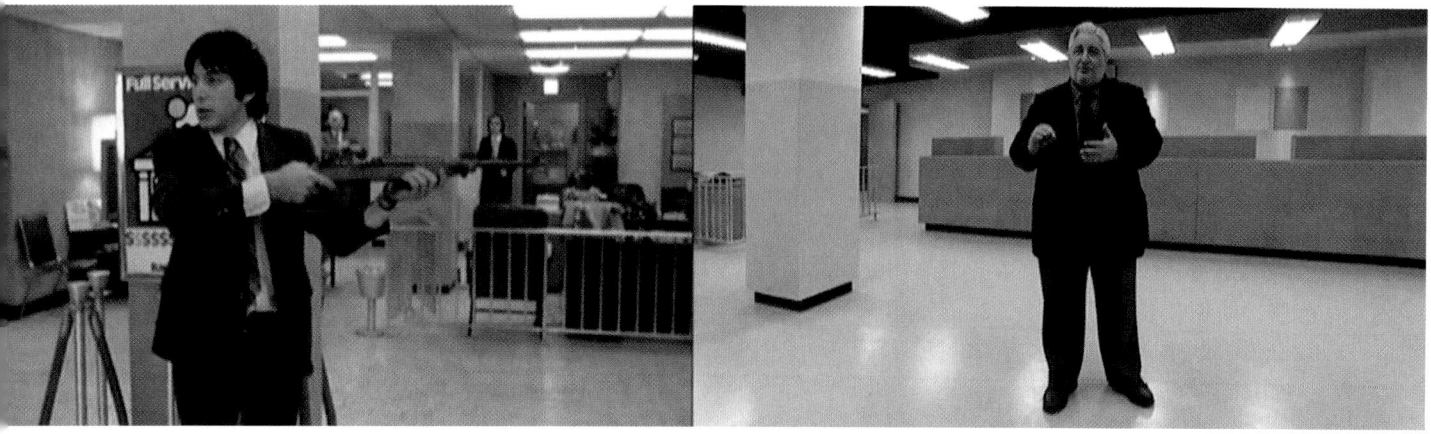

PIERRE HUYGHE, THE THIRD MEMORY, 1999, beta digital double projection of 9 mins. 46 secs.; coproduction of Centre Pompidou, Musée National d'Art Moderne, The Renaissance Society at the University of Chicago, and The Bohen Foundation / Digibeta-Video, Zweifachprojektion, 9 Min. 46 Sek.

character Jonathan Zimmermann in Wenders' 1977 film, Ganz in 1998 is directed by Huyghe to act out in real time a jump cut between the two Paris locales appearing in the earlier work by simply walking from one to the other. Conceived as a mini-play in three acts, Huyghe's film projection begins on the left screen with Winder's chronicle of Zimmermann, a Hamburg framer and restorer suffering from a rare blood disease, checking into a Japanese hotel in Paris. After receiving a telephone call in his hotel room, Zimmermann enters an elevator, and at that point Wenders cuts to the gangster's residence. In the interim between the elevator and this apartment, Huyghe creates eight minutes of footage, showing a much older Ganz crossing a bridge between the two locations in Wenders' film. This segment is projected on the center of the screen while the left and right sections are left blank. When Ganz's walk is completed, Huyghe concludes his piece by projecting the remaining portion of Wenders' jump cut on the right. Because Ganz's character dies at the end of the German film, there is no logical explanation for subsequently resuscitating him in Huyghe's piece other than as a ghost haunting the interstices constituting the real in this work.

The disparity between these two cinematic views, according to Huyghe, has a source in Roland Barthes' definition of obtuse meaning. In his essay, "The Third Meaning"[9] this critic ponders the formation of a more complex signification that emphasizes the signifier above any obvious connections that it might suggest with well-established signifieds. In this self-reflexive communiqué, described by Barthes as an impertinent mask that "calls attention to itself as false yet nonetheless refuses to abandon the 'good faith' of its referent,"[10] the signifier is stimulated and disturbed without being able to achieve the climax of a consensual signified. Although Barthes connects the obtuse meaning to a cinematic essence designated "filmic," which is epitomized by the film still, Huyghe emendates both Barthes' obtuse meaning and its connection with the filmic by positing the jump cut as their clearest manifestation in film. This device fulfills Barthes' criterion of being depleted and yet not emptied, becoming "the very form of an emergence, of a fold (even a crease)" that becomes "the representation [in a film] that cannot be represented."[11]

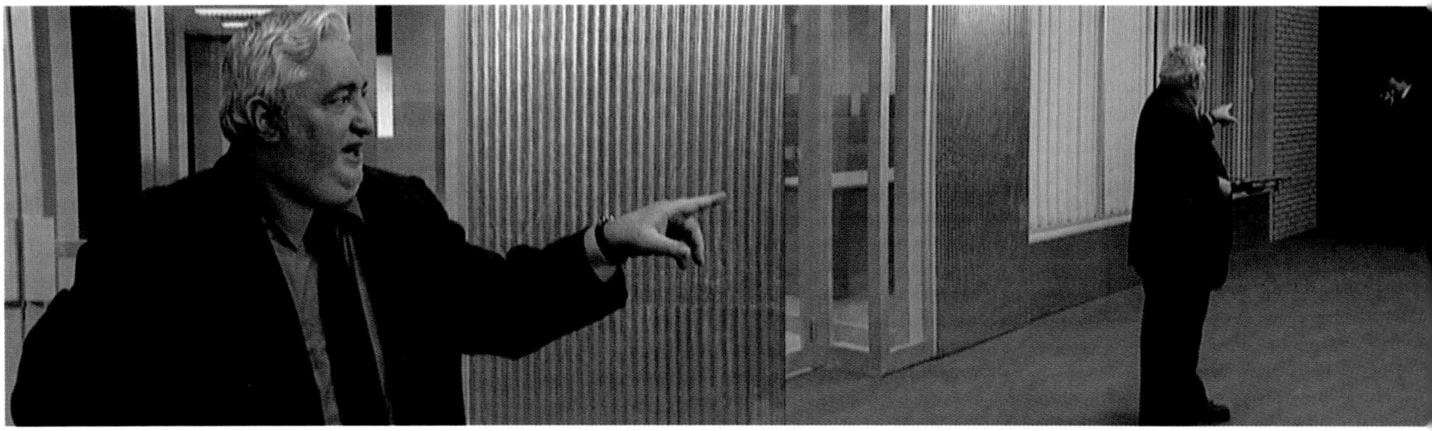

The irreconcilable levels between Wenders' fictive, yet gritty realm and Huyghe's documentary one operate in a similar manner to the nested images in CAMPUS MONTPELLIER. Both set up an internal dialogue—a third or obtuse meaning—at the same time that they provide viewers with compelling and competing lures for accepting one account as either a supplement for the other or a deficit of it. While both narratives champion different sets of conventions for reality, none comes close to achieving this state since all are carefully scripted scenes. Rather than a weakness, their strength as works of art resides in their inability to come to terms with reality. Both Huyghe's CAMPUS MONTPELLIER and his L'ELLIPSE configure art in terms of complex and layered cultural nets, predicated on ongoing dialogues incapable of ensnaring the real.

1) Jan Estep, "Action! An Interview with Pierre Huyghe," *New Art Examiner*, Vol. 27, no. 10 (July/August 2000), p. 32.
2) Jacques Lacan, *The Four Fundamental Concepts of Psycho-Analysis*, ed. Jacques-Alain Miller, trans. Alan Sheridan (New York and London: W. W. Norton & Company, 1978), p. 105.
3) Unless otherwise noted, all quotations by Pierre Huyghe are from a telephone conversation between the author and Huyghe on September 18, 2002.
4) Hans Ulrich Obrist, "Pierre Huyghe: Collaborating on Utopia," *Flash Art*, no. 225 (July–September 2002), pp. 2, 5.
5) Cf. Maurice Merleau-Ponty, *The Visible and the Invisible*, ed. Claude Lefort, trans. Alphonso Lingis, (Evanston, IL: Northwestern University Press, 1968), pp. 130ff, 139.
6) *Pierre Huyghe*, ex. cat. (Munich: Kunstverein München; Zurich: Kunsthalle Zürich; in co-production with Secession, Vienna, and Le Consortium, Dijon, 2000), p. 177.
7) Estep, op. cit., p. 32.
8) Originally Huyghe had wanted to use Michelangelo Antonioni's 1966 film *Blow Up* because it presented so elegantly and concisely the problem of photography's limits in the face of the real, but he was unable to find the right constellation of historic traces to support his use of the jump cut.
9) No doubt Barthes' characterization of the third meaning inspired Huyghe's THE THIRD MEMORY (2000), which dramatizes the extent to which John Wojtowicz's own recollection of his attempted bank robbery is indebted to Al Pacino's characterization of him in Sidney Lumet's film *Dog Day Afternoon*.
10) Roland Barthes, "The Third Meaning" in *The Responsibility of Forms: Critical Essays on Music, Art, and Representation*, trans. Richard Howard (New York: Hill & Wang, a division of Farrar, Straus, and Giroux, 1985), p. 41.
11) Ibid., pp. 55, 59.

Pierre Huyghes
Ellipsen

ROBERT HOBBS

Kritiken zum Werk Pierre Huyghes vernachlässigten häufig die Mitte der 90er Jahre entstandenen Plakate zugunsten seiner bekannteren Filmarbeiten, obwohl für den Künstler selbst eine enge Beziehung zwischen beiden Ausdrucksformen besteht.[1] Zu statischer Form kondensiert bieten Plakate wie GÉANT CASINO (Grosses Kasino, 1995), LITTLE STORY (Kleine Geschichte, 1995) und CAMPUS MONTPELLIER (1995) eine gute Gelegenheit, sich mit zentralen Aspekten von Huyghes Kunst zu befassen, die Lacans Diskurs zuzuordnen sind, insbesondere dem nicht assimilierbaren Realen, das notwendigerweise über die Grenzen der Kunst hinausgeht. Zu Huyghes Verdiensten in diesem Bereich gehört es: (1) die Einheit des künstlerischen Objektes aufgebrochen und damit eine Vielfalt von Perspektiven und Dialektiken veranschaulicht zu haben; (2) die Thematik des Lacanschen Blicks und vor allem dessen Betonung des Begehrens als der eigentlichen Motivation des «Objekts a» aufgenommen und sich so der Komplexität gemeinsamer und sich überschneidender Vorstellungswelten angenähert zu haben; (3) sich mit der «Blickzähmung» auseinander gesetzt zu haben, einem Begriff, der bei Lacan den gezähmten Blick im Gegensatz zu nicht domestizierten und deshalb unbekannten Wahrnehmungsweisen bezeichnet.[2]

In Huyghes Plakaten vermischen sich Kommerz und Kunst, Öffentliches und Kontemplatives. Für jedes dieser Plakate musste Huyghe zuerst eine Plakattafel an einem Ort finden, der sich als Schauplatz für seine Arbeit eignete. Darauf photographierte er Ansichten dieser Umgebung zusammen mit Passanten oder als solche agierenden Schauspielern. Einen dieser Schnappschüsse liess er dann auf das entsprechende Plakatwandformat vergrössern und brachte ihn auf der Tafel an, die ursprünglich sein Interesse geweckt hatte. Sobald sein eigenes Plakat montiert war, photographierte er

---

ROBERT HOBBS bekleidet an der Virginia Commonwealth University, Richmond, den Rhoda Thalheimer Lehrstuhl für Kunstgeschichte und verfasste zahlreiche Künstlermonographien. 1982 war er US-amerikanisches Ausschussmitglied und Kurator der Robert-Smithson-Retrospektive an der Biennale von Venedig. An der Biennale in São Paulo, 2002, präsentierte er eine Werkauswahl von Kara Walker.

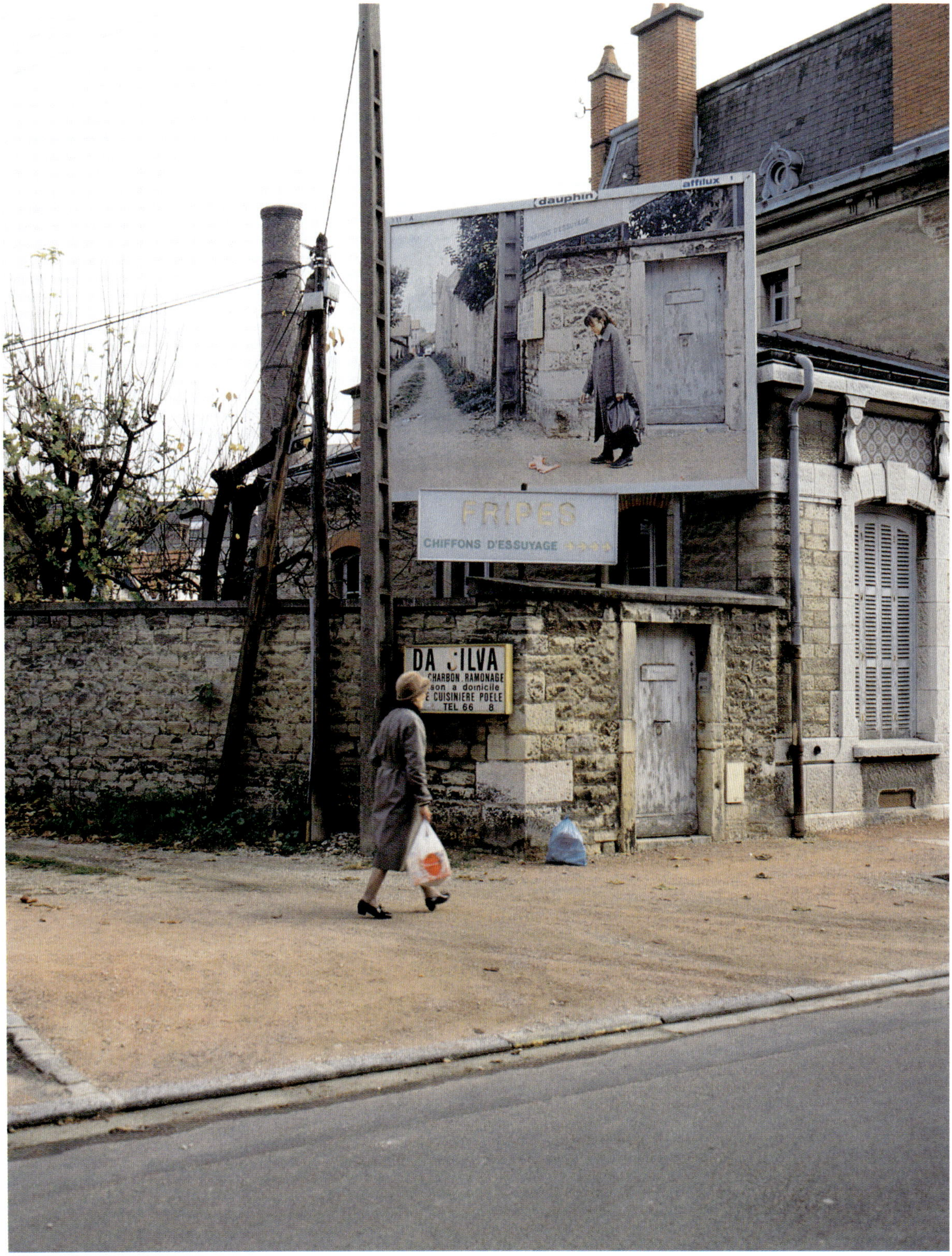

PIERRE HUYGHE, RUE LONGVIC, billboard, 1994, and offset-print poster, 1999 / Werbeplakat, 1994, und Offsetposter, 1999.

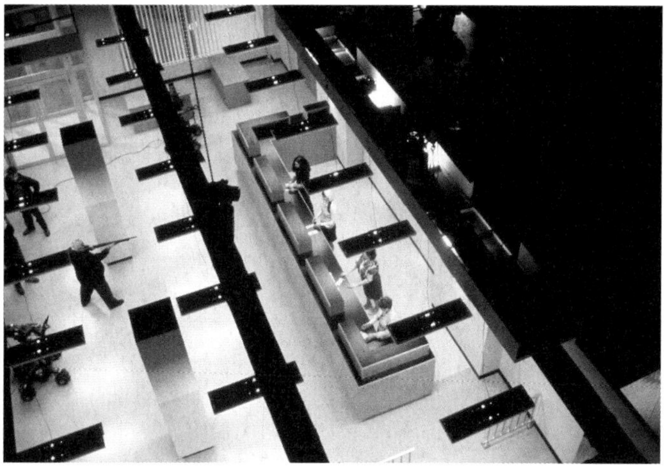

PIERRE HUYGHE, THE THIRD MEMORY, 1999, still from beta digital projection of 9 mins. 46 secs.; coproduction of Centre Pompidou, Musée National d'Art Moderne, The Renaissance Society at the University of Chicago, and The Bohen Foundation / Digibeta-Videostill, 9 Min. 46 Sek.

es in situ und machte davon, ebenfalls in Plakatgrösse, einen Offsetprint. Obwohl in dieser Folge von Bildern Form und Inhalt in klar modernistischer Manier aufeinander abgestimmt sind, wird die sorgfältig komponierte Einheit jedes Plakats hinfällig, sobald dem Betrachter die ständigen Spannungen zwischen realer, symbolischer und imaginärer Ebene bewusst werden.

Der Weg, auf dem diese verschiedenen Ebenen ins Spiel kommen, lässt sich in CAMPUS MONTPELLIER einfach nachvollziehen. Auf einem in der Mitte des Bildes angesiedelten Parkplatz befindet sich eine transportable Plakatwand, die gemütlich auf dem Boden sitzende Studentinnen und Studenten zeigt. Dieses Bild hat grosse Ähnlichkeit mit dem Park und dem niedrigen Gebäude dahinter. Betrachtet man jedoch das ganze Plakat etwas genauer, bemerkt man Unterschiede zwischen dem körnigen Bild im Zentrum und seiner Umgebung, was mit der Vergrösserung der qualitativ unterschiedlichen Bilder zusammenhängt. Während das Plakat in der Bildmitte eher verwaschen aussieht, wirken die Farben der Umgebung sehr intensiv, sodass das Spiegelverhältnis zwischen den beiden Bildern ins Wanken gerät und ein Bruch entsteht. Mit Lacan könnten wir von gegensätzlichen und miteinander rivalisierenden Verlockungen sprechen, die den Betrachter dieser beiden Szenen faszinieren, Szenen, die auf einem unterschiedlich ausgeprägten Begehren basieren, anders ausgedrückt, auf unterschiedlichen Typen des lacanschen «Objekts a», welche diese konkurrierenden photographischen Entwürfe aktivieren. Auch wenn das Plakat wie eine Werbung für seine Umgebung wirkt – ein Sachverhalt, der sein verblichenes Aussehen rechtfertigen und den Gegensatz zwischen den ineinander gefügten Bildern mildern würde –, enthält es weder ein Logo noch eine Botschaft. Huyghe zufolge «wirbt die Arbeit für sich selbst, doch auch ihr öffentlicher Charakter ist sichergestellt».[3] Eine Anzeige ohne Text zu zeigen, der Montpellier etwa als die Stadt der «grauen Zellen» anpreisen würde – ein beliebter Werbespruch, da die Stadt drei Universitäten, fünf Ingenieurschulen, 60 000 Studenten und viele wissenschaftliche Institute beherbergt –, bedeutet, sie vor allem psychologisch und weniger auf kommerzieller Ebene attraktiv wirken zu lassen. Laut Lacan ist diese Art von Verlockung sowohl ein Extra wie auch ein Mangel, denn sie steht für die Realität, die ein bestimmter Traum ausschliesst oder unterdrückt.

Obwohl die ausgebleichte Plakatwand die primäre Blickfalle in CAMPUS MONTPELLIER darstellt, ist sie doch auch nur ein Element einer Dialektik, die den sattfarbenen Teil des Bildes mit einschliesst. Diese gegensätzlichen Bilder des Realen können als Homöomorphismen gelten, die man typologisch auf Ähnlichkeiten und Unterschiede untersuchen kann – ein Projekt, das indirekt durch die Landkarten-Stecknadeln impliziert wird, die Huyghe gewöhnlich benutzt, um die Poster in ihrem Rahmen zu befestigen. Jedes der beiden Bilder, aus denen sich CAMPUS MONTPELLIER zusammensetzt, hat seine eigenen Lockmittel, um uns dazu zu bringen, es als authentisch zu akzeptieren; beide lassen jedoch das Reale im Sinne Lacans aus, denn ihre Bildstrategien bezeugen im Grunde nur ihre Unfähigkeit, die Realität in den Griff zu bekommen. Wir könnten uns diese beiden unterschiedlichen und unzureichenden Abbildungen von Realität als vertikale schwarze Balken auf einem Bildschirm denken, welche eine nicht konkret fassbare Kluft oder einen *jump cut* markieren, ein Schnitt, der einen Bruch zwischen zwei Filmszenen überbrückt. Die dabei entstehende Lücke ist für Huyghe und sein Anliegen die Grenzen der Kunst aufzuzeigen von entscheidender Bedeutung. In Bezug auf dieses Ziel hat Huyghe die Notwendigkeit unterstrichen, das der Wirklichkeit inhärente wilde Element nicht zähmen zu wollen.

Wenn man sich in einer Form von Wissen einrichtet, domestiziert man es, bringt es auf Hochglanz. Ich bevorzuge das ungeschliffene, wilde Wissen... Damit es so bleibt, muss es vom Dialog leben... Mich interessieren unformatierte Denkprozesse. Mit «wild» meine ich etwas, was sich nicht abbilden lässt. Wissen wird geglättet, weil es vermittelt werden muss.[4)]

Natürlich ist der Begriff «Wissen» in dieser Aussage ein Widerspruch in sich, da Information, sobald sie als solche kategorisiert ist, bereits einer imaginären oder symbolischen Ebene zugeordnet und damit gebändigt wurde. Wenn Huyghe von der wilden Unordnung und dem Chaos spricht, die den unerträglichen und letztendlich unergründlichen Charakter der Realität ausmachen, nimmt er sowohl Bezug auf Lacans Theorien, wie auch auf deren Weiterentwicklung in Clément Rossets Arbeiten, *Le Réel et son double* und *Joyful Cruelty: Toward a Philosophy of the Real.*

Huyghes Bemerkung lässt auf sein Vertrautsein mit einer wichtigen Quelle für Lacans *Vier Grundbegriffe der Psychoanalyse* schliessen: Maurice Merleau-Pontys Schrift *Das Sichtbare und das Unsichtbare*, in welcher der Gesichtssinn gemäss dem strukturalistischen Denken als etwas immateriell Leibliches verstanden wird, in welchem sich Kraftlinien zwischen dem inneren und äusseren Bereich manifestieren.[5)] Das wechselseitige Kraftfeld zwischen den beiden Bereichen lässt eine Situation entstehen, in der ein Kunstobjekt seine Betrachter interpoliert beziehungsweise sie erschafft, sodass es, wie wir mit Merleau-Ponty annehmen dürfen, diese auch sieht. Dieselbe Dialektik finden wir in Huyghes Kunst wieder, einer Kunst, die das Ganze noch zusätzlich verkompliziert und bereichert, indem sie, wie bereits erwähnt, ihre Betrachter mit Hilfe von zwei rivalisierenden «Objekten a» interpoliert. Diese grundlegende Dreieckssituation der mit zwei rivalisierenden Vorstellungswelten konfrontierten Betrachter lässt uns die folgende Bemerkung Huyghes besser verstehen:

Ich halte keine realen Szenen fest, um sie dann vorzuführen. Ich lasse sie von einem Schauspieler nachstellen. Mir geht es darum, eine Distanz aufzubauen, einen Unterschied zwischen der Szene (...) und dem Bild. (...) Selbst wenn wir nicht der Schauspieler des Bildes sind, stehen wir doch mitten in seiner Geschichte.[6)]

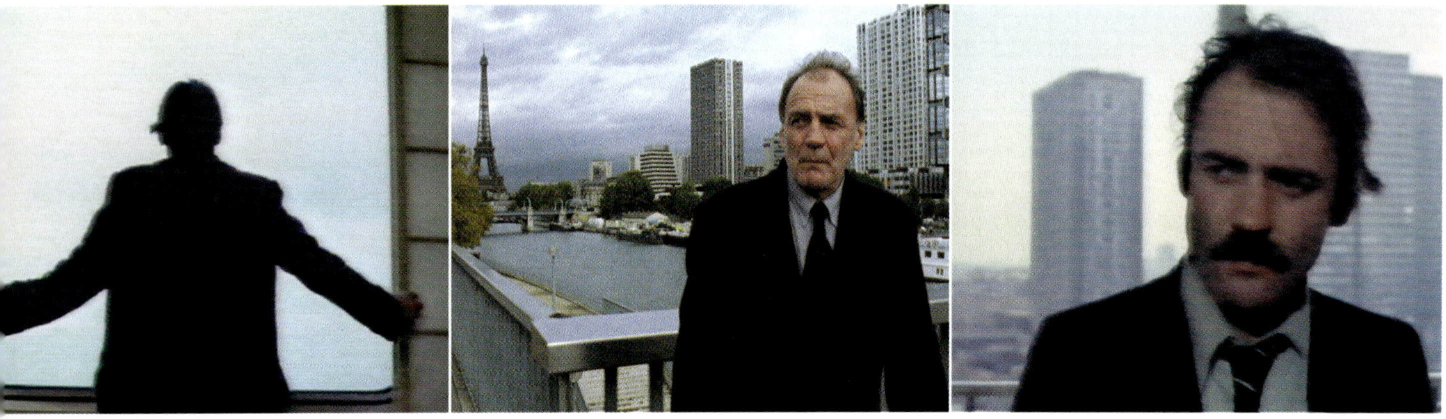

PIERRE HUYGHE, L'ELLIPSE, 1998, triple video projection, S-16-film transferred onto beta digital video film, 13 mins., parabolic screen / dreifache Videoprojektion, S-16-Film überspielt auf Digibeta-Videofilm, 13 Min., gewölbte Projektionsfläche.

Gehen wir von CAMPUS MONTPELLIER weiter, können wir sehen, wie Huyghe seine Videoprojektionen im Sinne der Lacanschen Kluft zwischen symbolischen und imaginären Ebenen ausgearbeitet hat. Ein gutes Beispiel hierfür ist L'ELLIPSE (Die Ellipse, 1998), da der französische Titel englisch mit *jump cut* übersetzt werden kann und sich – so Huyghe – auf jene Brüche in einer Erzählung bezieht, die einen Film für die Zuschauer spannend machen, weil sie beginnen, diese Ellipsen oder Auslassungen mit ihrer Phantasie zu besiedeln.[7] Huyghe flicht am Beispiel einer Szene aus Wim Wenders' Film *Der amerikanische Freund* einen Chiasmus zwischen fiktiven und so genannt realen Abschnitten im Leben des Schauspielers Bruno Ganz.[8] Ganz, der in dem 1977 gedrehten Film die Rolle des Jonathan Zimmermann spielte, wurde von Huyghe gebeten, einen Jump-Cut zwischen zwei im ursprünglichen Film vorkommenden Pariser Schauplätzen in Echtzeit nachzuspielen, indem er einfach zu Fuss von einem Ort zum anderen geht. Die als Mini-Theaterstück in drei Akten konzipierte Filmprojektion beginnt auf der linken Projektionsfläche mit Wenders Erzählung von Zimmermann: Dieser, ein Rahmenmacher und Restaurator aus Hamburg, der an einer seltenen Blutkrankheit leidet, bezieht ein Zimmer in einem japanischen Hotel in Paris. Nachdem er dort einen Anruf erhalten hat, verlässt er sein Zimmer und nimmt den Aufzug. In diesem Moment erfolgt der Schnitt und man sieht nun die Wohnung des Gangsters, der Zimmermann angerufen hat. Zwischen Aufzug und Wohnung schiebt Huyghe acht Minuten Filmmaterial ein, auf dem man sieht, wie ein nunmehr um einiges älterer Bruno Ganz über eine Brücke geht, welche die beiden Schauplätze in Wenders Film verbindet. Dieser Teil wird in die Mitte der Projektionsfläche projiziert, während die linke und rechte Seite leer bleiben. Nachdem Ganz seinen Spaziergang beendet hat, beschliesst Huyghe seine Arbeit damit, dass die auf den Jump-Cut folgende Sequenz von Wenders' Film auf die rechte Seite projiziert wird. Da der von Ganz dargestellte Charakter am Ende von Wenders' Film stirbt, gibt es eigentlich keine andere Erklärung für seine Wiederbelebung durch Huyghe als die, ihn als Geist in jenen Zwischenräumen herumspuken zu lassen, die in dieser Arbeit für die Realität stehen.

Die Unvereinbarkeit der beiden filmischen Auffassungen erklärt Huyghe mit Roland Barthes' Definition des «stumpfen Sinns». In seinem Essay «Der dritte Sinn»[9] beschäftigt sich der Kritiker Barthes mit der Entstehung einer komplexeren Signifikanz, für die der Signifikant wichtiger ist als alle offensichtlichen Verbindungen zu wohl bekannten Signifikaten. In dieser selbstreflexiven Form des Berichtens, die Barthes als eine Art «Verkleidung» beschreibt, «die unecht aussieht, aber dennoch an der ‹Glaubwürdigkeit› ihres Referenten festhält»,[10] wird der Signifikant stimuliert und provoziert ohne je die Klimax eines allgemein anerkannten Signifikats zu erreichen. Obwohl auch Barthes den stumpfen Sinn mit einem Grundelement des Films verbindet, dem so genannten «Filmischen», das paradoxerweise im «Fotogramm» (der Standaufnahme) zu seiner Vollendung findet, arbeitet Huyghe sowohl den stumpfen Sinn wie auch dessen Verbindung mit dem Filmischen auf, indem er den Jump-Cut als ihre augenfälligste Manifestation im Film sichtbar macht. Dieses filmische Mittel erfüllt Barthes' Kriterium einer *déplétion* oder Entleerung ohne leer zu werden und wird zur «eigentlichen Form eines Auftauchens, einer Falte (ja sogar einer Knitterfalte)», und somit zur «Darstellung [im Film], die sich nicht darstellen lässt».[11]

Die Unvereinbarkeit zwischen Wenders' fiktiver, aber realistischer Ebene und Huyghes dokumentarischer Ebene funktioniert ähnlich wie jene der in CAMPUS MONTPELLIER ineinander geschachtelten Bilder. Beide Ebenen entwickeln einen inneren Dialog – einen dritten oder stumpfen Sinn – und versuchen den Betrachter mit zwingenden, rivalisierenden Bildern davon zu überzeugen, die eine Version entweder als Ergänzung der anderen oder als deren Defizit zu betrachten. Beide Geschichten unterstützen je verschiedene Konventionen hinsichtlich der Realität, doch keiner gelingt es, Realität auch nur annähernd zu erlangen, denn immer handelt es sich um sorgfältig arrangierte Szenen. Diese Unfähigkeit, die Wirklichkeit in den Griff zu bekommen, ist aber weniger ein Zeichen von Schwäche als eines der künstlerischen Stärke dieser Arbeiten. Huyghes CAMPUS MONTPELLIER, aber auch L'ELLIPSE betreiben Kunst in Form komplexer und vielschichtiger kultureller Netze, die auf den fortwährenden Dialog bauen und das Reale nie einzufangen vermögen.

(Übersetzung: Uta Goridis)

1) Jan Estep, «Action! An Interview with Pierre Huyghe», in: *New Art Examiner*, Bd. 27, Nr. 10, (Juli/August) 2000, S. 32.

2) Jacques Lacan, *Die vier Grundbegriffe der Psychoanalyse, Das Seminarbuch XI* (1964), übers. v. Norbert Haas, Quadriga, Berlin 1987, S. 116.

3) Falls nicht anders angegeben, stammen alle Zitate Pierre Huyghes aus einer telefonischen Unterhaltung, die der Autor am 18. September 2002 mit dem Künstler führte.

4) Hans Ulrich Obrist, «Pierre Huyghe: Collaborating on Utopia», in: *Flash Art*, Nr. 225, Juli–September 2002, S. 2 und 5. (Hier aus dem Englischen übersetzt.)

5) Maurice Merleau-Ponty, *Das Sichtbare und das Unsichtbare*, hrsg. v. Claude Lefort, Wilhelm Fink, München 1994.

6) *Pierre Huyghe*, Ausstellungskatalog, Kunstverein München; Kunsthalle Zürich; Secession Wien; Le Consortium Dijon, 1999–2000, S. 177.

7) Estep, op. cit., S. 32.

8) Ursprünglich wollte Huyghe Michelangelo Antonionis Film *Blow Up* aus dem Jahr 1966 als Vorlage benutzen, da dieser die Grenzen der Photographie angesichts der Realität so elegant auf den Punkt bringt. Aber er fand darin nicht die richtige Konstellation historischer Spuren für seine Verwendung des Jump-Cut.

9) Zweifellos hatte Barthes' Definition des dritten Sinns Huyghe zu THE THIRD MEMORY (2000) angeregt, wo er dramatisch inszeniert, in welchem Mass John Wojtowicz' eigene Erinnerung an seinen versuchten Bankraub von Al Pacinos Darstellung seiner Person in Sidney Lumets Film *Dog Day Afternoon* beeinflusst ist.

10) Roland Barthes, «Der dritte Sinn», in: *Der entgegenkommende und der stumpfe Sinn*, Edition Suhrkamp, Frankfurt am Main 1990, S. 54.

11) Barthes, ebenda, S. 61, 63.

Edition for Parkett PIERRE HUYGHE

ALL BUT ONE, 2002

Windchime for outdoor use, 5 hand-tuned aluminum tubes, 1 3/8" diameter each; top hanging ring 2";
black cord, black wood striker, engraved aluminum wind plate, 4" diameter
Overall length 55 1/8"; overall diameter 8"
Manufactured by Jeff Kile, Grace Note Windchimes, Mariposa, California
Edition of 70, signed and numbered certificate

ALLE AUSSER EINEM, 2002

Freiluft-Windglockenspiel, 5 handgestimmte Aluminiumrohre von je 3,5 cm Durchmesser;
Aufhängering 5 cm Durchmesser; schwarze Kordelschnur, schwarze Holzscheibe als Klangklöppel;
gravierte Windscheibe aus Aluminium von 10 cm Durchmesser
Gesamthöhe 140 cm; Gesamtdurchmesser 20,5 cm
Hergestellt von Jeff Kile, Grace Note Windchimes, Mariposa, California
Auflage: 70, signiertes und nummeriertes Zertifikat

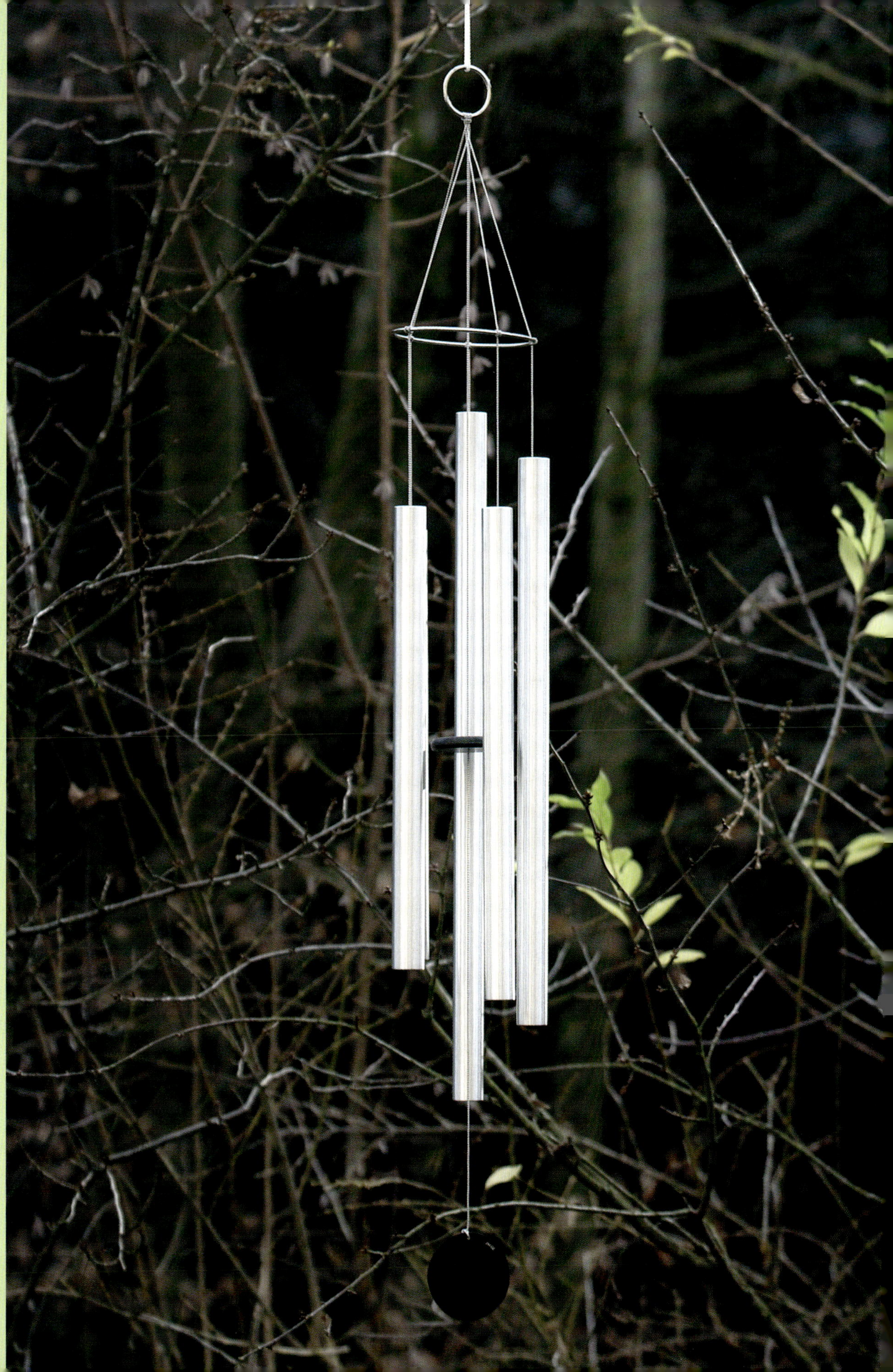

(PHOTO: MANCIA/BODMER, FBM STUDIO, ZÜRICH)

Fish Scales

EDWARD DIMENDBERG

Allan Sekula's TSUKIJI

5 a.m. outside of the Tokyo fish market, Tsukiji. A man dozes in the cab of a truck as the camera slowly zooms in to frame him in closer profile. So begins the videotape TSUKIJI produced by artist and writer Allan Sekula for the 2001 Yokohama Biennial. For the next forty-three minutes it explores the hauling, inspecting, auctioning, sawing, cleaning, de-scaling, and selling of fish, the dominant source of protein in the Japanese diet. Together with Spain, Japan holds the record for the highest per capita fish consumption in the world, a cultural and culinary preoccupation that Sekula incisively surveys. It is hardly surprising that his video begins with an image of bodily fatigue. Work always has been central to Sekula's photography and its goal of investigating the production of everyday life, its material foundations, social conflicts, and cultural achievements, including the notion of documentary photography that his own photographs and writings consistently interrogate.[1] TSUKIJI constitutes a sequel of sorts to "Fish Story" (1995), an exhibition and book whose emphasis upon container cargo handling and ship building is here complemented by an investigation of the fish market.[2]

At once evoking the absent workforce of fishermen at sea whose catches are conveyed to market by truck, the opening image also cites a key reference for Sekula: Japanese proletarian novelist Takiji Kobayashi, whose novel *The Factory Ship* explores the monstrous conditions and perennial exhaustion suf-

EDWARD DIMENDBERG teaches architecture, film, and German studies at the University of Michigan. He is co-editor (with Anton Kaes and Martin Jay) of *The Weimar Republic Sourcebook* (Berkeley, 1994) and the author of *Excluded Middle: Toward a Reflective Architecture and Urbanism* (San Francisco, 2002), and *Film Noir and the Spaces of Modernity* (forthcoming).

All quotations of remarks by Allan Sekula derive from E-mail correspondence with the author on March 28, 2002.

ALLAN SEKULA, TSUKIJI, 2001, video stills.

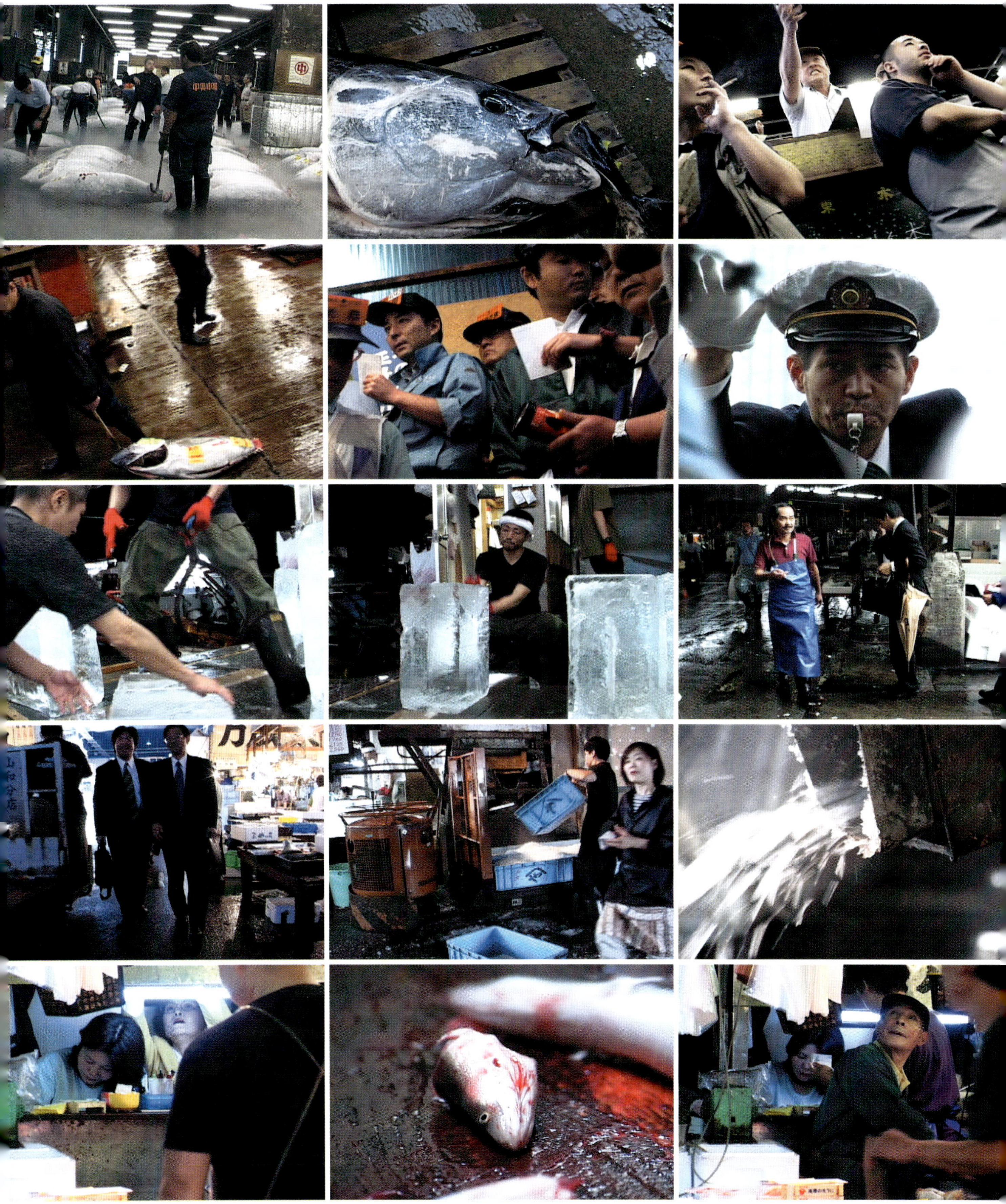

fered by the men on a crab fishing ship.[3]) An intertitle announces that Kobayashi was beaten to death at the Tsukiji police station on February 20, 1933, thus introducing absent traces of the historical past into a present world that seems blind to all realities but those of commerce. Like the films of Jean-Marie Straub and Danielle Huillet, whose predilection for long takes Tsukiji shares, Sekula's video evinces a deep commitment to the elaboration of a politics of sequences, scales, and viewing contexts. And like his still photographs, it poses questions and imparts a sense of its own tentative character without lapsing into formal excess or hermeticism. Sekula often exhibits his images in diptychs and triptychs, imbricating each within a series of histories broader than that conveyed by a single photograph.

ALLAN SEKULA, PROJECT FOR YOKOHAMA (DIPTYCH), 2001, Misaki Fisheries High School, Yokosuka (left / links) & US Naval Base, Yokosuka (right / rechts), cibachrome prints, 50 x 70" each / je 127 x 179 cm.

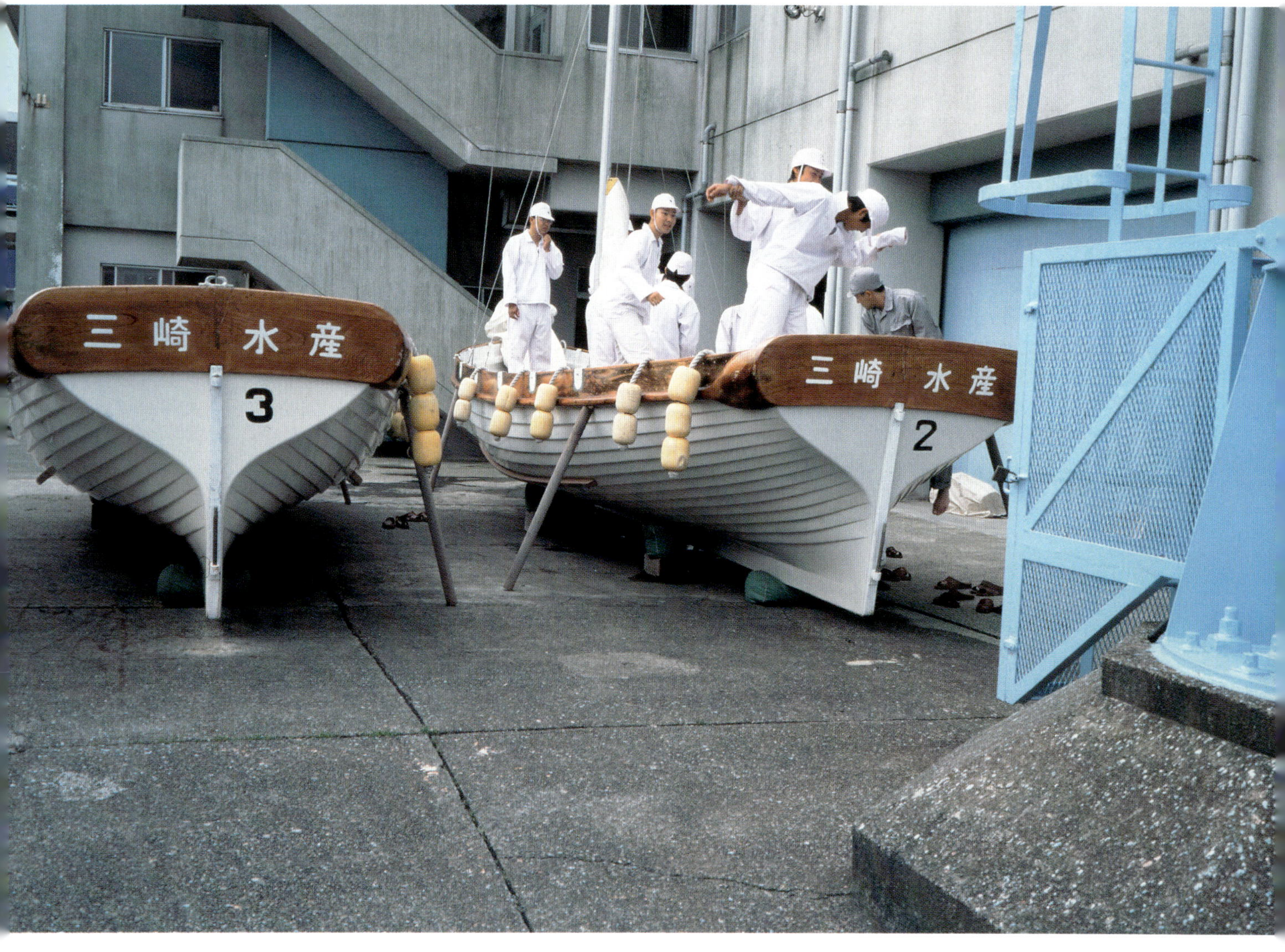

In the Yokohama exhibition, he included a diptych of photographs of the Misaki Fisheries High School and the United States Naval base, both located at Yokosuka and each exemplifying an alternate use of the sea. The students training on a numbered boat (again evoking Kobayashi) are captured miming bodily gestures of Titanic, the great mass cultural oceanic text of our present global age. Similarly, the army base is presented in a photograph of a wall mural with crude portraits of Stanley Kubrick, Ansel Adams, and astronaut Alan Shepard. Their misspelled names and cartoon-like visages propose a random and arbitrary inventory of American culture. At stake in what Sekula calls "the strange division of maritime labor in the Pacific between the US and Japan" is not simply the geopolitical balance of

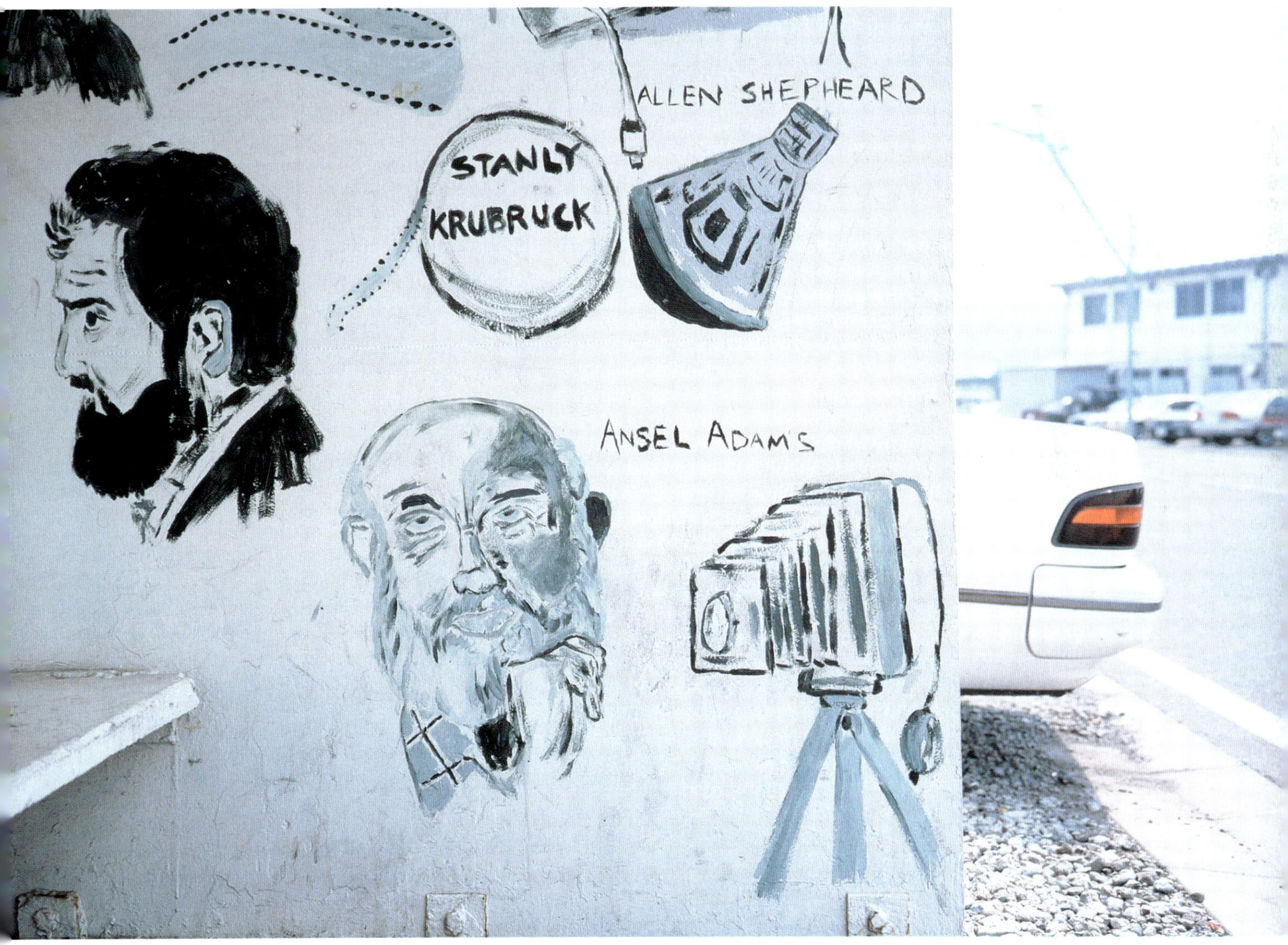

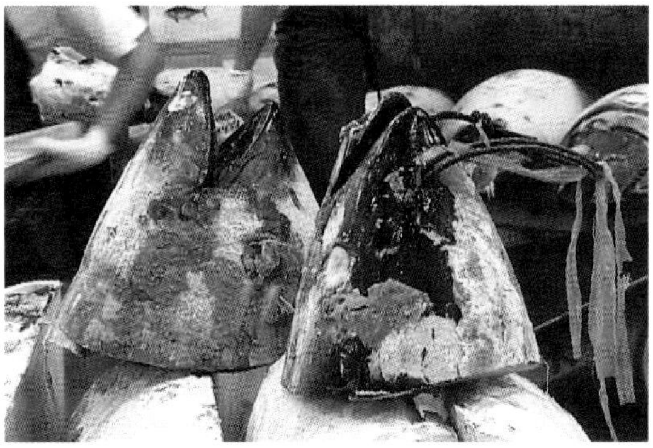

ALLAN SEKULA, TSUKIJI, 2001, video still.

power (brought home by the collision between the submarine USS Greenville and the fisheries training ship Ehime Maru in February 2001), but the violence with which both militarization and commercial fishing approach the sea.

In the same room as these photographs, Sekula included a display case together with a copy of Kobayashi's novel and another book, a copy of the best-selling manga comic-illustrated novel *On War* by conservative writer Yoshinori Kobayashi, and *ukiyo-e* prints depicting the American naval arrival in the 1850s. By introducing a range of diverse ideas and themes in visual and written form, Sekula realizes a mode of exhibition practices whose images and texts solicit and demand a continual re-reading, re-writing, and re-contextualization. To encounter TSUKIJI in this, its original viewing context is to expect that it will occasion labor on the part of its viewers.

In its refusal to yield an experience of transparency or plenitude, the video challenges the most basic conceptions of the documentary mode of which it realizes a probing critique. Sekula filmed in the fish market during late May and early June of 2001, spending four days there during the daily working shift from 4 a.m. until noon. Utilizing a three-chip DVD mini-camera, he followed the changing flow of work and constantly varied the scale with which he approached his subjects. Alternating from group scenes, to shots filmed while walking through the market, to close-ups of the faces of individual workers, these studiously uncomposed handheld shots share a fluid kineticism. Labor is first introduced in the market as the men who work there are shown gathering around carcasses of fish which they haul, inspect, and label with red paint. At once recalling the stockpiling of parts adjacent to an assembly line, the enormity of the fish (each of which can weigh over 100 lbs.) and the industrialized manner of their presentation in neatly demarcated rows suggests a curious hybrid of the organic and inorganic.

Formerly living things are here transformed into commodities reverentially bathed in crushed ice, whose cutting and grinding the video traces as the lifeblood of the market. The body of the fish is a condensation point where labor, capital, social life, and culture converge. In its fastidious cleanliness (this may be the only fish market in the world that does not smell) TSUKIJI obscures what Sekula calls "the pseudo-disclosure of the agora: the illusion that we are in direct contact with nature in such places when we see raw products" that suppresses "the difficulty of the extraction process, the violence and danger of the sea." As if once again taking a cue from Kobayashi's remarkable description of workers on the factory ship, Sekula gravitates toward presenting them in group scenes, with particular attention upon the tools, rhythms, and gestures of their labor. Frequent shots from below emphasize the workers' boots, complemented by images of their gloved hands, flashlights, and ice picks. It is a world almost entirely dominated by men, in which women (who turn up in but a few shots in the video) are confined to working in the vending halls, or more rarely, as traders.

A man smoking a cigarette motions with his hand to indicate where the fish should be placed. Traders in an auction bidding vast sums (as high as $ 20,000) for prized tuna, make their bids through subtle finger gesticulations. A close-up of the white-gloved hand of a traffic police man underscores Sekula's interest in what he terms the "discursive" quality of labor, its status as transformative and intelligent social activity. Unlike Kobayashi's novel, Sekula's video approaches the working environment of the fishing industry with a more nuanced blend of admiration and wariness, a respectful acknowledgment of its labor and organization marked by recognition of its social costs. The natural sound recording of cargo scooters, band saws, and auction bells and cries composes a poetic soundtrack of the market. Close-ups of the silver translucent skin and blue eyes of individual fish reveal their extraordinary beauty. Eels are impaled upon a spike and then hacked to pieces by a fish cutter in a ballet of perfectly calibrated movements. Their decapitated heads momentarily gasp and then become still. Although the sawing of vast quantities of enormous fish into massive chunks appears an industrialized labor, Sekula will not allow us to forget that all activities in TSUKIJI fundamentally hinge upon the movement from life to death.

Cutting chunks of prized tuna with a knife measuring more than one meter long, a merchant appreciatively rubs his finger across its fat-rippled skin, as if caressing the flesh of a loved one. Connoisseurship and commodity fetishism fuse, and one of the final shots depicts a customer waiting to purchase fish, his banknote resting on the counter of the vending stall as the movement from production to consumption comes full circle.

Sekula has noted "a tension in the piece between purely instrumental cutting and aestheticized cutting, and a violence that underlies both." This aestheticization becomes particularly evident in the Japanese predilection for the morsel, central to the preparation of sushi but also present, according to Sekula, in the architecture of Frank Gehry. "I think Gehry's architecture owes something to sushi. When the large slab of maguro tuna is precisely sectioned by knife and the sections are pivoted away from the broken axis of the body of the fish, we suddenly see something that could be a fish-flesh model for a Gehry building." Seizing on the omnipresence of the fish motif in Gehry's work, from his celebrated lamps to his "Fish Dance" restaurant in Kobe (referred to in the written notes accompanying the Yokohama exhibition), Sekula elegantly links the gestures of labor in daily life to those of refined architectural production. To paraphrase Walter Benjamin, one might conclude that there is no morsel of fish, no piece of sushi, that is not also a document of the universe of labor, whose social, cultural, and gestural dimensions cannot be evaded.

An abrupt transition to the street adjacent to the market unexpectedly concludes the video by ejecting the viewer out of its confined space into the outdoors. Quoting from Kobayashi's novel, Sekula includes an intertitle from the scene in which malnourished and nearly dead workers on the factory ship are shown a series of films: "Then the movie began… At frequent intervals the film snapped in two, the images vanishing in a dizzying and jittery montage, and the light shining directly on the dazzling white of the screen."[4] The distracting comedies projected for the workers on the ship are accompanied by the spoken words of the traditional Japanese film narrator, the benshi, instructed by the shipping company in this case to instill his audience with the benefits of diligent labor.[5] Casting suspicion upon the coercive and doctrinaire function of these spectacles in the novel, Sekula invites the viewer to question his role as the narrator and image maker of TSUKIJI. Presenting the bounties of the ocean in a thoroughly socialized setting, he reminds us, in a mock prayer completed shortly after he filmed at the market, of its (and our) finitude whose repression we maintain at our collective peril:

Prayer for the Americans and their Allies 6/16/01

The sky will be our shield
The market will never fall
The icecaps will never melt
And the sea will never be exhausted

1) See Allan Sekula, *Photography against the Grain: Essays and Photoworks 1973–1983* (Halifax: Nova Scotia College of Art and Design, 1984); *Dismal Science: Photo Works 1972–1996* (Illinois State University, 1999) and *The Traffic in Photographs* (forthcoming).

2) Allan Sekula, *Fish Story* (Rotterdam and Düsseldorf: Witte de With Center for Contemporary Art and Richter Verlag, 1995).

3) Takiji Kobayashi, *The Factory Ship* and *The Absentee Landlord*, transl. by Frank Motofuji (Seattle and London: University of Washington Press, 1973).

4) For a discussion of the role of the benshi see Noel Burch, *To a Distant Observer: Form and Meaning in the Japanese Cinema*, rev. and ed. Annette Michelson (Berkeley and Los Angeles: University of California Press, 1979), pp. 100–109.

5) Ibid.

Fischschuppen

EDWARD DIMENDBERG

Allan Sekulas TSUKIJI

Fünf Uhr morgens vor dem Tokioter Fischmarkt Tsukiji. Im Führerhaus eines Lastwagens döst ein Mann, dessen Profil von der Kamera langsam herangezoomt wird. So beginnt das Videotape TSUKIJI des Künstlers und Schriftstellers Allan Sekula für die Biennale 2001 in Yokohama. In den folgenden 43 Minuten dokumentiert es das Anliefern, Begutachten, Versteigern, Zerteilen, Säubern, Schuppen sowie den Verkauf von Fisch, Japans wichtigster Eiweissquelle. Was den Pro-Kopf-Verbrauch an Fisch betrifft, steht Japan zusammen mit Spanien an erster Stelle; das damit einhergehende kulturelle und kulinarische Tätigkeitsfeld nimmt Sekula eingehend unter die Lupe. Dass sein Videotape mit einem Bild physischer Erschöpfung beginnt, überrascht kaum. Körperliche Arbeit war schon immer ein zentrales Thema von Sekulas Photographie und ihrem Anliegen, das Alltagsleben zu untersuchen, seine materiellen Grundlagen, gesellschaftlichen Konflikte und kulturellen Errungenschaften einschliesslich des Begriffs der Dokumentarphotographie selbst, den er in seinen eigenen Bildern und Texten ständig hinterfragt.[1] TSUKIJI ist gewissermassen eine Fortsetzung von *Fish Story* (1995), einer Ausstellung und einem Buch, deren Themenschwerpunkte Frachtverkehr und Schiffsbau hier durch eine Erkundung des Fischmarktes ergänzt werden.[2]

In der ersten Einstellung wird nicht nur die abwesende Besatzung auf See beschworen, deren Fänge die Lastwagen anliefern, sondern auch der für Sekula äusserst wichtige japanische Arbeiterschriftsteller Takiji Kobayashi, dessen Roman *Krabbenfischer* die verheerenden Arbeitsbedingungen und die fortwäh-

EDWARD DIMENDBERG lehrt an der Universität von Michigan Architektur, Film und Germanistik. Er ist (zusammen mit Anton Kaes und Martin Jay) Mitherausgeber von *The Weimar Republic Sourcebook* und Autor von *Excluded Middle: Toward a Reflective Architecture and Urbanism,* sowie von *Film Noir and the Spaces of Modernity* (in Vorbereitung).

Alle Äusserungen Sekulas entstammen einer am 28. März 2002 mit dem Autor geführten E-Mail-Korrespondenz.

rende Erschöpfung der Männer auf einem Krabbenverarbeitungsschiff beschreibt.[3] Ein Zwischentitel erinnert daran, dass Kobayashi am 20. Februar 1933 auf der Polizeistation von Tsukiji zu Tode geprügelt wurde, und lässt so die ausgelöschten Spuren einer Vergangenheit wieder lebendig werden in einer Zeit, die für jede Realität ausserhalb der Welt von Geschäft und Profit blind zu sein scheint. Wie die Filme von Jean-Marie Straub und Danielle Huillet, deren Vorliebe für lange Einstellungen TSUKIJI teilt, erweist sich auch Sekulas Video zutiefst einem künstlerischen Konzept verpflichtet, das Bildfolgen, Massstäbe und Bildkontexte aufzeigen will. Und wie seine Photographien wirft TSUKIJI Fragen auf und verweist auf den eigenen Versuchscharakter, ohne deshalb ins übertrieben Formalistische oder Hermetische abzugleiten. Sekula präsentiert seine Bilder häufig als Diptychen oder Triptychen und verwebt sie so zu Geschichten, die mehr vermitteln können als das einzelne Bild.

Zur Ausstellung in Yokohama gehörte auch ein Diptychon mit je einer Photographie der Misaki-Fischereischule und des amerikanischen Flottenstützpunktes, die sich beide in Yokosuka befinden und jeweils für eine unterschiedliche Nutzung des Meeres stehen. Man sieht Studenten beim Trainieren auf einem nummerierten Schulschiff (wiederum eine Anspielung auf Kobayashi) und fühlt sich durch ihre Bewegungen und Gebärden an die Titanic erinnert, dieses grosse Meeresepos der Massenkultur unseres globalen Zeitalters. Entsprechend wird der Marinestützpunkt durch die Photographie eines Graffito mit primitiven Konterfeis von Stanley Kubrick, Ansel Adams und dem Astronauten Alan Shepard dargestellt. Die fehlerhafte Orthographie ihrer Namen und ihre an Comicfiguren erinnernden Züge geben eine rein zufällige und willkürliche Kostprobe amerikanischer Kultur. Bei dieser, wie Sekula es nennt, «seltsamen Aufteilung maritimer Aktivitäten zwischen den USA und Japan im Pazifik» geht es nicht nur um ein geopolitisches Mächtegleichgewicht (wie beim Zusammenstoss des U-Boots USS Greenville mit dem Fischerei-Schulschiff Ehime Maru im Februar 2001 deutlich wurde), sondern auch um die Gewalt, die dem Meer zu militärischen und kommerziellen Zwecken angetan wird.

Im gleichen Raum mit den beiden Photographien stellte Sekula ausserdem eine Vitrine auf, in der sich

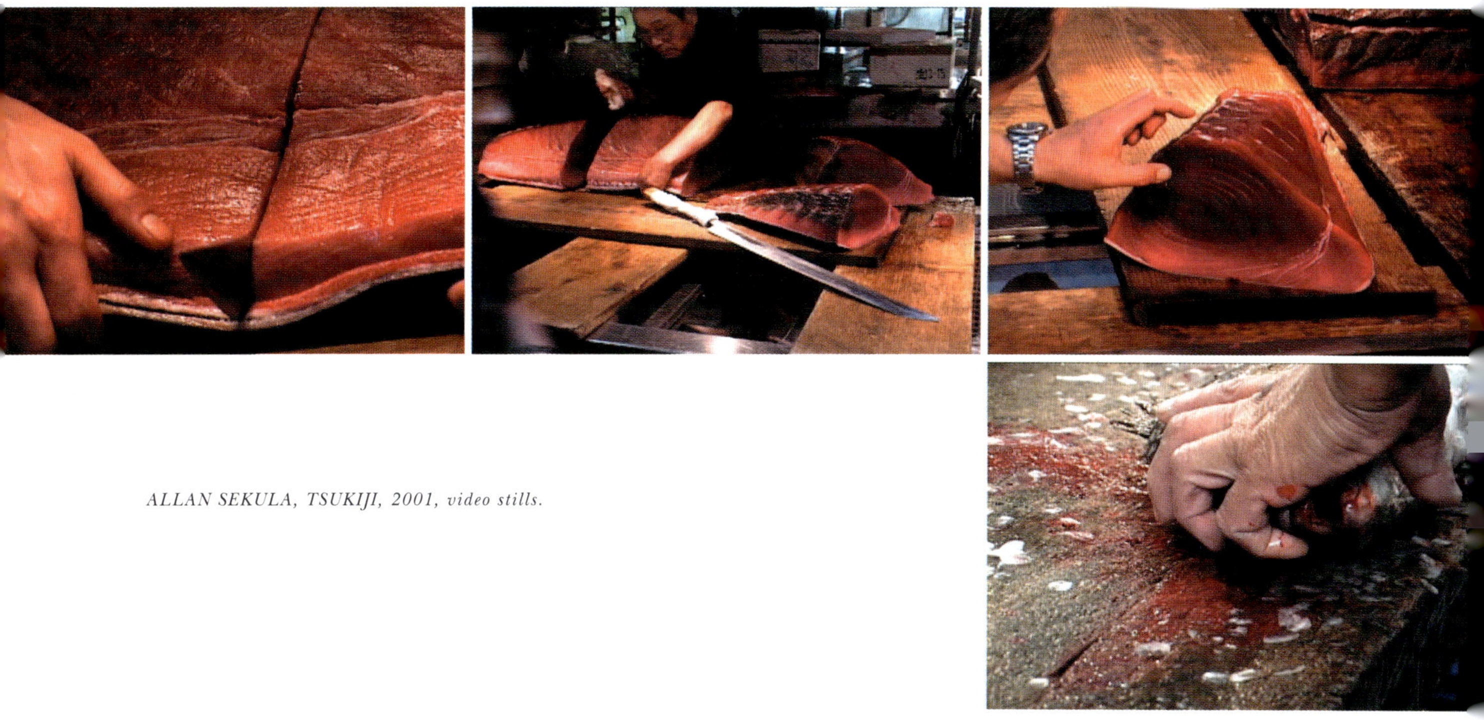

ALLAN SEKULA, TSUKIJI, 2001, video stills.

neben einem Exemplar von Kobayashis Roman der mit Manga-Comics bebilderte Bestseller *Über den Krieg* des konservativen Schriftstellers Yoshinori Kobayashi befand sowie einige *ukiyo-e*-Drucke[4], auf denen die Landung der amerikanischen Flotte in den 50er Jahren des neunzehnten Jahrhunderts zu sehen ist. Indem Sekula ganz unterschiedliche Gedanken und Themen in Bildern oder Texten aufnimmt, setzt er ein Ausstellungskonzept in die Realität um, nach dem Bilder und Texte ständig neu gelesen, neu geschrieben und in einen neuen Kontext gestellt werden müssen. Der Betrachter, der TSUKIJI in diesem ursprünglichen Bildkontext begegnen will, muss jedenfalls das Seinige dazutun.

Durch seine Weigerung, eine Erfahrung von Transparenz oder Fülle zu vermitteln, stellt das Video die Prämissen des Dokumentarfilms in Frage und unterzieht ihn einer kritischen Untersuchung. Ende Mai bis Anfang Juni verbrachte Sekula vier Tage in Folge auf dem Fischmarkt und filmte jeweils während der Frühschicht von vier Uhr morgens bis zwölf Uhr mittags. Mit seiner 3-Chip-DVD-Minikamera folgte er dem wechselnden Fluss der Arbeit und näherte sich dabei seinen Objekten mit ständig wechselnden Einstellungen. Diese absichtlich nicht komponierten und mit der Handkamera gemachten Aufnahmen, bei denen sich Gruppenbilder mit Marktszenen und Close-ups von einzelnen Gesichtern abwechseln, verbindet eine fliessende kinetische Energie. Das Thema Arbeit kommt auf dem Markt erstmals ins Spiel, als man sieht, wie sich die Arbeiter um die toten Fische versammeln, die sie heranschaffen, begutachten und mit roter Farbe markieren. Man muss unwillkürlich an die sich stapelnde Ware am Ende eines Fliessbands denken, denn die Grösse der Fische (manche wiegen über hundert Pfund) und ihre fabrikmässige Präsentation in exakt voneinander abgegrenzten Reihen suggerieren eine merkwürdige Verquickung von Organischem und Anorganischem.

Ehemalige Lebewesen werden in Waren verwandelt und ehrfürchtig auf zerstossenes Eis gebettet, während das Video das Zerstückeln und Zermahlen der Eisblöcke als lebenswichtiges Element des Marktes aufzeichnet. Im Fischkörper konvergieren Arbeit, Kapital, Gesellschaft und Kultur. Durch seine peinliche Sauberkeit (es ist vielleicht der einzige völlig geruchlose Fischmarkt der Welt) lässt Tsukiji vergessen, was Sekula die «Pseudo-Öffnung der Agora» nennt, nämlich «die Illusion, man würde angesichts der Rohprodukte an solchen Orten die Natur aus erster Hand erfahren». Denn dabei würden der «schwierige Gewinnungsprozess, die Gewalt und die Gefahren des Meeres» unterschlagen. Als würde er sich wieder auf Kobayashis bemerkenswerte Beschreibung der Männer auf der schwimmenden Fabrik beziehen, bevorzugt Sekula Gruppenszenen, wobei die Geräte, die Rhythmen und die Bewegungen der Arbeiter im Mittelpunkt stehen. Häufige Einstellungen aus der Froschperspektive lenken den Blick auf die Stiefel der Arbeiter, Bilder, die von in ihren in Handschuhen steckenden Händen, ihren Taschenlampen und Eispickeln ergänzt werden. Es ist eine beinah ausschliesslich von Männern beherrschte Welt, in der die (nur in wenigen Aufnahmen sichtbaren) Frauen in die Markthallen verbannt sind oder – in seltenen Fällen – als Händler auftreten.

Ein Mann mit einer Zigarette deutet an, wo der Fisch hingelegt werden soll. Die Händler, die während einer Auktion enorme Summen (bis zu 20 000 Dollar) für erstklassigen Thunfisch bieten, machen ihre Angebote, indem sie andeutungsweise den Finger heben. Eine Nahaufnahme des weissen Handschuhs eines Verkehrspolizisten verdeutlicht Sekulas Interesse für die «diskursive» Seite der Arbeit, für ihren Status als transformative, intelligente gesellschaftliche Tätigkeit. Anders als in Kobayashis Roman wird die Arbeitswelt der Fischindustrie in Sekulas Video mit einer differenzierteren Mischung aus Bewunderung und Skepsis angegangen; er zollt Arbeit und Organisation seinen Respekt, ohne den Preis, den die Gesellschaft dafür zahlt, zu übersehen. Die natürlichen Geräusche von Hubstaplern, Bandsägen, Auktionsklingeln und lautes Rufen ergeben einen poetischen Soundtrack des Marktes. Nahaufnahmen der durchscheinenden Silberhaut und der blauen Augen einzelner Fische enthüllen deren aussergewöhnliche Schönheit. In einem Ballett genau abgezirkelter Bewegungen spiesst ein Fischzerteiler die Aale auf und hackt sie in Stücke. Ihre abgeschlagenen Köpfe zucken einmal kurz und bleiben dann reglos liegen. Obwohl das Zersägen von Unmengen riesiger Fische in dicke, schwere Stücke als industrieller Arbeitsvorgang gezeigt wird, lässt Sekula uns nie vergessen, dass alles, was sich auf dem Fischmarkt von Tsukiji abspielt, im Grunde eine Bewegung vom Leben zum Tod ist.

Ein Verkäufer, der mit einem Messer von über einem Meter Länge allerfeinsten Thunfisch zerteilt, fährt bewundernd mit dem Finger über dessen Fettpolster, als würde er den Körper einer Frau streicheln. Expertentum und Warenfetischismus verschmelzen miteinander und in einer der letzten Einstellungen sieht man einen Kunden, der darauf wartet, seinen Kauf abzuschliessen; das Geld liegt auf dem Verkaufstresen und der Kreis von Produktion und Konsumation schliesst sich.

Sekula hat auf «die Spannung zwischen einem rein praktischen und einem ästhetischen Zerlegen» hingewiesen und auch auf «eine Gewalttätigkeit, die beiden zugrunde liegt». Die Ästhetisierung drückt sich vor allem in der japanischen Vorliebe für das Teilstück aus, man denke nur an die Zubereitung von Sushi oder auch, wie Sekula meint, an die Architektur von Frank Gehry. «Ich denke, Sushi hat auch Gehrys Architektur beeinflusst. Wenn das Riesenstück Manguro mit dem Messer exakt zerlegt wird und diese Teile von der gebrochenen Achse des Fischkörpers weggedreht werden, sehen wir plötzlich etwas, was ein Modellbau Gehrys aus Fischfleisch sein könnte.» Mit dem Hinweis auf das allgegenwärtige Fischmotiv in Gehrys Werk, von seinen berühmten Lampen bis zu seinem «Fish Dance»-Restaurant in Kobe (das auch im Begleittext zur Ausstellung in Yokohama erwähnt wird), schlägt Sekula einen eleganten Bogen von den Gesten der gewöhnlichen Arbeit zu einer raffinierten architektonischen Bewegung. Walter Benjamin umschreibend, könnte man sagen, es gibt kein Stückchen Fisch, kein Teilchen Sushi, das nicht von der Welt der Arbeit zeugt, deren gesellschaftliche, kulturelle und gestische Dimensionen sich nicht ausklammern lassen.

Das Video endet mit einem abrupten Übergang auf die neben der Markthalle verlaufende Strasse, wobei der Betrachter aus deren begrenztem Raum ins Freie befördert wird. Als Zwischentitel fügt Sekula eine Stelle aus Kobayashis Roman ein, in der den unterernährten und zu Tode erschöpften Arbeitern der schwimmenden Fabrik eine Reihe von Filmen gezeigt werden: «Dann begann der Film... In regelmässigen Abständen zerfiel er in zwei Hälften, die Bilder lösten sich in einer verwirrenden, nervösen Montage auf und das Licht fiel direkt auf das blendende Weiss der Leinwand.»[5] Die unterhaltsamen Komödien, die den Arbeitern auf dem Schiff vorgeführt werden, werden von den Worten des Benshi, des traditionellen japanischen Filmerzählers, begleitet, dem die Schiffsgesellschaft eingeschärft hat, den Zuschauern die Vorzüge fleissigen Arbeitens einzutrichtern.[6] Indem Sekula die nötigende, doktrinäre Seite dieser Filmvorführungen im Roman in ihrer Zwielichtigkeit offen legt, fordert er den Betrachter auf, seine eigene Rolle als Erzähler und Bilderzeuger von TSUKIJI zu hinterfragen. Während er die Schätze des Meeres auf dem Hintergrund einer totalen gesellschaftlichen Vereinnahmung vorführt, erinnert er uns mit einem spöttischen Gebet, das er unmittelbar nach dem Drehen der Marktszenen geschrieben hat, an die Endlichkeit des Marktes (und auch an unsere), die wir nach Möglichkeit zu verdrängen suchen, was uns zum Verhängnis werden wird.

Gebet für die Amerikaner und ihre Verbündeten, 16.6.01

Der Himmel wird uns schützen
Und uns den Markt erhalten,
So wie er die Pole nie schmelzen
Und das Meer sich nie erschöpfen lässt.

(Übersetzung: Uta Goridis)

1) Vgl. Allan Sekula, *Photography against the Grain: Essays and Photoworks 1973–1983*, Halifax, Nova Scotia College of Art and Design, 1984; *Dismal Science, Photo Works 1972–1996*, Illinois State University, 1999, und *The Traffic in Photographs* (in Vorbereitung).
2) Allan Sekula, *Fish Story*, Witte de With Center for Contemporary Art und Richter Verlag, Rotterdam/Düsseldorf 1995.
3) Takiji Kobayashi, *Krabbenfischer*, Volk und Welt, Berlin 1958. Deutsch von Alfons Mainka.
4) Holzschnitte, Darstellungen von japanischen Alltagsszenen.
5) Zur Rolle des Benshi siehe Noel Burch, *To a Distant Observer: Form and Meaning in the Japanese Cinema*, revidiert und editiert von Annette Michelson, University of California Press, Berkeley/Los Angeles 1979, S. 100–109.
6) Ebenda.

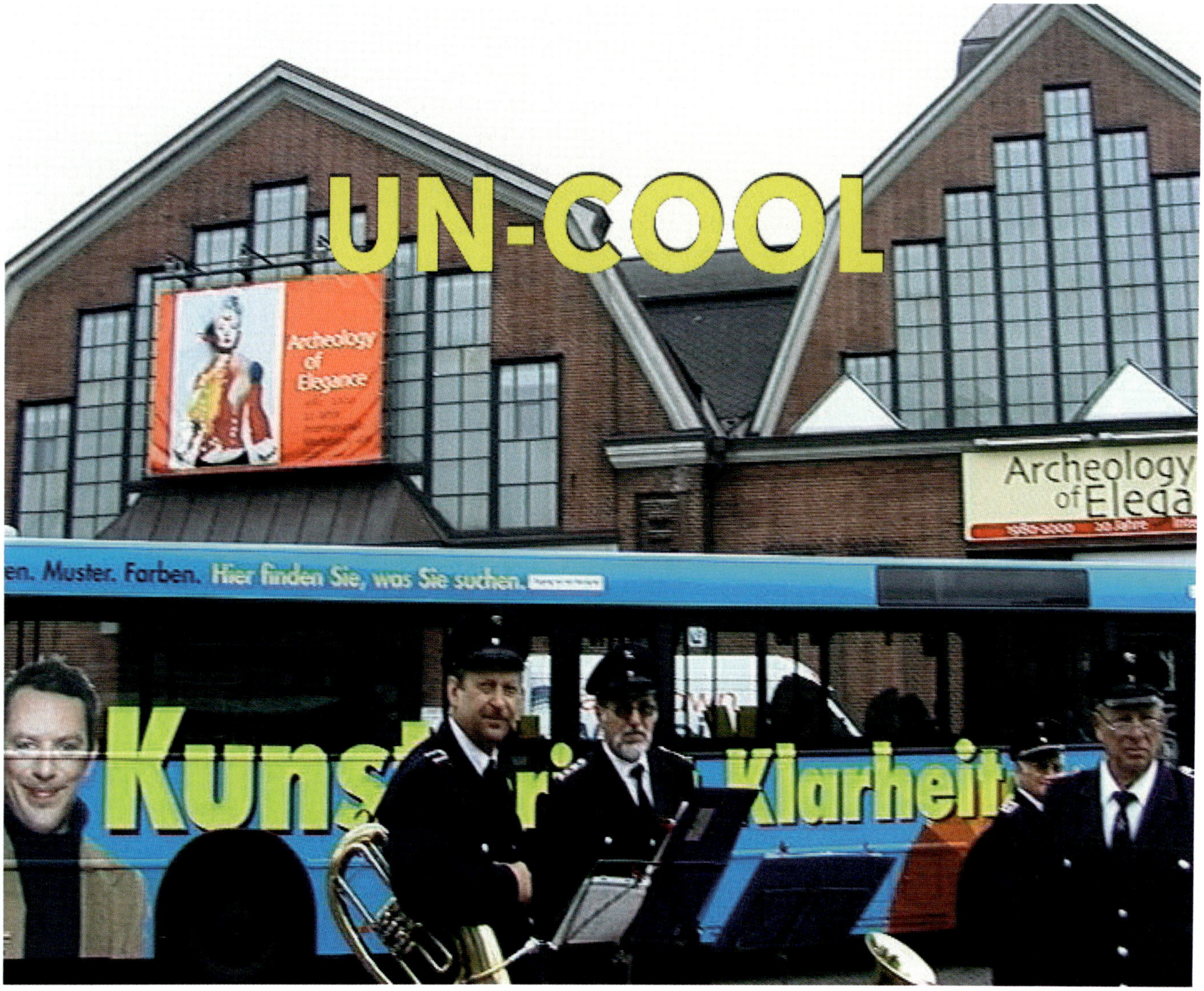

MONICA BONVICINI, HARD SELL, 2002, DVD, *farbig mit Ton, Dauer 18 Min. 30 Sek., Videostill / 18 mins. 20 secs. color* DVD, *sound, video still.*

«LES INFOS DU PARADIS»

Angriff am Schweinebauch

ROBERTO OHRT

Von der gesellschaftlichen Bedeutung der Kunst wird hin und wieder behauptet, sie sei nicht weit von der Werbung zu finden – wenn überhaupt woanders. Demnach leisteten Künstlerinnen und Künstler lediglich freiwillig eine beschwerliche Pionierarbeit und schafften Erkenntnisse heran, die nach einer gewissen Test- und Beobachtungsphase im Freilaufgelände der Kunst Artdirektoren und praxisorientierter Ästhetik zugute kämen. Das fragwürdige Spiel mit dem Schein verbinde die beiden Bereiche ohnehin. Und in den Ateliers würden soziale Sonderbedingungen sowieso nur geduldet, weil ihre Produkte eine elende Realität zu beschönigen oder zu vergessen helfen, weshalb auch in den Agenturen eine aufgeschlossene, experimentierfreudige Stimmung von Nöten sei, denn die Einfälle müssten spritziger, die Welt bunter und die Reichen noch reicher werden.

Von philosophisch anspruchsvollen Essays zieht sich die These bis hin zu einigen flüchtigen Bildern auf dem Boulevard; es lohnt nicht, alle Varianten im Einzelnen aufzublättern. Und dass Porträts bekannter Künstlerpersönlichkeiten oder ihre Kunst preziös und dekorativ in etwas edlerer Markenwerbung erscheinen, macht eine Widerlegung nicht eben einfach. Die kleine Videoproduktion HARD SELL (2002) von Monica Bonvicini ist in diesem Zusammenhang ein Glücksfall, denn sie entstand aus einem Feldversuch auf der Grenze zwischen Werbung und Kunst. Vom Glück erzählt die etwa zwanzig Minuten lange Montage allerdings nichts; eher vom Unglück oder von einem Unfall, der nach seinem verblüffend schockierenden

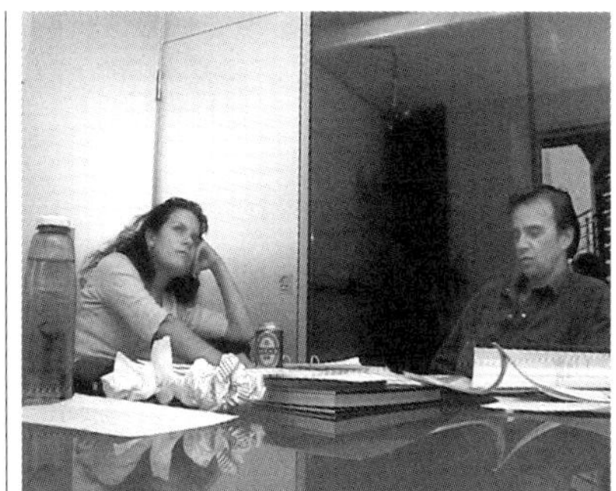

MONICA BONVICINI, HARD SELL, 2002, DVD, video still.

Eintreffen genauso unvermittelt und spurlos wieder verschwindet; ähnlich leicht wie der Schatten der Leiche, den Antonioni in *Blow up* aus der Dunkelkammer ins Morgenlicht tragen liess. Natürlich hat keiner der Beteiligten etwas geahnt oder gesehen und weiss wohl auch nicht, dass die entscheidende Sache schon wieder fehlt. Jeder ist mit seiner Eigengeschwindigkeit mehr oder weniger aufmerksam unterwegs, kommt wie verabredet und macht seine Sache. Dann springt der Entwurf

---

ROBERTO OHRT ist Kritiker und Ausstellungsmacher und lebt in Hamburg. Er lehrte an der Städelschule Frankfurt und an der Universität Kassel. 1999 veröffentlichte er *Raymond Pettibon, Aus dem Archiv der Hefte* und organisierte dazu Ausstellungen in Wien, New York und Santa Monica. 2001 gestaltete er die Ausstellung «Guy Debord – Agent der Kritik gegen ihre Anerkennung» im Zentrum für Medientechnologie Karlsruhe ZKM (September 2001 – Februar 2002).

vom Tisch ins Thema Gegenwart; das Bild ist als Fahrt im Kreis zu sehen, auf dem Plateau der Wirklichkeit, und in diesem Moment hätte alles so schön zusammengepasst: vier Busse als Zirkusnummer mit Platzkonzert, Ansprache, Applaus..., aber die Musik ist zu lahm, die Busse sind zu fett. Das Finale der Spieluhr aus rollenden Werbeträgern zerfällt und auch die Vorbereitungen und die wackeligen Wege dahin brechen unwiderruflich auseinander und so stehen am Ende alle – die Mitarbeiter eines Werbebüros, eingeladene Künstler, wie Liam Gillick, Rirkrit Tiravanija oder Marina Abramovic, die Stadt Hamburg und sogar die Zeit, unsere Aktualität – ihrer Anwesenheit entkleidet im Raum. Verkehrsgeräusche. Ein letzter Bus rutscht hinters Strassengrün. Dann Vogelgezwitscher. Abspann. Wind.

«Aussendienst» – das ist hier ein in mehrfacher Hinsicht passendes Wort: Monica Bonvicini war von den Kuratoren des gleichnamigen Hamburger Ausstellungsprojekts 1999 eingeladen worden, ein Werk für den öffentlichen Raum in der Stadt zu konzipieren. Dass sie sich für die herkömmliche Möblierung einer Stadtsituation, zum Beispiel, irgendeinen Platz mit einem Stück Kunst zu bespielen, nicht interessierte, war kein Problem. Ihr Vorschlag wurde sogar begrüsst: Sie wollte einer ortsansässigen Werbeagentur den Auftrag geben, eine Werbekampagne für Kunst zu entwickeln. Von ihr festgelegt wurde nur, dass als Träger vier Busse des öffentlichen Verkehrssystems benutzt werden sollten, die auf ihrer Route wenn möglich auch die Kunstmeile entlangfahren; des Weiteren, dass sie Künstler oder Künstlerinnen als Models engagieren würde und dass diese einen Gegenstand – ein Werk? – mitbringen und beim Phototermin in der Hand halten sollten. Den Rest überliess sie der Agentur. Und sie bat darum, die Entwicklung des Konzepts mit einer Videokamera festzuhalten. Etwa 20 Stunden Dokumentationsmaterial über das Arbeitsinnenleben eines Werbebüros sind daraus entstanden und wurden der Auftraggeberin zugesandt, die ersten mit dem Vermerk «Brainstorming». Das Ergebnis war ernüchternd und erstaunlich hilflos. Es dokumentiert eine bemerkenswerte Schwäche im Umgang mit dem Auftrag, der vermeintlichen Schwester in Sachen Ästhetik oder Schönheit einen Gefallen zu tun, also einfach nur für sie zu werben und nicht für ein konkretes Produkt. Die genaue Umkehrung der Entwendung zu denken, die sich üblicherweise bei Künstlerlebensbildern oder Kunstwerken Glanz von Kultur und Modernität verschafft, um ihn irgendeiner Marke zu verleihen, war offenbar sehr schwer.

«Schweinebauch» wird in den Agenturen das Format genannt, das mit knalliger Headline, flashigen Sternen oder anderem Aufreisser-Konfetti, grellen Grundfarben, groben Lettern und den X-Komma-99-Zahlen Billigware, Ramsch oder eben den letzten Schweinebauch losschlagen will; Schnäppchen-Köder, die gern im Durchgang zum Hellen ausgelegt werden, um kurz vorm Aufwachen an der Kasse noch den einen oder anderen Cent in der Kundschaft abzufischen. Und Monica Bonvicini wählte aus der Palette der Angebote des Werbebüros den Entwurf dieser Kategorie; den anderen Vorschlägen gönnt die Kamera nur einen flüchtigen Blick. Stattdessen sind die Kreativworker beim Rumhängen am Schreibtisch zu sehen. Minutenlang wird nachgedacht und das Video fährt in diesem Moment knapp überm Standbildmodus dahin. Bei Big Brother wäre derartiger Leerlauf wahrscheinlich herausgeschnitten worden,

MONICA BONVICINI, HARD SELL, 2002, DVD, video still.

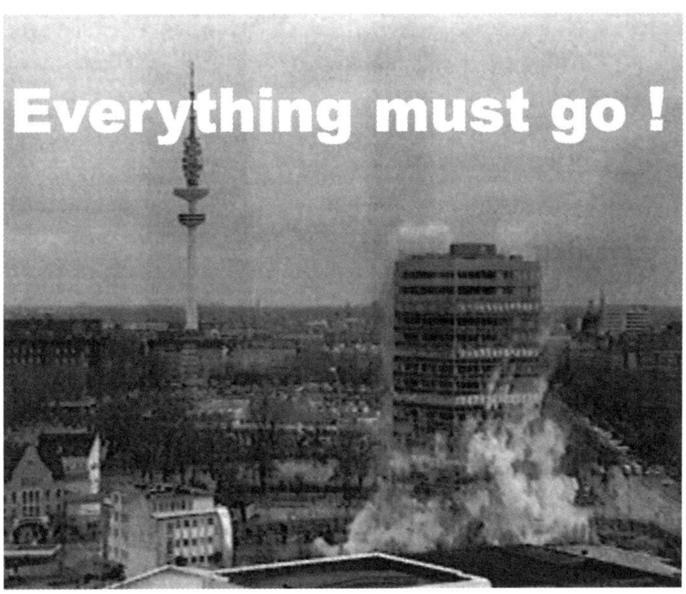

aber in einer Werbeagentur ist es professionell, Stagnation zuzulassen. HARD SELL betrachtet die neuen Kleider der schöpferischen Pause etwas länger und kontrastiert sie dann mit älteren Bildern vom langsamen Dämmern eines Einfalls. «Totalverausgabung» – mit dieser Wortschöpfung beginnt eine Sequenz aus einem 40er- oder 50er-Jahre-Propagandafilm, die an den schon begrabenen Grossvater unserer künstlerisch begabten Jugend erinnert. Er beugt sich übers Papier, damals noch in Schwarzweiss, Innehalten, das Umherirren der Musik. Es geht nicht, Gang zum Fenster, ein Blick über die Stadt, bewegtes Licht, wehende Vorhänge, das aufgewühlte Gesicht, die Brille kneift. – Heute wechselt die Verständigung vom sprachlosen Verharren im Standbild zum Schrott der deutschen Alltagssprache, mit «bla, bla, bla»-Blindtextstellen, «aber irgendwie, so voll fett, garantierte Avantgarde, find ich gut» und «weisst, was ich mein», bis sie im sicheren Gelände von Durchhalteparolen ihr Heil findet: «... ist gut für den Kopf, ... schmeckt, ... bringt Klarheit, ... macht stark!» («... schafft Ordnung», konnte Monica Bonvicini gerade noch verhindern). Abgenutzte Wachmacher werden probeweise auch noch eingeschoben: «Moment mal: Ist das ... Fragezeichen, Ausrufezeichen.» Das Stichwort Kunst hat in der Werbeagentur scheinbar wie ein hypnotisierender Code gewirkt, der den Sektor Einfallsreichtum kontaminierte. Dass sie dann bald die kostengünstige Krisennummer, «Ich bin doch nicht blöd», im Angebot für Monica Bonvicini hatte, könnte zum Teil einem unbewussten Reflex auf die ökonomische Grundlage des Auftrags zugeschrieben werden, denn die Agentur erhielt kein Geld, sondern wurde lediglich als Sponsor genannt; alles andere wäre unbezahlbar gewesen. Andererseits wirkt das Vorzeigen des «Schweinebauchs» auch wie ein schlau gemeintes Mimikry an punkige Verblüffungstechniken der Kunst der 80er Jahre – die euphorische Epoche, in der Werbung und andere aufgeklärte Verwertungsunternehmen von Jugendkultur ihre unbeschwerten Gründerjahre erlebten. Dass Monica Bonvicini die Werber aber auf den witzigen Einfall festlegte, war ihr Versuch, das Augenzwinkern nicht als ein pfiffiges «Wir können auch anders» zu verstehen. Sie drängte ihren Geschäftspartner hinter die freundliche Verteidigungslinie seiner Verweigerung, um zu zeigen, dass da nichts mehr kommt. Für die Künstlerin war die Sprachlosigkeit der Profis eine Überraschung, mit der sie nicht gerechnet hatte, und deshalb liess sie ihre Erfahrung wie einen unsichtbaren Feind durch die Kulissen und Termine des Projekts geistern. Manchmal sind es nur ein paar Takte Musik, die aus einer unbeschwerten Vergangenheit näher kommen und ganz unpassend an der vorsätzlich freudlosen Büroausstattung vorbeitänzeln. Die Melodie ist anonym, bunt und altmodisch gut gelaunt wie Stimmungssequenzen in einem Film, der plötzlich aus seiner Handlung abrutscht, um kurz mal ohne Ziel im poppig luxuriösen Lebensgefühl herumzutreiben, im Gewühl einer Einkaufsstrasse etwa – auch Werbung ohne Produkt. Dann wieder sind es kleine Nebengedanken: «Alles muss raus» – Abschuss eines Hochhauses. Die abrupte Schnittdynamik vermittelt etwas von der Kaltschnäuzigkeit, mit der das Grenznutzenregime der knappen Haushalte sein willkürliches Schalten in der Realität als Selbstverständlichkeit anzunehmen verlangt, wenn etwa aufgrund der Streichungen im Budget von einer Rede nur das letzte Wort bleibt... Es ist eine effektive und effektvolle Lösung, gern auch ironisierend, aber immer genauso rigoros wie das beliebte System, offenkundige Verschlechterungen als schlaue Verbesserungen zu verkaufen. Oder die Sprache der Wirklichkeit selbst, wie sich zum Beispiel die Künstler in ihrer Rolle herumschieben lassen, wie sie mitziehen an den Fäden, die sie im Bild platzieren, und den Intellektuellen oder die Körpereinsatzkünstlerin mimen.

Schliesslich das Ergebnis: die Busse, die jetzt im Verkehr unterwegs sind, im Strassennetz verschwunden wie die Strasse selbst, insbesondere in Hamburg, wo das Stadtbild von einer desorientierenden Mischung aus Autobahn und Waldpark überzogen wird und Busse immer noch uniformiert offiziell daherkommen, als hätten sie eine schnittige Spielmannszugkappe auf. Auch vor ihnen machen die Signale der Privatisierung und des Ausschlachtens jeder verkaufbaren Fläche nicht Halt. Vier dieser Bildfolienbezüge für Busse bewerben nun kein spezifisches Produkt, sondern ganz allgemein die Kunst. Sie bieten sie wie das Letzte an und schreien herum, als ginge es um das Erreichen von Massen, aber sie sollen keine Wirkung haben, denn vier Busse machen natürlich noch keinen Sommerschlussverkauf. Das Video HARD SELL wird stattdessen im öffentlichen System Kunst kursieren und vielleicht bleiben die Bilder der verlorenen Busse dort als eine Korrektur der Vorstellung von den Beziehungen zwischen Werbung und Kunst zurück. Der Crashtest am Schweinebauch hat die Unterschiede ziemlich drastisch offengelegt.

Tripe under Attack

ROBERTO OHRT

As far as the social significance of art goes, there are those who like to claim that it is not so distant from advertising—if there is a distance, that is. Artists are supposedly just intrepid, voluntary pioneers accumulating information which, after a period of testing and observation—when it is allowed free run of the art world—will be to the benefit of art directors and praxis-oriented aesthetics of whatever kind. In any case, or so the argument goes, the two realms are already connected by their dubious games with semblance and illusion. And in the studios, special social circumstances are only tolerated because their products help to gloss over a miserable reality or to obscure it altogether, which is why advertising agencies have to foster open-mindedness and a love of experimentation, because their ideas have to be catchier, the world has to be brighter, and the richer have to get richer.

ROBERTO OHRT is a critic and curator who lives in Hamburg. He was a professor at the Städelschule Frankfurt and at Kassel University. In 1999, he published *Raymond Pettibon, Aus dem Archiv der Hefte,* and curated exhibitions on Pettibon in Vienna, New York, and Santa Monica. Most recently, he mounted the exhibition "Guy Debord—Agent der Kritik gegen ihre Anerkennung" at the Zentrum für Medientechnologie Karlsruhe ZKM (September 2001 – February 2002).

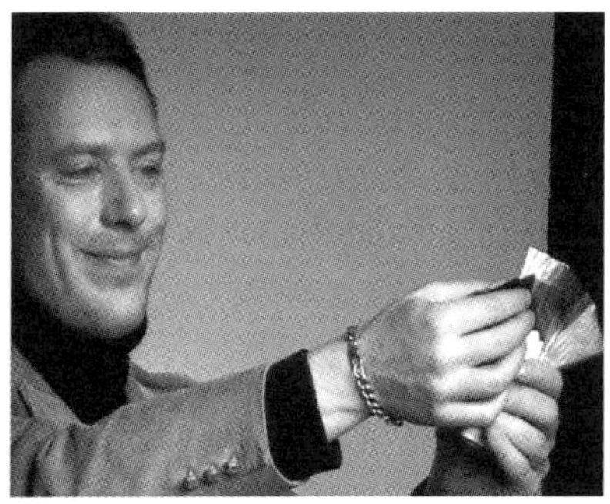

MONICA BONVICINI, HARD SELL, 2002, DVD, video still.

This view comes up as much in philosophically demanding essays as it does in snapshots here and there in the gutter press; it is not worth individually enumerating all the variants. And the fact that portraits of well-known art personalities and their art—precious and decorative—feature in upscale advertisements, doesn't make it any easier to refute these claims. Against this backdrop, the short video-production HARD SELL (2002) by Monica Bonvicini is a happy chance, for it emerged from a field trial conducted on the borderline between advertising and art. Not that this ca. twenty-minute montage is about happiness—if anything it's about unhappiness and an accident that disappears just as abruptly and elusively as it originally appeared, bewildering and shocking, just as easily as the shadow of the corpse carried out of the darkroom into the morning light in Antonioni's *Blow up.* Of course none of those involved suspected or saw anything, and presumably are also not aware that the crucial element is missing again. Everyone is going about their business, more or less observantly and at their own speed; they appear as arranged and do their thing. But then the proposal jumps up off the desk and into the present: the image is seen as a circular journey, on the plateau of reality, and everything would have fitted so well together at that point: four buses as a circus act with a band, speeches, applause..., but the music is too dull, the buses are too fat. The finale with the musical clock made from moving billboards peters out, and the preparations and the shaky process fall hopelessly apart, until everyone and everything—the advertising agency staff, the

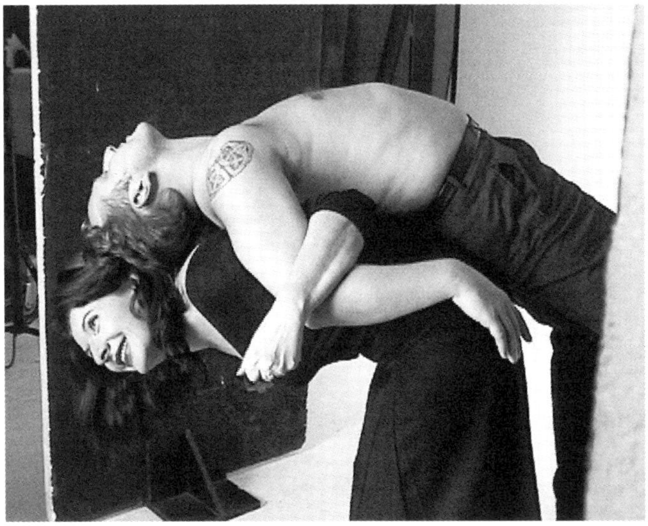

MONICA BONVICINI, HARD SELL, 2002, DVD, farbig mit Ton, Dauer 18 Min. 30 Sek., Videostill / 18 mins. 20 secs. color DVD, sound, video still.

invited artists like Liam Gillick, Rirkrit Tiravanija and Marina Abramovic, the city of Hamburg and even time, our own present—is left standing in the space, bereft of its presence. A last bus slips away amongst the urban greenery. Birdsong. Credits. Wind.

"Aussendienst"—"out-of-house"—in many ways this is a suitable term here: in 1999, Monica Bonvicini was invited by the curators of the Hamburg exhibition project of the same name to conceive a work for a public space in the city. And it was not a problem that she had no interest in adorning the urban setting in the usual way, for instance by enlivening some square or other with a piece of art. Indeed her proposal was welcomed: her idea was to commission a local advertising agency to develop an advertising campaign for art. All that she stipulated was that it should be displayed on four public transport buses, preferably serving the "art mile" with its galleries and museums, and that the models should be artists, each of whom would bring with them one object—a work?—which they would hold during the photo-shoot. The rest was up to the agency. At the same time she also asked that there should be a video record of the development of the concept. This led to around twenty hours of footage documenting the inner workings of an advertising agency, which was sent to the client with the first few tapes marked "Brainstorming." The result was sobering and astonishingly helpless. The video material documented a remarkable feebleness on the part of the agency team in the matter of doing a favor to their supposed sister in aesthetics and/or beauty, that is to say, promoting her for her own sake rather than a concrete product. It was clearly very difficult to come up with the opposite to the usual process—when the gloss of culture and modernity associated with artist's lives or their work is plundered and used to enhance some brand product.

"Tripe"—i.e., its German equivalent *Schweinebauch*—is German ad-speak for anything with a punchy headline, flashy stars or some other eye-catching gimmick, garish colors, chunky lettering, and a price ending in "99" designed to shift cheap merchandise, remainders, or—originally—the last pieces of tripe: bait for the bargains displayed at the point where the customer is emerging into daylight, so that just before they wake up at the checkout a few last pennies can be squeezed out of them. And from the range of suggestions made by the advertising agency, this was the option that Monica Bonvicini chose; the camera only deigns to glance momentarily at the others. Instead the creative ad-people are seen lounging at their desks. For minutes on end they sit there mulling things over, and the camera pans past them, albeit barely perceptibly. In Big Brother any similarly fallow patches would no doubt have been edited out, but in an advertising agency it is professional to allow moments of stagnation. HARD SELL lingers on the new guise of the creative hiatus, and then contrasts this with older images of an idea slowly dawning. "Total effort"—Bonvicini responds to this mantra from the modern agency with a sequence from a propaganda film from the forties or fifties, reminding us of the long dead and buried grandfather of our artistically talented young people. He bends down over the paper, still in black-and-white in those days, motionless, the music wanders aimlessly. No good, he walks over to the window, looks out over the city, moving lights, curtains stirring in the breeze, agitated features, his spectacles are pinching.—Today the fixed shot conveying silent suspended animation is replaced by the detritus of everyday German with "blah, blah, blah" for dummy texts, interspersed with "well, somehow or other, really bold, guaranteed avantgarde, that'd be good" and "know what I mean," until it lands safely on the solid ground of vague encouragement: "... it's good for your mind, ... tasty, ... clarifies things, ... gives it strength!" (Monica Bonvicini was fortunately just able to prevent "... creates a sense of order.") Worn out old alerts are fitted in as a kind of experiment: "Just a moment: Is that ... question mark, exclamation mark." It seems that the catchword Art has had some kind of hypnotic effect on the advertising agency and has contaminated the department of good ideas. The fact that they soon got around to offering Monica Bonvicini the value-for-money solution to all crises—the "What d'you take me for!" option—may in part be a subconscious reflection of the financial circumstances of the commission, for the agency received no fee and were only named as sponsors; nothing else would have been financially viable. At the same time, the agency's decision to propose a piece of "tripe" also seems rather like intentionally cunning mimicry of the punk, bewildering side of art in the eighties—that euphoric epoch when advertising and other smart exploiters of youth culture were innocently breaking new ground. That Monica Bonvicini held the advertisers to their witty idea was her way of determinedly not taking the agency's blatant wink as a "but that's not all we can do." She forced her business partner back across the line of defense of his amiable refusal to play ball, in order to show that that was really all there was. For the artist, the tongue-tied response of the professional agency team was a surprise, and not what she had expected, which is why she then had this painful experience haunt the sets and the meetings like an invisible enemy. Sometimes it is a just a few bars of music that well up out of the carefree past and very unfittingly dance through the intentionally joyless setting of the office. The melody is anonymous, bright and merry in an old-fashioned way, like the mood-setting sequences in a film which suddenly slips away from the action, in order to luxuriate frivolously in a sense of modish living, in the hurly-burly of a shopping street for instance—more advertising without a product. And then there are the little lateral thoughts that suddenly intrude: "Everything has to go"—a block of flats is blown up. The abrupt editing style conveys something of the ruthlessness with which any marginal utility regime with its strict spending limits forces people simply to accept the reality of its arbitrary actions, when cuts in the budget mean that only the last word of a speech remains, for instance... It is an effective solution, with a tendency towards irony, but still just as rigorous as that favorite practice of selling self-evident degeneration as ingenious improvement. Or the very language of reality, for instance the way that artists let themselves be pushed around in their role as artists, how they help to pull the threads that put them in the spotlight, miming the intellectual or the body artist.

And the final outcome: buses out and about in the traffic, lost in the network of streets like the street itself, especially in Hamburg where the face of the city is veiled in a disorientating mixture of motorway and woodland parks and where buses still appear in their official uniforms as though sporting a fetching marching-bandsman's cap. And even they are not spared the advances of privatization and the cannibalization of every salable surface. Four "wrapped" buses now advertise not a specific product but art itself. They promote it like the very latest must-have item, shouting it out as though they thought they could reach the masses, but they will never really have any effect, because four buses don't make a summer sale. Instead the video HARD SELL will do the rounds in the public system of art and maybe the images of the lost buses will linger on, correcting false notions of the relationship between advertising and art. The tripe crash-test has exposed the differences rather drastically.

(Translation: Fiona Elliott)

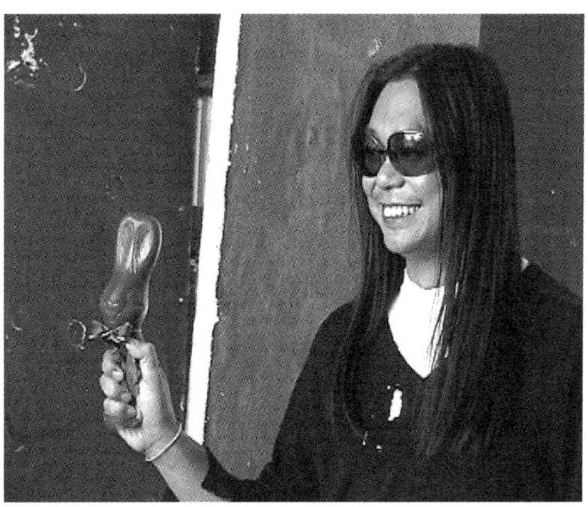

MONICA BONVICINI, HARD SELL, 2002, DVD, farbig mit Ton, Dauer 18 Min. 30 Sek., Videostill / 18 mins. 20 secs. color DVD, sound, video still.

CUMULUS

From America

IN EVERY EDITION OF PARKETT, TWO CUMULUS CLOUDS, ONE FROM AMERICA, THE OTHER FROM EUROPE, FLOAT OUT TO AN INTERESTED PUBLIC. THEY CONVEY INDIVIDUAL OPINIONS, ASSESSMENTS, AND MEMORABLE ENCOUNTERS—AS ENTIRELY PERSONAL PRESENTATIONS OF PROFESSIONAL ISSUES.

OUR CONTRIBUTORS TO THIS ISSUE ARE NATO THOMPSON, ASSISTANT CURATOR AT THE MASSACHUSETTS MUSEUM OF CONTEMPORARY ART IN NORTH ADAMS, AND GREG HILTY, WRITER, CURATOR, AND DIRECTOR OF ARTS AT LONDON ARTS.

A MUSEUM OF LIES

NATO THOMPSON

My intention was not to deal with the problem of truth, but the problem of truth-teller, or of truth-telling as an activity: ... who is able to tell the truth, about what, with what consequences, and with what relations to power ... With the question of the importance of telling the truth, knowing who is able to tell the truth, and knowing why we should tell the truth, we have the roots of what we could call the 'critical' tradition in the West.

– Michel Foucault [1]

The museum once boldly presented truth and fiction side by side. In 1564, upon the death of his father, the Archduke Ferdinand II decided to modernize the collection he inherited and developed one of the early *kunstkammers* at the Upper Castle of Ambras in Innsbruck.[2] The *kunstkammer* was chock full of *naturalia* such as dinosaur bones, coral, minerals, *scientifica* such as compasses, clocks and astrolabes, fantastic items pillaged from the war with Turkey, and, of course, mythological evidence such as a unicorn horn. It was a time when truth was very much up for grabs. Myth and reality reclined next to each other leisurely.

As the orderly hand of modernism crept onto the scene, the fictions and facts were supposedly categorized and separated. Art and science, myth and reality parted ways. They set up separate camps and glanced enviably at each other. As a curator, I am pleased to say that this short-lived separation is coming to a close. Truth is coming apart at the seams and in one of my particular favorite niches in contemporary art, there are those who contest truth in the form of bold-faced lies.

As everyone knows, liars abound in contemporary art. Arranging all of them into phylum, species, etc., would be an important task, but for the sake of this essay, I am interested in those that deploy the aesthetics of truth to produce their lies. For example, David Wilson at the Museum of Jurassic Technology goes back to the *kunstkammer* with intricate dimly-lit vitrines and extensive quasi-historical narratives in order to lure visitors into a more carnivalesque mode of knowledge. Mark Dion and Michael Joo deploy the aesthetics of anthropology in order to engage a more flexible discourse. And experimental museophile Peter Hill has produced the fictitious Museum of Contemporary Ideas (MOCI) to scientifically present fraudulence.

For the duration of this essay, I will refer to artists that deploy the aesthetics of truth in order to destabilize and activate a discourse with the technical term: "liars." In so doing, I would like to pose three questions: What are the techniques deployed by liars? What does the growth of the liar in contemporary art indicate about artistic practice? Finally, what are the implications for museums?

What are the techniques deployed by liars (the Atlas Group and subRosa)?

The truth is rarely pure and never simple.
–Oscar Wilde, *The Importance of Being Earnest*, Act I

There are aesthetics to truth and Walid Ra'ad, founder of the imaginary nonprofit research foundation, the Atlas Group, cunningly utilizes them in an ongoing mission to "research and document the contemporary history of Lebanon."[3] The Atlas Group demonstrates knowledge with the aid of journal entries scribbled into spiral notebooks, poorly video-taped testimonials, and PowerPoint lectures under low lighting with an even-toned authoritative presentation of the facts. Ra'ad deploys these tactics as a seductive way to investigate the mythological and actual history of the Lebanese Civil Wars from 1975 to 1990.

Ra'ad prefers the term imaginary to lie. The Atlas Group does not lie per se, but the foundation creatively uses symbolic structures such as the fabricated testimony of a Lebanese hostage in HOSTAGE: THE BACHAR TAPES (1999) as a pedagogical strategy. While most of their archives are imaginary, the mythologies they manipulate are not. In their project NOTEBOOK VOLUME 38: ALREADY BEEN IN A FIRE (1998), the Atlas Group tells viewers that they are looking at "145 cutout photographs of cars. They correspond to the exact make, model and color of every car that was used as a car bomb during the civil wars of 1975 to 1990."[4] The Atlas Group presents "found" archival material of cutout images of rag-tag cars with Arabic text handwritten across the bottom. Their apparent validity is seductive and we imagine these cars exploding into a mythological territory known in our minds as Lebanon. By obsessively analyzing the mythologies of Lebanon, the Atlas Group is able to break down the spectacular Orientalist gaze that is so prevalent, and dangerous, in contemporary media and culture.

Like the Atlas Group, subRosa, a cyber feminist collective, at times package their projects in the aesthetics of truth and power in order to destabilize dominant narratives in relation to Advanced Reproductive Technologies (A.R.T.).[5] Emphasizing participatory and embodied practice, their projects tend to engage their audience, while being acutely aware of site. In their project EXPOEMMAGENICS performed at the Intermediale Art Happens Festival in Mainz, Germany (March 2001), the collective adopted the American trade show as the site of authority. Presenting knowledge as corporate advocates for reproductive technologies, they informed audience members of genetic, biotech, and medical breakthroughs that would allow for the "superior" development of embryos. Using the aesthetics of science and state authority, subRosa outfitted themselves in the appropriate medical gear and produced evidence of their findings with Petri dishes and PowerPoint presentations. To further emphasize, and possibly draw attention to the fiction, they presented HUMAN CAVIAR as a light snack produced by the global trade in gametes and eggs.

At first, one can feel torn as the images and statements seductively draw one into their own twisted logic. Could this possibly be true? Well, maybe the projects are not necessarily true, but they aren't particularly false either. Neither subRosa nor the Atlas Group present the truth and at times, this can leave viewers with a sense of betrayal. Fortunately, these projects transform betrayal into a useful critical tool. If you think subRosa is lying to you about the genetic industries research on women, you have only just begun.

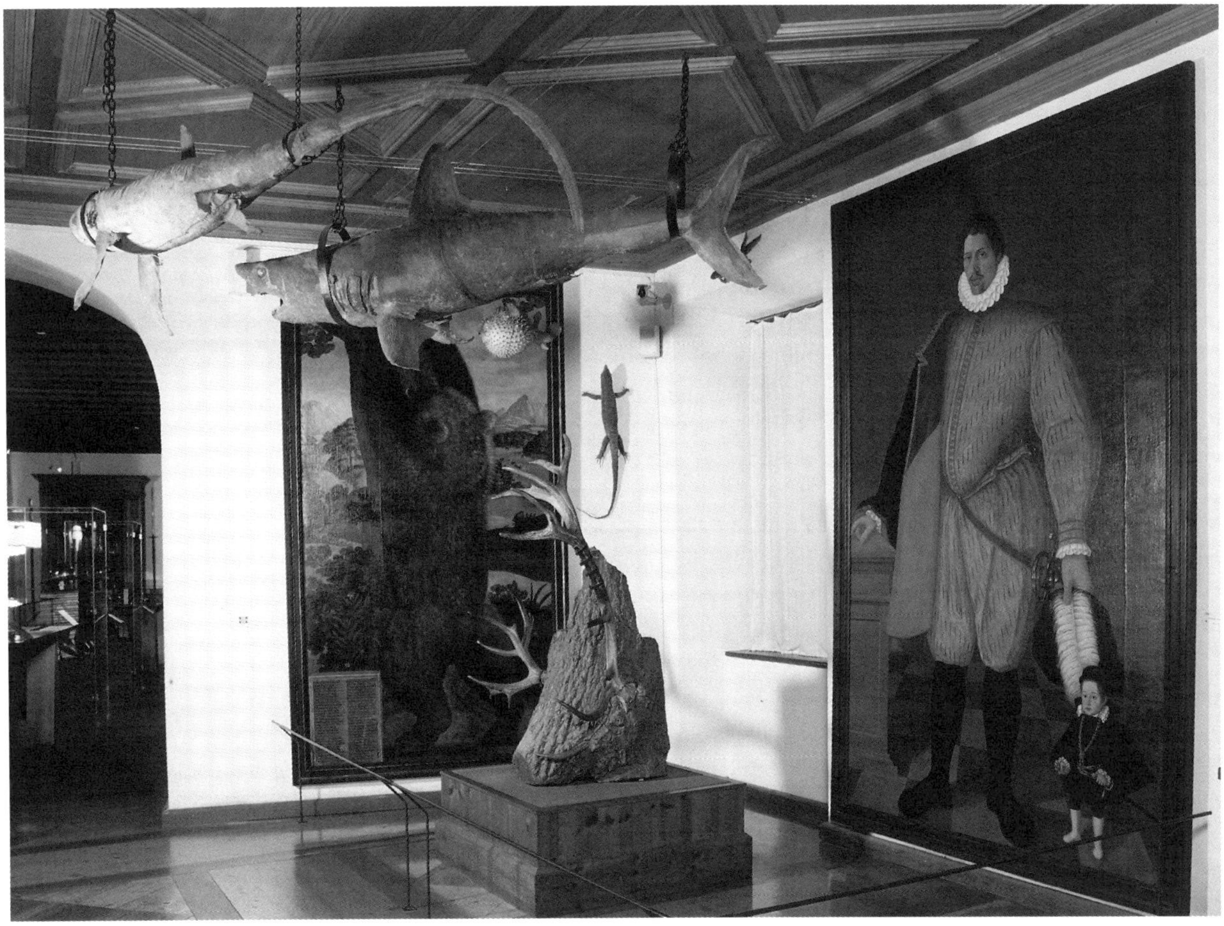

Upper Castle of Ambras, Innsbruck, view of the kunstkammer: saurians and sharks / Hochschloss Ambras ob Innsbruck, Einblick in die Kunstkammer: Echsen und Haie. (PHOTO: KUNSTHISTORISCHES MUSEUM, WIEN)

What does the growth of this genre indicate about artistic practice?

If these artists simply lied for the sake of destabilizing discourse, that would be interesting for a little while. The projects of Peter Hill's Museum of Contemporary Ideas feel like an Internet version of the Museum of Jurassic Technology to some degree. Both enjoy fabricating quasi-histories and are comfortable letting that ambiguity play itself out. Like a deadpan comedian, their jokes, or facts, leave you unresolved.

But such strategies are not necessarily the inclinations of the Atlas Group and subRosa, whose focus is not just a clever sign-play, but in fact, extremely personal and political concerns to which they have made a long-term commitment. Their projects are only "arty" because they use an acute sense of the aesthetics of truth as a method to engage an outside discourse.

What are the implications for museums?

If there is a truth, it is that truth is a stake in the struggle. And although the divergent or antagonistic classifications or judgments made by the agents engaged in the artistic field are certainly determined or directed by specific dispositions and interests linked to a given position in the field, they nevertheless are formulated in the name of a claim to universality—to absolute judgment—which is the very negation of the relativity of points of view. – Pierre Bourdieu [6)]

When I think about the implications for a museum, I think about Ferdinand II and his unicorn horn. Although his pursuit was knee deep in hubris, I know he was on the right track. Blending mythology and fact already happens in supposed objective spaces such as "the war on terrorism," so why not in spaces that are experimental like the museum? Fortunately, liars like subRosa and the Atlas Group have already begun to deploy the aesthetics of truth in a productive way that make such arrangements more possible.

If we look closely we can see that a rapprochement is occurring between practices of art, ethnography, documentary, geography, sociology, astrophysics, etc. The recent "documenta XI" took an important and not necessarily well-received step in presenting experimental ethnography next to more conventional aesthetic forms. As truth reveals itself as a contested sphere, its corollary in art—beauty—does so as well. Aesthetics, as a critical sign-play between discourses and the museum, can activate this development. As opposed to being a hospice for the irrational and/or beautiful, the contemporary art museum can be a zone for experimental pedagogy. As opposed to a space of connoisseurship, the museum should be a space of historical, social, and scientific contestation in the full sense of what visual culture implies.

Of course, certain pragmatic and ideological issues need to be untangled. Unlike the pillaged collections of Ferdinand II, the presentation of experimental knowledge by liars is designed to open up discourse. By incorporating many points of entry, the museum becomes a place of possibility and not of authority. In a more pragmatic light, the museum should make space for interactive and embodied laboratories, so that artists who emphasize performance can participate. By supporting projects that consider the full range of seduction and mythology in a critical light, the contemporary art center can become a relevant and dynamic museum of lies.

1) Michel Foucault, *Fearless Speech*, ed. by Joseph Pearson (New York: Semiotext(e), 2001), pp. 169–170.
2) *The Origins of Museums: The Cabinet of Curiosities in Sixteenth- and Seventeenth-Century Europe*, ed. by Oliver Impey and Arthur MacGregor (Oxford: Clarendon Press, 1985), p. 34.
3) Taken from the Atlas Group Website: www.theatlasgroup.org
4) Ibid.
5) More information available on subRosa at www.cyberfeminism.net/subrosa. Their new book *Domain Errors: Cyberfeminist Practices* is forthcoming from Autonomedia in 2003.
6) Pierre Bourdieu, "The Mistorical Genesis of a Pure Aesthetic" in *The Field of Cultural Production: Essays on Art and Literature*, ed. by Randal Johnson (New York: Columbia University Press, 1993), p. 263.

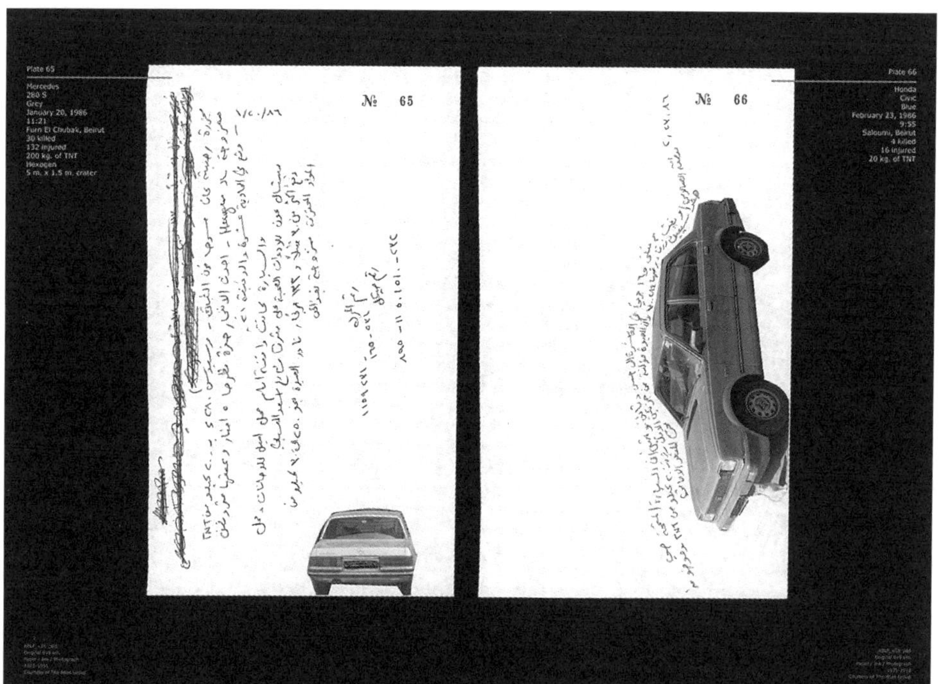

THE ATLAS GROUP, ALREADY BEEN IN A LAKE OF FIRE, 2002, digital c-print, 6,5 x 9" / SCHON EINMAL IN EINEM FEUERMEER GEWESEN, digitaler C-Print, 16,5 x 22,9 cm.
(PHOTO: THE ATLAS GROUP/RAAD)

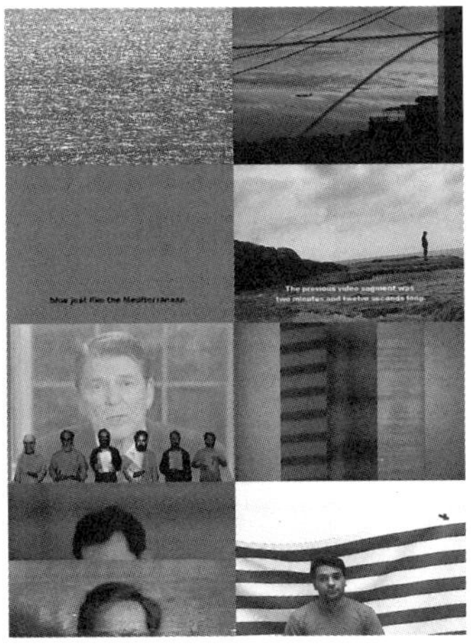

THE ATLAS GROUP, HOSTAGE: THE BACHAR TAPES NO. 17 & 31, 2001, stills from the 17 mins. video / Videostills.

EIN MUSEUM DER LÜGEN

NATO THOMPSON

Es war nicht meine Absicht, mich mit dem Wahrheitsproblem zu beschäftigen, sondern mit dem Problem des Wahrsprechers oder des Wahrsprechens als einer Tätigkeit. (...) Wer ist in der Lage, die Wahrheit zu sprechen; worüber; mit welchen Folgen; und mit welcher Beziehung zur Macht? (...) Und (...) mit der Bedeutung des Wahrsprechens (...), also damit, zu wissen, wer in der Lage ist, die Wahrheit zu sprechen, und warum wir die Wahrheit sprechen sollten, haben wir die Wurzeln dessen, was wir die «kritische» Tradition im Westen nennen könnten.

– Michel Foucault[1)]

Früher einmal wurden Wahrheit und Erfindung im Museum unerschrocken nebeneinander gezeigt. Nach dem Tod seines Vaters beschloss Erzherzog Ferdinand II. 1564 seine ererbte Sammlung zu modernisieren und schuf eine der ältesten «Kunstkammern» im Hochschloss Ambras ob Innsbruck.[2)] Die «Kunstkammer» war voll gestopft mit Fundstücken aus der Natur, wie Dinosaurierknochen, Korallen, Mineralgesteinen, und wissenschaftlichen Geräten, wie Kompässen, Uhren und Astrolabien, fantastischen Beutestücken aus dem Krieg gegen die Türken und natürlich mit mythologischen Beweisstücken wie dem Horn eines Einhorns. Es war eine Zeit, in der Wahrheiten noch leicht greifbar waren. Legende und Wirklichkeit lagen unverkrampft beieinander. Erst als die ordnende Hand der Moderne allmählich das Szepter übernahm, wurden Fiktionen und Tatsachen, wie es heisst, kategorisiert und auseinander gehalten. Die Wege von Kunst und Wissenschaft, Mythos und Realität trennten sich. Sie schlugen getrennte Lager auf und beobachteten einander neidvoll. Als Kurator bin ich froh, sagen zu können, dass diese kurzlebige Trennung nun zu einem Ende kommt. Die Wahrheit franst an den Rändern aus und in einer meiner Lieblingsnischen der zeitgenössischen Kunst gibt es Leute, die die Wahrheit mit frechen Lügen in Frage stellen.

Wie jedermann weiss, sind die Lügner in der zeitgenössischen Kunst zahlreich vertreten. Sie alle nach Klassen und Spezies zu unterscheiden wäre eine spannende Aufgabe, aber in diesem Essay interessiere ich mich allein für jene, die zur Produktion ihrer Lügen die Ästhetik der Wahrheit verwenden. So etwa David Wilson in seinem *Museum of Jurassic Technology*: Er greift mit schwach beleuchteten Vitrinen und pseudohistorischen Erläuterungen auf die «Kunstkammer» zurück, um den Besuchern eine karnevaleskere Form von Wissen schmackhaft zu machen. Mark Dion und Michael Joo arbeiten mit der Ästhetik der Anthropologie, um einen flexibleren Diskurs in Gang zu bringen. Und der experimentierfreudige Museumsfreak Peter Hill hat das fiktive Museum zeitgenössischer Ideen (Museum of Contemporary Ideas, MOCI) geschaffen, um Betrügerisches im Mantel der Wissenschaft zu präsentieren.

Im vorliegenden Text werde ich für Künstler, die die Ästhetik der Wahrheit benützen um zu verunsichern und einen Diskurs anzuregen, den Terminus «Lügner» verwenden. Dabei möchte ich drei Fragen stellen: Welche Techniken verwenden Lügner? Was sagt die Zunahme der Lügner in der zeitgenössischen Kunst über die künstlerische Praxis aus? Und schliesslich: Was bedeutet das für die Museen?

Welche Techniken verwenden Lügner (The Atlas Group und subRosa)?

Die Wahrheit ist selten rein und niemals simpel.

– Oscar Wilde [3]

Es gibt eine Ästhetik der Wahrheit, und Walid Ra'ad, Begründer der imaginären Nonprofit-Forschungsstiftung *The Atlas Group,* benützt diese geschickt in seiner aktuellen Mission der «Erforschung und Dokumentation der zeitgenössischen Geschichte des Libanon.» [4] Die Atlas Group demonstriert Wissen anhand von Tagebucheinträgen in Spiralheften, technisch mangelhaften Videoaufnahmen und PowerPoint-Vorträgen bei schlechtem Licht. Ihre Präsentation der Fakten wirkt unaufgeregt und autoritativ. Ra'ad verwendet diese Strategie dazu, auf attraktive Weise Legende und Wirklichkeit der Geschichte des Bürgerkrieges im Libanon zwischen 1975 und 1990 ans Licht zu bringen.

Ra'ad nennt es lieber «imaginär» als «lügnerisch». Die Atlas Group lügt nicht eigentlich, aber sie setzt symbolische Strukturen kreativ als pädagogisches Instrument ein, so zum Beispiel im gestellten Augenzeugenbericht einer libanesischen Geisel in HOSTAGE: THE BACHAR TAPES (Geisel: Die Bachar-Bänder, 1999). Die meisten ihrer Archivmaterialien sind zwar imaginär, aber die Legenden, die sie damit manipulieren, sind es nicht. In ihrem Projekt NOTEBOOK VOLUME 38: ALREADY BEEN IN A FIRE (Notizbuch Band 38: Schon einmal in einem Feuer gewesen, 1998) teilt die Atlas Group den Betrachtern mit, dass sie 145 Photos von Autos sehen, die exakt den Macharten, Modellen und Farben von Autos entsprechen, die im Bürgerkrieg zwischen 1975 und 1990 als Autobomben zum Einsatz kamen.[5] Die Atlas Group zeigt «gefundenes» Archivmaterial, ausgeschnittene Bilder heruntergekommener Autos, die am unteren Rand jeweils einen handschriftlichen arabischen Text aufweisen. Deren scheinbare Echtheit ist verführerisch und man stellt sich vor, wie diese Autos in dem legendenumwobenen Reich, das wir Libanon nennen, explodieren. Indem sie die mit dem Libanon verknüpften Legenden unermüdlich analysieren, gelingt es der Atlas Group, die sensationslüstern orientalisierende Blickweise zu durchbrechen, die in unserer Mediengesellschaft so gefährlich dominiert.

Wie die Atlas Group verpackt auch subRosa, ein cyber-feministisches Kollektiv, seine Projekte in die Ästhetik von Wahrheit und Macht, um die herrschenden Bedeutungszusammenhänge im Kontext der neuen Fortpflanzungstechnologien (Advanced Reproductive Technologies, A.R.T.) zu unterlaufen.[6] Sie bauen auf eine partizipatorische und körperbetonte Praxis, ihre Projekte beziehen in der Regel das Publikum mit ein und sind stets ortsbezogen. In ihrer Arbeit EXPOEMMAGENICS, gezeigt am Intermedialen Art Happens Festival in Mainz (März 2001), nahm sich das Kollektiv die Amerikanische Handelsmesse zum Vorbild. Sie schlüpften in die Rolle von Anwälten von Fortpflanzungstechnologie-Firmen und informierten das Publikum über die neuesten genetischen, biotechnischen und medizinischen Errungenschaften, die bald erlauben würden, die Entwicklung von Embryos zu optimieren. Unter Verwendung der Ästhetik von Wissenschaft und staatlicher Autorität besorgten sich subRosa die passende medizinische Ausrüstung und belegten ihre Forschungsresultate mit Petri-Schalen und PowerPoint-Tabellen. Zur weiteren Untermauerung – und wohl auch um auf das Fiktive des Ganzen aufmerksam zu machen – präsentierten sie MENSCHLICHEN KAVIAR als leichte Zwischenmahlzeit, quasi ein Nebenprodukt aus dem globalen Handel mit Gameten und Eiern.

Zuerst mag man sich unsicher fühlen, wenn einen die Bilder und Aussagen verführerisch in ihre eigene verzwickte Logik verstricken. Kann das wahr sein? Nun, die Projekte entsprechen vielleicht nicht wirklich der Wahrheit, aber sie sind auch nicht ganz und gar erlogen. Weder subRosa noch die Atlas Group präsentieren die Wahrheit, und das mag beim Betrachter hin und wieder ein Gefühl des Betrogenseins auslösen. Glücklicherweise verwandeln diese Arbeiten den Betrug aber in ein nützliches Instrument der Kritik. Wer denkt, subRosa verbreite einfach Lügen über die Genforschung an Frauen, hat noch nicht sehr viel begriffen.

Was sagt die Zunahme dieses Genres über die aktuelle künstlerische Praxis aus?

Würden diese Künstler einfach lügen, um den Diskurs ein bisschen in Unordnung zu bringen, wäre das nur kurze Zeit interessant. Die Projekte im Rahmen von Peter Hills *Museum of Contemporary Ideas* wirken bis zu einem gewissen Grad wie eine Internetversion des *Museum of Jurassic Technology.* Beide entwickeln lustvoll Pseudo-Geschichten und schauen gelassen zu, wie sich deren Ambivalenz allmählich totläuft. Wie bei einem stoischen Komiker haben ihre Witze oder Fakten keine erlösende Wirkung.

Solche Strategien entsprechen der Atlas Group oder subRosa nicht unbedingt, denn ihr Interesse gilt weniger dem klugen semiotischen Spiel als vielmehr extrem persönlichen und politischen Inhalten, denen sie sich langfristig verpflichtet fühlen. Ihre Projekte sind nur «künstlerisch», weil sie ihr feines Gespür für die Ästhetik der Wahrheit methodisch einsetzen um eine ausserkünstlerische Diskussion zu führen.

Was bedeutet das für die Museen?

Wenn es eine Wahrheit gibt, so die, dass um die Wahrheit gekämpft wird; und obgleich die auseinander gehenden oder einander entgegengesetzten Klassifizierungen oder Urteile der Akteure des Kunst-Feldes durch spezifische, an Positionen im Feld, Standpunkte gebundene Dispositionen und Interessen unbestreitbar determiniert oder orientiert sind, werden sie im Namen des Anspruchs auf Universalität, auf absolute Gültigkeit verfochten – in direkter Negation der Relativität blosser Standpunkte.

– Pierre Bourdieu[7)]

Wenn ich über die Folgen für das Museum nachdenke, fällt mir Ferdinand II. und sein Einhorn-Horn ein. Obwohl sein Bestreben vor Hybris nur so trieft, bin ich mir sicher, dass er auf dem richtigen Weg war. Die Vermischung von Legende und Wirklichkeit geschieht schon in angeblich so objektiven Bereichen wie dem «Krieg gegen den Terrorismus», weshalb also nicht auch in experimentellen Räumen wie dem Museum? Glücklicherweise haben Lügner wie subRosa und die Atlas Group die Ästhetik der Wahrheit bereits derart produktiv umzusetzen begonnen, dass der Weg für solche Versuche geebnet ist.

Wenn man genau hinschaut, sieht man, dass eine Annäherung zwischen Kunst, Ethnologie, Dokumentarfilm, Geographie, Soziologie, Astrophysik usw. stattfindet. Die jüngste «documenta» (XI) hat einen wichtigen und nicht überall gut aufgenommenen Schritt in diese Richtung getan, indem sie experimentelle ethnographische Arbeiten neben konventionellere ästhetische Ausdrucksformen stellte. Wenn Wahrheit sich als etwas Fragwürdiges enthüllt, so geschieht mit ihrem Pendant in der Kunst – der Schönheit – dasselbe. Die Ästhetik als kritisches Zeichenspiel zwischen öffentlichem Diskurs und Museum kann diese Entwicklung vorantreiben. Anstelle einer Herberge für das Irrationale und/oder Schöne kann das Museum für zeitgenössische Kunst ein Ort experimenteller Pädagogik sein. Statt Raum für eingeweihte Kenner sollte das Museum – in allen Belangen einer visuellen Kultur – ein Raum der historischen, sozialen und wissenschaftlichen Infragestellung sein, der die gesamte visuelle Kultur mit einschliesst.

Selbstverständlich müssen gewisse pragmatische und ideologische Punkte auseinander gehalten werden. Anders als die zusammengestohlenen Sammlungen Ferdinands II. soll die Präsentation von Forschungsergebnissen durch Lügner eine Diskussion auslösen. Indem es eine Vielzahl von Anknüpfungspunkten anbietet, wird das Museum vom autoritären Ort zu einem Ort

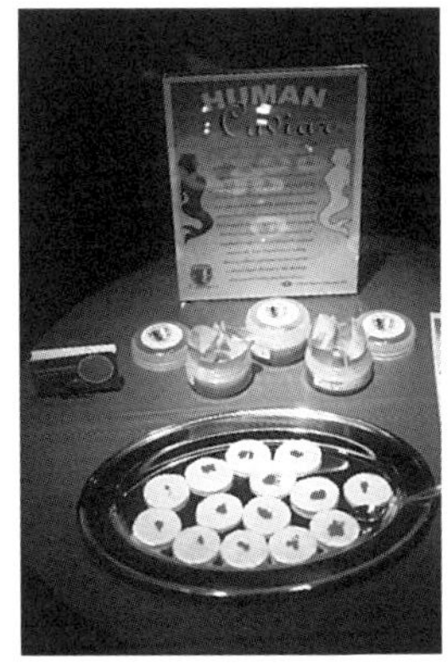

SUBROSA, HUMAN CAVIAR, "Expo EmmaGenics Trade Show installation/performance, Arts Intermediale, Mainz, Germany, 2001."

der Möglichkeiten. Pragmatischer betrachtet sollte das Museum Raum bieten für dauerhaft installierte interaktive Laboratorien, an denen Performancekünstler sich beteiligen können. Wenn es Projekte unterstützt, die die ganze Bandbreite von Verführung und Mythologie kritisch beleuchten, kann die Institution für zeitgenössische Kunst sich zu einem bedeutenden und dynamischen Museum der Lügen entwickeln.

(Übersetzung: Suzanne Schmidt)

1) Michel Foucault, *Diskurs und Wahrheit: Berkeley-Vorlesungen 1983*, hrsg. v. Joseph Pearson, aus dem Amerikanischen übers. v. Mira Köller, Merve Verlag, Berlin 1996, S. 175–178.
2) Oliver Impey und Arthur MacGregor (Hrsg.), *The Origins of Museums: The Cabinet of Curiosities in Sixteenth- and Seventeenth-Century Europe,* Clarendon Press, Oxford 1985.
3) Oscar Wilde, *Bunbury oder Ernst sein ist wichtig,* 1. Akt. (übers. v. Rainer Kohlmayer).
4) www.theatlasgroup.org
5) Ebenda.
6) Mehr über subRosa siehe www.cyberfeminism.net/subrosa. Ihr neues Buch, *Domain Errors: Cyberfeminist Practices,* erscheint 2003 bei Autonomedia.
7) Pierre Bourdieu, «Die historische Genese der reinen Ästhetik», in: ders., *Die Regeln der Kunst: Genese und Struktur des literarischen Feldes,* übers. v. Bernd Schwibs und Achim Russer, Suhrkamp, Frankfurt am Main 1999, S. 466.

CUMULUS

Aus Europa

IN JEDER AUSGABE VON PARKETT PEILT EINE CUMULUS-WOLKE AUS AMERIKA UND EINE AUS EUROPA DIE INTERESSIERTEN KUNSTFREUNDE AN. SIE TRÄGT PERSÖNLICHE RÜCKBLICKE, BEURTEILUNGEN UND DENKWÜRDIGE BEGEGNUNGEN MIT SICH – ALS JEWEILS GANZ EIGENE DARSTELLUNG EINER BERUFLICHEN AUSEINANDERSETZUNG.

IN DIESEM BAND ÄUSSERN SICH GREG HILTY, PUBLIZIST, KURATOR UND DIRECTOR OF ARTS BEI LONDON ARTS, SOWIE NATO THOMPSON, ASSISTENZKURATOR AM MASSACHUSETTS MUSEUM OF CONTEMPORARY ART IN NORTH ADAMS, USA.

Kunst, Wissenschaft und «die wahren Fehler der Metapher»*

GREG HILTY

«Die gute Nachricht lautet: Kreativität ist überall. Die schlechte Nachricht ist, wenn wir sie nicht wie Erdöl aufspüren, fördern und veredeln, bleibt sie ungenutzt und wir treten auf der Stelle.» So stand es kürzlich auf der Einladung zu einem von der englischen Supermarktkette Sainsbury lancierten «Innovations- und Kreativitäts-Netzwerk». Kreativität in Flaschen abgefüllt, auf den Regalen eines Supermarkts? Das wohl nicht: Der Detailhandelsriese hatte kreative Köpfe aus Wirtschaft, Wissenschaft und Kultur zum gemeinsamen Ideenaustausch darüber gebeten, wie sich vorhandene innovative Kräfte besser zur Unternehmensstärkung und Wachstumsförderung nutzen liessen. Nachdem jahrelang Fokusgruppen und Benchmarking-Projekte den Innovationsbereich erforscht haben, signalisieren die Unternehmen mit Initiativen dieser Art nunmehr, dass sie bei der Entwicklung ihrer zukünftigen Strategien auf eher spielerische Formen des Denkens und Handelns zu setzen gedenken. In einer sich rasant verändernden Umwelt findet die Fähigkeit, sich gedanklich in die Zukunft zu ver-

* Das Zitat im Titel stammt aus einem englischen Gedicht von Anne Carson, «Essay on What I Think About Most», in: *Men in the Off Hours,* Cape Poetry, 2000.

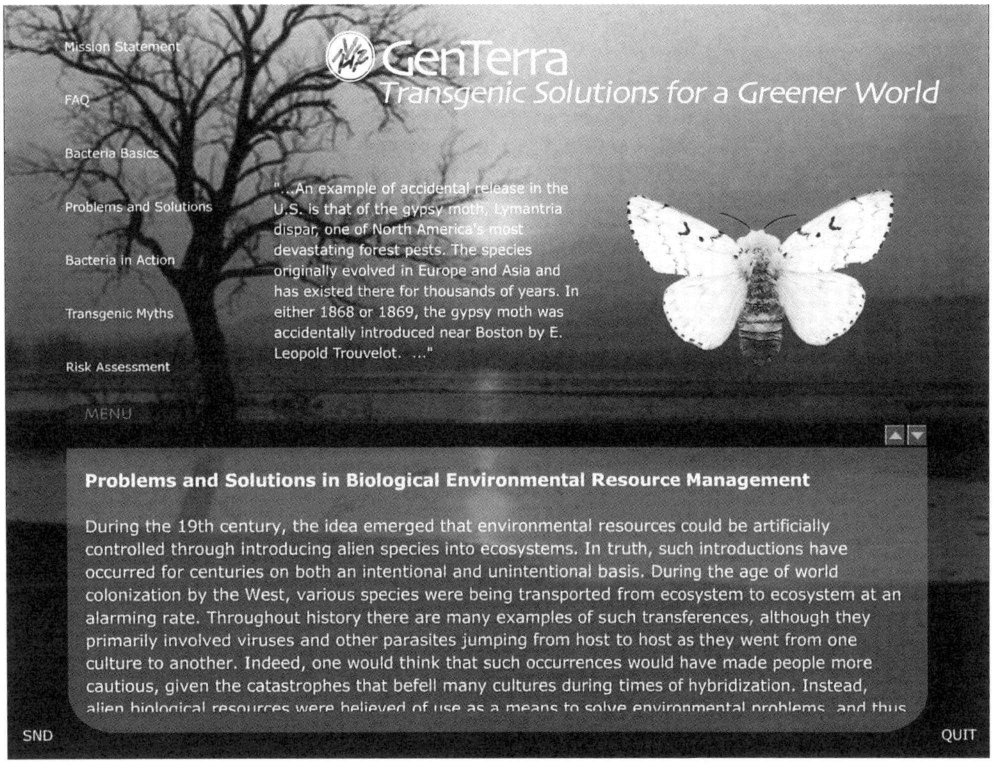

CRITICAL ART ENSEMBLE, GENTERRA, 2001, website.

setzen und dadurch der Konkurrenz stets einen Schritt voraus zu sein, naturgemäss starken Anklang, erst recht, wenn sich dies durch richtige Intuition anstelle von harter Plackerei und Zahlenhuberei erreichen lässt. Doch je mehr Kreativität zum Klischee wird, desto eher verkommt sie zur Ware. So wird Kunst in diesem Zusammenhang stärker denn je auf ihren Nutzwert überprüft, zumindest von jenen, die sich ausserhalb des Kunstbereichs bewegen. Zwar glaubt kaum jemand, Kreativität sei ausschliesslich Sache der Kunst, aber es ist eine allgemein anerkannte Tatsache, dass die Kunst anderweitigen kreativen Vorgängen neue Dimensionen erschliessen kann. Vom Schulungsraum bis zur Vorstandsetage wenden sich Regierungen und Wirtschaftsunternehmen an Künstler, wenn es darum geht, Methoden, Beispiele und Anregungen für ein Denken ausserhalb der Norm zu erschliessen.

Kunst und Wissenschaft haben bereits eine lange und bewegte Geschichte wechselseitiger Abhängigkeit und Beeinflussung hinter sich. Über Jahrhunderte hinweg gab es immer wieder Schlüsselmomente, in denen die beiden Disziplinen als Instrumente zur empirischen Erforschung der physikalischen Welt so gut wie nicht voneinander zu unterscheiden waren. Gemeinsam haben sie die Geheimnisse der menschlichen Anatomie erfasst und aufgezeichnet sowie die physiologischen wie psychologischen Mechanismen der optischen Wahrnehmung erforscht. Allerdings meidet die moderne Wissenschaft mit ihren hoch spezialisierten, labor- und kostenintensiven Forschungszweigen im Allgemeinen den Kontakt zu Künstlern – ganz zu schweigen von einer Zusammenarbeit mit ihnen. Bis in die jüngste Zeit schien jeder Versuch einer künstlerischen Intervention im Wissenschaftsbereich eher die Kluft zwischen Theorie und Praxis der jeweiligen Disziplin unter Beweis zu stellen als einen gemeinsamen Boden aufzuzeigen.

Der britische Künstler John Latham versucht seit den 50er Jahren auf jenem gemeinsamen «Nullpunkt» aufzubauen, der sich in der Quantenphysik als Gravitationskollaps manifestiert und in der Kunst als Reduktion auf die weisse Leinwand. Latham ist der Ansicht, dass seine Auffassung von Kunst als «Event» vor diesem Hintergrund wissenschaftlich und künstlerisch gleichermassen relevant ist. 1990 lud Latham ein aus Naturwissenschaftlern bestehendes Expertengremium – u.a. Biologen, Mathematiker und Teilchenphysiker – dazu ein, einer Präsentation seiner Theorien beizuwohnen und ihre Meinung darüber zu äussern. Die Mitglieder dieses Gremiums, mit denen Latham in den meisten Fällen bereits seit langem in Kontakt stand, äusserten sich höflich respektvoll, wenn auch etwas herablassend: Wissenschaft sei eine objektive und ernsthafte Angelegenheit, Kunst dagegen ein zwar unterhaltsamer, aber in ihren Augen nutzloser Zeitvertreib. Ausserdem seien Lathams Forschungen seit mindestens zehn Jahren überholt. In einem bühnenreifen Moment totaler Hybris, der aus einem Drehbuch von Arthur Miller hätte stammen können, stellte sich gegen Ende des Abends heraus, dass die im Brustton der Überzeugung vorgetragenen Gegenargumente der Wissenschaftler selbst kurzsichtig und inkonsequent waren. Ihre individuellen Vorurteile liessen einen allgemeinen Konsens ebenso wenig zu wie die kühnen Träume des Künstlers, der sie zusammengerufen hatte. Ob Latham «Recht hatte», mag sich später erweisen. Das entscheidende Resultat der Debatte an jenem Abend war, dass Latham trotz scheinbar stichhaltiger Gegenbeweise jedenfalls nicht Unrecht hatte.

Heute, kaum ein Jahrzehnt später, wird der Dialog zwischen Kunst und Wissenschaft offensichtlich handfester und pragmatischer geführt und man ist weniger an Universallösungen als an konkreten Ergebnissen interessiert. Ein kleines Unternehmen mit grossen Ambitionen, das den passenden Namen *Arts Catalyst* (Kunstkatalysator) trägt, erforscht seit neun Jahren den Bereich, in dem Kunst und Wissenschaft aufeinander treffen. Unter der Leitung von Nicola Triscott und Kurator Rob LaFresnais hat Arts Catalyst von seinem Standort in Whitechapel, London, aus bereits zahlreiche Künstler zur aktiven Zusammenarbeit mit wissenschaftlichen Forschungsorganisationen aus ganz Europa angeregt. Kürzlich haben sie eine Anzahl Tänzerinnen, Tänzer und andere Künstler auf einen parabolischen *zero gravity*-Flug geschickt, bei dem der schwerelose Zustand der Raumfahrt simuliert wird. Diese Idee war in Zusammenarbeit mit der französischen Choreographin Kitsou Dubois und Professor Robert Schroters Biodynamik-Team am Imperial College in London entstanden. Schroters interdisziplinäres Team, welches Fachleute aus sechs verwandten, aber unabhängigen Forschungszweigen, einschliesslich der Neurologie, der Physiologie und der Biomechanik, umfasst, hat in der akademischen Welt Seltenheitswert. Die Choreographin Kitsou Dubois hatte etwas anderes zu bieten: einen denkenden Körper, der die Erkundung extremer und ausgefallener Bewegungen gewohnt war, ein Versuchsobjekt sondergleichen. Das Projekt, welches ausgehend von Dubois' subjektiver Hypothese untersucht, wieweit Tänzerinnen und Tänzer ihre Bewegungen

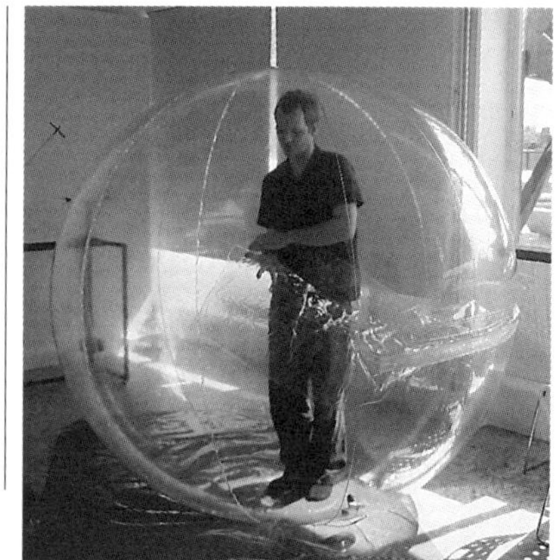

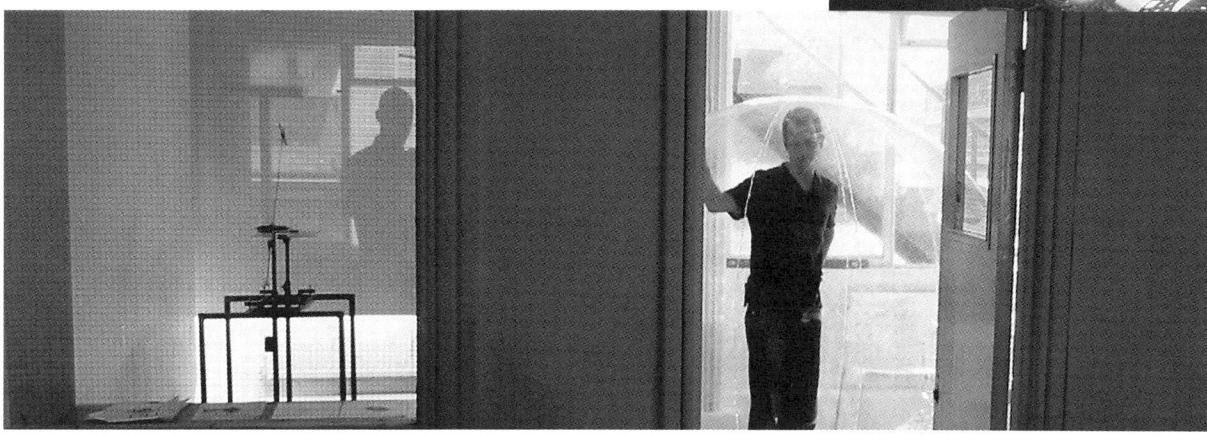

Neal White working in an isolation bubble in his studio, 2002 / arbeitet in einer Isolationsblase in seinem Atelier. (PHOTO: ED BURTON)

im schwerelosen Raum zu kontrollieren vermögen, findet im Rahmen des Parabolflugprogramms der Europäischen Raumfahrtbehörde ESA in Frankreich statt. Auch die Tanzexperimente in Schwerelosigkeit, die Dubois in Zusammenarbeit mit der französischen Raumfahrtbehörde (CNES) im Gagarin-Kosmonauten-Trainingszentrum in Russland durchführte, sind etwas in der Tanzkunst noch nie da Gewesenes. Die anfängliche Beschäftigung mit der Schwerelosigkeit führte mit der Zeit zu engeren und langfristigen Verbindungen zwischen Arts Catalyst und anderen Kunstinstitutionen – V2 in den Niederlanden, Project Atol in Slowenien, Leonardo/Olats in Frankreich und den Vereinigten Staaten, TV Gallery in Russland –, aber auch mit Raumfahrtbehörden und -firmen.

Um seiner Arbeit einen Bezugsrahmen zu geben, hat das Unternehmen sich auf das Thema *Environments* spezialisiert. Projekte, die sich in Struktur, Umfang und Dauer zwangsläufig stark unterscheiden, laufen jeweils unter einem der folgenden drei Oberbegriffe: *Orbital Environments* (Arbeiten zur Raumfahrt), *Closed Environments* (biotechnologische Fragestellungen) und *Fragile Environments* (Erforschung nachhaltiger Entwicklungsmöglichkeiten in entlegenen Gebieten der Erde). In jedem dieser Bereiche wird eine Arbeit geleistet und werden Beziehungen geknüpft, die das Selbstverständnis künstlerischer Praxis erweitern und neu definieren. Besonders anschaulich zeigt sich der Pioniergeist der Arbeit von Arts Catalyst in MAKROLAB, einem anderen Gemeinschaftsunternehmen mit Projekt Atol in Slowenien, unter der Leitung von Marko Peljhan. Bei MAKROLAB handelt es sich um eine physikalische Angelegenheit, es ist eine Forschungsstation, die Informationen aus der ganzen Welt, aber auch aus der unmittelbaren Umgebung ihres eigenen, jeweils ziemlich entlegenen Standortes aufzunehmen vermag. Die bisherigen Standorte reichen von Rottnest Island vor Westaustralien bis zum schottischen Hochland. Am Ende ist eine permanente Stationierung in der Antarktis vorgesehen. Im MAKROLAB erforschen Künstler und Wissenschaftler gemeinsam die Umweltbedingungen im Zusammenhang mit Aufforstungen, lokalen und regionalen Wetterereignissen sowie Auswirkungen der Telekommunikation. Die offenbar schier unendliche Anpassungsfähigkeit des Labors sowie seine zielgerechte Präzision, sobald es einmal installiert ist, macht MAKROLAB für die künstlerische wie wissenschaftliche Nutzung gleichermassen attraktiv.

Unter dem Titel *Clean Rooms* fasst Arts Catalyst die Ergebnisse künstlerischer Untersuchungen im geschlossenen Raum eines gentechnologischen Labors zusammen. Diese haben die vergleichsweise vertraute Form von Performances oder Installationen. Während der Performance GENTERRA (2002) der Gruppe Critical Art Ensemble aus den Vereinigten Staaten beteiligt sich das Publikum allerdings selbst an der Manipulation genetischen Materials und züchtet mittels Eingriffen in die DNA eigene transgene Bakterien. Die Mitglieder des Critical Art Ensemble verstehen sich als Kulturaktivisten, die sich für den Widerstand gegen die wirtschaftliche Monopolisierung der Gentechnologie stark machen, indem sie öffentliche Aufklärung betreiben und diese Technologien als Laien in Zusammenarbeit mit engagierten Naturwissenschaftlern selbst anwenden. Die Betrachter von Neal Whites Installation UNCONTROLLED HERMETIC (2002) wiederum sehen sich in eine Lage versetzt, in der sie als kontaminierende oder kontaminierte Körper in Räume vordringen, die normalerweise der Durchführung von Experimenten vorbehalten sind – eine Situation, die in der Kunst vielleicht gar nicht so ungewöhnlich, aber doch selten so plastisch erfahrbar ist.

Wohin die Begegnung der verschiedenen kreativen Bereiche schliesslich führen wird, steht in den Sternen. Im Augenblick jedenfalls haftet solch neuen und erstaunlichen Partnerschaften, wie sie Arts Catalyst ins Leben gerufen hat, etwas beruhigend Surreales an. Sie sind von offensichtlichem Interesse, woraus sich von selbst und ganz wertfrei der Impuls ergibt, mehr in dieser Richtung zu tun. Man kann mit Recht davon ausgehen, dass eine anhaltende Zusammenarbeit dieser Art garantiert Ergebnisse hervorbringen wird, die für Naturwissenschaft wie Kunst überraschend sein werden, und es ist nicht zu früh, sich auszumalen, wie einige dieser Ergebnisse aussehen könnten. Ein Künstler, der direkt oder indirekt mit einem wissenschaftlichen Team zusammenarbeitet, könnte mit seiner wachen Intuition oder Interpretation einen Forschungsprozess durchaus in eine andere Richtung lenken. Aus dem flexiblen Charakter künstlerischer Kreativität könnten die Naturwissenschaftler auch etwas über das Überleben in den unwirtlichsten Gebieten der Erde – oder ausserhalb der Erde – lernen. Unter Mitwirkung der Kunst könnten medizinische, ökonomische und ethische Fragen zu genetischen Experimenten eine ästhetische Dimension erlangen. Und umgekehrt könn-

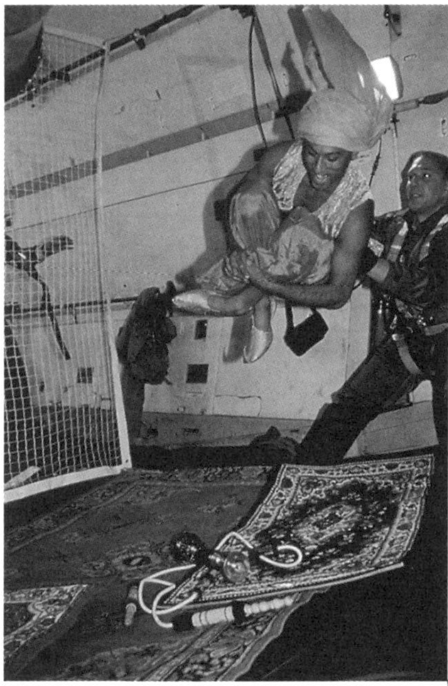

ARTS CATALYST, ZERO GRAVITY PROJECT, M.I.R. FLIGHT 001, with dancer Morag Wightman / Tänzer im schwerelosen Raum. (PHOTO: NICOLA TRISCOTT)

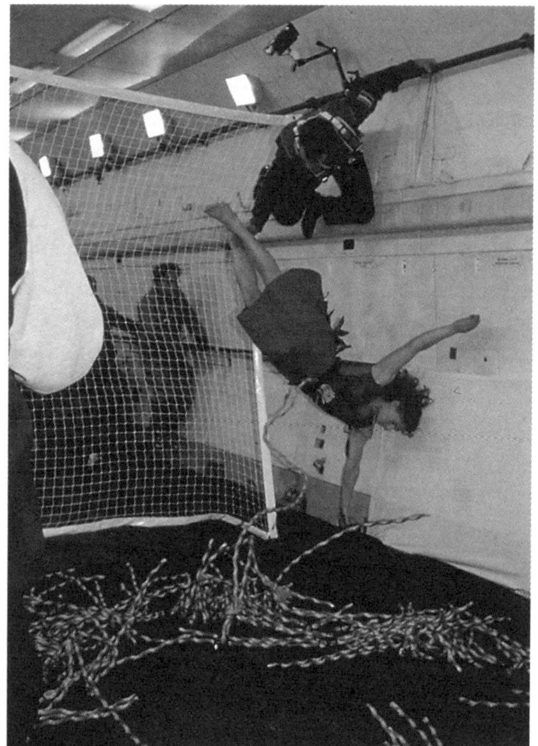

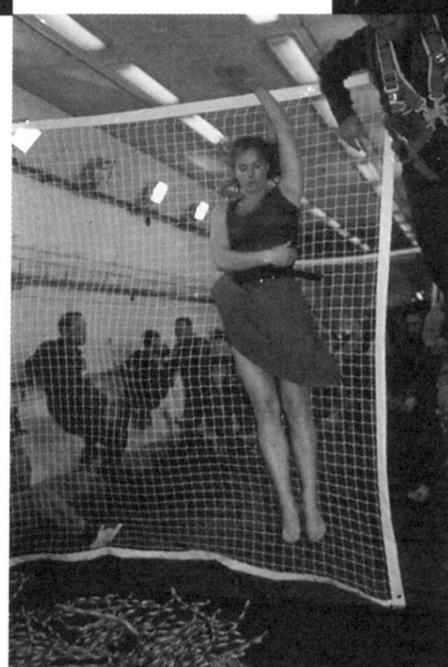

ten Kunstwerke entstehen, die über das reine Dokumentieren von Prozessen oder die Aneignung neuer und spannender Inhalte hinausgehen und so unsere Vorstellung von Kunst veränderten. Zumindest könnte die Zusammenarbeit von Kunst und Wissenschaft uns ein Bild der heutigen Wissenschaft samt ihren Forschungsprozessen, Arbeitsstätten, ihrem Personal und ihren Konsequenzen vermitteln. Das könnte die Wissenschaft populär machen oder eine kritische Einstellung zu ihr bewirken. Auf etwas verschlungeneren Wegen könnte die zeitgenössische Kunst, die sich grösstenteils durch Offenheit, Kritik und das Einbeziehen des Publikums auszeichnet, in der Öffentlichkeit auch das Interesse und die Fähigkeit zur Auseinandersetzung mit aktuellen wissenschaftlichen Fragen wecken und fördern.

Schon heute lässt sich mit Sicherheit sagen – und das ist vielleicht die letztlich entscheidende Botschaft jeder Zusammenarbeit zwischen Kunst und Wissenschaft –, dass beide Disziplinen mit ihren Fragestellungen und Methoden an einer gemeinsamen Erforschung der Welt, in der wir leben, teilhaben. Die Themen, mit denen sich beide gleichermassen auseinander setzen – Reinheit, Verseuchung, Hybridisierung, Überleben, Innovation –, sind und bleiben wichtige Anliegen der Menschheit. Die Methoden, mit denen sie arbeiten, sind labile, anfällige Prozesse, die von vornherein festgelegt und zielorientiert sind, gleichzeitig aber auch offen für Zufälle und Veränderungen; sie sind angewiesen auf enge Zusammenarbeit und anspruchsvolle Laborbedingungen, gelegentlich abstrus in ihrer Detailversessenheit, aber von tiefen philosophischen Gedanken motiviert und fähig, fundamentale Wahrheiten zu offenbaren: Auch sie verdienen unser Engagement und unseren Respekt.

(Übersetzung: A. Meermann/W. Parker)

Art, Science and "the True Mistakes of Metaphor"*

GREG HILTY

"The good news is that creativity is everywhere. The bad news is that, like oil in the ground, if we don't find it, pump it and refine it, we can't use it and we go nowhere." So declared the invitation to an "innovation and creativity network" launched not long ago by the British supermarket chain Sainsbury's. Creativity in bottles on the supermarket shelves? Not quite: the retailing giant was gathering creative thinkers from business, academic and cultural backgrounds to share views on harnessing the forces of innovation for corporate sustainability and growth. Their initiative suggests that after years of focus groups and benchmarking, companies are looking to more lateral modes of thought and behavior to help guide their future strategies. In a rapidly shifting environment the ability to imagine oneself into the future—to steal a march on rivals through harnessed intuition rather than hard graft and number-crunching—has obvious and broad appeal. As creativity becomes more of a cliché it also becomes more of a commodity. In this context art's value is being judged more keenly than before, at least by those outside it. While few imagine creativity to be exclusive to art, the novel dimension that art can bring to other creative processes is receiving general recognition. From the classroom to the boardroom, governments and businesses are turning to artists to provide them with methods, examples, and triggers for thinking beyond the norm.

The disciplines of art and science already have a long if checkered history of interdependence and cross-influence. At key moments over the centuries they have been virtually indistinguishable as tools of empirical research into the physical world. Together they have charted the intimacies of human anatomy and investigated the physical and psychological mechanisms of optical perception. Modern science, however, with its highly specialized areas of labor- and capital-intensive research, has generally eluded the grasp (let alone the engagement) of arts practitioners. Until recently, attempts at artistic intervention were more likely to offer evidence of the gulf between the disciplines' theories and practices than to mark out common ground.

British artist John Latham has, since the fifties, sought to build upon the convergence implied in the "zero point" represented by quantum physics' prediction of total gravitational collapse and by art's reduction to the

* From Anne Carson's poem "Essay on What I Think About Most" in her book *Men in the Off Hours,* Cape Poetry, 2000.

blank canvas. Latham believes that his conception of art as "event" against this background is of scientific as well as artistic significance. In 1990, Latham invited a panel of experts from key disciplines—including biology, mathematics, and particle physics—to witness and comment on a performance/demonstration of his theories. The panel members, with whom Latham had in most cases been in long communication, were respectful but patronizing. Science was an objective and serious business, art an amusing, but in their terms meaningless pastime. Latham's science, they also asserted, was at least a decade out of date. Towards the end of the evening, however, in a moment of theatrical hubris that Arthur Miller might have scripted, it became clear that the scientists' authoritative rebuttals were themselves myopic and contradictory. Their individual certainties offered no more room for objective consensus than the fond delusions of the artist who had brought them together. Whether Latham was "right" may become clearer over time. More pertinently, the evening's debate suggested that, in spite of solid evidence to the contrary, he wasn't wrong.

These days, a mere decade later, the art/science dialogue seems more robust and more pragmatic, its achievements measured through specific outcomes rather than universal solutions. The aptly named Arts Catalyst, a tiny company with big ambitions, has for the past nine years been exploring the territory where art and science meet. Led by Director Nicola Triscott and Curator Rob LaFrenais and working from a base in Whitechapel in London, Arts Catalyst has brought numerous artists into active partnership with scientific research organizations across Europe. They recently sent a number of dancers and other artists into parabolic "zero gravity" flight—which simulates the weightless conditions of space travel. This idea emerged from the company's collaboration with French choreographer Kitsou Dubois and Professor Robert Schroter's Biodynamics group at Imperial College London. A rare thing in academia, Schroter's interdisciplinary team includes experts from six related but independent fields including neuroscience, physiology, and bio-mechanics. Choreographer Kitsou Dubois offered them something else: a thinking body used to exploring extreme or unfamiliar movement, a test subject unlike any other. The team's scientific work, which examines the dancer's control of movement in zero gravity from the starting point of Dubois' own subjective hypotheses, is being undertaken in the European Space Agency's parabolic flight program in France. Dubois' dance experiments in zero gravity conducted at the Gagarin Cosmonaut Training Center, Russia, and with the French Space Agency (CNES) are also unlike any dance work seen before. The initial zero gravity research has led to closer and longer-term connections between the Arts Catalyst and other arts organizations (V2 in the Netherlands, Project Atol in Slovenia, Leonardo/Olats in France and the USA, and TV Gallery in Russia) and the space agencies and industries.

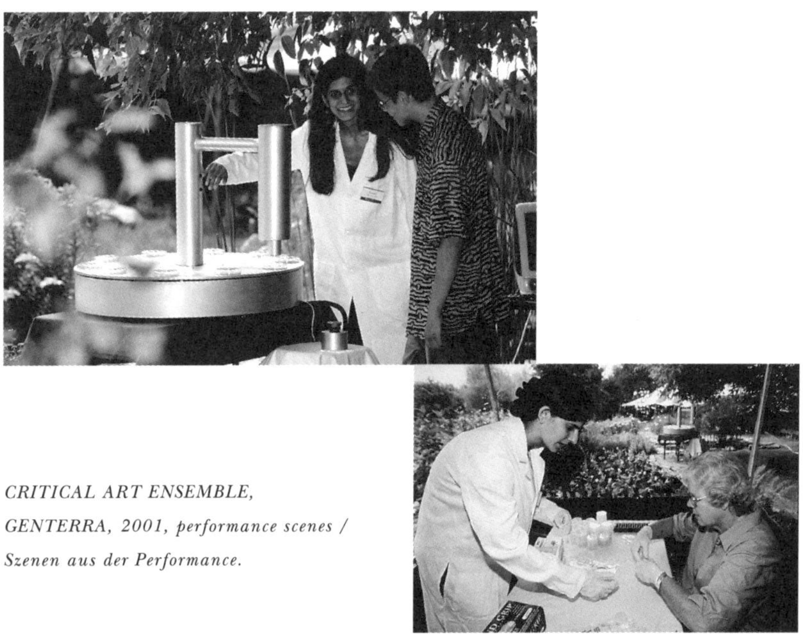

CRITICAL ART ENSEMBLE, GENTERRA, 2001, performance scenes / Szenen aus der Performance.

The company has developed a theme around "environments" to frame its work. Projects of inevitably disparate nature, scale, and duration are grouped under one of three headings: *Orbital Environments* (the space work), *Closed Environments* (exploring issues around biotechnology) and *Fragile Environments* (namely remote geographies which allow the investigation of sustainable development). In each of these areas work is done and relationships established which repeatedly stretch and redefine the nature of artistic practice. The pioneering nature of the Arts Catalyst's work is well demonstrated by the MAKROLAB, another collaboration with Slovenian Projekt Atol and led by artist Marko Peljhan. The MAKROLAB is a physical object, a research station designed to take readings both from around the world and from the immediate environment of the remote settings in which it is placed. These have ranged so far from Rottnest Island off Western Australia to the Scottish Highlands. Eventually the lab is destined for a permanent base in Antarctica. Artists and scientists work together inside the MAKROLAB, investigating environmental balance for reforestation, local/regional weather patterns, and telecommunications. Its apparently infinite adaptability and its precise local focus once in situ make MAKROLAB equally appealing as a vehicle for artistic exploration and as a tool for scientific research.

Clean Rooms is the title under which Arts Catalyst presents the results of artists' investigations into the closed environment of laboratory research on genetic engineering. The forms of these results include relatively familiar performance and installation works. In the performance GENTERRA (2002) by the US art group Critical Art Ensemble, however, audiences participate in the manipulation of genetic materials, growing their own transgenic bacteria using recombinant DNA technology. Critical Art Ensemble describe themselves as cultural activists, engaged in developing resistance to corporate monopolization of transgenic technologies through public education and amateur science, utilizing the scientific technologies themselves in collaboration with concerned scientists. Visitors to artist Neal White's installation UNCONTROLLED HERMETIC (2002) find themselves in the position—perhaps not so unusual in art, if seldom so graphic—of the contaminating or contaminated body intruding into spaces normally controlled for the conducting of experiments.

Just where the meeting of these two creative disciplines will ultimately lead is anybody's guess. For the moment there's something safely surreal about the new and unlikely partnerships engendered by collaborations of the kind initiated by Arts Catalyst. They have a self-evident interest that generates a value-free momentum to do more. It's fair to assume, however, that sustained collaborations of this kind are guaranteed to produce results unexpected by either science or art and it's not too early to try to imagine what some of those results might be. An artist working alongside or in collaboration with a scientific team might well add a spark of intuition or interpretation that significantly alters the direction of research. The adaptable nature of artistic creation might teach scientists something new about survival in the harshest environments on earth, or beyond. The engagement of art might add an aesthetic dimension to the medical, economic and ethical concerns around genetic experimentation. It might, looked at from the other perspective, produce artworks that go beyond the documenting of process or the appropriation of new and stimulating content and thus our perception of what art is. At the very least, art's collaboration with science could have the simple communicating effect of portraying what science today—its processes, its sites, its personnel, its consequences—actually feels like. It could have a popularizing or a critical effect. In a more complicated way, the open, critical and participatory nature of much contemporary arts practice could provide a greater or lesser degree of public empowerment and engagement with the scientific issues of the day.

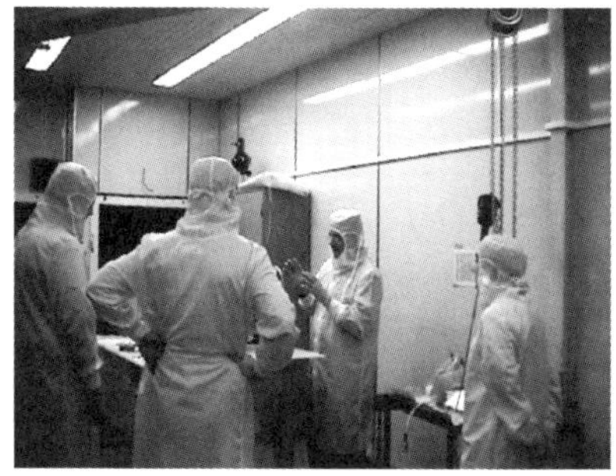

NEAL WHITE, UNCONTROLLED HERMETIC, 2002, research at the "Salles Blanches" (clean rooms) of Laboratoire d'Astronomie Spatiale, France / Recherche in den "Salles Blanches" des Laboratoire d'Astronomie Spatiale, Frankreich. (VIDEO STILL: NEAL WHITE)

What we can say for certain already—and what may be the final and most profound message of the creative collaborations of art and science—is that both practices are part of a common cultural exploration of the world we inhabit in their methods and thematics. The common themes they address of purity, contamination, hybridity, survival, and innovation are and will remain of great human interest. The methods they pursue—fragile processes at once highly determined and goal oriented and also open to chance and change; dependent on close collaborative working and intensive environments; sometimes abstruse in their detailed operation but motivated by profound philosophical underpinnings and capable of revealing fundamental truths—also deserve our engagement and respect.

SOLUTION TO COMPETITION IN PARKETT NO. 66/ AUFLÖSUNG DER PREISFRAGE IN PARKETT NR. 66

No one was able to identify the oil painting by MORTON SCHAMBERG, MECHANICAL ABSTRACTION, 1916, 30 1/8 x 20 1/4", Philadelphia Museum of Art; The Louise and Walter Arensberg Collection.
Niemand hat das Gemälde von MORTON SCHAMBERG erkannt.
The three Postcard Sets for the most imaginative or accurate replies go to /
Die drei Postkarten-Sets für die originellsten Antworten gehen an:

1. Janae Easton, Tallahassee FL (Deluxe Coffee Machine, yummmm)
2. Prof. Dr. Linus Urquhart, Basel, Switzerland (HEARRING #2 by Laurie Anderson)
3. James Brown-Upfield, Hudson, NY (Bauhaus fishing tackle)

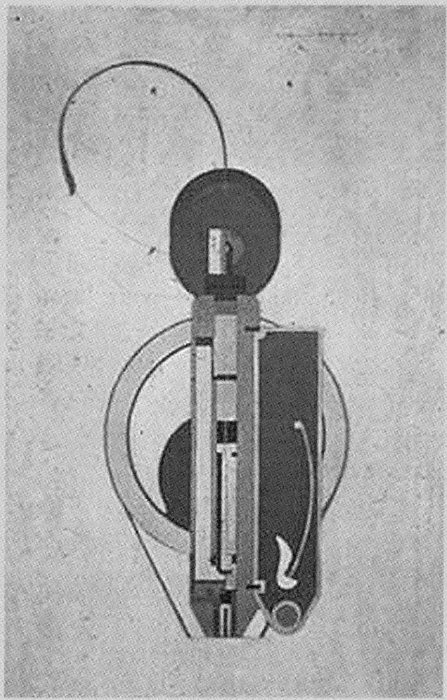

MORTON SCHAMBERG, MECHANICAL ABSTRACTION, 1916.

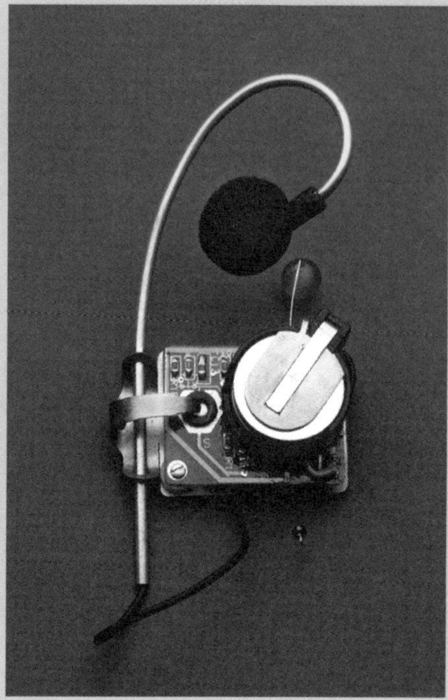

LAURIE ANDERSON, HEARRING, 1997, Edition for Parkett 49.

GRANT 2003 FOR YOUNG ART PRACTITIONERS

For the seventh time, the Stiftung Kunst und Kultur der Stadtsparkasse Magdeburg is offering a grant of 12,000 EURO for young art practitioners. In addition to a one-year stipend of 1,000 EURO per month, the grant includes:
- a rent-free studio, sponsored by the Landeshauptstadt Magdeburg
- rent-free use of an apartment, sponsored by the Wohnungsbaugenossenschaft "Stadt Magdeburg 1954" eG
- organization and financing of an exhibition at the Kunstmuseum des Klosters Unser Lieben Frauen following the grant year
- accompanying catalog for the exhibition

The grant is open to artists at home and abroad. In particular, artists from Sachsen-Anhalt are encouraged to apply. Applicants must be under 40.
The year begins on October 1, 2003. The winner will be expected to study and address the city of Magdeburg in his/her artistic reflections.

Applications will be accepted as of February 10, 2003; final deadline April 18, 2003. Details and application available at www.kunststiftung-magdeburg.de or by request from the Stadtsparkasse Magdeburg, Mrs. Jutta Ritzmann, Lübecker Strasse 126, 39124 Magdeburg.
e-mail: j.ritzmann@sparkasse-magdeburg.de, telephone: ++49 391-250 60.

Garderobe

'gär-,drōb

HOW TO BE AT THE WRONG GALLERY AT THE RIGHT TIME?

Answer: by standing in front of it and being Massimiliano Gioni, Maurizio Cattelan, and Ali Subotnick—the three people who launched the 75-square-centimeter nonprofit space that has no room for visitors. The address is equally fractured: 516 A 1/2 West 20th Street in Chelsea, New York.
On view: *MARTIN CREED, WORK NO. 122. All the sounds on a drum machine 1995–2000, drum machine, amplifier, plinth.*

Die Antwort: wenn Ali Subotnick, Maurizio Cattelan und Massimiliano Gioni davor stehen, die Initianten des 75 Quadratzentimeter grossen Non-Profit-Raumes, der keinen Platz für Besucher aufweist. Auch die Adresse ist mikroteilig: 516 A 1/2 West 20th Street in Chelsea, New York.
Ausgestellt ist: *MARTIN CREED, WERK NR. 122. Alle Töne einer Schlagzeuganlage 1995–2000, Schlagzeuganlage, Verstärker, Sockel.*
(PHOTO: FLAVIA VOGEL)

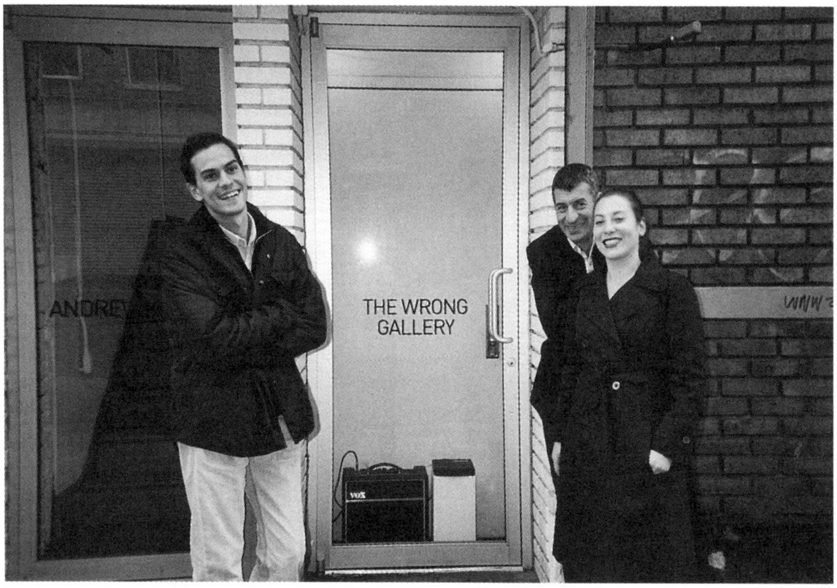

COMPLETE YOUR PARKETT LIBRARY
VERVOLLSTÄNDIGEN SIE IHRE PARKETT-BIBLIOTHEK

OUT OF PRINT / VERGRIFFEN: **NO. 1** ENZO CUCCHI, **2** SIGMAR POLKE, **3** MARTIN DISLER, **4** MERET OPPENHEIM, **5** ERIC FISCHL, **6** JANNIS KOUNELLIS, **7** BRICE MARDEN, **8** MARKUS RAETZ, **9** FRANCESCO CLEMENTE, **10** BRUCE NAUMAN, **12** ANDY WARHOL, **13** REBECCA HORN, **16** ROBERT WILSON, **17** FISCHLI/WEISS, **19** JEFF KOONS, MARTIN KIPPENBERGER, **20** TIM ROLLINS&K.O.S., **22** CHRISTIAN BOLTANSKI, JEFF WALL, **25** KATHARINA FRITSCH, **26** GÜNTHER FÖRG, PHILIP TAAFFE, JAMES TURRELL, **27** LOUISE BOURGEOIS, ROBERT GOBER, **29** CINDY SHERMAN, JOHN BALDESSARI, **30** SIGMAR POLKE, **31** DAVID HAMMONS, MIKE KELLEY, **35** GERHARD RICHTER, **38** ROSS BLECKNER, MARLENE DUMAS, **45** MATTHEW BARNEY, SARAH LUCAS, ROMAN SIGNER

For out-of-print issues you can register your name and address with Parkett and you will be notified, if your issue(s) become(s) available on the secondary market / Für vergriffene Bände nimmt der Verlag gerne Ihren Suchauftrag entgegen und macht Ihnen bei allfälliger Verfügbarkeit im Handel ein Angebot.

COLLABORATIONS

ANGELA BULLOCH
DANIEL BUREN
PIERRE HUYGHE
REBENTISCH, WILSON, PRINZHORN
RORIMER, GINGERAS, BUREN/HUYGHE
MILLAR, OBRIST, HOBBS
THYRZA NICHOLS GOODEVE/GIULIANA BRUNO
EDWARD DIMENDBERG: **ALLAN SEKULA**
LES INFOS: ROBERTO OHRT ON **MONICA BONVICINI**
CUMULUS AMERICA: NATO THOMPSON
CUMULUS EUROPA: GREG HILTY

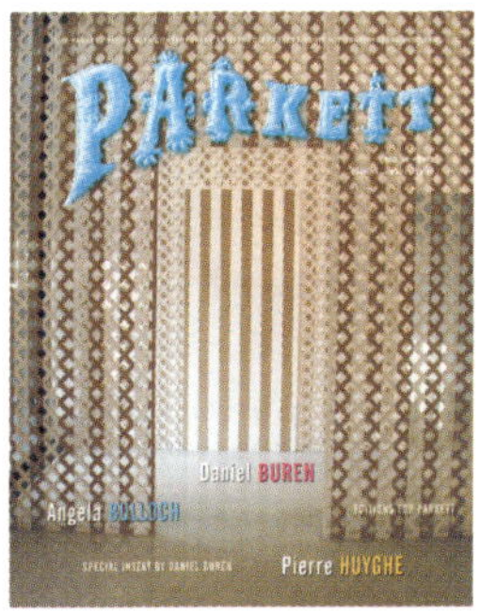

No. 66 - ISBN 3-907582-16-0

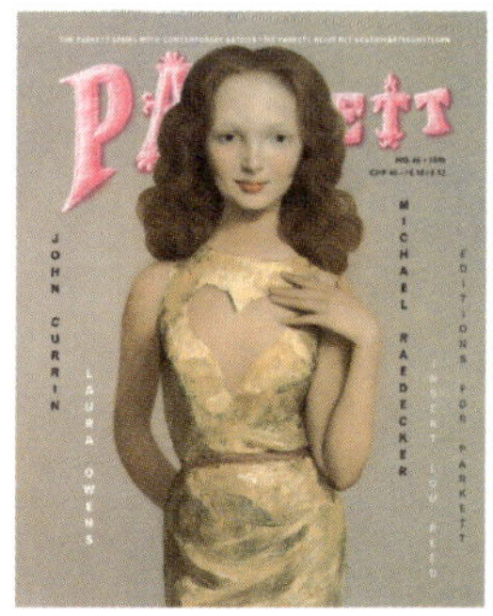

No. 65 - ISBN 3-907582-15-2

JOHN CURRIN
LAURA OWENS
MICHAEL RAEDECKER
SEWARD, VAN DE WALLE, BERG,
FERGUSON, THOMSON, WEISSMAN,
VERSCHAFFEL, MYERS, EGGERS
INSERT: **LOU REED**
KURT W. FORSTER: **JEFF WALL**
STORR: **DIETER ROTH & DOROTHY IANNONE**
KONRAD BITTERLI: **HUBBARD/BIRCHLER**
LES INFOS: CHRISTINA VÉGH
CUMULUS: OLAV WESTPHALEN, THOMAS HAHN
BALKON: SHEENA WAGSTAFF

OLAFUR ELIASSON
TOM FRIEDMAN
RODNEY GRAHAM
BLOM, MORGAN, CAMERON, MATSUI,
WATERS/FRIEDMAN, COOKE, HALE
INSERT: **AMY SILLMAN**
VÉRONIQUE D'AUZAC: **XAVIER VEILHAN**
A.M. HOMES: **CHRIS VERENE** (INTERVIEW)
HAKAN NILSSON: **ANNIKA LARSSON**
INQUIRY/UMFRAGE:
LEARNING FROM "DOCUMENTA"

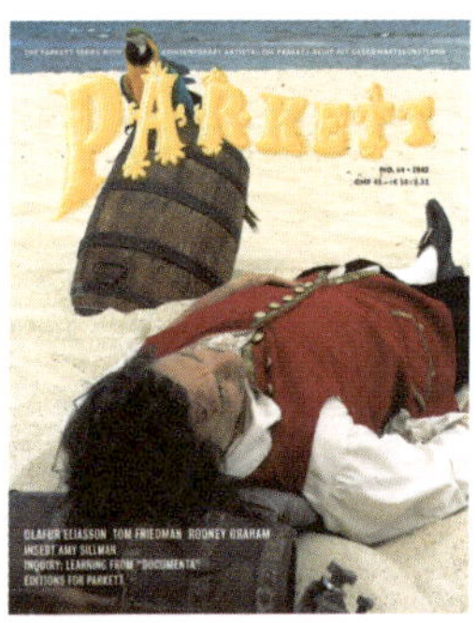

No. 64 - ISBN 3-907582-14-4

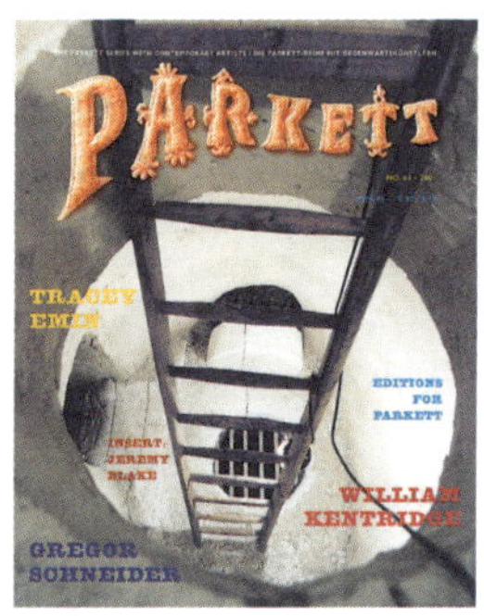

No. 63 - ISBN 3-907582-13-6

TRACEY EMIN
WILLIAM KENTRIDGE
GREGOR SCHNEIDER
BARBER, MUIR, PREECE, GUNNING,
STEWART, GOLDBERG, PUVOGEL, LOOCK
INSERT: **JEREMY BLAKE**
CLAUDIA SPINELLI: **FABRICE GYGI**
RAINER FUCHS: **KATHARINA GROSSE**
ADRIAN DANNATT: **THE THREE**
CUMULUS: CH. RATTEMEYER, D. BIRNBAUM
BALKON: MICHAEL OPPITZ

JOHN WESLEY
TACITA DEAN
THOMAS DEMAND
MILLAR, CARABELL, SCHWARZ
NORDEN, KÖNIG/STOCKEBRAND
HAINLEY, SEARLE, RUBY, HEISER
INSERT: **G. STEINER & J. LENZLINGER**
PHILIP URSPRUNG: **ALLAN KAPROW**
RUSSELL FERGUSON: **GLEN WILSON**
EDWARD A. SCHEER: **MIKE PARR**
LES INFOS: DAVID GREENBERG
CUMULUS: G. CARMINE, S. DIETZ

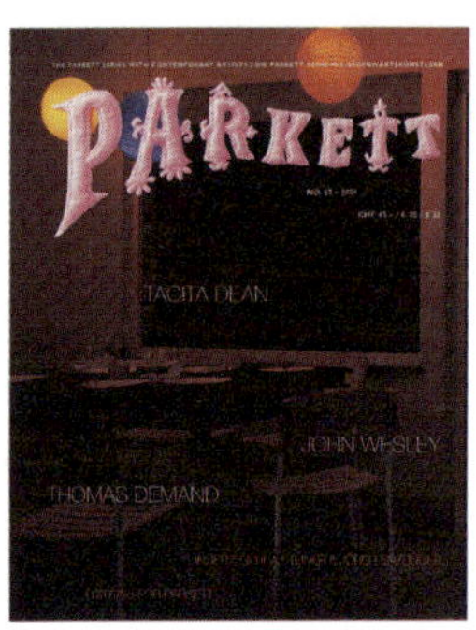

No. 62 - ISBN 3-907582-12-8

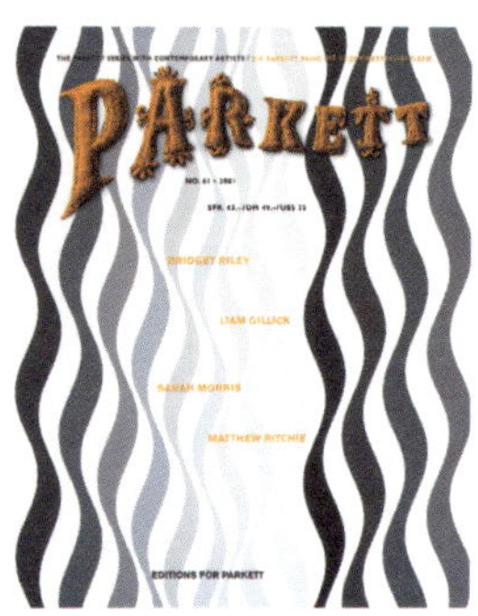

No. 61 - ISBN 3-907582-11-X

BRIDGET RILEY
LIAM GILLICK
SARAH MORRIS
MATTHEW RITCHIE
KUDIELKA, HICKEY
GILLICK, STEMMRICH, WOLLEN
NICHOLS GOODEVE, KLEIN, PRINZHORN
RABINOWITZ, GALISON/JONES, MARCUS
ELISABETH KLEY: **PAUL LINCOLN**
CUMULUS: O. ENWEZOR, M. WARNER
BALKON: STELLA ROLLIG

CHUCK CLOSE
DIANA THATER
LUC TUYMANS
PROSE, CLOSE/PEYTON, SHIFF, CLOSE/CURIGER
ARRHENIUS, HASLINGER, GILBERT-ROLFE
HOPTMAN, MOSQUERA, REUST
INSERT: **SHIRANA SHAHBAZI**
GREG HILTY: **JEREMY DELLER**
HOWARD SINGERMAN: **DAVID BUNN**
LES INFOS: THIERRY DE DUVE—INTERVIEW
CUMULUS: FRAZER WARD, HANS ULRICH RECK

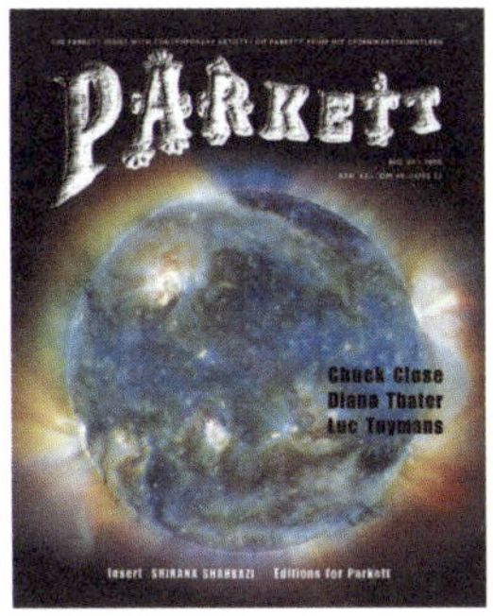

No. 60 - ISBN 3-907582-10-1

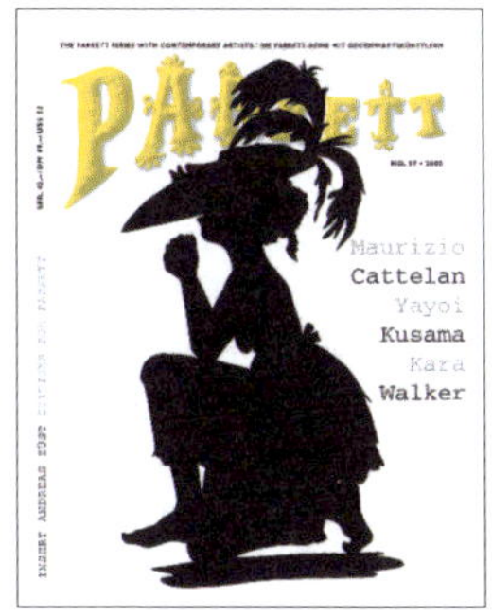

No. 59 - ISBN 3-907582-09-8

MAURIZIO CATTELAN
YAYOI KUSAMA
KARA WALKER
BOURRIAUD, GINGERAS, BONAMI
PANHANS-BÜHLER, MATSUI, POLLOCK
DUBOIS SHAW, JANUS, WALKER
INSERT: **ANDREAS ZÜST**
VINCENT KATZ,
ELISABETH BRONFEN: **ANNETTE MESSAGER**
JAN AVGIKOS: **ANNA GASKELL**
LES INFOS: ALI SUBOTNICK
CUMULUS: M. ROWELL, L. FÖLDENYI
BALKON: MICHELLE NICOL

JAMES ROSENQUIST
SYLVIE FLEURY
JASON RHOADES
RUSSELL, KOONS/ROSENQUIST, HULTEN, FELIX
GLENN, LOBEL, DANNATT, RUF, KOETHER
FERGUSON, ORTH, SCHEIDEMANN/HERMANN
INSERT: **HENRY BOND**
GILDA WILLIAMS: **JANE & LOUISE WILSON**
SLAVOJ ZIZEK, PAUL D. MILLER & CHRIS OFILI
LES INFOS: ANNA HELWING
CUMULUS: DAVID ROBBINS, HILDE TEERLINCK
BALKON: KNUT EBELING

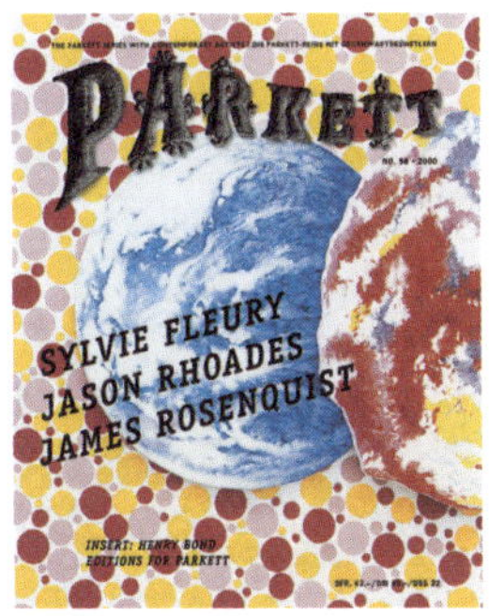

No. 58 - ISBN 3-907582-08-X

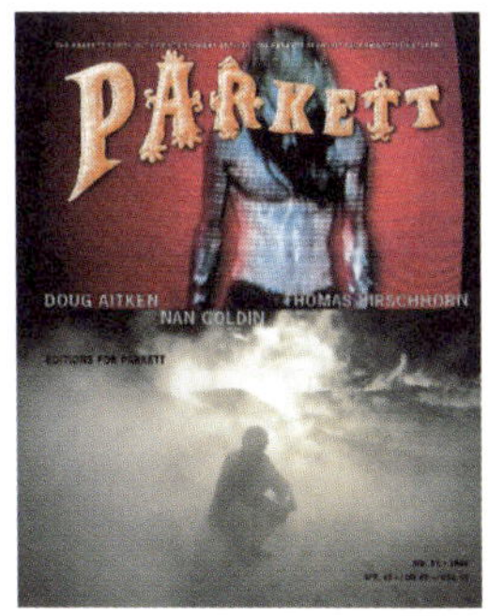

No. 57 - ISBN 3-907582-07-1

DOUG AITKEN
NAN GOLDIN
THOMAS HIRSCHHORN
ROBERTS, BONAMI, VAN ASSCHE, LEBOVICI
DANTO, LIEBMANN, FRIIS-HANSEN, HAKERT,
EISENBERG, FLECK, GINGERAS, VERGNE, STEINWEG
DAVID GREENBERG: **DONALD BAECHLER**
ANDREA KROKSNES: **LOUISE LAWLER**
LIONEL BOVIER: **JOHN MILLER**
LES INFOS: RUDOLF SCHMITZ
CUMULUS: H.U. OBRIST, CONNIE BUTLER
BALKON: JURI STEINER & ANNELISE COSTE

ELLSWORTH KELLY
VANESSA BEECROFT
JORGE PARDO
KELLEIN, FER, MAURER, RIMANELLI
BRYSON, TAZZI, SEWARD, AVGIKOS
FERGUSON, VÉGH, VAN WINKEL
FRANGENBERG, BUSH
GREG HILTY: **CERITH WYN EVANS**
THOMAS Y. LEVIN: **CHRISTIAN MARCLAY**
LYNNE COOKE: **DIANA THATER**
LES INFOS: DIANE LEWIS
CUMULUS: ADRIAN DANNATT, PETR NEDOMA

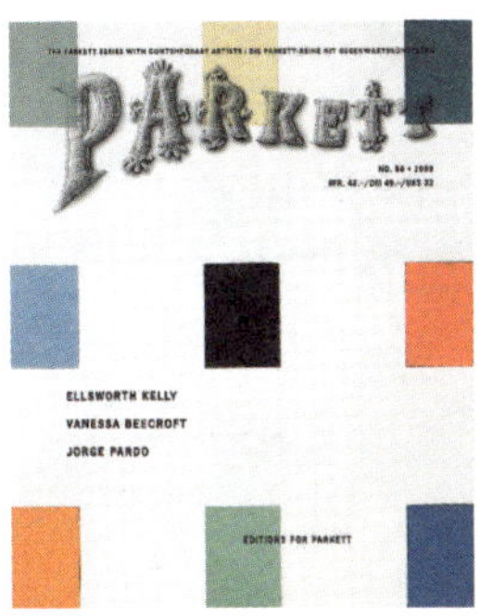

No. 56 - ISBN 3-907582-06-3

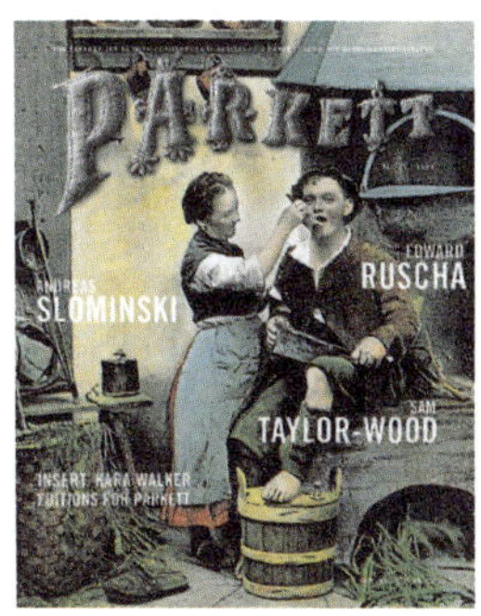

No. 55 - ISBN 3-907582-05-5

EDWARD RUSCHA
ANDREAS SLOMINSKI
SAM TAYLOR-WOOD
PERRONE, HIGGIE, SINGERMAN, SCHENKER
SCANLAN, SPECTOR, FREY, HEYNEN
GROYS/FUNCKE/HOFFMANN, BRONFEN
BONAMI, LAJER-BURCHARTH
INSERT: **KARA WALKER**
BORIS GROYS: **PAVEL PEPPERSTEIN**
RUDOLF SCHMITZ: **ALEXANDER KLUGE**
BEATRIX RUF: **EIJA-LIISA AHTILA**
CUMULUS: MICHELLE NICOL, SUELY ROLNIK

RONI HORN
MARIKO MORI
BEAT STREULI
SCHORR, GUNNARSSON, GOROVOY, LEWIS
SPECTOR, BRYSON, NAKAZAWA, NICHOLS
GOODEVE, STALS, DANTO, AMANO, SMITH
INSERT: **MATTHEW RITCHIE**
VINCENT KATZ: **ALEX KATZ**
HORST BREDEKAMP: **STEPHAN VON HUENE**
PAUL D. MILLER: **SHIRIN NESHAT**
LES INFOS:
OKWUI ENWEZOR & WILLIAM KENTRIDGE
CUMULUS: VALÉRIA PICCOLI, MARIA LIND

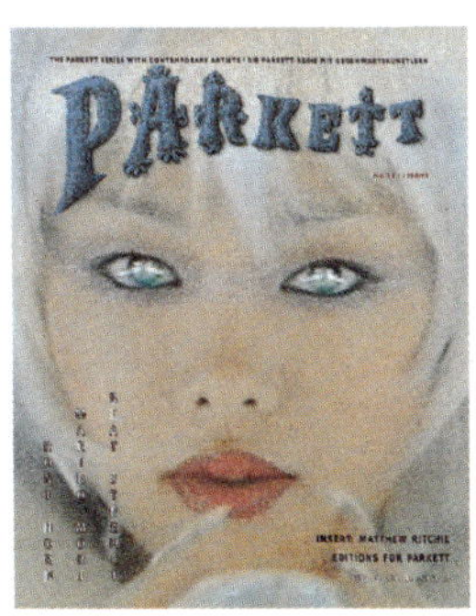

No. 54 - ISBN 3-907582-04-7

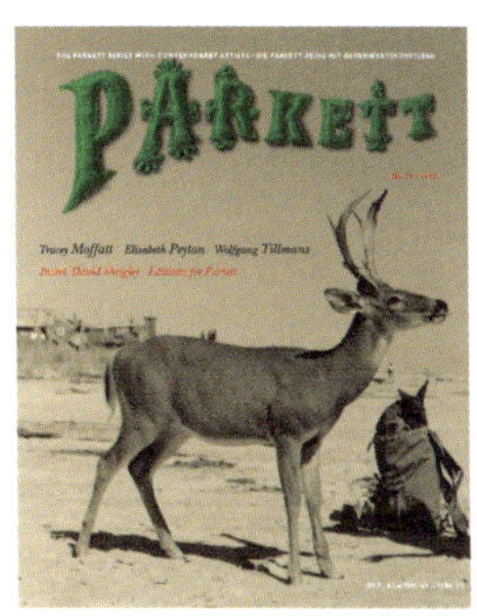

No. 53 - ISBN 3-907582-03-9

TRACEY MOFFATT
ELIZABETH PEYTON
WOLFGANG TILLMANS
MARTIN, LAJER-BURCHARTH, RIMANELLI
PILGRIM, URSPRUNG, LIEBMANN, MATSUI
WAKEFIELD, BUDNEY, NESBITT, ZIEGLER
INSERT: **DAVID SHRIGLEY**
CATHERINE BERNARD: **JOHAN GRIMONPREZ**
BERNARD MARCADÉ: **ROBERT GOBER**
LES INFOS DE L'ENFER: VALERIA LIEBERMANN
CUMULUS: BLESSING, AUPETITALLOT
BALKON: STEINER/MAGNAGUAGNO

KAREN KILIMNIK
MALCOLM MORLEY
UGO RONDINONE
SCHORR, BÜRGI, JUNCOSA, MORLEY,
LEBENSZTEJN, BONAMI, VERWOERT, HOPTMAN,
INSERT: **THOMAS BAYRLE**
ED WHITE: **JEAN MICHEL OTHONIEL**
NEVILLE WAKEFIELD: **RICHARD SERRA**
GILDA WILLIAMS: **GILLIAN WEARING**
ROBERT GRESKOVIC: **MERCE CUNNINGHAM**
CUMULUS: WALKER, KURZMEYER
BALKON: CECILIA VICUÑA

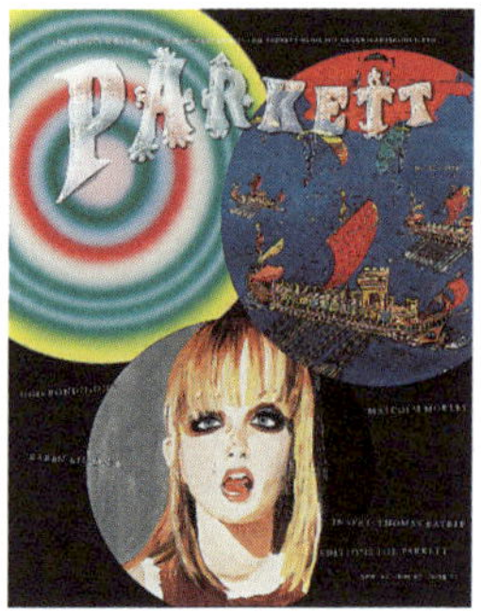

No. 52 - ISBN 3-907582-02-0

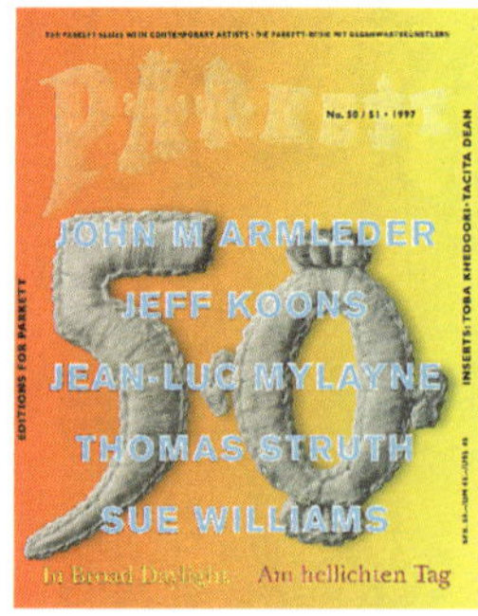

50/51 - ISBN 3-907582-00-4

JOHN M ARMLEDER, JEFF KOONS
JEAN-LUC MYLAYNE
THOMAS STRUTH, SUE WILLIAMS
DI PIETRANTONIO, BOVIER, MUNIZ,
SEWARD, LOERS, NICHOLS GOODEVE,
COOKE, DION, ARNAUDET, MYLAYNE,
CURIGER, LINGWOOD, OKUTSU, BRYSON,
SCHJELDAHL, NESBIT, DANNATT, CAMHI
INSERTS: **TOBA KHEDOORI, TACITA DEAN**
ONFRAY: **HYACINTHE RIGAUD,** NICOL: **SAM SAMOR**
MURPHY, VAN DER WALLE, STEINER,
KURT W. FORSTER: **FRANK GEHRY**
CUMULUS: COLEMAN, BIRNBAUM

LAURIE ANDERSON
DOUGLAS GORDON
JEFF WALL
FLOOD, BEZZOLA, FERGUSON
GILLICK/GORDON, BRYSON, PONTBRIAND
SCHORR, ANDERSON, BURCKHARDT, BUDNEY
INSERT: **SILVIA BÄCHLI**
COLIN DE LAND: **JOHN WATERS**
ROBERT STORR: **SEYDOU KEITA**
DANIELA SALVIONI: **CLEGG & GUTTMANN**
CUMULUS: KITTELMANN, MEYER

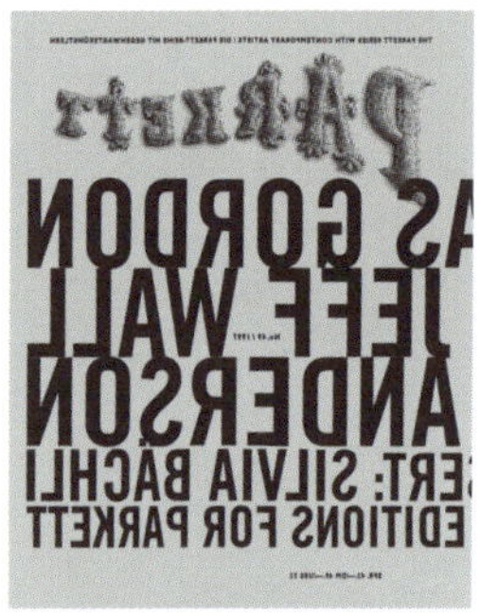

No. 49 - ISBN 3-907509-99-4

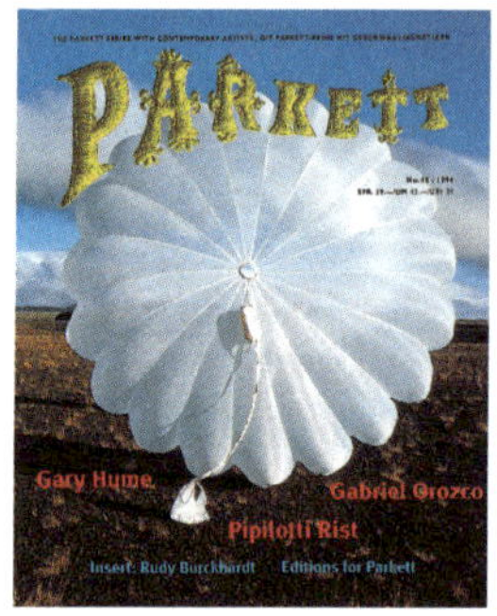

No. 48 - ISBN 3-907509-98-6

GARY HUME
GABRIEL OROZCO
PIPILOTTI RIST
BOVIER, MUIR, FOGLE, BONAMI
DE ZEGHER, SPECTOR, URSPRUNG
BABIAS, COLOMBO, ANDERSON
INSERT: **RUDY BURCKHARDT**
VINCENT KATZ: **RUDY BURCKHARDT**
VAN DER WALLE: **CHARLES LONG**
& STEREOLAB
FAYE HIRSCH: **BRUCE CONNER**
CHRISTOPH DOSWALD: **IAN ANÜLL**
CUMULUS: LEGGAT, SCHNEIDER

TONY OURSLER
RAYMOND PETTIBON
THOMAS SCHÜTTE
COOKE, RICHARD, NERI,
LEWIS, GROYS, ALS, RUGOFF,
GOODEVE, SEARLE, MARI, REUST,
WAKEFIELD, LOOCK, JANUS
INSERT: **ZOE LEONARD & CHERYL DUNYE**
JURI STEINER: **EMMA KUNZ**
MAX WECHSLER: **CHRISTOPH RÜTIMANN**
SUSAN MORGAN: **DIANE ARBUS**
CUMULUS: PRINCENTHAL, BOVIER/CHERIX

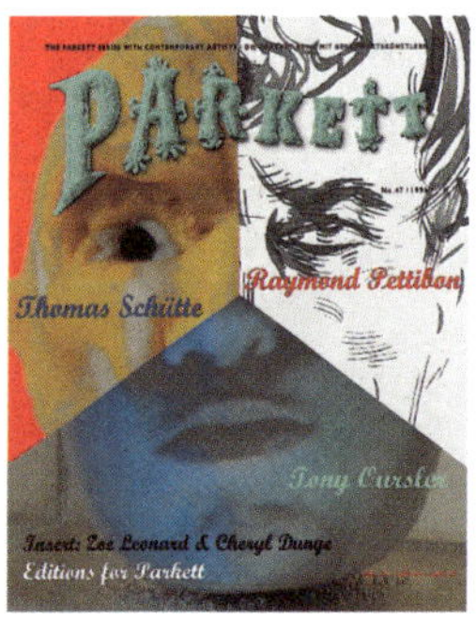

No. 47 - ISBN 3-907509-97-8

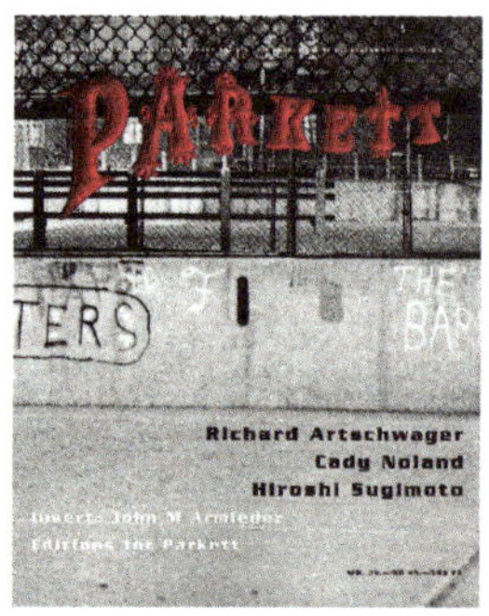

No. 46 - ISBN 3-907509-96-X

RICHARD ARTSCHWAGER
CADY NOLAND
HIROSHI SUGIMOTO
DEITCHER, SCHAFFNER, FORSTER, MUNIZ
ARMSTRONG, RELYEA, BOGDAN, GOODEVE
NICKAS, BRYSON, RUGOFF, DENSON
INSERT: **JOHN M ARMLEDER**
ROLAND WÄSPE: **ERWIN WURM**
DANIEL BIRNBAUM: **ÖYVIND FAHLSTRÖM**
LES INFOS DU PARADIS: ROBERT FLECK
CUMULUS: MILLER, VETTESE
BALKON: MARTIN HELLER

VIJA CELMINS
ANDREAS GURSKY
RIRKRIT TIRAVANIJA
PRINCENTHAL, LEWIS, SILVERTHORNE
SHIFF, CRIQUI, BURCKHARDT, WAKEFIELD
SCHORR, MELO, GILLICK, FLOOD, STEINER
INSERT: **HANS DANUSER**
LES INFOS: LIAM GILLICK & DOUGLAS GORDON
LYNNE COOKE, DAVID DEITCHER
DANIEL KURJAKOVIC: **MARIE JOSÉ BURKI**
NAN GOLDIN: **PETER HUJAR**
NOEMI SMOLIK: **ANDREAS SLOMINSKI**
JASON SIMON: **MARK DION**
LUK LAMBRECHT: **MARK LUYTEN**

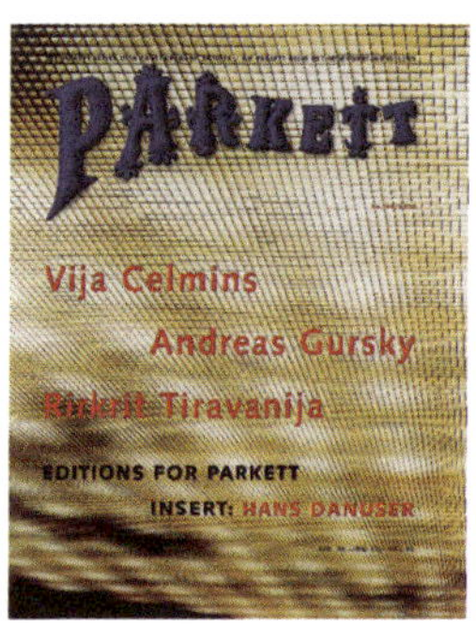

No. 44 - ISBN 3-907509-94-3

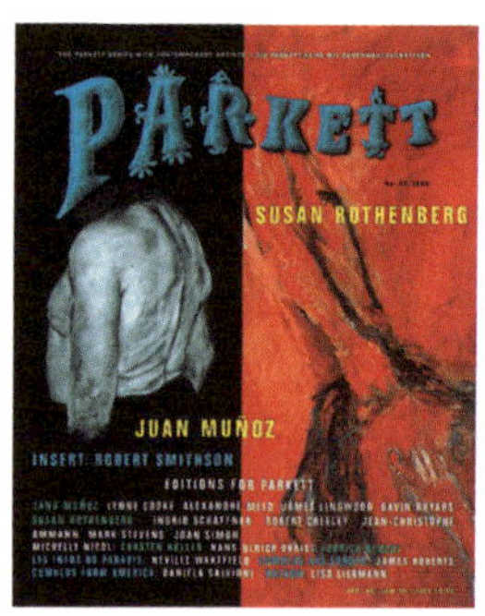

No. 43 - ISBN 3-907509-93-5

JUAN MUÑOZ
SUSAN ROTHENBERG
LYNNE COOKE, ALEXANDRE MELO
JAMES LINGWOOD, GAVIN BRYARS
ROBERT CREELEY, INGRID SCHAFFNER
JEAN-CHRISTOPHE AMMANN
MARK STEVENS, JOAN SIMON
INSERT: **ROBERT SMITHSON**
NEVILLE WAKEFIELD
MICHELLE NICOL: **CARSTEN HÖLLER**
HANS-ULRICH OBRIST: **FABRICE HYBERT**

LAWRENCE WEINER
RACHEL WHITEREAD
BROOKS ADAMS, FRANCES RICHARD
DIETER SCHWARZ, DANIELA SALVIONI
ED LEFFINGWELL, LANE RELYEA
NEVILLE WAKEFIELD, RUDOLF SCHMITZ
TREVOR FAIRBROTHER, SIMON WATNEY
INSERT: **NAN GOLDIN**
VINCE LEO: **ROBERT FRANK**
CLAUDE RITSCHARD: **MARKUS RAETZ**

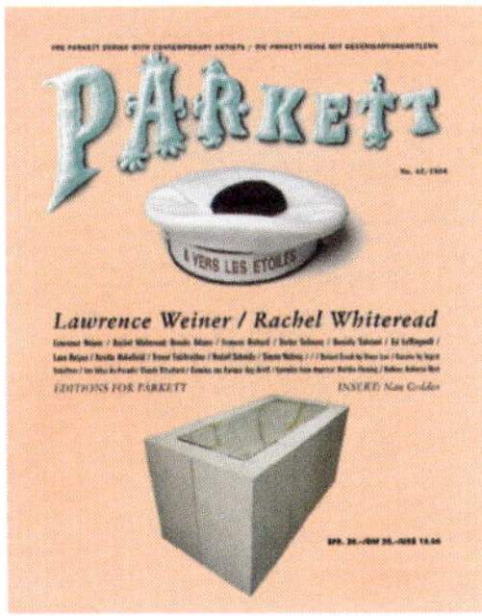

No. 42 - ISBN 3-907509-92-7

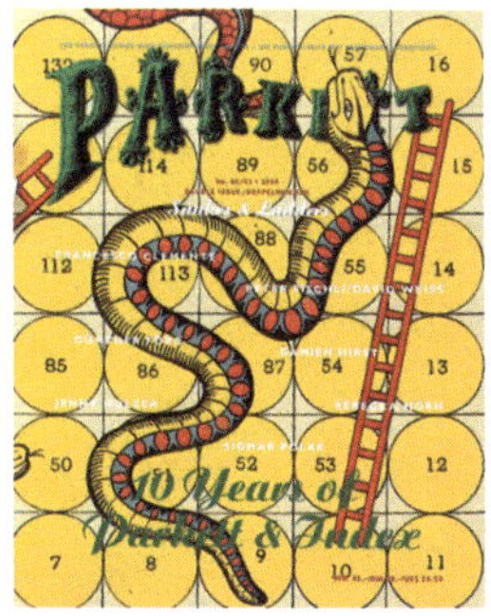

40/41 - ISBN 3-907509-90-0

FRANCESCO CLEMENTE
GÜNTHER FÖRG
PETER FISCHLI/DAVID WEISS
DAMIEN HIRST
JENNY HOLZER
REBECCA HORN
SIGMAR POLKE
HOLLAND COTTER, BORIS GROYS
MAX WECHSLER, DAVID RIMANELLI
JOAN SIMON, GORDON BURN
GILBERT LASCAULT, WERNER SPIES
BICE CURIGER, JEFF PERRONE
G. ROGER DENSON, VIK MUNIZ
DAVE HICKEY

FELIX GONZALEZ-TORRES
WOLFGANG LAIB
NANCY SPECTOR, SIMON WATNEY,
SUSAN TALLMAN, DIDIER SEMIN,
CLARE FARROW, JEAN-MARC AVRILLA,
THOMAS McEVILLEY
CLAUDE GINTZ: **GABRIEL OROZCO**
WALTER GRASSKAMP: **AXEL KASSEBÖHMER**
NEVILLE WAKEFIELD: **MATTHEW BARNEY**
INSERT: **RONI HORN**
LES INFOS DU PARADIS: **BURT BARR**
CUMULUS: **MEYER VAISMAN**

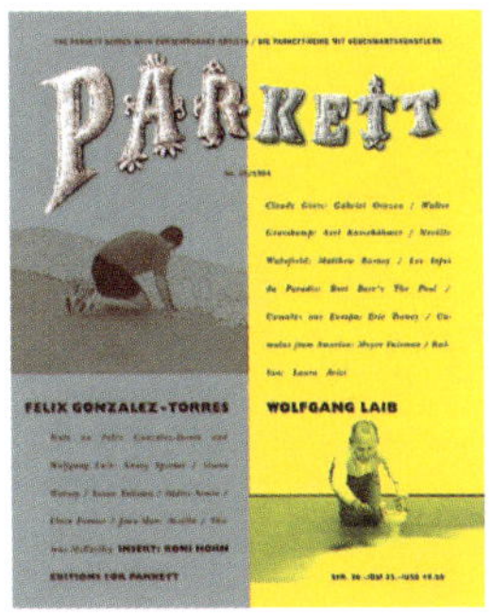

No. 39 - ISBN 3-907509-89-7

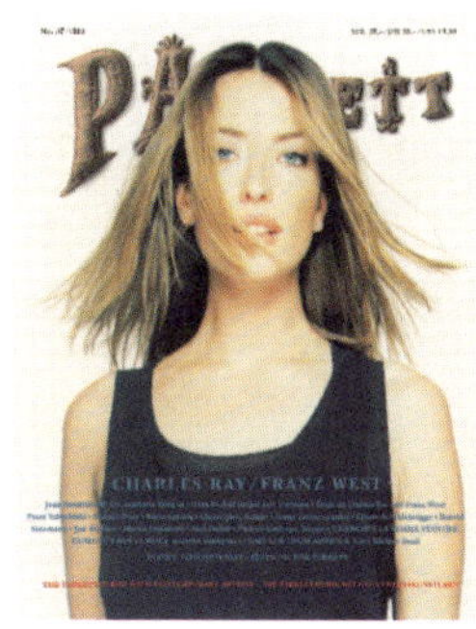

No. 37 - ISBN 3-907509-87-0

CHARLES RAY
FRANZ WEST
KLAUS KERTESS, CHRISTOPHER KNIGHT
PETER SCHJELDAHL, ROBERT STORR
JAN AVGIKOS, AXEL HUBER
MARTIN PRINZHORN, ELISABETH
SCHLEBRÜGGE, HARALD SZEEMANN,
DENYS ZACHAROPOULOS
INSERT: **PIPILOTTI RIST**
JEAN BAUDRILLARD
HANS RUDOLF REUST: **LUC TUYMANS**
PARKETT INQUIRY:
CHERCHEZ LA FEMME PEINTRE!

ILYA KABAKOV
RICHARD PRINCE
BORIS GROYS, ROBERT STORR
JAN THORN-PRIKKER
CLAUDIA JOLLES, EDMUND WHITE
SUSAN TALLMAN, DANIELA
SALVIONI, KATHY ACKER
INSERT: **TATSUO MIYAJIMA**
GUDRUN INBODEN: **ASTA GRÖTING**
LYNNE COOKE: **GARY HILL**
PATRICK McGRATH: **STEPHEN ELLIS**

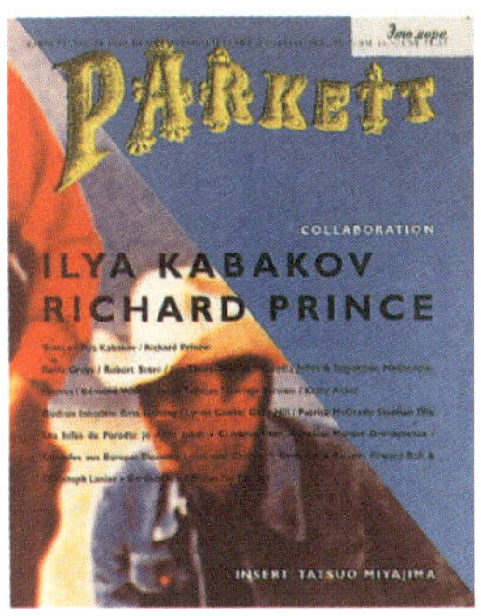

No. 34 - ISBN 3-907509-84-6

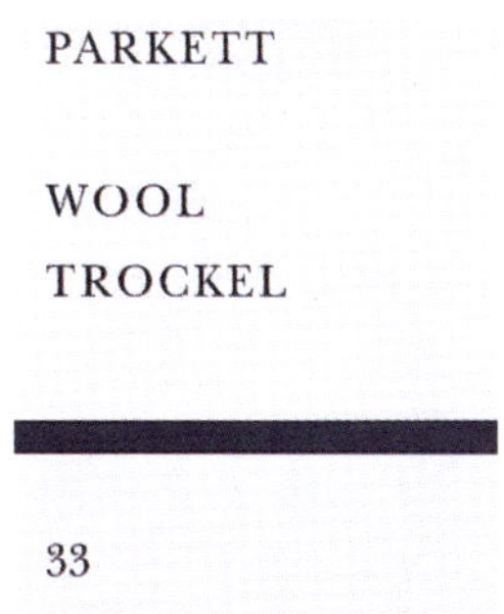

No. 33 - ISBN 3-907509-83-3

ROSEMARIE TROCKEL
CHRISTOPHER WOOL
VERONIQUE BACCHETTA,
BARRETT WATTEN,
ANNE WAGNER, JIM LEWIS,
GREIL MARCUS, JEFF PERRONE,
DIEDRICH DIEDERICHSEN
INSERT: **ADRIAN SCHIESS**
MARINA WARNER: **PENIS PLENTY**
G. ROGER DENSON:
DENNIS OPPENHEIM
CAMIEL VAN WINKEL

IMI KNOEBEL
SHERRIE LEVINE
RUDOLF BUMILLER
RAINER CRONE/DAVID MOOS
LISA LIEBMANN, DANIELA SALVIONI
ERICH FRANZ, HOWARD SINGERMANN
INSERT: **DAMIEN HIRST**
SHEENA WAGSTAFF: **VIJA CELMINS**
JIM LEWIS: **LARRY CLARK**
LIAM GILLICK: **BETHAN HUWS**
THOMAS KELLEIN: **WALTER DE MARIA**

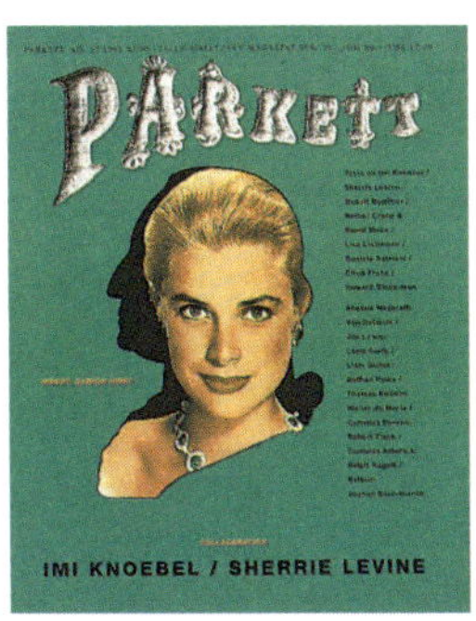

No. 32 - ISBN 3-907509-82-X

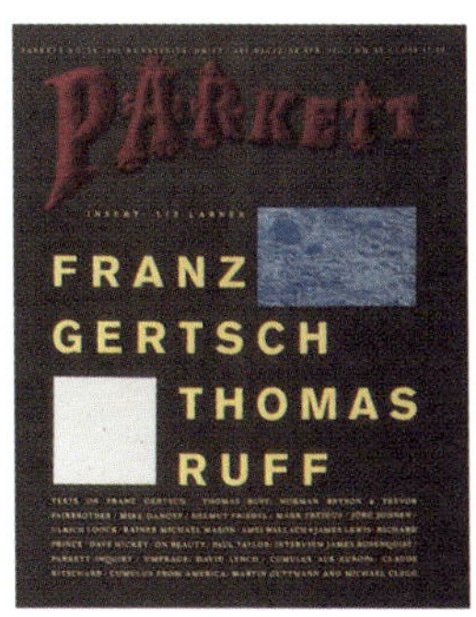

No. 28 - ISBN 3-907509-78-1

FRANZ GERTSCH
THOMAS RUFF
HELMUT FRIEDEL, ULRICH LOOCK
I. MICHAEL DANOFF, AMEI WALLACH
RAINER MICHAEL MASON
MARC FREIDUS, JÖRG JOHNEN
TREVOR FAIRBROTHER/NORMAN BRYSON
INSERT: **LIZ LARNER**
JAMES LEWIS: **RICHARD PRINCE**
DAVID HICKEY:
THE INVISIBLE DRAGON/
DER UNSICHTBARE DRACHEN
PAUL TAYLOR: **JAMES ROSENQUIST**

ALIGHIERO E BOETTI
JEAN-CHRISTOPHE AMMANN
GIOVAN BATTISTA SALERNO
RAINER CRONE & DAVID MOOS
FRIEDEMANN MALSCH
JEAN-PIERRE BORDAZ
ALAIN CUEFF
INSERT: **CINDY SHERMAN**
SHEENA WAGSTAFF:
SOPHIE CALLE
HERBERT LACHMEYER/
BRIGITTE FELDERER: **FRANZ WEST**
JUTTA KOETHER: **MIKE KELLEY**

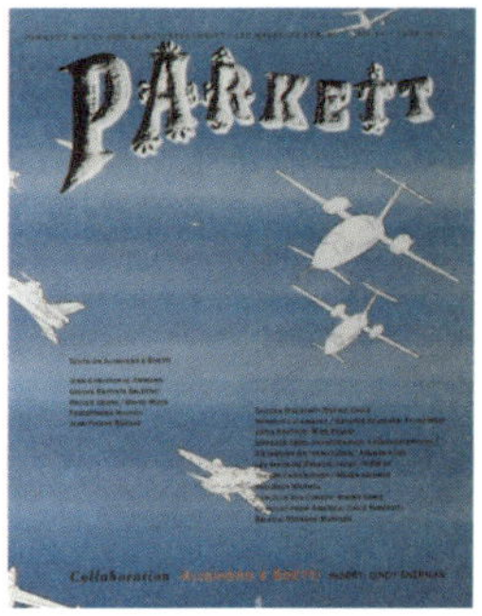

No. 24 - ISBN 3-907509-74-9

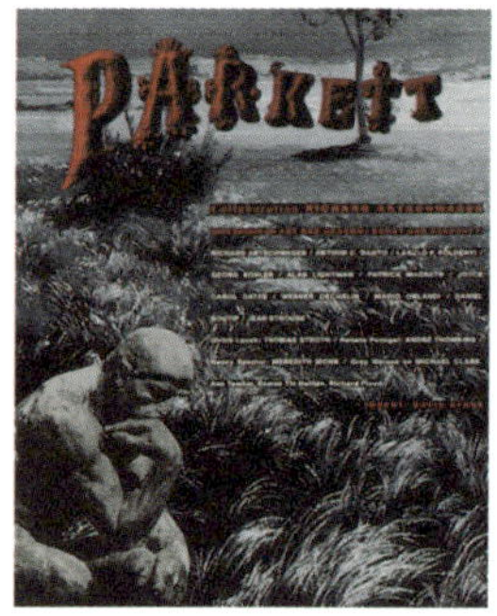

No. 23 - ISBN 3-907509-73-0

RICHARD ARTSCHWAGER
ARTHUR C. DANTO, GEORG KOHLER,
MARIO A. ORLANDO, JOYCE
CAROL OATES, WERNER OECHSLIN,
ALAN LIGHTMAN, PATRICK
McGRATH, DANIEL SOUTIF,
LASZLO F. FÖLDENYI, JEAN STROUSE
INSERT: **DAVID BYRNE**
RENATE PUVOGEL: **ANDRÉ THOMKINS**
ULRICH LOOCK: **THOMAS STRUTH**
NANCY SPECTOR: **MEREDITH MONK**

ALEX KATZ
JOHN RUSSELL, BROOKS ADAMS,
DAVID RIMANELLI, FRANCESCO
CLEMENTE, MICHAEL KRÜGER,
RICHARD FLOOD, PATRICK FREY,
CARL STIGLIANO, BICE CURIGER,
GLENN O'BRIEN
INSERT: **WILLIAM WEGMAN**
LISA LIEBMAN: **ROBERT GOBER**
JACQUELINE BURCKHARDT:
GIULIO ROMANO

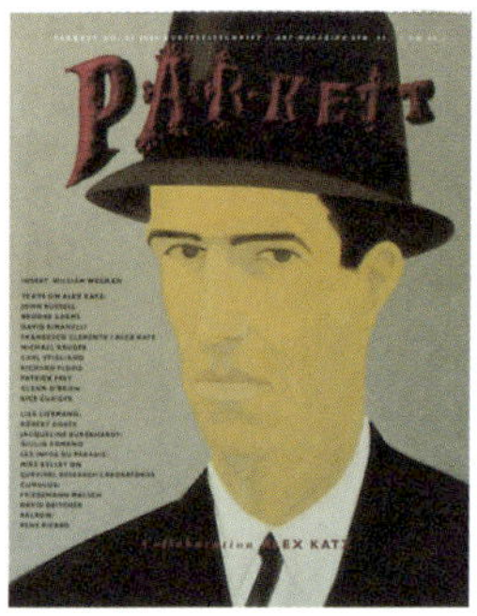

No. 21 - ISBN 3-907509-71-4

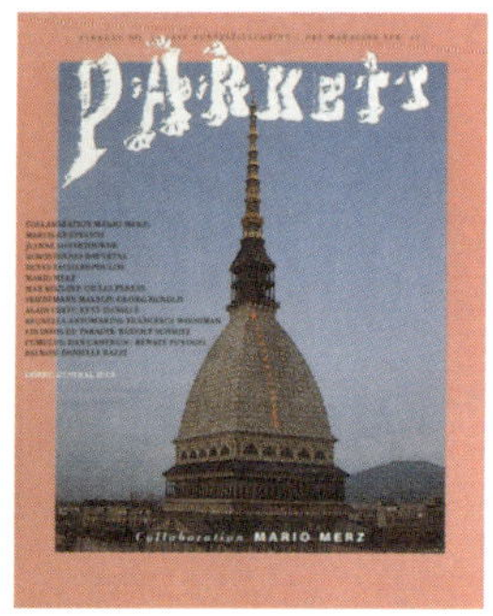

No. 15 - ISBN 3-907509-65-X

MARIO MERZ
MARLIS GRÜTERICH, JEANNE
SILVERTHORNE, DEMOSTHENES
DAVVETAS, HARALD SZEEMANN,
DENYS ZACHAROPOULOS
INSERT: **GENERAL IDEA**
MAX KOZLOFF: **GILLES PERESS**
FRIEDEMANN MALSCH:
GEORG HEROLD
BRUNELLA ANTOMARINI:
FRANCESCA WOODMAN

GILBERT & GEORGE
DUNCAN FALLOWELL, MARIO
CODOGNATO, JEREMY COOPER,
DEMOSTHENES DAVVETAS,
WOLF JAHN
INSERT: **ROSEMARIE TROCKEL**
ROBERT STORR: **NANCY SPERO**
HAIM STEINBACH: **MANIFESTO**
JÖRG ZUTTER: **THOMAS HUBER**

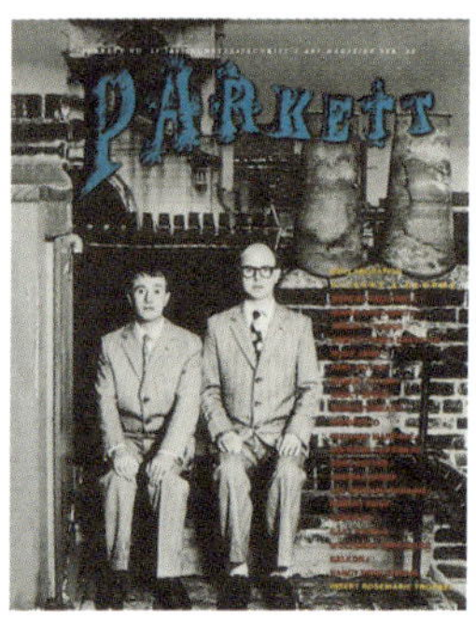

No. 14 - ISBN 3-907509-64-1

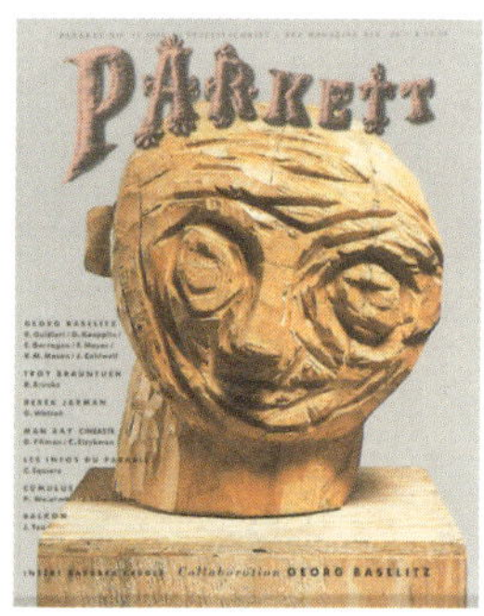

No. 11 - ISBN 3-907509-61-7

GEORG BASELITZ
REMO GUIDIERI, DIETER
KOEPPLIN, ERIC DARRAGON,
RAINER MICHAEL MASON, FRANZ
MEYER, JOHN CALDWELL
INSERT: **BARBARA KRUGER**
GRAY WATSON: **DEREK JARMAN**
CAROL SQUIERS:
PHOTO OPPORTUNITY
ROSETTA BROOKS:
TROY BRAUNTUCH

Each volume of PARKETT is created in collaboration with artists, who contribute an original work specially made for the readers of PARKETT. The works are available in a signed and numbered Special Edition. Prices are subject to change. Postage is not included.

EDITIONS FOR PARKETT

Jeder PARKETT-Band entsteht in Collaboration mit Künstlern, die eigens für die Leser von PARKETT Originalbeiträge gestalten. Diese Vorzugsausgaben sind als nummerierte und signierte Editionen erhältlich. Preisänderungen vorbehalten. Versandkosten und MwSt. (Schweiz) nicht inbegriffen.

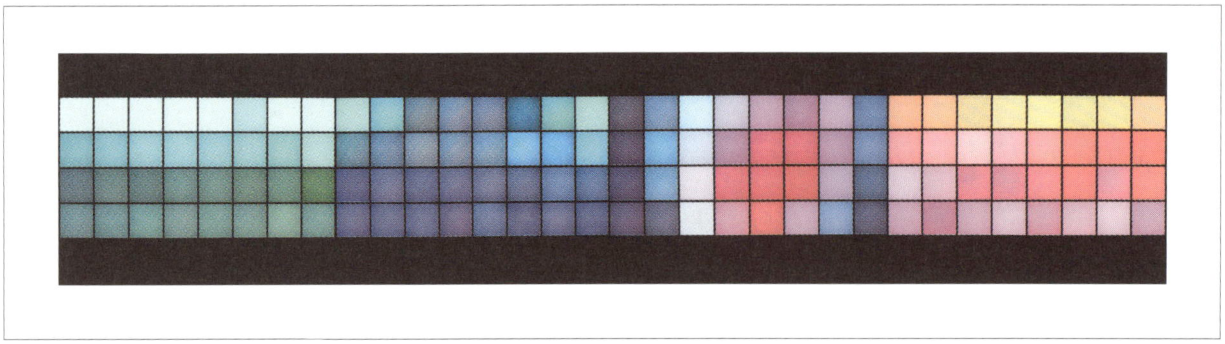

Mosaic of light: a composition culled from the vast potential of untold shades of color.

Lichtmosaik: Komposition aus Millionen schlummernder Möglichkeiten.

PARKETT 66

ANGELA BULLOCH

HORIZONTAL TECHNICOLOUR: STILLS WITH NEGATIVE SPACE, 2002

C-print, 12 3/16 x 46" (image 8 7/16 x 42 7/16")
Printed by Philippe Laumont, Laumont Editions, New York
Edition of 80, signed and numbered, **$ 900 / EUR 950**

C-Print, 31 x 116, 8 cm (Bild 21,5 x 107,8 cm)
Produziert bei Philippe Laumont, Laumont Editions, New York
Auflage: 80, signiert und nummeriert, **CHF 1400 /EUR 950**

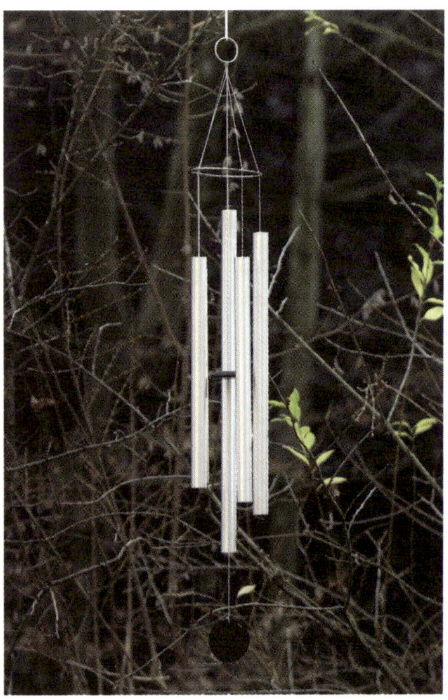

Speak, memory: the serendipity of capricious winds gives the familiar a new twist.

Erinnerung, sprich: Wind und Zufall spielen mit und lassen Vertrautes neu erstehen.

PARKETT 66

PIERRE HUYGHE

ALL BUT ONE, 2002

Windchime for outdoor use, 5 hand-tuned aluminum tubes, 1 3/8" diameter each; top hanging ring 2"; black cord, black wood striker, engraved aluminum wind plate, 4" diameter, overall length 55 1/8"; overall diameter 8"
Manufactured by Jeff Kile, Grace Note Windchimes, Mariposa, California
Edition of 70, signed and numbered certificate, **$ 1200 / EUR 1300**

ALLE AUSSER EINEM, 2002

Freiluft-Windglockenspiel , 5 handgestimmte Aluminiumrohre von je 3,5 cm Durchmesser; Aufhängering 5 cm Durchmesser, schwarze Kordelschnur, schwarze Holzscheibe als Klangklöppel, gravierte Windscheibe aus Aluminium, 10 cm Durchmesser, Gesamthöhe 140 cm; Gesamtdurchmesser 20,5 cm
Hergestellt von Jeff Kile, Grace Note Windchimes, Mariposa, California
Auflage: 70, signiertes und nummeriertes Zertifikat, **CHF 1800 / EUR 1300**

PARKETT 66

DANIEL BUREN

UNIQUE TABLECLOTH WITH LASER-CUT LACE (OBJECT TO BE SITUATED ON TABLE), 2002

Two-layered tablecloth: off-white laser-cut design on monochrome underlayer. Each tablecloth has a unique combination of design and color. Top layer $70\frac{7}{8}$ x $70\frac{7}{8}$"; bottom layer 67 x 67"; design $30\frac{11}{16}$ x $30\frac{11}{16}$"; width of stripes 8.7 cm
Washable polyester, laser-cut and produced by Jakob Schläpfer AG, St. Gallen
Edition of 78 unique versions (design versions 1A–3A: 13 each on different colors; diagonal design versions 1B–3B : 13 each on different colors), numbered certificate, **$ 1400 / EUR 1500**
Special price for 3 tablecloths in 3 different designs **$ 3200 / EUR 3300**

UNIKAT-TISCHTUCH MIT LASERSPITZE (AUF TISCH ZU PLATZIERENDES OBJEKT), 2002

Weisses Tischtuch mit Laserschnittdesign und farbigem Untertischtuch. Die Kombination von Muster und Farbe ist bei jedem Tischtuch anders.
Grösse 180 x 180 cm; Untertischtuch 170 x 170 cm; Muster 78 x 78 cm, Breite des Streifenelements 8,7 cm
Polyester, waschbar, Laserschnitt und Herstellung: Jakob Schläpfer AG, St. Gallen
Auflage: 78 Unikate (Design-Versionen 1A–3A: je 13 auf verschiedenfarbigen Untertischtüchern; diagonale Design-Versionen 1B–3B: je 13 auf verschiedenfarbigen Untertischtüchern), nummeriertes Zertifikat, **CHF 2200 / EUR 1500**
Spezialpreis für 3 Tischtücher in 3 verschiedenen Designs **CHF 5000 / EUR 3300**

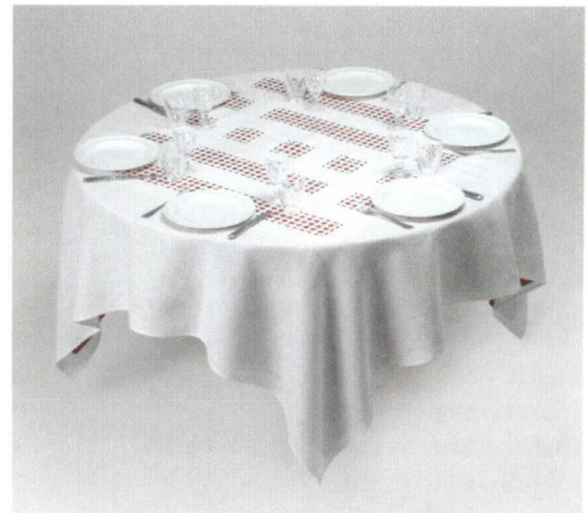

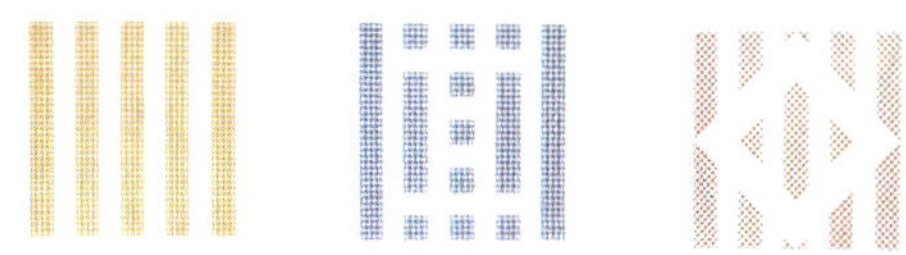

1A 2A 3A

Clarity of form and state-of-the-art technology conjure the baroque splendor of handmade lace.

Per aspera ad astra: mit formaler Strenge und modernster Technik zu barocker Prachtentfaltung.

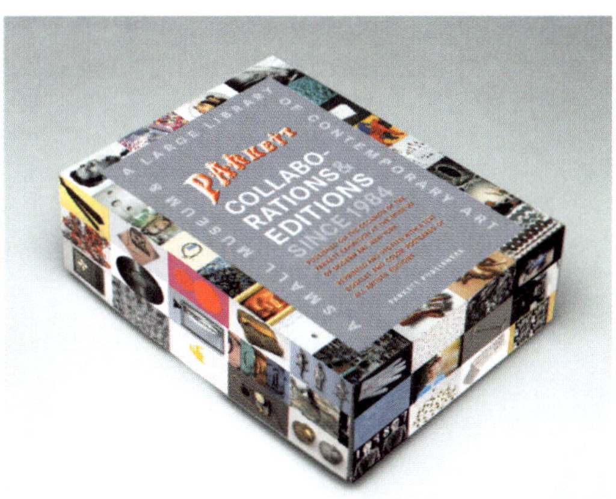

CHF 45.– / $ 27 / EUR 30

ISBN 3-907582-23-3

PARKETT POSTCARD SET WITH TEXT BOOKLET ON MOMA SHOW

Featuring the artists' editions made for PARKETT since 1984 and a booklet with essays by Deborah Wye (Chief Curator Illustrated Books and Prints at MoMA) and Susan Tallman.
128 color postcards, booklet with 2 texts, color reproductions of all 64 PARKETT covers. 64 p., packed in a white box, $6\frac{1}{4}$ x $4\frac{3}{4}$ x $2\frac{3}{8}$".

PARKETT-POSTKARTEN-SET MIT TEXTBÜCHLEIN ZUR MOMA-AUSSTELLUNG

Mit Postkarten der seit 1984 von Künstlern für PARKETT geschaffenen Editionen. Das Textbüchlein enthält 2 Essays zur Ausstellung im MoMA, New York, von Deborah Wye (Chefkuratorin für illustrierte Bücher und Grafik am MoMA) und Susan Tallman.
128 Farbpostkarten, Büchlein mit zwei Texten, Farbabb. aller 64 PARKETT-Titelblätter u.a.m. 64 S., in weisser Schachtel, 16 x 12 x 6 cm.

PARKETT

ARTISTS' MONOGRAPHS & EDITIONS / KÜNSTLERMONOGRAPHIEN & EDITIONEN

FOR AVAILABILITY SEE NEXT PAGE / LIEFERBARKEIT SIEHE FOLGENDE SEITE

Doug Aitken, vol. 57
Laurie Anderson, vol. 49
John Armleder, vol. 50/51
Richard Artschwager, vol. 23, vol. 46
John Baldessari, vol. 29
Stephan Balkenhol, vol. 36
Matthew Barney, vol. 45
Georg Baselitz, vol. 11
Vanessa Beecroft, vol. 56
Ross Bleckner, vol. 38
John Bock, vol. 67
Alighiero e Boetti, vol. 24
Christian Boltanski, vol. 22
Louise Bourgeois, vol. 27
Angela Bulloch, vol. 66
Daniel Buren, vol. 66
Sophie Calle, vol. 36
Maurizio Cattelan, vol. 59
Vija Celmins, vol. 44
Francesco Clemente, vol. 9 & 40/41
Chuck Close, vol. 60
Enzo Cucchi, vol. 1
John Currin, vol. 65
Tacita Dean, vol. 62
Thomas Demand, vol. 62
Martin Disler, vol. 3
Peter Doig, vol. 67
Marlene Dumas, vol. 38
Olafur Eliasson, vol. 64
Tracey Emin, vol. 63
Eric Fischl, vol. 5
Peter Fischli/David Weiss, vol.17, 40/41
Sylvie Fleury, vol. 58
Günther Förg, vol. 26 & 40/41
Tom Friedman, vol. 64
Katharina Fritsch, vol. 25
Liam Gillick, vol. 61
Franz Gertsch, vol. 28
Gilbert & George, vol. 14
Robert Gober, vol. 27
Nan Goldin, vol. 57
Felix Gonzalez-Torres, vol. 39
Douglas Gordon, vol. 49
Rodney Graham, vol. 64
Andreas Gursky, vol. 44
David Hammons, vol. 31
Thomas Hirschhorn, vol. 57
Damien Hirst, vol. 40/41
Jenny Holzer, vol. 40/41
Rebecca Horn, vol. 13 & 40/41
Roni Horn, vol. 54
Pierre Huyghe, vol. 66
Gary Hume, vol. 48
Ilya Kabakov, vol. 34
Alex Katz, vol. 21
Mike Kelley, vol. 31
Ellsworth Kelly, vol. 56
William Kentridge, vol. 63
Karen Kilimnik, vol. 52
Martin Kippenberger, vol. 19
Imi Knoebel, vol. 32
Jeff Koons, vol. 19, 50/51
Jannis Kounellis, vol. 6
Yayoi Kusama, vol. 59
Wolfgang Laib, vol. 39
Sherrie Levine, vol. 32
Sarah Lucas, vol. 45
Brice Marden, vol. 7
Mario Merz, vol. 15
Tracey Moffatt, vol. 53
Mariko Mori, vol. 54
Malcolm Morley, vol. 52
Sarah Morris, vol. 61
Juan Muñoz, vol. 43
Jean-Luc Mylayne, vol. 50/51
Bruce Nauman, vol. 10
Cady Noland, vol. 46
Meret Oppenheim, vol. 4
Gabriel Orozco, vol. 48
Tony Oursler, vol. 47
Laura Owens, vol. 65
Jorge Pardo, vol. 56
Raymond Pettibon, vol. 47
Elizabeth Peyton, vol. 53
Sigmar Polke, vol. 2, 30 & 40/41
Richard Prince, vol. 34
Michael Raedecker, vol. 65
Markus Raetz, vol. 8
Charles Ray, vol. 37
Jason Rhoades, vol. 58
Gerhard Richter, vol. 35
Bridget Riley, vol. 61
Pipilotti Rist, vol. 48
Matthew Ritchie, vol. 61
Tim Rollins & K.O.S., vol. 20
Ugo Rondinone, vol. 52
James Rosenquist, vol. 58
Susan Rothenberg, vol. 43
Thomas Ruff, vol. 28
Edward Ruscha, vol. 18 & 55
Gregor Schneider, vol. 63
Thomas Schütte, vol. 47
Cindy Sherman, vol. 29
Roman Signer, vol. 45
Andreas Slominski, vol. 55
Beat Streuli, vol. 54
Thomas Struth, vol. 50/51
Hiroshi Sugimoto, vol. 46
Philip Taaffe, vol. 26
Sam Taylor-Wood, vol. 55
Diana Thater, vol. 60
Wolfgang Tillmans, vol. 53
Rirkrit Tiravanija, vol. 44
Fred Tomaselli, vol. 67
Rosemarie Trockel, vol. 33
James Turrell, vol. 25
Luc Tuymans, vol. 60
Kara Walker, vol. 59
Jeff Wall, vol. 22 & 49
Andy Warhol, vol. 12
Lawrence Weiner, vol. 42
John Wesley, vol. 62
Franz West, vol. 37
Rachel Whiteread, vol. 42
Sue Williams, vol 50/51
Robert Wilson, vol. 16
Christopher Wool, vol. 33

ARTISTS' EDITIONS FOR PARKETT SUBSCRIBERS
WWW.PARKETTART.COM

The PARKETT Series is created in collaboration with artists, who contribute an original work available exclusively to the subscribers in the form of a signed limited SPECIAL EDITION. The available works are also reproduced in each PARKETT issue.

Each SPECIAL EDITION is available by order from any one of our offices in New York or Zurich. Just fill in the details below and send this card to the office nearest you. Once your order has been processed, you will be issued with an invoice and your personal edition number. Upon receipt of payment, you will receive the SPECIAL EDITION. (Please note that supply is subject to availability. PARKETT does not assume responsibility for any delays in production of SPECIAL EDITIONS. Postage is not included.)

☐ As a subscriber to PARKETT, I would like to order the following Special Edition(s), signed and numbered by the artist.

PARKETT No.	ARTIST	NAME:
PARKETT No.	ARTIST	ADDRESS:
PARKETT No.	ARTIST	CITY:
PARKETT No.	ARTIST	STATE/ZIP:
PARKETT No.	ARTIST	COUNTRY:
PARKETT No.	ARTIST	PHONE:

☐ I have indicated my way of payment on the reverse side of this form.

Send this form to the PARKETT office nearest you:

PARKETT PUBLISHERS 155 AV. OF THE AMERICAS NEW YORK, NY 10013 PHONE (212) 673-2660 FAX (212) 271-0704
PARKETT VERLAG QUELLENSTRASSE 27 CH-8031 ZÜRICH TELEFON +41-1-271 81 40 FAX +41-1-272 43 01
Visit our website: www.parkettart.com

KÜNSTLEREDITIONEN FÜR PARKETT-ABONNENTEN
WWW.PARKETTART.COM

Die PARKETT-Buchreihe entsteht in Zusammenarbeit mit Künstlern, die eigens für die Abonnenten einen Originalbeitrag in Form einer limitierten und signierten EDITION gestalten. Diese Editionen sind auch in der Zeitschrift abgebildet und können mit dieser Bestellkarte in jedem unserer Büros in Zürich, Frankfurt oder New York bestellt werden. Sie erhalten dann Ihre persönliche Editionsnummer und eine Rechnung. Sobald wir Ihre Zahlung erhalten haben, schicken wir Ihnen Ihre Edition(en). Lieferung solange Vorrat. PARKETT übernimmt keine Verantwortung für allfällige Verzögerungen bei der Herstellung der Vorzugsausgaben. Versandkosten und MwSt (Schweiz) nicht inbegriffen.

☐ Ich bin PARKETT-Abonnent(in) und bestelle folgende EDITION(EN), nummeriert und vom Künstler signiert:

PARKETT Nr.	KÜNSTLER/IN	NAME:
PARKETT Nr.	KÜNSTLER/IN	STRASSE:
PARKETT Nr.	KÜNSTLER/IN	PLZ/STADT:
PARKETT Nr.	KÜNSTLER/IN	LAND:
PARKETT Nr.	KÜNSTLER/IN	TEL.:

☐ Meine Zahlungsweise habe ich auf der Rückseite angegeben.

Senden Sie die Bestellkarte an das PARKETT-Büro in Ihrer Nähe:

PARKETT VERLAG QUELLENSTRASSE 27 CH-8031 ZÜRICH TELEFON +41-1-271 81 40 FAX +41-1-272 43 01
PARKETT PUBLISHERS 155 AV. OF THE AMERICAS NEW YORK, NY 10013 PHONE (212) 673-2660 FAX (212) 271-0704
Besuchen Sie unsere Website: www.parkettart.com

vol.	Collaboration		
67	John Bock	m	e
	Peter Doig	m	e
	Fred Tomaselli	m	e
66	Angela Bulloch	m	e
	Daniel Buren	m	e
	Pierre Huyghe	m	e
65	John Currin	m	
	Laura Owens	m	e
	Michael Raedecker	m	e
64	Olafur Eliasson	m	
	Tom Friedman	m	
	Rodney Graham	m	
63	Tracey Emin	m	e
	William Kentridge	m	e
	Gregor Schneider	m	
62	Tacita Dean	m	e
	Thomas Demand	m	
	John Wesley	m	e
61	Liam Gillick	m	
	Sarah Morris	m	e
	Bridget Riley	m	e
	Matthew Ritchie	m	e
60	Chuck Close	m	
	Diana Thater	m	e
	Luc Tuymans	m	e
59	Maurizio Cattelan	m	
	Yayoi Kusama	m	e
	Kara Walker	m	
58	Sylvie Fleury	m	e
	Jason Rhoades	m	e
	James Rosenquist	m	e
57	Doug Aitken	m	e
	Nan Goldin	m	
	Thomas Hirschhorn	m	
56	Vanessa Beecroft	m	
	Ellsworth Kelly	m	
	Jorge Pardo	m	e
55	Edward Ruscha	m	
	Andreas Slominski	m	
	Sam Taylor-Wood	m	
54	Roni Horn	m	e
	Mariko Mori	m	
	Beat Streuli	m	
53	Tracey Moffatt	m	
	Elizabeth Peyton	m	
	Wolfgang Tillmans	m	

vol.	Collaboration		
52	Karen Kilimnik	m	e
	Malcolm Morley	m	e
	Ugo Rondinone	m	e
50/51	John Armleder	m	
	Jeff Koons	m	e
	Jean-Luc Mylayne	m	
	Thomas Struth	m	
	Sue Williams	m	
49	Laurie Anderson	m	e
	Douglas Gordon	m	
	Jeff Wall	m	
48	Gary Hume	m	
	Gabriel Orozco	m	
	Pipilotti Rist	m	
47	Tony Oursler	m	
	Raymond Pettibon	m	
	Thomas Schütte	m	e
46	Richard Artschwager	m	
	Cady Noland	m	
	Hiroshi Sugimoto	m	
45	Matthew Barney	m	
	Sarah Lucas	m	
	Roman Signer	m	e
44	Vija Celmins	m	
	Andreas Gursky	m	
	Rirkrit Tiravanija	m	e
43	Juan Muñoz	m	
	Susan Rothenberg	m	e
42	Lawrence Weiner	m	e
	Rachel Whiteread	m	
40/41	Francesco Clemente	m	
	Fischli/Weiss	m	
	Günther Förg	m	
	Damien Hirst	m	
	Jenny Holzer	m	
	Rebecca Horn	m	
	Sigmar Polke	m	
39	Felix Gonzalez-Torres	m	
	Wolfgang Laib	m	
38	Ross Bleckner		
	Marlene Dumas		
37	Charles Ray	m	
	Franz West	m	e
36	Stephan Balkenhol		
	Sophie Calle		
35	Gerhard Richter		

vol.	Collaboration		
34	Ilya Kabakov	m	
	Richard Prince	m	
33	Rosemarie Trockel	m	
	Christopher Wool	m	
32	Imi Knoebel	m	
	Sherrie Levine	m	
31	David Hammons		
31	Mike Kelley		
30	Sigmar Polke		
29	John Baldessari		
29	Cindy Sherman		
28	Franz Gertsch	m	
	Thomas Ruff	m	
27	Louise Bourgeois		
	Robert Gober		
26	Günther Förg		
	Philip Taaffe		
25	Katharina Fritsch	m	e
	James Turrell	m	e
24	Alighiero e Boetti	m	e
23	Richard Artschwager	m	
22	Christian Boltanski		
	Jeff Wall		
21	Alex Katz	m	e
20	Tim Rollins + K.O.S.	m	
19	Martin Kippenberger		
	Jeff Koons		
18	Ed Ruscha	m	
17	Fischli/Weiss		
16	Robert Wilson		
15	Mario Merz	m	
14	Gilbert & George	m	
13	Rebecca Horn		
12	Andy Warhol		
11	Georg Baselitz	m	
10	Bruce Nauman		
9	Francesco Clemente		
8	Markus Raetz		
7	Brice Marden		
6	Jannis Kounellis		
5	Eric Fischl		
4	Meret Oppenheim		
3	Martin Disler		
2	Sigmar Polke		
1	Enzo Cucchi		

m = available monograph / erhältliche Monographie, e = available edition / erhältliche Edition
Delivery subject to availability at time of order / Lieferung solange Vorrat

E X H I B I T I O N S

ZÜRICH

ARS FUTURA GALERIE AG	Bleicherweg 45 8002 Zürich Tel. 01 201 88 10 www.arsfutura.com info@arsfutura.com	OLAF BREUNING	**6.12.–1.2.2003**
		YVES NETZHAMMER	**14.2.–26.4.2003**
		ERWIN WURM	**9.5.–12.7.2003**
FIRST ART TRADE	Stauffacherstrasse 153 8004 Zürich Tel. 0848 200 777 office@first-art-trade.ch	G. MICHAEL SCHLEENHAIN "Helter Skelter"	**17.12.–31.1.2003**
		DAGMAR BECHHAUS "Strictly Ballroom"	**5.2.–15.3.2003**
ELISABETH KAUFMANN	Müllerstrasse 57 8004 Zürich Tel./Fax 043 322 01 15 elkauf@yahoo.com	HANNE DARBOVEN "Hanneles Tierleben" 15.1.2003: Vortrag von Sybille Omlin (Diskussion + Apéro)	**11.1.–28.2.2003**
		ANSELM STALDER	**8.3.–17.4.2003**
GALERIE LEHMANN LESKIW + SCHEDLER	Josefstrasse 53 8005 Zürich Tel. 01 440 61 20 www.schedler.ch zurich@schedler.ch	room I RODOLPHE DEVILLE, Neue Malereien room II PETER WINTERHALTER ASPELL, paintings	**10.1.–15.2.2003**
		CHERRY HOOD, water colors	**21.2.–29.3.2003**
		CHRISTOPH HÄNSLI "Damals wusste ich noch…"	**4.4.–10.5.2003**
		LEE WAGSTAFF, photographs	**16.5.–21.6.2003**
GALERIE LELONG	Utoquai 31 8008 Zürich Tel. 01 251 11 20 galerie.lelong@dplanet.ch	PIERRE ALECHINSKY	**März 2003**
MAI 36 GALERIE	Rämistrasse 37 8001 Zürich Tel. 01 261 68 80 www.artgalleries.ch/mai36 mai36@artgalleries.ch	RÉMY ZAUGG	**11.1.–22.2.2003**
		TROY BRAUNTUCH	**27.2.–5.4.2003**
MARK MÜLLER	Gessnerallee 36 8001 Zürich Tel. 01 211 81 55 www.markmueller.ch mark.mueller@dplanet.ch	URS FREI "new works" & MARCIA HAFIF "works on paper"	**11.1.–22.2.2003**
		ARCO 2003, Madrid, artists of the gallery	**13.2.–18.2.2003**
		DUANE ZALOUDEK "nomad songs"	**1.3.–5.4.2003**
GALERIE SEMINA RERUM IRÈNE PREISWERK	Cäcilienstrasse 3 8032 Zürich Tel. 01 251 26 39 www.seminarerum.ch ipreiswerk@bluewin.ch	ERIK STEFFENSEN	**bis 25.1.2003**
		The wilder shores of love	**1.2.–15.3.2003**
		AGNES FUCHS	**22.3.–26.4.2003**

E X H I B I T I O N S

BOB VAN ORSOUW	Limmatstrasse 270 8005 Zürich Tel. 01 273 11 00 mail@bobvanorsouw.ch	ALBRECHT SCHNIDER	**25.1.–15.3.2003**
		ARCO Madrid	**12.2.–18.2.2003**
		Armory New York	**6.3.–10.3.2003**
ANNEMARIE VERNA	Neptunstrasse 45 8032 Zürich Tel. 01 262 38 20 www.annemarie-verna.ch office@annemarie-verna.ch	RETROSPEKTIV III SYLVIA PLIMACK, MANGOLD & JAMES BISHOP Works 1969–2002	**29.11.–25.1.2003**
		ARCO Madrid	**12.2.–18.2.2003**
GALERIE JAMILEH WEBER	Waldmannstrasse 6 8001 Zürich Tel. 01 252 10 66 www.jamilehweber.com info@jamilehweber.com	DARRYL POTTORF, new paintings ROBERT RAUSCHENBERG Japanese Recreational Clayworks	**23.11.–8.2.2003**
BRIGITTE WEISS	Müllerstrasse 67 8004 Zürich Tel. 01 241 83 35 www.likeyou.com/brigitteweiss brigitteweiss@bluewin.ch	PREVIEW IV	**10.1.–28.2.2003**
		MARCO GANZ	**7.3.–26.4.2003**
		CHRISTINA ZURFLUH	**Mai / Juni 2003**
		BASEL	
NICOLAS KRUPP	Erlenstrasse 15 4058 Basel Tel. 061 683 32 65 www.nicolaskrupp.com nic@nicolaskrupp.com	STUDER / vd BERG	
		ATTA KWAMI	**12.12.–1.2.2003**
		PETER FRIEDL	**6.2.–29.3.2003**
		ARCO Madrid	**13.2.–18.2.2003**
		WERNER REITERER	**3.4.–31.5.2003**
GALERIE FRIEDRICH	Grenzacherstrasse 4 4058 Basel Tel. 061 683 50 90 galerie-friedrich@bluewin.ch	ANSELM STALDER	**17.1.–28.2.2003**
		ARCO Madrid	**13.2.–18.2.2003**
		KAY ROSEN, MATTHEW McCASLIN	**7.3.–16.4.2003**
		ST. GALLEN	
WILMA LOCK	Schmiedgasse 15 9000 St. Gallen Tel. 071 222 62 52 wilmalock@freesurf.ch	IMI KNOEBEL – MARK FRANCIS – STEPHEN WESTFALL	**Februar**
		DANIEL ZIMMERMANN "Knüller"	**ab 25.3.2003**
SUSANNA KULLI	Davidstrasse 40 9000 St. Gallen Tel. 071 223 59 58 www.susannakulli.ch info@susannakulli.ch	OLIVIER MOSSET	**28.1.–5.3.2003**
		ARCO Madrid	**13.2.–18.2.2003**
		ROLF GRAF	**April / Mai 2003**

Sadie Coles HQ
exhibitions by

Carl Andre
John Bock
Don Brown
Jeff Burton
Liz Craft
John Currin
Keith Edmier
Angus Fairhurst
Urs Fischer
Felix Gonzalez-Torres
Jonathan Horowitz
David Korty
Jim Lambie
Sarah Lucas
Victoria Morton
Hellen van Meene
JP Munro
Laura Owens
Simon Periton
Raymond Pettibon
Elizabeth Peyton
Richard Prince
Ugo Rondinone
Daniel Sinsel
Gregor Schneider
Andreas Slominski
Nicola Tyson
TJ Wilcox
Andrea Zittel

forthcoming
exhibitions

JP Munro
27 Nov – 11 Jan 2003

Urs Fischer
29 Jan – 8 Mar 2003

Andy Warhol
13 Mar – 19 Apr 2003

Richard Prince
23 Apr – 31 May 2003

Sadie Coles HQ
35 Heddon Street
London W1B 4BP
T + 44 [0] 20 7434 2227
F + 44 [0] 20 7434 2228
www.sadiecoles.com

JP Munro Sadie Coles HQ

Urs Fischer Sadie Coles HQ

Andy Warhol Sadie Coles HQ

Richard Prince Sadie Coles HQ

14 NOVEMBER - 12 JANUARY 2002 Lili Dujourie

14 NOVEMBER - 12 JANUARY 2002 Michael Ballou

5 - 8 DECEMBER 2002 Art Basel Miami Beach

16 JANUARY - 2 MARCH 2003 Jan Vercruysse
Labyrinth & Pleasure Gardens

16 JANUARY - 2 MARCH 2003 Gert Verhoeven
Recent drawings

14 - 23 MARCH 2003 TEFAF Maastricht

Xavier Hufkens

Sint-Jorisstraat 6–8 rue Saint-Georges

Brussel 1050 Bruxelles

TEL. 32 (0)2 639 67 30 – FAX 32 (0)2 639 67 38

info@xavierhufkens.com

http://www.xavierhufkens.com

Open Tuesday to Saturday, noon to 6 pm

GEORG KARGL

RE-PRODUKTION 2

curated by
Thomas Locher
january – march 2003

SCHLEIFMÜHLGASSE 5 WIEN 1040
TEL 5854199 FAX 58541999

Camille Graeser – Artist and Designer: February 9 to April 27, 2003

Anna and Bernhard Blume – Transcendental Constructivism: February 9 to April 27, 2003

Hans Hinterreiter – Paintings around «Allianz»: March 2 to April 27, 2003

Schweiz konkret 2: Clara Friedrich, Verena Loewensberg, Sophie Taeuber-Arp: until February 2003

The Rockefeller Dining Room (permanent)

haus konstruktiv

Wednesday–Friday 12 am–6 pm
Saturday/Sunday 11 am–6 pm
Closed Monday/Tuesday

Haus Konstruktiv
Selnaustrasse 25, CH-8001 Zurich
Phone +41 01 217 70 80, Fax +41 01 217 70 90
info@hauskonstruktiv.ch
www.hauskonstruktiv.ch

June/August 2003
Kendell Geers
and
The African Exile Museum

April/May 2003
bewitched, bothered and bewildered
spatial emotion in art & architecture

February/March 2003
re:view
Switzerland's most promising
young video artists
Collection

migros museum
Museum für Gegenwartskunst Zürich

migros museum für gegenwartskunst
Limmatstrasse 270
CH-8005 Zürich
Di–Fr 12–18h, Sa/So 11–17h
T +411277 20 50 F +411277 62 86
www.migrosmuseum.ch

1. Abramovic, Marina
3. Azul, Pablo
4. Are You Meaning Company
1. Baldessari, John
2. Bock, John
3. Boltanski, Christian
4. Birnbaum, Dara
5. Brossa, Joan
8. Barney, Matthew
0. Bourgeois, Louise
1. Clark, Lygia
1. Cohen, Amy E.
4. Cuevas, Minerva
1. Durham, Jimmie
2. Diller+Scofidio
1. Eichhorn, Maria
4. Elmgreen & Dragset
5. Eliasson, Olafur
1. Feldmann, Hans-Peter
2. Friedman, Yona
01. Gilbert & George
02. Gillick, Liam
03. Gonzalez-Torres, Felix
04. Graham, Dan
05. Gordon, Douglas
06. Grigely, Joseph
07. Gonzalez-Foerster, Dominique
08. Grossarth, Ulrike
12. Gotovac, Tomislav
13. Gill, Simryn

H001. Hatoum, Mona
H002. Hybert, Fabrice
H003. Höller, Carsten
H004. Hite, Shere
H006. Hoeck, Richard
H008. Hoffmann, Roald
J003. Jonas, Joan
K001. Kelley, Mike
K002. Kinmont, Ben
K003. Knowles, Alison
K004. Kusolwong, Surasi
K008. Karamustafa, Gülsün
K010. Kaltenbach, Steve
K011. Kuri, Gabriel
K012. Koo, Jeong-a
L001. Lavier, Bertrand
L002. Lozano, Lee
L005. Lotringer, Sylvère
M002. McCarthy, Paul
M003. Marclay, Christian
M004. Messager, Annette
M005. Myles, Eileen
M012. Mekas, Jonas
N001. Nauman, Bruce
N002. Narkevicius, Deimantas
O001. Ono, Yoko
O002. Osorio, Pepón
O003. Ortega, Damian
O005. Ondak, Roman

P001. Pippin, Steven
P002. Potrc, Marjetica
P003. Pietrousti, Cesare
P004. Pistoletto, Michelangelo
P006. Paik, Nam June
R001. Rhoades, Jason
R002. Rist, Pipilotti
R005. Rosler, Martha
S001. Slominski, Andreas
S002. Smith, Michael
S003. Spero, Nancy
S004. Sala, Anri
T001. Tiravanija, Rirkrit
T002. Trockel, Rosemarie
T003. Tzaig, Uri
T005. Tayou, Pascale Marthine
V001. Varela, Francisco J.
W001. Weiner, Lawrence
W002. Wurm, Erwin
W003. West, Franz

and many more to come!

DO iT at e-Flux

www.e-flux.com

Curated by
Hans Ulrich Obrist

ePublished by
e-flux

Architecture and design by
FDTdesign, NY

eyekon ‹on/offline media› www.eyekon.ch

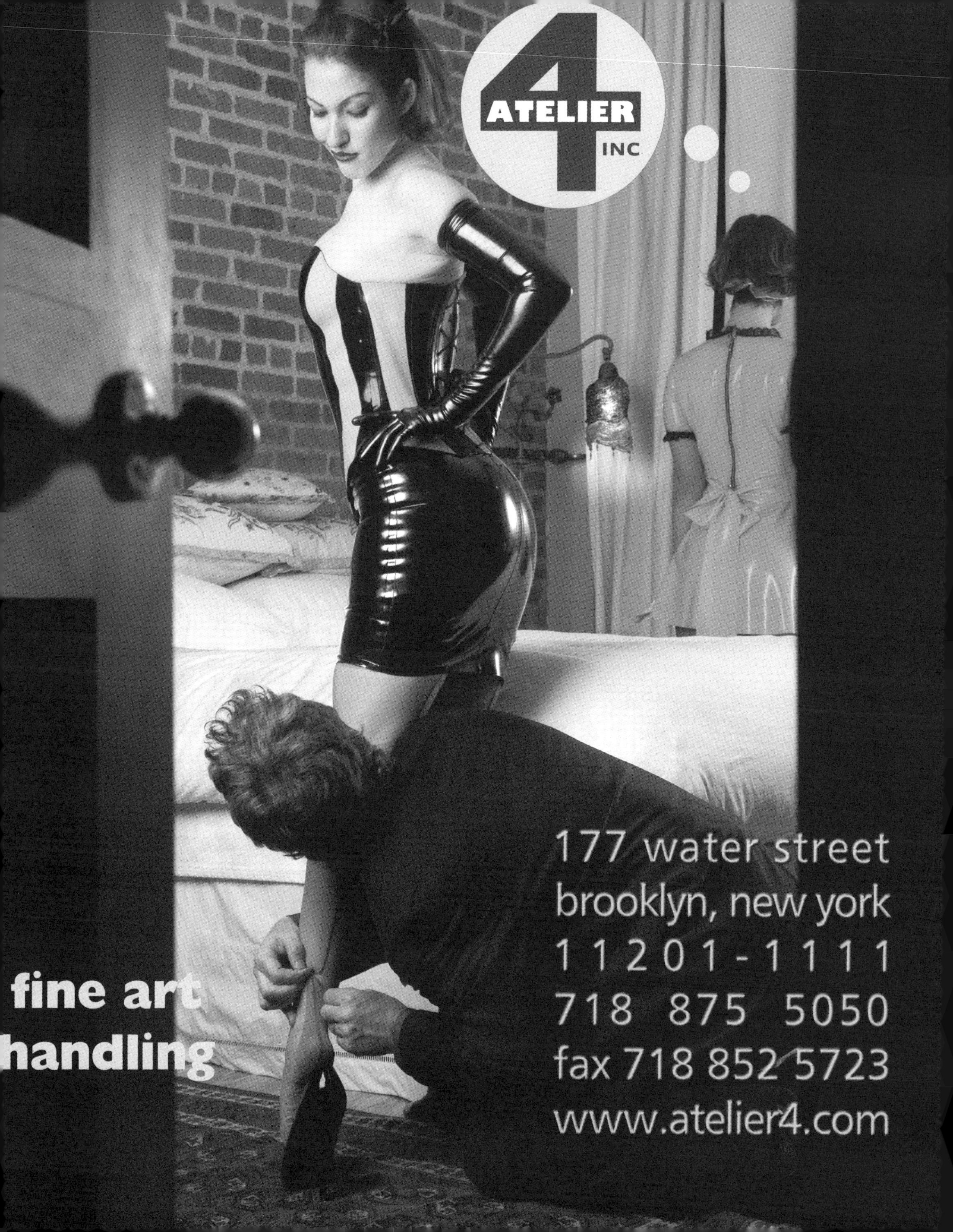
4 ATELIER INC
fine art
handling
177 water street
brooklyn, new york
11201-1111
718 875 5050
fax 718 852 5723
www.atelier4.com

International Contemporary Art Fair

February
13 - 18, 2003
Madrid

International
Contemporary
Art Experts Forum

ARCO

03

SUIZA

Parque Ferial
Juan Carlos I
28042 Madrid

Apdo. de Correos 67.067
28080 Madrid
España

Tel.: (34) 91 722 50 17
Fax: (34) 91 722 57 98

arco@ifema.es
www.arco.ifema.es

IFEMA
Feria de Madrid

IBERIA
OFFICIAL CARRIER

Ministerio de Educación Cultura y Deporte

COOPERACION ESPAÑOLA

ICEX

Ayuntamiento de Madrid

Comunidad de Madrid

Cámara Madrid

CAJA MADRID

Telefónica

Fundación Telefónica

ESPAÑA

PRO HELVETIA
Fondation suisse pour la culture

Präsenz Schweiz
Présence Suisse
Presenza Svizzera
Preschientscha Svizra
Presence Switzerland
www.presence.ch

GAST STADT WIEN

Kunst 2003 Zürich

9th International Contemporary Art Fair
28–31 March 2003
ABB Hall 550
Zürich-Oerlikon
Phone +41 1 381 00 52
mail@kunstzuerich.ch
www.kunstzuerich.ch

Galleries from the guest city:
Charim
Johannes Faber
Feichtner & Mizrahi
Georg Kargl
Knoll
Christine König
Kunsthalle 8 / Kunstbuero
Krobath Wimmer
Meyer Kainer

Exhibition: Contemporary art from Vienna
Curator: Dr. Brigitte Huck

LISTE 03
THE YOUNG ART FAIR IN BASEL

June 17–22, 2003

Opening reception: Monday, June 16, 6–10 p.m.
Warteck pp, Burgweg 15, CH-4058 Basel
T/F: ++41/61/692 20 21, info@liste.ch, www.liste.ch

LISTE 96–02
Participating Galleries

Austria: Hoffmann & Senn, Vienna (98-99) - Krobath Wimmer, Vienna (98-99) - Mezzanin, Vienna (00- 02) - Offspace, Vienna (02) - Raum aktueller Kunst, Vienna (96-98) **Belgium:** Annette de Keyser, Antwerp (98-00) - Cathrine Bastide, Brussel (01-02) - Drantmann, Brussel (02) - Stella Lohaus, Antwerp (01-02) - Mot & Van den Boogaard, Brussel (97-98) - Zeno X, Antwerp (96) **Czech. Rebublic:** MXM, Praha (97-98) **Danmark:** Tommy Lund, Copenhagen (00-01) - Nils Staerk, Copenhagen (98-00) - Stalke, Copenhagen (98-00) - Nicolai Wallner, Copenhagen (96-98) **France:** &: gb agency, Paris (02) - Air de Paris, Paris (96-97) - Anton Weller, Paris (99-00) - Chez Valentin, Paris (98-01) - Anne de Villepoix, Paris (96-97) - Glassbox, Paris (99) - Jousse entreprise, Paris (02) - Romain Larivière, Paris (01) - Loevenbruck, Paris (02) - Météo, Paris (97) - Emmanuel Perrotin, Paris (99-00) - Praz-Delavallade, Paris (97-98) - Michel Rein, Tours (98) - Sanguine, Paris (96) - François Vigna, Nice (01-02) **Germany:** Arndt & Partner, Berlin (96-97) - Bochynek, Dusseldorf (99-00) - Paula Bötcher, Berlin (98-00) - BQ, Cologne (01-02) - Mehdi Chouakri, Berlin (97) - Contemparary Fine Arts, Berlin (98) - Eigen + Art, Berlin (96-98) - Enders Projects, Frankfurt (01-02) - Frehrking Wiesehöfer, Cologne (02) - Karin Guenther, Hamburg (01- 02) - Hammelehle und Ahrens, Stuttgart (96-97) - Kamm, Berlin (01- 02) - Kapinos, Berlin (99-00) - Klosterfelde, Berlin (96) - loop, Berlin (99-01) - Meyer Riegger, Karlsruhe (98-99) - Neu, Berlin (96) - neugerriemschneider, Berlin (96-97) - Giti Nourbakhsch, Berlin (01-02) - Sabine Schmidt, Cologne (99) - Sies + Höke, Dusseldorf (02) - Barbara Thumm, Berlin (00) - Barbara Weiss, Berlin (96) - Enja Wonneberger, Kiel (99-02) **Great Britain:** Asprey Jacques, London (02) - Cabinet, London (97) - Doggerfisher, Edinburgh (02) - Stephen Friedman, London (96) - Laure Genillard, London (96) - Hales, London (98-00) - Modern Art, London (99-02) - Nylon, London (01-02) - Andrew Mummery, London (98-01) - Maureen Palay, London (96) - Robert Prime, London (96-97) - Karsten Schubert, London (96) - The Agency, London (97-99) - The Approach, London (02) - The Modern Institute, Glasgow (99-01) - Emily Tsingou, London (00) - Anthony Wilkinson, London (97-99) - Vilma Gold, London (01- 02) - VTO, London (01-02) **Greece:** Ice Box, Athens (97-98) **Holland:** Paul Andriesse, Amsterdam (96-97) - Casco, Utrecht (01) - De Expeditie, Amsterdam (98-01) - De Praktijk, Amsterdam (99-00) - Annet Gelink, Amsterdam (00-01) - Slewe, Amsterdam (97-98) - Cokkie Snoei, Rotterdam (99-01) - Diana Stigter, Amsterdam (02) - Fons Welters, Amsterdam (97-98) - **Israel:** Sommer Contemporary Art, Tel Aviv (99-02) **Italy:** Massimo de Carlo, Milano (96) - Studio Guenzani, Milano (96) - Emi Fontana, Milano (96) - Francesca Kaufmann, Milano (01-02) - Franco Noero,Torino (00-02) - Laura Pecci, Milano (01-02) - Pinksummer, Genova (01-02) - Raucci/Santamaria, Naples (01-02) - Sonia Rosso, Pordenone (01-02) S.A.L.E.S., Roma (97) - The Box, Torino (98) - Paolo Vitolo, Milano (96-97) - Zero, Piacenza (02) **Japan:** Hayakawa, Tokyo (01) - Kodama, Osaka (02) -Tomio Koyama, Tokyo (97-00) - Side 2, Tokyo (00) **Mexico:** Kurimanzutto, Mexico D.F (02) **New Zealand:** Hamish McKay, Wellington (01-02) **Norway:** c/o-Atle Gerhardsen; Oslo (97-98) **Poland:** Foksal Foundation, Warsaw (00-02) **Portugal:** Zé dos Bois, Lisboa (98) **Slovenia:** Skuc, Ljubljana (02) **Spain:** Espacio Minimo, Murcia (96) - Emilio Navarro, Madrid (97-98) **Sweden:** Andréhn-Schiptjenko, Stockholm (96-97) - Andreas Brändström, Stockholm (96) - Flach, Stockholm (99-00) - Charlotte Lund; Stockholm (97) - Magnus Karlsson, Stockholm (99-01) - Schaper Sundberg, Stockholm (99-01) **Switzerland:** Ars Futura, Zurich (97) - Field, Zurich (99) - Peter Kilchmann, Zurich (96-98) - Nicolas Krupp, Basel (01-02) - Urs Meile; Luzern (96-97) - Edward Mitterand, Geneva (02) - Francesca Pia; Berne (97-02) - Walcheturm, Zurich (96-00) **Russia:** Aidan, Moscow (98-00) **USA:** Dan Bernier, Santa Monica (96) - Brownstone, New York (99-01) - Chicaco Project Room, Chicago (99-00) - China Art Objects, Los Angeles (00-02) - CRG Art, New York (96) - Goldman Tevis, Los Angeles (01-02) - Morris Healy, New York (96-97) - Jack Hanley, San Francisco (96-00) - Casey Kaplan; New York (97-98) - Leo Koenig Inc, New York (00) - Andrew Kreps, New York (00-02) - Lombard-Freid, New York (98-02) - Low, Los Angeles (01) - Ten in One, New York (01-02) - Jack Tilton, New York (96) - Susanne Vielmetter, Los Angeles (01) - David Zwirner, New York (96)
(in alphabetical order)

Mainsponsor: E. GUTZWILLER & CIE, BANQUIERS, Basel

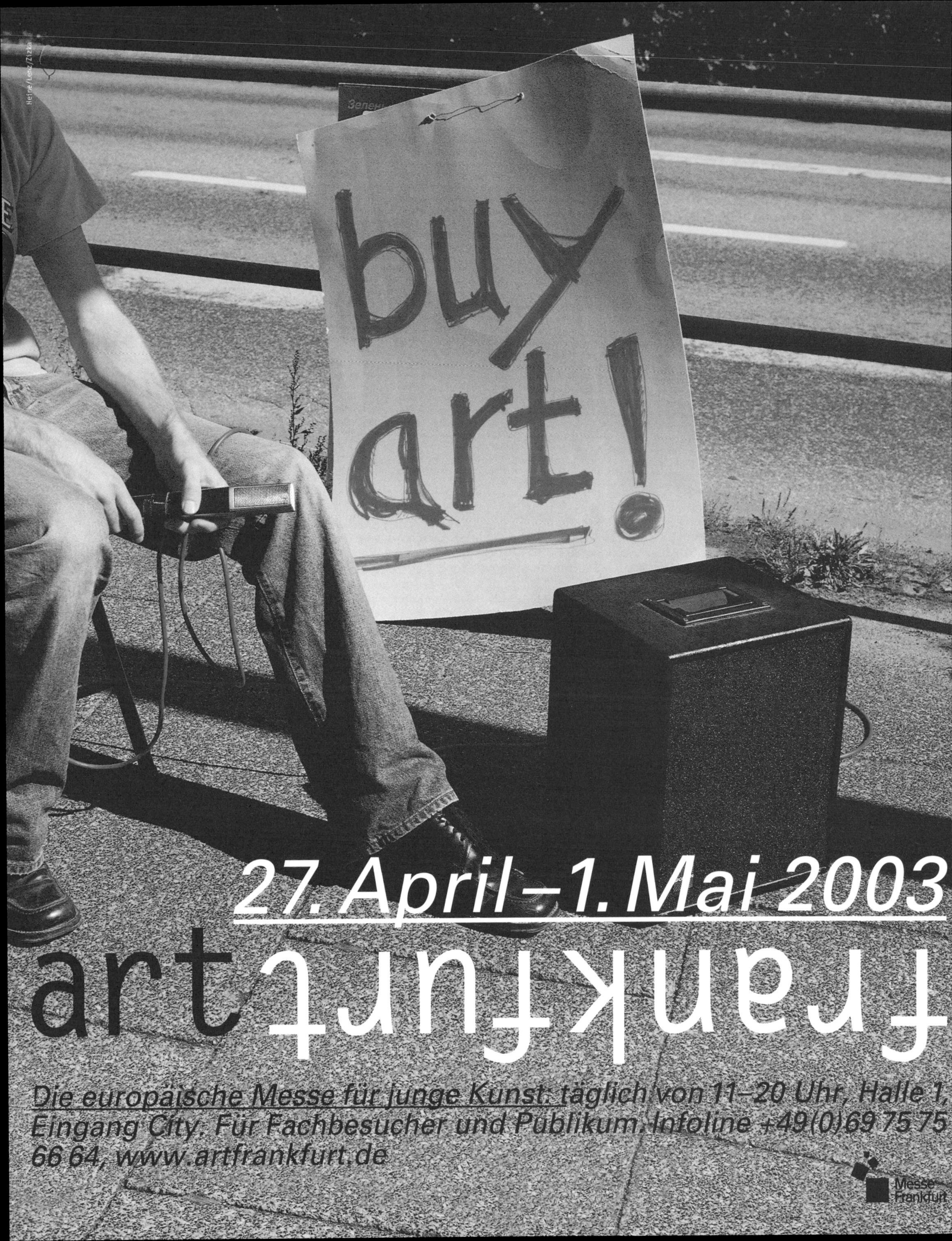
Heine/Lenz/Zizka
buy art!
27. April – 1. Mai 2003
art frankfurt
Die europäische Messe für junge Kunst: täglich von 11–20 Uhr, Halle 1, Eingang City. Für Fachbesucher und Publikum. Infoline +49(0)69 75 75 66 64, www.artfrankfurt.de
Messe Frankfurt

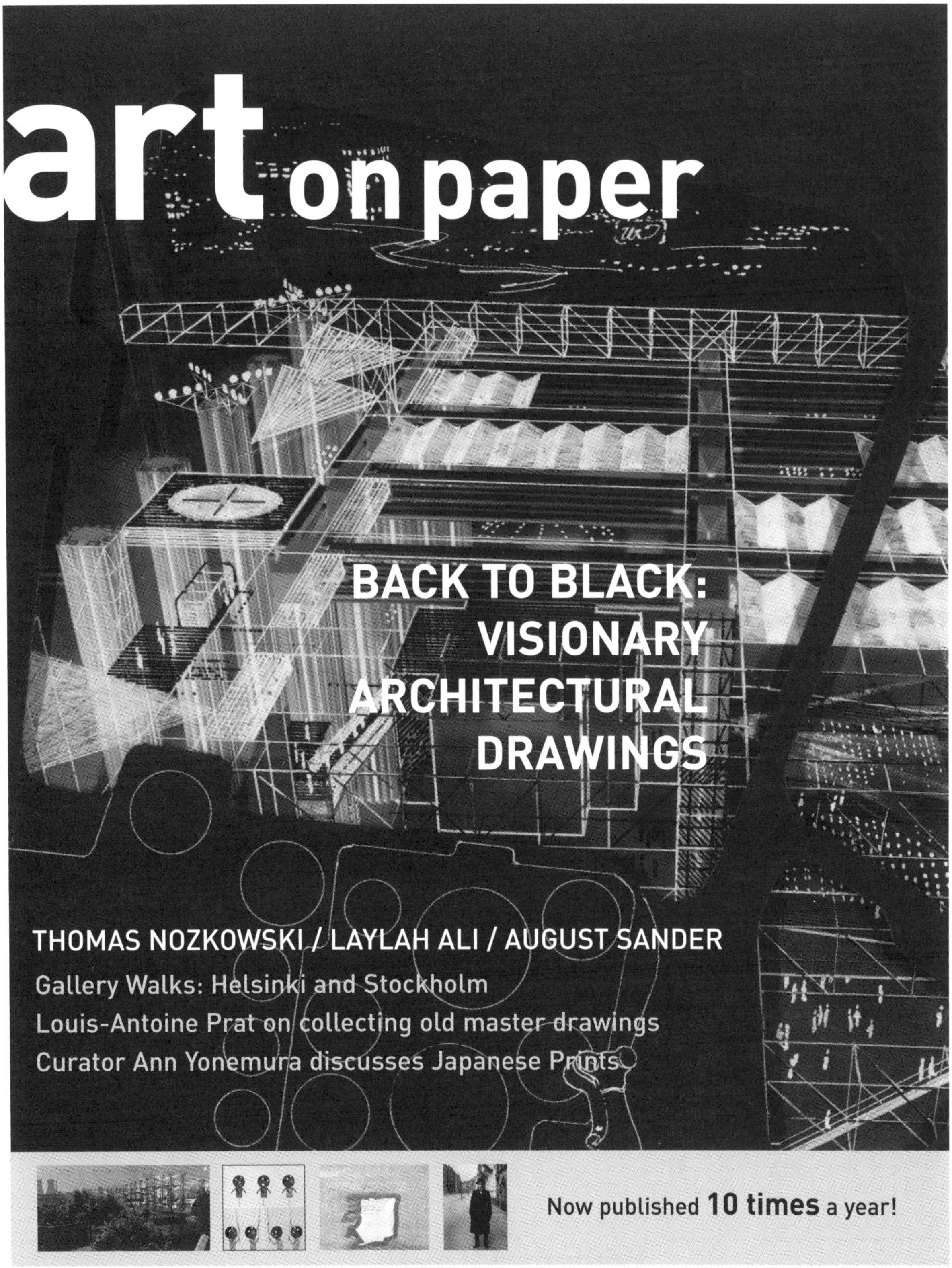
art on paper
BACK TO BLACK:
VISIONARY
ARCHITECTURAL
DRAWINGS
THOMAS NOZKOWSKI / LAYLAH ALI / AUGUST SANDER
Gallery Walks: Helsinki and Stockholm
Louis-Antoine Prat on collecting old master drawings
Curator Ann Yonemura discusses Japanese Prints
Now published 10 times a year!

DANIEL BUREN

DESCRIPTIVE CATALOGUE

Written by Annick Boisnard and Daniel Buren

Chronological descriptive catalogue

Tome II 1964/1966 — 188 pages
Introduction by Christian Besson — 341 works of art — 338 color plates
Published by Éditions 11/28/48 and Musée d'art moderne Lille Métropole, Villeneuve d'Ascq, France

Tome XIII 1997/1999 — 192 pages
Introduction by Bernard Blistène — 109 works of art — 400 color plates
Published by Éditions 11/28/48 and Centre Georges Pompidou Center, Paris, France

Thematic descriptive catalogue

Tome 2 Cabanes éclatées 1975/2000 — 112 pages
Introduction by Alex Alberro and Nora Alter — 55 works of art — 164 color plates 26 black and white plates
Published by Éditions 11/28/48

ORDER FORM

	Europe (+5,5% taxes)	All other Countries	Quantity	Total
V2 Cabanes éclatées	€ 74,70	€ 70,80	X	= €___
Tome II 1964/1966	€ 74,00	€ 70,14	X	= €___
Tome XIII 1997/1999	€ 69,00	€ 65,40	X	= €___

Shipping and Handling fees:

France	____	= € 0
Europe	____ X € 8	= €___
Africa, United States, Canada, Middle East	____ X € 12,50	= €___
All other countries	____ X € 19,35	= €___
Total		**= €___**

Please send your payment along with a copy of this order form:

- France:
  - ▶by Check
  - ▶by Wire Transfer
- All other countries:
  - ▶by Wire Transfer

- **Check** payable to the order of **Éditions 11/28/48**
- **Wire Transfer** to: BNP Paribas n° 10061504 - Clé RIB 10 - Code Banque 30004 - Code agence 963
  64, avenue de la Division Leclerc 93350 Le Bourget France
  (Customer responsible for all bank charges)

Name/Address…………………………………………………………………………………………

……

Phone number…………………………………………Fax………………………………………………

Date……………………………………………………E-mail…………………………………………

Éditions 11/28/48

11, avenue Francis de Pressensé – 93350 Le Bourget – France – Phone/Fax : 33(0)1 48 38 20 74

editions11/28/48@hotmail.com

Blasser Schimmer / a pale gleam
ist der Katalog zur Sammlung Mondstudio. In sieben übergreifenden Kapiteln stellt der Abbildungsteil zentrale Blickrichtungen auf europäische und amerikanische Malerei der letzten 20 Jahre vor. Er zeigt wichtige Arbeiten von Andy Warhol, Robert Ryman, Gerhard Richter, Alex Katz, Herbert Brandl, Katharina Grosse, Helmut Federle, Bernard Frize, David Reed, Günter Umberg, Joseph Marioni, Stephan Baumkötter, Tamara Grčić, Ingo Meller, John Wesley, Jerry Zeniuk, Karin Sander, Remy Zaugg und vielen mehr. Katalogessays stellen die Werke in einen zeitgenössischen Diskurs. Auch dadurch wird dieses Buch zu einer Einladung zum Sammlungsbesuch.

Blasser Schimmer
a pale gleam

Blasser Schimmer / a pale gleam
Sammlung Mondstudio collection
312 Seiten, ca. 300 Abbildungen
23 x 19 cm, Plastikbroschur
Texte in deutscher
und englischer Sprache
Gimlet Verlag Köln

ISBN 3-9803661-3-8
€ / U$ 65,–
SFR 120,–
Erhältlich im gut
sortierten Buchhandel

Texte von Beatrice von Bismarck, Helmut Federle, Tamara Grčić, Steffi Hartel, Joseph Marioni, Ingo Meller, David Reed, Bernward Reul, Bernhard Schwenk, Hellmut Seemann, Alan Uglow, Günter Umberg, Nicola von Velsen und ein Interview mit dem Designer Konstantin Grčić.

„Es kann nie schaden, einen ‚Blassen Schimmer' zu haben."

“It's all about contemporary painting !”

Darryl Pottorf *New Paintings*

Robert Rauschenberg *Japanese Recreational Clayworks*

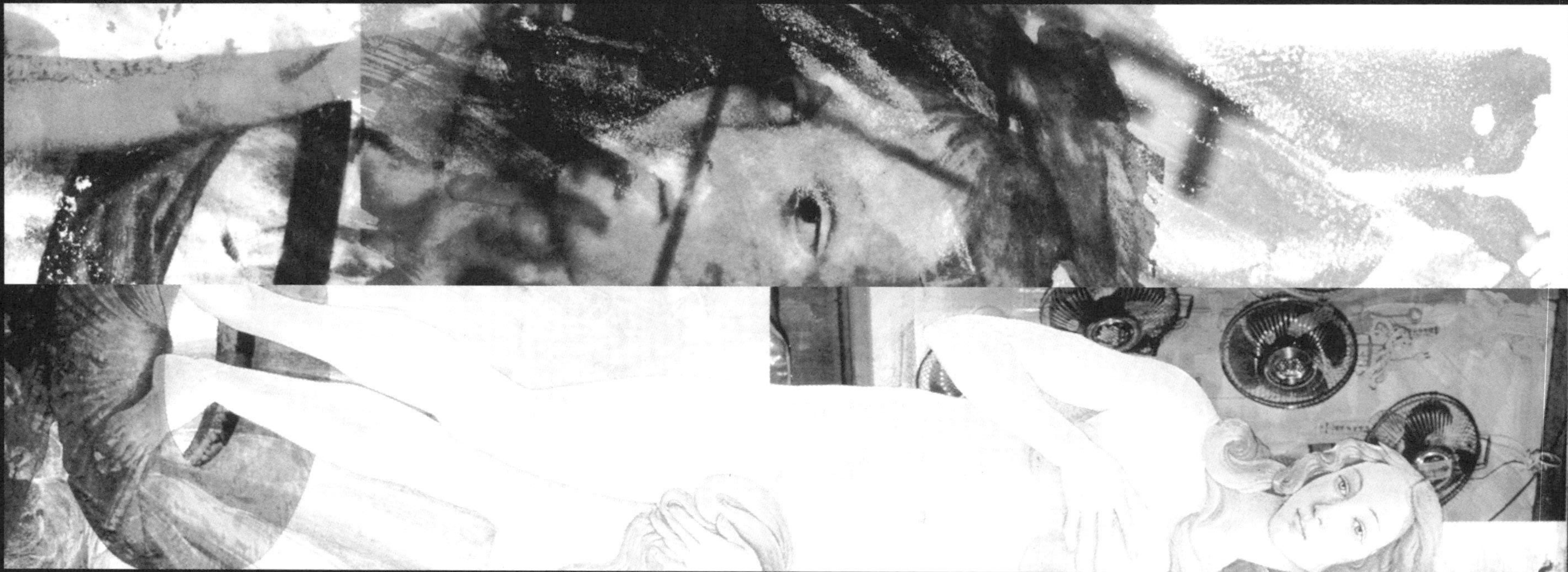

November 23, 2002 – February 8, 2003